suhrkamp taschenbuch
wissenschaft 2202

Jeder Mensch sollte frei entscheiden können, in welchem Land er leben will, Einwanderungsbeschränkungen sind nur in Ausnahmesituationen zulässig. Diese kontroverse These vertritt der Philosoph Andreas Cassee in seinem luziden Buch. Er gibt einen fundierten Überblick über die migrationsethische Debatte der letzten 30 Jahre und bezieht zugleich Stellung für eine Position, die die individuelle Selbstbestimmung über den eigenen Aufenthaltsort ins Zentrum stellt. Ein ebenso aktuelles wie wichtiges Werk.

Andreas Cassee ist Visiting Fellow der Kolleg-Forschergruppe »Justitia Amplificata«. Er ist zurzeit an der Freien Universität Berlin tätig.

Andreas Cassee
Globale Bewegungsfreiheit

Ein philosophisches Plädoyer für offene Grenzen

Suhrkamp

Die vorliegende Arbeit wurde von der
Philosophischen Fakultät der Universität Zürich
im Frühjahrssemester 2014 auf Antrag von
Prof. Dr. Peter Schaber und Prof. Dr. Francis Cheneval
als Dissertation angenommen.

Bibliografische Information der Deutschen Nationalbibliothek
Die Deutsche Nationalbibliothek verzeichnet diese Publikation
in der Deutschen Nationalbibliografie;
detaillierte bibliografische Daten sind im Internet
über http://dnb.d-nb.de abrufbar.

2. Auflage 2018

Erste Auflage 2016
suhrkamp taschenbuch wissenschaft 2202

Umschlag nach Entwürfen
von Willy Fleckhaus und Rolf Staudt
Druck: Druckhaus Nomos, Sinzheim
Printed in Germany
ISBN 978-3-518-29802-2

Inhalt

Teil II
Individuelle Selbstbestimmung und internationale Mobilität

Vorwort

Immer wieder erreichen uns Nachrichten über Menschen, die in der Hoffnung auf ein besseres Leben nach Europa aufbrechen und unterwegs den Tod finden. Eine von Journalistinnen[1] betriebene Datenbank verzeichnet mehr als 30 000 Männer, Frauen und Kinder, die seit dem Jahrtausendwechsel beim Versuch, nach Europa einzuwandern, ums Leben gekommen sind.[2] Viele von ihnen sind im Mittelmeer ertrunken, andere sind auf hoher See verdurstet oder eingepfercht in Schiffscontainern oder Lastwagen erstickt. Fast alle dürften sie für ihre tödliche Reise mehr bezahlt haben, als ein Ticket für eine sichere Überfahrt mit der Passagierfähre oder eine Flugreise gekostet hätte, hätte ihnen eine legale Einreise offengestanden.

Diese Tatsachen werfen eine ganze Reihe von drängenden ethischen Fragen auf. Sollte das internationale Asylregime legale Kanäle für die Einreise von politischen Flüchtlingen schaffen? Ist die kategorische Unterscheidung zwischen »richtigen« politischen Flüchtlingen und »falschen« Wirtschaftsflüchtlingen aus ethischer Perspektive überhaupt haltbar? Und sollten wir der Verhinderung vermeidbarer Todesfälle nicht ohnehin den Vorrang einräumen gegenüber anderen Politikzielen, so legitim diese ansonsten auch sein mögen?

Aber die grundlegendste philosophische Frage, die sich in diesem Zusammenhang stellt, ist sicher die, mit welchem Recht Staaten überhaupt den Anspruch erheben, darüber zu verfügen, wer in ihr Staatsgebiet einreisen und sich dort niederlassen darf und wer nicht. Lässt sich ein staatliches Recht auf Ausschluss gegenüber Einwanderungswilligen mit guten Gründen rechtfertigen? Oder sollten wir langfristig eine Welt anstreben, in der jeder Mensch frei darüber entscheiden kann, auf welchem Fleck der Erdoberfläche er sich aufhalten möchte, ohne den jeweiligen Staat um Erlaubnis

1 Dieses Buch verwendet abwechselnd die weibliche oder die männliche Form, um auf Personen beiden Geschlechts zu verweisen. Wo tatsächlich nur Frauen oder nur Männer gemeint sind, wird dies explizit gemacht.

2 »The Migrants' Files. The Human and Financial Cost of 15 Years of Fortress Europe« ⟨http://www.themigrantsfiles.com/⟩, letzter Zugriff 7. 5. 2016.

bitten zu müssen? Das ist die zentrale Fragestellung dieses Buches. Es ist wie die meisten Bücher nicht das Produkt eines einsamen Denkprozesses, sondern das Ergebnis eines Gedankenaustauschs mit zahlreichen Menschen innerhalb und außerhalb der akademischen Philosophie, denen ich für ihre Anregungen, Hinweise und Einwände dankbar bin.

Mein erster Dank gilt meinem Doktorvater Peter Schaber, als dessen Assistent ich eine wohl einmalige Kombination aus Freiheit und konstruktivem Feedback genießen durfte. Seine Skepsis gegenüber Einwanderungsbeschränkungen war seltsamerweise immer mit einer großen Faszination für Grenzen verbunden, die mich an derjenigen zwischen Uganda und Ruanda einige Nerven gekostet hat, was er durch seine kundige Einführung in die lokalen Gegebenheiten allerdings mehr als wettgemacht hat. Herzlich bedanken möchte ich mich auch bei Francis Cheneval, der diese Arbeit als Zweitgutachter betreut hat.

Den intensivsten Austausch über migrationsethische Themen hatte ich darüber hinaus mit Anna Goppel und Jan Brezger. Viele meiner Argumente haben auf dem Balkon des Büros von Anna Goppel im Ethik-Zentrum der Universität Zürich ihren ersten Plausibilitätstest erfahren (das gilt auch für manche Überlegung, die den Test nicht bestanden hat und in diesem Buch aus gutem Grund nicht enthalten ist). Darüber hinaus hat sie in Ujué einen Gesprächskreis ins Leben gerufen, von dem ich während der Arbeit an diesem Buch mehrfach profitieren durfte. Jan Brezger hat mich auf zahlreiche Ungenauigkeiten in früheren Versionen einzelner Kapitel aufmerksam gemacht, und da ich parallel zur Überarbeitung dieses Buches mit ihm an einem gemeinsamen Artikel zu verwandten Themen geschrieben habe,[3] befürchte ich, nicht immer den Überblick behalten zu haben, welche Gedanken ich ursprünglich ihm verdanke.

Für wertvolle Hinweise und Gespräche möchte ich mich bei meinen Kolleginnen und Kollegen am Ethik-Zentrum der Universität Zürich und an der Freien Universität Berlin sowie bei den Teilnehmenden von Workshops und Konferenzen in Berlin, Bern, Dubrovnik, Karlsruhe, Kassel, Oberdorf, Ujué, Saarbrücken und

3 Jan Brezger, Andreas Cassee, »Debate: Immigrants and Newcomers by Birth. Do Statist Arguments Imply a Right to Exclude Both?«, in: *Journal of Political Philosophy* (early view) (2016).

Zürich bedanken. Holger Baumann, Barbara Bleisch, Susanne Boshammer, Georg Brun, Tom Cassee, Stefan Gosepath, Sabine Hohl, Bernd Ladwig und Michael Schefczyk haben mich in verschiedenen Phasen auf je unterschiedliche Weise besonders unterstützt und gefördert. Philipp Hölzing und Jan-Erik Strasser vom Suhrkamp Verlag danke ich für das sorgfältige Lektorat und die umsichtige Betreuung dieses Buchprojekts. Für finanzielle Unterstützung bin ich dem Universitären Forschungsschwerpunkt Ethik der Universität Zürich und dem Schweizerischen Nationalfonds dankbar. Und schließlich gilt mein Dank den Flüchtlingen und Sans-Papiers, die im Dezember 2008 die Predigerkirche in Zürich besetzt haben. Ohne sie hätte ich dieses Buch wohl nie zu schreiben begonnen.

1. Einleitung

Wird in der breiteren Öffentlichkeit über Migrationspolitik diskutiert, so steht meist die Frage im Vordergrund, wie viel Zuwanderung – und welche Zuwanderung – dem aufgeklärten Eigeninteresse der Bürgerinnen des jeweiligen Landes dient. Die Asyldebatte mag diesbezüglich ein Stück weit eine Ausnahme sein. Aber jedenfalls wenn es um die Einwanderung von Menschen geht, die keine Flüchtlinge im Sinne des geltenden Rechts sind, dreht sich die Diskussion fast immer darum, welche Politik für diejenigen Menschen gut und nützlich ist, die bereits Angehörige des jeweiligen Staates sind: Wäre ein liberaleres Einwanderungsregime im wirtschaftlichen Interesse des Landes? Oder sind eher zusätzliche Restriktionen angebracht, um Arbeitslosigkeit und Lohndruck auf dem heimischen Arbeitsmarkt zu bekämpfen? Bedroht »Einwanderung in die Sozialsysteme« den Wohlfahrtsstaat? Oder leistet die Immigration umgekehrt einen wichtigen Beitrag zur Stabilisierung sozialstaatlicher Institutionen angesichts einer zunehmenden »Überalterung« der Bevölkerung? Stellt die Anwesenheit von Migranten aus Sicht der bisherigen Bürgerinnen eine kulturelle Belastung dar? Oder ist sie im Großen und Ganzen doch eher eine Bereicherung?

Ich werde nicht versuchen, diese Fragen hier zu beantworten. Stattdessen möchte ich die normativen Hintergrundannahmen untersuchen, von denen *beide* Seiten der erwähnten Kontroversen normalerweise ausgehen, wenn sie solche Nützlichkeitserwägungen anstellen. Dass es an den Bürgern der einzelnen Staaten (beziehungsweise an ihren politischen Repräsentantinnen) ist, darüber zu entscheiden, wem sie die Einwanderung in ihr Staatsgebiet erlauben wollen, und dass sie dies nach Maßgabe ihrer eigenen Vorstellungen und Interessen entscheiden dürfen, wird im politischen Diskurs meist stillschweigend vorausgesetzt. Die Debatte dreht sich darum, wie von einem staatlichen »Recht auf Ausschluss« klugerweise Gebrauch zu machen ist – dass es ein solches Recht gibt, gilt als unkontrovers und unproblematisch.[1]

1 Diese und einige weitere Überlegungen dieser Einleitung finden sich auch in Andreas Cassee, Anna Goppel, »Ein doppeltes Recht auf Ausschluss? Einleitende

Man könnte das vorherrschende Paradigma also dahingehend beschreiben, dass Einwanderungsbegehren etwa wie Heiratsanträge behandelt werden. Ein Einwanderungswilliger kann zwar darlegen, dass er eine »gute Partie« wäre. Einen Anspruch, dass seinem Antrag stattgegeben wird, hat er jedoch nicht. Und genau wie die Empfängerin eines Heiratsantrags nicht unparteiisch zwischen ihren eigenen Wünschen und denjenigen ihres heiratswilligen Gegenübers abzuwägen braucht, wird typischerweise angenommen, dass auch Staaten nicht dazu verpflichtet seien, den Interessen von Einwanderungswilligen bei ihrer Entscheidung das gleiche Gewicht beizumessen wie den Interessen ihrer bisherigen Bürger.

Was ist von dieser Ansicht zu halten? Nimmt man das geltende Völkerrecht zum Maßstab, so ist nichts dagegen einzuwenden. Es gibt zwar ein anerkanntes Menschenrecht auf Auswanderung und eines auf Bewegungs- und Niederlassungsfreiheit innerhalb eines gegebenen nationalstaatlichen Territoriums.[2] Ein Recht auf Einwanderung beziehungsweise auf grenzüberschreitende Bewegungs- und Niederlassungsfreiheit sieht das Völkerrecht hingegen nicht vor. Es steht den einzelnen Staaten grundsätzlich frei, Restriktionen für die Einreise und den Aufenthalt von Ausländerinnen zu erlassen.

Die wichtigste Ausnahme von diesem Grundsatz ist das Prinzip des *non-refoulement* im internationalen Flüchtlingsrecht: Niemand darf in ein Land abgeschoben werden, in dem »sein Leben oder seine Freiheit wegen seiner Rasse, Religion, Staatsangehörigkeit, seiner Zugehörigkeit zu einer bestimmten sozialen Gruppe oder wegen seiner politischen Überzeugung bedroht sein würde«.[3] Doch

Gedanken zu Migration und Ethik«, in: Andreas Cassee, Anna Goppel (Hg.), *Migration und Ethik*, Münster 2012, S. 9-20.

2 Siehe Art. 13 der Allgemeinen Erklärung der Menschenrechte vom 10. Dezember 1948 sowie völkerrechtlich verbindlich Art. 12 des Internationalen Paktes über bürgerliche und politische Rechte vom 16. Dezember 1966.

3 Art. 33 Ziff. 1 des Abkommens über die Rechtsstellung der Flüchtlinge vom 28. Juli 1951 (Genfer Flüchtlingskonvention). Die Geltung dieser Bestimmung war zunächst auf Personen beschränkt, die aufgrund von Geschehnissen vor 1951 auf der Flucht waren; zudem konnten die Vertragsstaaten wählen, ob sie die Flüchtlingskonvention auch auf außereuropäische Flüchtlinge anwenden wollten. Mit dem Protokoll über die Rechtsstellung der Flüchtlinge vom 31. Januar 1967 wurden diese Einschränkungen aufgehoben. Ergänzend zum *non-refoulement* nach der Genfer Flüchtlingskonvention bieten regionale Menschenrechtsinstrumente wie die Konvention zum Schutze der Menschenrechte und Grundfreiheiten vom

dabei handelt es sich in doppelter Hinsicht nur um eine beschränkte Ausnahme. Erstens gelten längst nicht alle Menschen, die aufgrund menschenrechtlich erheblicher Notlagen auf der Flucht sind, als Flüchtlinge im Sinne des internationalen Rechts. Wer etwa den Folgen einer Naturkatastrophe oder bitterer Armut zu entkommen sucht, genießt nicht den Schutz der Genfer Flüchtlingskonvention. Und zweitens bietet das Prinzip des *non-refoulement* nur jenen Flüchtlingen Schutz, die sich bereits im Hoheitsgebiet oder unter der hoheitlichen Kontrolle eines sicheren Staates befinden. Ein Recht, in ein sicheres Land der eigenen Wahl einzureisen, haben im rechtlichen Status quo also selbst politisch Verfolgte nicht.[4] Und alle anderen mehr oder weniger freiwilligen Migrantinnen[5] haben grundsätzlich gar keinen Anspruch, in einem Land aufgenommen zu werden, dessen Staatsangehörigkeit sie nicht bereits besitzen.

Das heißt nicht, dass Staaten typischerweise versuchen würden, ihre Grenzen völlig zu schließen – 244 Millionen Menschen oder rund 3,3 Prozent der Weltbevölkerung lebten 2015 in einem anderen Land, als sie geboren wurden, davon 76 Millionen in Europa.[6] Auch gelingt es den Staaten nur bedingt, ihre Einreise- und Aufenthaltsrestriktionen tatsächlich durchzusetzen – man denke an die rund 1,9 bis 3,8 Millionen irregulären Migranten, die in einer Situation weitgehender faktischer Rechtlosigkeit auf dem Territorium der Europäischen Union leben.[7] Aber die Staaten erachten es doch

4. November 1950 (Europäische Menschenrechtskonvention) subsidiären Schutz für weitere Personengruppen.

4 Zur Kritik an beiden Aspekten des geltenden Flüchtlingsrechts siehe Andrew E. Shacknove, »Who Is a Refugee?«, in: *Ethics* 95/2 (1985), S. 274-284. Für eine Verteidigung eines engen Flüchtlingsbegriffs siehe David Miller, *Strangers in Our Midst. The Political Philosophy of Immigration*, Cambridge, Mass., London 2016, S. 76-93.

5 Für ein graduelles Verständnis der Unterscheidung zwischen freiwilliger und unfreiwilliger Migration siehe Bernd Ladwig, »Offene Grenzen als Gebot der Gerechtigkeit?«, in: Andreas Cassee, Anna Goppel (Hg.), *Migration und Ethik*, Münster 2012, S. 67-88, hier S. 68.

6 United Nations, Department of Economic and Social Affairs, »Trends in International Migrant Stock. The 2015 Revision« ⟨http://www.un.org/en/development/desa/population/migration/data/estimates2/estimates15.shtml⟩, letzter Zugriff 7. 5. 2016.

7 Dita Vogel, Vesela Kovacheva, Hannah Prescott, »The Size of the Irregular Migrant Population in the European Union. Counting the Uncountable?«, in: *International Migration* 49/5 (2011), S. 78-96, hier S. 89. Zu den spezifischen

als ihr gutes Recht, solche Restriktionen zu erlassen und zumindest den Versuch zu unternehmen, sie durchzusetzen. Kein wohlhabender Staat lässt freie Einwanderung aus allen Weltgegenden zu. Und es gibt im geltenden Völkerrecht nichts, was die Staaten dazu verpflichten würde, diese Praxis zu ändern.

Aus rechtlicher Sicht sind Einwanderungsbeschränkungen also legal. Doch lässt sich dieser rechtliche Status quo auch mit guten Gründen rechtfertigen? Haben Staaten (beziehungsweise ihre Bürgerinnen) ein *moralisches* Recht, die Zuwanderung auf ihr Territorium zu beschränken? Sind Staaten unter moralischen Gesichtspunkten mit privaten Vereinen vergleichbar, deren Mitglieder frei darüber entscheiden dürfen, wen sie als neues Mitglied aufnehmen wollen und wen nicht?[8] Oder gibt es überzeugende Argumente dafür, dass Staaten eher wie Schweizer Kantone oder wie deutsche Bundesländer aussehen sollten, die normalerweise keine Kontrolle über den Zuzug von Menschen aus anderen Kantonen respektive Bundesländern haben?[9] Das ist die Fragestellung, der dieses Buch nachgeht.

Es greift damit eine philosophische Debatte auf, die im englischen Sprachraum seit rund dreißig Jahren kontrovers geführt wird. Ein wichtiger Ausgangspunkt sind dabei die beiden gegensätzlichen Positionen, die Michael Walzer und Joseph Carens in den 1980er Jahren formuliert haben. Walzer spricht sich in seiner Monographie *Sphären der Gerechtigkeit* für ein weitgehendes Selbstbestimmungsrecht politischer Gemeinschaften über die Aufnahme von Einwanderern aus.[10] Ohne ein Recht auf Ausschluss gäbe es

ethischen Fragen, die sich mit Blick auf die irreguläre Migration stellen, habe ich mich geäußert in Andreas Cassee, »Das Recht zu bleiben. Irreguläre Migration und die Erfordernisse der Gerechtigkeit«, in: Andreas Cassee, Anna Goppel (Hg.), *Migration und Ethik*, Münster 2012, S. 211-232.

8 Für die Club-Analogie siehe Michael Walzer, *Sphären der Gerechtigkeit. Ein Plädoyer für Pluralität und Gleichheit*, Frankfurt/M., New York ²2006, S. 76-78; Christopher H. Wellman, »Immigration and Freedom of Association«, in: *Ethics* 119/1 (2008), S. 109-141; ders., »Freedom of Association and the Right to Exclude«, in: Christopher H. Wellman, Phillip Cole, *Debating the Ethics of Immigration. Is There a Right to Exclude?* Oxford 2011, S. 11-155.

9 Für die Analogie zu subnationalen politischen Einheiten siehe Joseph H. Carens, »Fremde und Bürger: Weshalb Grenzen offen sein sollten«, in: Andreas Cassee, Anna Goppel (Hg.), *Migration und Ethik*, Münster 2012, S. 23-46, hier S. 40 f.

10 Walzer, *Sphären der Gerechtigkeit*, insbesondere S. 65-107. Ursprünglich erschienen als *Spheres of Justice. A Defense of Pluralism and Equality*, New York 1983.

Walzer zufolge »keine *spezifischen Gemeinschaften*, keine historisch stabilen Vereinigungen von Menschen, die einander in einer speziellen Weise verbunden und verpflichtet sind und die eine spezielle Vorstellung von ihrem gemeinsamen Leben haben«.[11]

Eine diametral entgegengesetzte Auffassung verteidigt Carens in seinem Aufsatz »Fremde und Bürger: Weshalb Grenzen offen sein sollten«.[12] Er behauptet, dass Einwanderungsbeschränkungen, wie wir sie heute kennen, mit dem liberalen[13] Bekenntnis zur Freiheit und Gleichheit aller Menschen unvereinbar seien. Die Staatsbürgerschaft in einem wohlhabenden Land sei angesichts der bestehenden Mobilitätsschranken mit einem feudalen Privileg vergleichbar, da sie einer bestimmten Gruppe von Menschen von Geburt an massiv bessere Lebensaussichten garantiere. Und wer das Bekenntnis zur individuellen Freiheit ernst nehme, komme nicht umhin, ein allgemeines Recht auf internationale Bewegungsfreiheit zu akzeptieren.

In den letzten Jahren hat die migrationsethische Debatte erheblich an Intensität gewonnen und zahlreiche Differenzierungen erfahren. Die von Carens geäußerte Kritik, dass ein Recht auf Ausschluss gegen Prinzipien der globalen Chancengleichheit und der individuellen Freiheit verstoße, wurde um einen dritten, demokratietheoretischen Einwand ergänzt: Unilateral beschlossenen Einwanderungsbeschränkungen mangle es an demokratischer Legitimität, weil sie unter Androhung und Ausübung von Zwang gegen Menschen durchgesetzt werden, die ihrerseits keine Mitbestimmungsrechte bei der Festlegung der entsprechenden Gesetze haben.[14] Auf der Gegenseite wurden Walzers Argumente von »li-

11 Walzer, *Sphären der Gerechtigkeit*, S. 106, Hervorhebung im Original.

12 Carens, »Fremde und Bürger: Weshalb Grenzen offen sein sollten«. Ursprünglich erschienen als »Aliens and Citizens: The Case for Open Borders«, in: *The Review of Politics* 49/2 (1987), S. 251-273.

13 Das Etikett »liberal« wird hier und im Folgenden in Anlehnung an den angelsächsischen Sprachgebrauch für eine breite Palette von Positionen verwendet, die insbesondere auch linke egalitaristische Positionen einschließt. Die wesentliche Abgrenzung ist dieser Verwendung des Begriffs zufolge die zwischen liberalen und konservativen oder kommunitaristischen Positionen, nicht die zwischen (markt-)liberalen und linken Positionen, wie sie im Deutschen oft anzutreffen ist.

14 Arash Abizadeh, »Democratic Theory and Border Coercion. No Right to Unilaterally Control Your Own Borders«, in: *Political Theory* 36/1 (2008), S. 37-65.

beralen Nationalisten« aufgegriffen, die – anders als Walzer, dessen kommunitaristische Gerechtigkeitskonzeption gerade als Kritik am »liberalen Mainstream« gedacht ist – die Vereinbarkeit eines kulturell begründeten Selbstbestimmungsrechts nationaler Gemeinschaften mit dem Universalismus und Individualismus liberaler Gerechtigkeitstheorien zu belegen versuchen.[15] Und in jüngerer Zeit werden vermehrt auch Argumente für ein Recht auf Ausschluss diskutiert, die gar nicht auf die kulturelle Dimension des Nationalstaates Bezug nehmen und sich stattdessen auf die Vereinigungsfreiheit[16] oder auf Eigentumsrechte an staatlichen Institutionen[17] berufen.

Diese verschiedenen Stränge der migrationsethischen Debatte sollen im Verlauf dieses Buches genauer dargestellt und kritisch beleuchtet werden. Dabei werde ich eine negative und eine positive Hauptthese vertreten. Meine negative These lautet, dass die »Standardansicht«, der zufolge Staaten die Einwanderung nach Maßgabe der Interessen und Vorlieben ihrer Bürger unilateral beschränken dürfen, moralisch unhaltbar ist. Um diese These zu begründen, werde ich im ersten Teil des Buches die in der Debatte gängigen Argumente für ein Recht auf Ausschluss untersuchen und darlegen, weshalb sie mich allesamt nicht überzeugen. Im zweiten Kapitel wird zunächst etwas genauer rekonstruiert, worauf ein Recht auf Ausschluss eigentlich ein Recht wäre. Anschließend werden vier Ansätze zur Begründung dieses Rechts dargestellt und kritisiert. Das dritte Kapitel ist der Argumentation von Christopher H. Wellman gewidmet, der sich auf die Vereinigungsfreiheit beruft und eine Analogie zwischen Staaten und Clubs geltend macht. Das vierte Kapitel beleuchtet Ryan Pevnicks Position, die das Recht auf Ausschluss mit kollektiven Eigentumsrechten an staatlichen

15 Will Kymlicka, *Multicultural Citizenship. A Liberal Theory of Minority Rights*, Oxford 1995; David Miller, »Einwanderung: Das Argument für Beschränkungen«, in: Andreas Cassee, Anna Goppel (Hg.), *Migration und Ethik*, Münster 2012, S. 47-65; ders., *National Responsibility and Global Justice*, Oxford 2007; ders., »Is There a Human Right to Immigrate?«, in: Sarah Fine, Lea Ypi (Hg.), *Migration in Political Theory. The Ethics of Movement and Membership*, Oxford 2016, S. 11-31; ders., *Strangers in Our Midst*.

16 Wellman, »Immigration and Freedom of Association«; ders., »Freedom of Association and the Right to Exclude«.

17 Ryan Pevnick, *Immigration and the Constraints of Justice. Between Open Borders and Absolute Sovereignty*, Cambridge 2011.

Institutionen begründet. Das fünfte Kapitel behandelt Walzers kommunitaristische Position, und im sechsten Kapitel kommen die liberal-nationalistischen Ansätze von David Miller und Will Kymlicka zur Sprache.

Im zweiten Teil des Buches werden dann die Argumente gegen ein Recht auf Ausschluss in den Blick genommen. Das siebte Kapitel gibt einen Überblick über drei zentrale Einwände gegen Einwanderungsbeschränkungen, die sich auf Prinzipien der individuellen (Bewegungs-)Freiheit, der globalen Verteilungsgerechtigkeit und der demokratischen Partizipation stützen. Der erstgenannte Einwand liegt meiner positiven Hauptthese zugrunde. Ich werde die Ansicht vertreten, dass alle Menschen ein moralisches Recht auf globale Bewegungs- und Niederlassungsfreiheit haben, das zwar nicht absolut gilt, aber doch eine erheblich offenere Einwanderungspolitik erfordert, als sie heute in Europa oder Nordamerika betrieben wird. Im achten Kapitel verteidige ich die Ansicht, dass dieselben Gründe, die dem weithin anerkannten Recht auf Bewegungs- und Niederlassungsfreiheit innerhalb eines Staates zugrunde liegen, auch für ein Recht auf zwischenstaatliche Bewegungs- und Niederlassungsfreiheit sprechen. Im neunten Kapitel versuche ich dann, meine These im Rahmen eines kosmopolitischen Kontraktualismus näher zu begründen und eine Antwort auf die Frage zu geben, inwieweit eine gewisse Beschränkung der globalen Bewegungsfreiheit unter besonderen Umständen doch zulässig sein könnte. Das zehnte und letzte Kapitel fasst die wichtigsten Ergebnisse kurz zusammen.

Teil I
Argumente für ein Recht auf Ausschluss

2.
Die Standardansicht

Die Mehrheitsmeinung geht zweifellos dahin, dass Staaten nicht nur aus Sicht des geltenden Rechts, sondern auch aus moralischer Perspektive dazu berechtigt sind, Einwanderungswilligen die Einreise oder die längerfristige Niederlassung im Staatsgebiet zu untersagen. Ich werde diese Position deshalb als »Standardansicht« bezeichnen.

Im Folgenden möchte ich zunächst etwas genauer herausarbeiten, worin das »Recht auf Ausschluss«, das Staaten der Standardansicht zufolge genießen, genau besteht (Abschnitt 2.1). Anschließend mache ich einige Bemerkungen zum Rechtfertigungsbedarf, der mit Blick auf dieses Recht besteht (Abschnitt 2.2), bevor ich einen Überblick über die Ansätze gebe, die in der philosophischen Debatte zu seiner Rechtfertigung herangezogen werden (Abschnitt 2.3).

2.1 Das Recht auf Ausschluss: Ein Recht worauf?

Worauf ist das (vermeintliche) Recht auf Ausschluss eigentlich ein Recht? Um ein geeignetes Vokabular zur Beantwortung dieser Frage zur Hand zu haben, scheint es mir sinnvoll, hier zuerst kurz die Terminologie »Hohfeld'scher Inzidenzien« einzuführen, auf die ich in dieser Arbeit noch verschiedentlich zurückgreifen werde. Genau genommen beziehe ich mich auf eine modifizierte Version der Terminologie des amerikanischen Juristen Wesley Hohfeld, die der Philosoph Leif Wenar in der Debatte über Rechte verteidigt hat.[1]

Wenar unterscheidet zwischen vier Arten von Bausteinen *(incidents)*, aus denen komplexere Rechte zusammengesetzt sind: Anspruchsrechte *(claims)*, Privilegien *(privileges)*, Kompetenzen *(powers)* und Immunitäten *(immunities)*. Die beiden basalen Bausteine sind Anspruchsrechte und Privilegien. Anspruchsrechte nehmen

1 Wesley N. Hohfeld, »Fundamental Legal Conceptions as Applied in Judicial Reasoning«, in: *The Yale Law Journal* 26/8 (1917), S. 710-770; Leif Wenar, »The Nature of Rights«, in: *Philosophy & Public Affairs* 33/3 (2005), S. 223-252.

andere Personen der Rechtsträgerin gegenüber in die Pflicht. Ich habe ein Anspruchsrecht, dass Person P (nicht) φ-t, wenn Person P mir gegenüber verpflichtet ist, (nicht) zu φ-en. Dabei kann weiter unterschieden werden zwischen negativen Anspruchsrechten darauf, dass andere Personen uns in bestimmten Hinsichten in Ruhe lassen (wie im Fall des Rechts, nicht geschlagen zu werden), und positiven Anspruchsrechten darauf, dass andere Personen etwas für uns tun (ein Beispiel wäre hier das Recht auf Gesundheitsversorgung).

Privilegien – man könnte auch von »Erlaubnissen« sprechen – haben demgegenüber die Verpflichtungen der Rechtsträgerin selbst zum Gegenstand: Ich habe das Privileg zu φ-en, wenn ich nicht verpflichtet bin, nicht zu φ-en. Privilegien können einzeln oder gekoppelt auftreten. Im ersten Fall handelt es sich um Ausnahmen von einer Regel wie etwa beim Privileg der »Befugten«, ein Gelände zu betreten, das zu betreten Unbefugten verboten ist. Treten Privilegien gekoppelt auf – habe ich sowohl das Privileg zu φ-en als auch das Privileg nicht zu φ-en –, so bilden sie zusammen eine »Freiheit« *(liberty)*: Es steht mir dann frei, zu φ-en oder auch nicht, ganz wie ich will.

Die beiden anderen Bausteine, Kompetenzen und Immunitäten, sind Ansprüche höherer Ordnung. Kompetenzen sind Fähigkeiten zur Veränderung von Rechten. Im einfachsten Fall handelt es sich um eine Fähigkeit, Privilegien oder Anspruchsrechte zu verleihen oder zu entziehen. Solcher Art ist etwa das Hausrecht. Wer dieses Recht hat, kann anderen das Privileg, sich in einem bestimmten Raum aufzuhalten, verleihen oder entziehen. Darüber hinaus sind aber auch höherstufige Kompetenzen möglich, also Fähigkeiten, Kompetenzen (oder Immunitäten) zu verleihen. Ein Beispiel wäre hier die Kompetenz, Richter zu ernennen, die durch die Ernennung ihrerseits bestimmte Kompetenzen erlangen. Immunitäten schließlich beschränken Kompetenzen, sie schützen uns vor einer Veränderung unserer Rechte. Das Recht auf Kündigungsschutz beispielsweise ist eine Immunität, die unter bestimmten Bedingungen vor der Beendigung eines Arbeitsverhältnisses durch den Arbeitgeber schützt.

Das Recht auf Ausschluss, um das es hier geht, lässt sich in dieser Terminologie zunächst als eine Kompetenz klassifizieren. Inhaber dieser Kompetenz sind die einzelnen Nationalstaaten (beziehungsweise im Fall demokratischer Staaten, um den es mir im Folgenden gehen wird, letztlich deren Bürgerinnen); das Recht auf Ausschluss befähigt sie, die Rechte von Nichtbürgern zu verändern. Ihnen kann der Standardansicht zufolge die Einwanderung erlaubt oder verboten werden, wobei entsprechende Restriktionen die Einreise oder den längerfristigen Aufenthalt auf dem jeweiligen Territorium betreffen können.

Mit der Einreise- und Aufenthaltserlaubnis verleiht der Staat in erster Linie ein Privileg. Wenn ein Staat mir dieses Recht verliehen hat, bin ich nicht verpflichtet, von der Einreise abzusehen oder auszureisen. Darüber hinaus generiert die Aufenthaltsgenehmigung aber auch negative Anspruchsrechte (Dritte dürfen mich nicht daran hindern, mich im Staatsgebiet aufzuhalten) sowie positive Ansprüche darauf, von den Instanzen der Rechtsdurchsetzung in meinen negativen Anspruchsrechten geschützt zu werden. Die Frage, welche weiteren Rechte etwa auf sozialstaatliche Leistungen mit der Einwanderung einhergehen und ob Migrantinnen nach einer bestimmten Zeitspanne die Möglichkeit bekommen sollten, die vollen Bürgerrechte zu erwerben, wird uns später noch beschäftigen; für den Moment kann dies jedoch offenbleiben.

Eine wichtige Präzisierung betrifft nun die Frage, in welchem normativen System das Bestehen der hier skizzierten Ausschlusskompetenz behauptet wird. Insofern ich bereits deutlich gemacht habe, dass es in dieser Arbeit nicht um eine positiv-rechtliche Frage gehen soll, könnte man vielleicht versucht sein, die fragliche Kompetenz als eine moralische Kompetenz zu verstehen. Die These würde dann lauten, dass Nichtbürgerinnen moralisch dazu verpflichtet seien, nicht einzureisen beziehungsweise auszureisen, falls ein Staat ihnen die Einreise oder den Aufenthalt untersagt. Allerdings scheint mir diese Rekonstruktion des Rechts auf Ausschluss zu schwach zu sein, um die Standardansicht adäquat zu beschreiben. Denn die meisten Befürworter von Einwanderungsbeschränkungen wären wohl keineswegs zufrieden, Außenstehende bloß moralisch zur Nichteinreise oder Ausreise verpflichten und ihnen gegebenenfalls Vorwürfe machen zu können, wenn sie dieser Verpflichtung nicht nachkommen. Und umgekehrt wäre die Annahme einer moralischen Ausschlusskompetenz möglicherweise auch zu stark, denn manchmal wird durchaus auch die Ansicht vertreten, man mache irregulären Migranten zwar keine moralischen Vorwürfe, wenn sie versuchten, illegal einzureisen, man sei allerdings dazu berechtigt, sie aufzuhalten oder nach erfolgter Einreise wieder abzuschieben.[2]

Was die Befürworter eines Rechts auf Ausschluss im Blick haben, ist offenbar eine Form von Verpflichtung, die nötigenfalls mit Zwangsmitteln durchgesetzt werden kann. Es scheint mir deshalb sinnvoll, die Kompetenz, um die es hier geht, als eine rechtliche Kompetenz zu beschreiben, wobei ich einfach annehmen werde, dass rechtliche Kompetenzen mit der Befugnis verbunden sind, entsprechende Regelungen (unter Wahrung der Verhältnismäßigkeit) mit Zwang durchzusetzen. Die These, um die es hier gehen soll, lautet allerdings nicht, dass Staaten diese rechtliche Kompetenz aktuell haben (das haben sie ohne Zweifel), sondern dass sie eine solche Kompetenz aus moralischer Perspektive haben *sollten*. Der erste Bestandteil der Standardansicht, wie ich sie im Folgenden verstehen möchte, lautet deshalb:

1. *These über die nationalstaatliche Entscheidungskompetenz:* Nationalstaaten sollten die rechtliche Kompetenz haben, Nichtbürgerinnen die Einwanderung zu erlauben oder zu verbieten.

Das Postulat einer rechtlichen Entscheidungskompetenz auf nationalstaatlicher Ebene dürfte allerdings noch nicht genügen, um die Standardansicht angemessen zu charakterisieren. Denn mit der These über die nationalstaatliche Entscheidungskompetenz ist noch nichts darüber gesagt, welche Gebote der Gerechtigkeit oder der Moral bei der Ausübung dieser Kompetenz gegebenenfalls einschlägig sind. Im Extremfall könnte die Annahme einer nationalstaatlichen Entscheidungskompetenz gar mit der Ansicht vereinbar sein, dass staatliche Gemeinschaften ihrerseits moralisch verpflichtet sind, ein allgemeines Recht auf Einwanderung anzuerkennen. Eine solche »kompatibilistische« Position vertritt Oliviero Angeli.[3]

2 »Tatsächlich glaube ich, dass viele von uns keinen besonderen Wunsch hegen, diejenigen, die unrechtmäßig eine Grenze überqueren, als untugendhaft zu verurteilen; wir mögen das juridische Recht haben, sie aufzuhalten, und zwar aus Gründen, die sich als moralisch vertretbar herausstellen könnten, aber wir sind deshalb nicht dazu berechtigt, sie als moralische Ungeheuer anzusehen.« Michael Blake, »Immigration, Jurisdiction, and Exclusion«, in: *Philosophy & Public Affairs* 41/2 (2013), S. 103-130, hier S. 117, eigene Übersetzung.

3 Oliviero Angeli, »Das Recht auf Einwanderung und das Recht auf Ausschluss«, in: *Zeitschrift für Politische Theorie* 2/2 (2011), S. 171-184; siehe auch ders., *Cosmo-*

Seiner Ansicht nach sollten Staaten zwar die Kompetenz haben, Einwanderungswilligen eine gültige Verpflichtung zur Nichteinreise oder Ausreise aufzuerlegen. Die Staaten selbst (beziehungsweise ihre Bürgerinnen) seien aber moralisch verpflichtet, von Einwanderungsbeschränkungen (weitgehend) abzusehen. Das Recht, Einwanderungswillige abzuweisen, sei deshalb ein »Recht, Unrecht zu tun« *(a right to do wrong)*.[4]

Nun halte ich diese Position zwar inhaltlich nicht unbedingt für überzeugend,[5] aber wir sollten sie nicht von vornherein ausschließen. Um die Standardansicht angemessen zu beschreiben, müssen wir der These über die nationalstaatliche Entscheidungskompetenz deshalb Annahmen über den Spielraum zur Seite stellen, den Staaten bei der Ausübung ihrer einwanderungspolitischen Entscheidungskompetenz (angeblich) genießen. Eine sehr weitreichende Annahme könnte an dieser Stelle lauten, dass es Staaten (oder ihren Bürgerinnen) moralisch völlig freisteht, wie sie von ihrer einwanderungspolitischen Entscheidungskompetenz Gebrauch machen wollen. Die These würde dann lauten, dass staatliche Gemeinschaften ein gekoppeltes moralisches Privileg beziehungsweise eine moralische Freiheit mit Blick auf die Ausübung ihrer rechtlichen Ausschlusskompetenz genießen. Doch diese Annahme ginge wohl zu weit. Denn auch die Befürworter eines einigermaßen robusten Rechts auf Ausschluss behaupten typischerweise nicht, dass einwanderungspolitische Entscheidungen überhaupt keinen moralischen Einschränkungen unterliegen. So wird oft zugestanden, dass spezifische Personengruppen wie politische oder auch wirtschaft-

politanism, Self-Determination and Territory. Justice with Borders, Basingstoke 2015, S. 106-109.

4 Vgl. Jeremy Waldron, »A Right to Do Wrong«, in: *Ethics* 92/1 (1981), S. 21-39.

5 Wäre die kompatibilistische Position richtig, so wäre die staatliche Ausschlusskompetenz mit der Kompetenz eines Gerichts vergleichbar, einen letztinstanzlichen, aber in der Sache ungerechtfertigten Entscheid zu fällen. Diese minimalistische Rekonstruktion des Rechts auf Ausschluss scheint mir aber nicht recht mit den Argumenten zusammenzupassen, die Angeli für ein solches Recht anführt. Er schreibt, das Recht auf Ausschluss diene dazu, den Angehörigen eines *demos* »Freiheitsräume« zu eröffnen, »innerhalb derer Menschen autonom entscheiden dürfen« (Angeli, »Das Recht auf Einwanderung und das Recht auf Ausschluss«, S. 171). Ein solcher »Freiheitsraum« scheint mir aber gerade nicht zu bestehen, wenn die Mitglieder des *demos* ihrerseits moralisch verpflichtet sind, ein Recht auf Einwanderung anzuerkennen.

liche Flüchtlinge einen Anspruch auf Aufnahme geltend machen können[6] oder dass bestimmte Auswahlkriterien (etwa solche, die offen rassistisch sind) moralisch unzulässig wären.[7]

Statt mich auf eine positive Umschreibung des moralischen Spielraums festzulegen, den staatliche Gemeinschaften bei der Festlegung ihrer Einwanderungspolitik der Standardansicht zufolge genießen, möchte ich es hier bei zwei negativen Thesen bewenden lassen. Ähnlich breite Zustimmung wie die These über die nationalstaatliche Entscheidungskompetenz dürfte zunächst die Annahme finden, dass Individuen im Allgemeinen kein moralisches Recht auf Einwanderung haben:

2. *Negation eines Rechts auf Einwanderung:* Es gibt kein allgemeines negatives moralisches Anspruchsrecht, in ein Land der eigenen Wahl einzuwandern.

Ein solches Recht auf Einwanderung wäre ein allgemeines Recht in dem Sinn, dass jede Person es genießen würde. Und es wäre ein negatives Recht, weil es uns nicht in die Pflicht nähme, Einwanderungswilligen bei der Einreise oder Niederlassung behilflich zu

6 Eine schwache Hilfspflicht gegenüber politisch Verfolgten anerkennt etwa Michael Walzer, *Sphären der Gerechtigkeit. Ein Plädoyer für Pluralität und Gleichheit*, Frankfurt/M., New York ²2006, S. 88-92. Stärkere Verpflichtungen gegenüber Flüchtlingen in einem weiteren Sinn akzeptiert Ryan Pevnick: »Es gibt [...] starke Gründe, nicht nur die Ansprüche von traditionellen Flüchtlingen zu akzeptieren, sondern auch die traditionellen Bedingungen für die Qualifikation als Flüchtling zu erweitern, indem wir anerkennen, dass Menschen, die in schwerwiegender Armut leben, genau wie politisch Verfolgte in einer sehr starken Position sind, Einlass zu verlangen.« Ryan Pevnick, *Immigration and the Constraints of Justice. Between Open Borders and Absolute Sovereignty*, Cambridge 2011, S. 96, eigene Übersetzung.

7 David Miller, »Einwanderung: Das Argument für Beschränkungen«, in: Andreas Cassee, Anna Goppel (Hg.), *Migration und Ethik*, Münster 2012, S. 47-65, hier S. 63; ders., *Strangers in Our Midst. The Political Philosophy of Immigration*, Cambridge, Mass., London 2016, S. 102-105; Christopher H. Wellman, »Immigration and Freedom of Association«, in: *Ethics* 119/1 (2008), S. 109-141, hier S. 137-141. Für die Ansicht, dass die Zurückweisung offen diskriminierender Auswahlkriterien nicht genüge, um das Problem rassistischer Diskriminierung in der Einwanderungspolitik zu lösen, siehe Sarah Fine, »Immigration and Discrimination«, in: Sarah Fine, Lea Ypi (Hg.), *Migration in Political Theory. The Ethics of Movement and Membership*, Oxford 2016, S. 125-150.

sein, sondern uns nur verböte, sie mit Zwangsmitteln an der Einwanderung zu hindern.[8] Das Recht auf Einwanderung müsste auch kein absolutes Recht sein. Aber wenn es ein solches Recht gäbe, so würde doch gelten, dass ein Staat jeden einzelnen Einwanderungswilligen aufnehmen muss, sofern nicht gezeigt werden kann, dass andere moralische Ansprüche von größerem Gewicht das Recht auf Einwanderung im konkreten Einzelfall überwiegen. Die Sache verhielte sich also ungefähr so wie beim Recht auf Versammlungsfreiheit: Es mag zwar kein absolutes Recht geben, sich zu jedem beliebigen Zeitpunkt an jedem beliebigen Ort zu versammeln. Aber der Grundsatz lautet doch, dass Menschen frei entscheiden dürfen, wann sie sich wo mit wem versammeln wollen, und jede Ausnahme von diesem Grundsatz bedarf einer Rechtfertigung. Dass Analoges für das Ausstellen von Einreise- und Aufenthaltsbewilligungen gilt, würden die Befürworter eines Rechts auf Ausschluss aber zweifellos bestreiten.

Über die Annahme hinaus, dass Einwanderungswillige kein individuelles Recht auf Einwanderung haben, wird schließlich typischerweise auch angenommen, dass Staaten nicht verpflichtet sind, die Interessen ihrer Bürger (beispielsweise nach Maßgabe eines utilitaristischen Nutzenkalküls) unparteiisch gegen die Interessen von Einwanderungswilligen abzuwägen. Es gilt gemeinhin als unproblematisch, wenn sich die Einwanderungspolitik eines Landes in erster Linie an den Interessen derer orientiert, die bereits seine Bürger sind:

3. *These über die gerechtfertigte Parteilichkeit:* Bei der Ausübung ihrer einwanderungspolitischen Entscheidungskompetenz dürfen Staaten zugunsten ihrer eigenen Bürger parteiisch sein.

Die Charakterisierung der Standardansicht über die Thesen 1.-3. ist natürlich hochgradig präzisierungsbedürftig. Zahlreiche Autoren, welche der Standardansicht im Großen und Ganzen zustimmen, sehen Ausnahmen für bestimmte Personengruppen oder für besondere Umstände vor (zum Beispiel wenn ein Nationalstaat einen übermäßig großen Teil der Erdoberfläche als sein Territorium

8 Vgl. Peter Schaber, »Das Recht auf Einwanderung: Ein Recht worauf?«, in: Andreas Cassee, Anna Goppel (Hg.), *Migration und Ethik*, Münster 2012, S. 185-195; siehe auch Abschnitt 8.1.

beansprucht[9]). Um diese Spezialfälle für den Moment ausblenden zu können, werde ich im Folgenden als Vertreterin der Standardansicht bezeichnen, wer den Thesen 1.-3. für Einwanderungswillige ohne bestehende Beziehung zum Zielland und für Bedingungen, wie sie in Europa mehrheitlich erfüllt sind, zustimmt.

So gefasst, deckt die Standardansicht immer noch ein beträchtliches Spektrum an unterschiedlichen Positionen ab. So lässt die Formulierung der drei Thesen offen, zu welchem *Zeitpunkt* Staaten Einwanderungswillige abweisen dürfen. Sowohl die Ansicht, dass Staaten Nichtbürgern die Einreise untersagen dürfen (ihnen aber möglicherweise nach einer gewissen Aufenthaltsdauer die vollen Bürgerrechte verleihen müssen und sie dann nicht mehr abschieben dürfen[10]), als auch die Ansicht, dass Staaten bereits eingereisten Personen die längerfristige Niederlassung untersagen dürfen (aber möglicherweise Zutrittsrechte für kurzfristige Besuche gewähren müssen[11]), sind demnach Varianten der Standardansicht.

Auch die These über die gerechtfertigte Parteilichkeit lässt erheblichen Interpretationsspielraum zu. Erstens lässt die Formulierung offen, ob es bloß erlaubt ist, parteiisch zu entscheiden, oder ob es aufgrund spezieller Verpflichtungen gegenüber unseren Mitbürgerinnen gar gefordert ist, dies zu tun. Und zweitens ist die Standardansicht mit unterschiedlichen Formen von Parteilichkeit vereinbar. Die Möglichkeiten reichen von »extremer Parteilichkeit« (*nur* die Interessen der Bürger zählen) bis zu einer »humanitären« Position, der zufolge wir zwar gegenüber Nichtbürgerinnen nicht unparteiisch zu sein brauchen, es aber doch unmenschlich wäre, ihre Interessen überhaupt nicht zu berücksichtigen. Irgendwo in diesem Spektrum positionieren sich die meisten politischen Akteure und zahlreiche philosophische Autorinnen und Autoren. Wenn ich all diese Positionen dennoch in einen Topf werfe, dann vor allem deshalb, weil ich glaube, dass *sämtliche* Versionen der Standardansicht erheblichen Einwänden ausgesetzt sind.

9 Walzer, *Sphären der Gerechtigkeit*, S. 85-87; Michael Blake, Mathias Risse, »Immigration and Original Ownership of the Earth«, in: *Notre Dame Journal of Law, Ethics & Public Policy* 23/1 (2009), S. 133-165; Mathias Risse, *On Global Justice*, Princeton, New Jersey 2012, S. 152-166.

10 Walzer, *Sphären der Gerechtigkeit*, S. 92-105.

11 Wellman, »Immigration and Freedom of Association«, S. 134.

2.2 Staatlicher Zwang und moralische Rechtfertigung

»Grenzen haben Wächter, und die Wächter sind bewaffnet.«[12] Mit diesen Worten beginnt Joseph Carens' Kritik an einem Recht auf Ausschluss, die mit den Anstoß für die neuere philosophische Debatte über Einwanderungsbeschränkungen gegeben hat. Staatliche Grenzen sind keine natürlichen Mobilitätsschranken, sondern von Menschenhand gezogene Demarkationslinien, die unter Androhung (und in erheblichem Ausmaß auch unter tatsächlichem Einsatz) von physischem Zwang kontrolliert werden. Und wenn wir einander für irgendetwas eine Rechtfertigung schuldig sind, dann zweifellos für die Ausübung von Zwang.[13] An diesem Rechtfertigungsbedarf vermag auch die Tatsache nichts zu ändern, dass die Durchsetzung von Einwanderungsbeschränkungen zunehmend an externe Akteure ausgelagert wird, etwa indem Fluggesellschaften mit Sanktionen bedroht werden, sollten sie irreguläre Migrantinnen ins Land bringen.[14]

Diese Problembeschreibung macht bereits deutlich, weshalb es voreilig sein könnte, die Einwanderungsfrage von vornherein als eine Frage nach unseren Hilfspflichten gegenüber Flüchtlingen (im engen Sinn des geltenden Rechts oder auch in einem weiteren Sinn) zu verstehen. Denn Hilfspflichten sind Pflichten, *unsere* Ressourcen einzusetzen, um die Not von Dritten zu lindern. Strittig ist mit Blick auf die Einwanderungsfrage aber bereits, mit welchem Recht eine Gruppe von Menschen überhaupt für sich beanspruchen kann, dass ein bestimmter Teil der Erdoberfläche im relevanten Sinn *ihr* Territorium sei. Weshalb sollten die Bürgerinnen eines

12 Joseph H. Carens, »Fremde und Bürger: Weshalb Grenzen offen sein sollten«, in: Andreas Cassee, Anna Goppel (Hg.), *Migration und Ethik*, Münster 2012, S. 23-46, hier S. 23.

13 Ebd., S. 28 f. Die Beschreibung, dass Einwanderungsbeschränkungen eine Form von Zwang darstellen, ist in der Debatte nicht unstrittig. Siehe dazu David Miller, »Why Immigration Controls Are Not Coercive. A Reply to Arash Abizadeh«, in: *Political Theory* 38/1 (2010), S. 111-120; Arash Abizadeh, »Democratic Legitimacy and State Coercion. A Reply to David Miller«, in: *Political Theory* 38/1 (2010), S. 121-130. Auf diese Debatte komme ich in Abschnitt 7.3.1 zurück.

14 Wenn überhaupt, macht diese Auslagerung an nichtstaatliche Akteure die Sache eher noch problematischer. Siehe dazu Tendayi Bloom, Verena Risse, »Examining Hidden Coercion at State Borders. Why Carrier Sanctions Cannot Be Justified«, in: *Ethics & Global Politics* 7/2 (2014), S. 68-82.

Landes überhaupt ein Recht haben, Außenstehende (ob notleidend oder nicht) unter Zwangsandrohung von einem bestimmten Gebiet fernzuhalten?

Dieses Problem scheint auch Kant im Blick zu haben, wenn er in *Zum ewigen Frieden* schreibt, dass die Menschen sich als Bewohner der Oberfläche einer Kugel »nicht ins Unendliche zerstreuen können«, sondern »sich doch neben einander dulden müssen«, und gleichzeitig betont, dass »ursprünglich aber niemand an einem Orte der Erde zu sein mehr Recht hat, als der Andere«.[15]

Gibt es ein überzeugendes Argument, das von diesem ursprünglich gleichen Anspruch aller Individuen, sich an einem Ort aufzuhalten, zu der Konklusion führt, dass die Bürger eines Landes letztlich doch das Recht haben, die Einwanderung in ihr Staatsgebiet zu beschränken? Kant selbst scheint dies zu glauben, auch wenn an dieser Stelle nicht abschließend deutlich wird, worin das Argument bestehen könnte. Vom »gemeinschaftlichen Besitz der Oberfläche der Erde« bleibt bei ihm am Ende nur ein Besuchs- oder »Hospitalitätsrecht« bestehen, das ein Recht einschließt, sich in einem fremden Land »zur Gesellschaft anzubieten«. Dieses Angebot eines »Fremdlings« dürfe aber abgelehnt werden, »wenn es ohne seinen Untergang geschehen kann«.[16]

Klar scheint mir jedoch, dass an dieser Stelle *irgendein* Argument vonnöten ist. Wer an der Standardansicht festhalten will, muss etwas dazu sagen, auf welcher Rechtfertigungsgrundlage eine Gruppe von Menschen den Anspruch erheben kann, andere Menschen unter Zwang von einem Teil der Oberfläche unseres Planeten auszuschließen.

Wie könnte eine solche Rechtfertigung aussehen? Wie könnte die Standardansicht gegen die dreifache Alternative verteidigt werden, dass die einwanderungspolitische Entscheidungskompetenz erstens nicht bei den Einzelstaaten, sondern bei einem globalen *demos* angesiedelt sein sollte, dass die Entscheidungsträger (wer auch

15 Immanuel Kant, *Zum ewigen Frieden. Ein philosophischer Entwurf*, in: *Gesammelte Schriften*, herausgegeben von der Preußischen Akademie der Wissenschaften, Bd. VIII, Berlin 1912, S. 341-386, hier S. 358. Dazu Urs Marti, »Mein und Dein: Eigentum oder Eigenart? Überlegungen zur Begründbarkeit eines Rechts auf Exklusion«, in: Andreas Cassee, Anna Goppel (Hg.), *Migration und Ethik*, Münster 2012, S. 89-105.

16 Kant, *Zum ewigen Frieden*, S. 357 f.

immer sie sein mögen) zweitens die Interessen derer »drinnen« und derer »draußen« unparteiisch gegeneinander abwägen sollten und dass Staaten drittens ein individuelles Recht auf globale Bewegungs- und Niederlassungsfreiheit respektieren sollten?[17]

2.3 Kulturelle und institutionalistische Argumentationsstrategien

Um etwas Ordnung in die Debatte zu bringen, scheint es mir hilfreich, an dieser Stelle zwei Unterscheidungen einzuführen: die zwischen Schutzargumenten und Kontrollargumenten und die zwischen kulturellen und institutionalistischen Ansätzen.

»Schutzargumente« behaupten, dass Einwanderungsbeschränkungen gerechtfertigt sind, weil (und wenn) sie notwendig sind, um irgendein wertvolles Gut wie beispielsweise die öffentliche Ordnung, ein gewisses Lohnniveau auf dem heimischen Arbeitsmarkt oder eine bestimmte Sprache oder Kultur zu schützen. Argumente dieser Art gehen in einer Hinsicht weiter als die Standardansicht, wie ich sie in Abschnitt 2.1 rekonstruiert habe. Wenn ein solches Argument durchkommt, folgt daraus wohl nicht nur, dass Staaten die Einwanderung beschränken *dürfen*, sondern auch, dass sie dies tun *sollten*. In einer anderen Hinsicht gehen Schutzargumente aber wesentlich weniger weit als die Standardansicht. Sie lassen kaum den Schluss zu, dass Staaten ein *allgemeines* Recht auf Ausschluss haben, sondern begründen nur die bescheidenere These, dass die Einwanderung unter bestimmten kontingenten Umständen und in dem Maß beschränkt werden darf, in dem dies tatsächlich notwendig ist, um das fragliche Gut zu schützen. Um die Standardansicht zu rechtfertigen, ist deshalb eine andere Art von Argument notwendig: ein Argument dafür, dass die Einwanderungspolitik unter der mehr oder weniger freien Verfügung nationalstaatlicher Gemeinschaften stehen sollte (Kieran Oberman nennt solche Argumente »Kontrollargumente«).[18]

17 Diese drei Alternativen entsprechen grob den drei Einwänden gegen die Standardansicht, die ich im siebten Kapitel diskutieren werde.

18 Kieran Oberman, »Immigration as a Human Right«, in: *JWI Working Paper* 2013/3 (2013) ⟨http://www.sps.ed.ac.uk/jwi/research/working_papers/kieran_oberman,_immigration_as_a_human_right⟩, letzter Zugriff 7.5.2016, S. 16 f.

Oft wird in diesem Zusammenhang auf die Souveränität der Nationalstaaten verwiesen. Die Kontrolle über die Einwanderung sei ein integraler Bestandteil dessen, was es bedeute, Nationalstaaten als »souverän« zu verstehen.[19] Dieses Argument ist allerdings aus zwei Gründen unbefriedigend. Erstens ist die begriffliche Diagnose, die ihm zugrunde liegt, keineswegs unanfechtbar.[20] So gewährte die französische Verfassung von 1791 jedem Menschen die Freiheit, »zu gehen, zu bleiben, zu reisen, ohne verhaftet oder gefangengehalten zu werden [...]«.[21] Dennoch war der Verfassungsgeber wahrscheinlich nicht der Ansicht, damit die Souveränität Frankreichs aufzugeben. Doch selbst wenn die Diagnose richtig wäre, dass die Befugnis zur Einwanderungskontrolle zum Kerngehalt des Souveränitätsbegriffs zählt, würde sich zweitens immer noch die Frage stellen, weshalb es »souveräne« Nationalstaaten in diesem Sinn aus normativer Sicht überhaupt geben sollte – wobei als Alternative nicht nur ein Weltstaat oder eine Situation allgemeiner Anarchie in Betracht kommt, sondern eben auch eine Welt mit einer Vielzahl von Einzelstaaten, die bloß in der einen Hinsicht nicht »souverän« sind, als sie Einwanderungswillige nicht nach Gutdünken abweisen dürfen.

Was wäre problematisch daran, Staaten dieses eine Recht, ob es nun ein untrennbarer Bestandteil des Souveränitätsbegriffs ist oder nicht, zu entziehen? Die philosophischen Befürworter eines Rechts auf Ausschluss beantworten diese Frage typischerweise im Rückgriff auf einen irgendwie gearteten Anspruch auf kollektive Selbstbestimmung. Die bisherigen Mitglieder einer nationalstaatlichen Gemeinschaft haben ein Recht auf Selbstbestimmung, und dieses Recht schließt einen Anspruch ein, über die Zuwanderung und

19 Frederick G. Whelan, »Citizenship and Freedom of Movement. An Open Admission Policy?«, in: Mark Gibney (Hg.), *Open Borders? Closed Societies? The Ethical and Political Issues*, New York 1988, S. 3-39, hier S. 26 f.

20 Für eine ideengeschichtliche Kritik siehe Melissa Lane, »A Philosophical View on States and Immigration«, in: Kristof Tamas, Joakim Palme (Hg.), *Globalizing Migration Regimes. New Challenges to Transnational Cooperation*, Aldershot 2006, S. 131-143, insbesondere S. 134 f.

21 Thomas Claes, *Passkontrolle! Eine kritische Geschichte des sich Ausweisens und Erkanntwerdens*, Berlin 2010, S. 26. Zu den Auseinandersetzungen um die Abschaffung und Wiedereinführung von Passkontrollen nach der französischen Revolution siehe auch John Torpey, *The Invention of the Passport. Surveillance, Citizenship and the State*, Cambridge 2000, S. 29-35.

damit verbundene Veränderungen des »Selbst« zu bestimmen, so die Grundform des Arguments.[22] Diesem Argument werden in der Debatte nun verschiedene Deutungen gegeben, die den Anspruch auf nationalstaatliche Selbstbestimmung je unterschiedlich verstehen und begründen. Dabei kann grob zwischen zwei Kategorien von Ansätzen unterschieden werden.

Traditionelle »kulturelle« oder »nationalistische« Ansätze verstehen das einschlägige Recht auf kollektive Selbstbestimmung als ein Recht, das zunächst Nationen als kulturellen Gemeinschaften zukommt. Staaten haben ein solches Recht nur deshalb (und nur dann?), weil (und wenn?) ihre Grenzen zumindest grob mit den Grenzen zwischen nationalen Kulturen zusammenfallen. Der relevante Unterschied zwischen Nationalstaaten, die ein Recht auf Ausschluss besitzen, und subnationalen politischen Einheiten wie Kommunen, Kantonen oder Bundesländern, die kein solches Recht haben, besteht diesen Ansätzen zufolge darin, dass wir es bei der innerstaatlichen Wanderung normalerweise mit *co-nationals* oder »unseresgleichen« zu tun haben, wohingegen es im internationalen Fall um die Aufnahme von »Fremden« geht. Im Hintergrund steht dabei die Annahme, dass sich Menschen in der internationalen Arena in moralisch erheblicher Hinsicht nicht (nur) als Individuen, sondern (auch) als Angehörige verschiedener kultureller Gemeinschaften oder Nationen begegnen.

Die wohl erste breit angelegte Verteidigung der Standardansicht auf kulturellen Prämissen stammt vom kommunitaristischen Philosophen Michael Walzer.[23] Die Grundlage seines Arguments bildet eine partikularistische Gütertheorie, der zufolge die Bedeutung, die einem Gut in einer bestimmten Kultur zugeschrieben wird, die Quelle aller moralischen Prinzipien für die Verteilung dieses Guts ist. Auch die Mitgliedschaft in der politischen Gemeinschaft sei ein Gut, das verteilt werde, und wie bei anderen Gütern könne das Verteilungskriterium nur dem gemeinschaftlichen Verständnis derer entspringen, die es ersonnen haben. Sofern sich eine Gemeinschaft als demokratisch verstehe, müsse sie Migrantinnen, die auf dem Territorium aufgenommen werden, zumindest perspektivisch als volle Mitglieder ansehen. Gerade weil die interne Exklusion von Menschen, die auf dem Territorium leben, moralisch unhaltbar sei,

22 Wellman, »Immigration and Freedom of Association«, S. 115.

23 Walzer, *Sphären der Gerechtigkeit*, insbesondere S. 30-36, 65-107.

müssten politisch-kulturelle Gemeinschaften aber ein Recht auf externe Exklusion an den Außengrenzen haben.

Entlang der Analogien des Clubs und der Familie entwickelt Walzer eine migrationsethische Position, der zufolge es den einzelnen Gemeinschaften weitgehend freisteht, Fremde aufzunehmen oder abzuweisen. Wie bei Clubs seien es bei Staaten die bisherigen Mitglieder, die zu entscheiden haben, wen sie als neues Mitglied aufnehmen wollen. Und wie bei Familien bestünden besondere Pflichten gegenüber »nationalen Verwandten«. Die Interessen von »Fremden« spielen in Walzers Theorie hingegen eine untergeordnete Rolle. Zwar sieht er ein minimales Prinzip der gegenseitigen Hilfe vor, auf das sich politisch Verfolgte berufen können, auch wenn keine ethnische oder kulturelle Affinität zwischen ihnen und der möglichen Aufnahmegesellschaft besteht. Doch das Gebot der gegenseitigen Hilfe stoße schnell an seine Grenzen, wenn die Zahl der Flüchtlinge groß werde – dieses externe Prinzip könne »die Aufnahmepolitik, die ihre Basis im jeweiligen Spezialverständnis der Gemeinschaft von sich selbst hat, nur modifizieren, nicht aber von Grund auf umgestalten«.[24]

Eine zweite Position (oder eher Familie von Positionen), die sich ebenfalls auf die normative Relevanz der kulturellen Zugehörigkeit beruft, wird von ihren Vertretern als »liberaler Nationalismus« bezeichnet. Die Gründe, die liberale Nationalisten für Einwanderungsbeschränkungen anführen, sind sehr ähnlich wie diejenigen, die Walzer geltend macht. Ein zentraler Unterschied zum Kommunitarismus besteht jedoch in den liberalen Anteilen des liberalen Nationalismus. So legt etwa David Miller Wert darauf, die moralische Bedeutsamkeit der nationalen Zugehörigkeit verteidigen zu können, ohne einen (schwachen) »moralischen Kosmopolitismus« aufgeben zu müssen.[25]

Um die Verschmelzung von liberalen und nationalistischen Theorieelementen zu verteidigen, greifen liberale Nationalisten auf eine Kombination aus negativen und positiven Argumentationsstrategien zurück. Sie versuchen einerseits zu zeigen, dass ihre nationalistischen Thesen liberalen Prinzipien nicht widersprechen, und sie formulieren andererseits positive (dem Anspruch nach liberale)

24 Ebd., S. 92.

25 Miller, *National Responsibility and Global Justice*, Oxford 2007, S. 23-50; ders., *Strangers in Our Midst*, S. 20-37.

Argumente für die moralische Relevanz der nationalen Zugehörigkeit. In den ersten Bereich fällt Millers minimalistisches Verständnis des Rechts auf Bewegungsfreiheit als Recht auf eine angemessene Auswahl an Optionen in wichtigen Lebensbereichen. Es soll deutlich machen, dass man die innerstaatliche Bewegungsfreiheit ernst nehmen kann, ohne zugleich ein Recht auf zwischenstaatliche Bewegungsfreiheit zu akzeptieren.[26] Darüber hinaus argumentiert Miller positiv, die Angehörigen nationaler Gruppen seien dazu berechtigt, Einwanderungswillige abzuweisen, weil unter ihnen spezielle Verpflichtungen bestehen, die er mit dem intrinsischen Wert nationaler Bindungen begründet.[27]

Ein weiteres, genuin liberales Argument für die Bedeutsamkeit der nationalen Zugehörigkeit hat Will Kymlicka in die Debatte eingebracht. Kymlickas Bezugspunkt ist – ganz im Einklang mit der liberalen Tradition – die individuelle Freiheit beziehungsweise Autonomie. Diese setze allerdings einen kulturellen »Wahlkontext« *(context of choice)* voraus. Der Zugang zu einer »gesellschaftlichen Kultur« sei eine notwendige Voraussetzung dafür, dass Individuen in ihrer Lebensgestaltung zwischen sinnvollen Optionen wählen können. Das Bekenntnis zur individuellen Freiheit impliziere deshalb keineswegs ein Bekenntnis zu offenen Grenzen. Freie Einwanderung gäbe den Menschen zwar mehr Optionen, doch diese Optionen würden ihrer Bedeutung beraubt, weil die Stabilität des kulturellen Bezugsrahmens in Gefahr geriete, durch den Menschen erst in die Lage versetzt würden, eine sinnvolle Wahl zwischen unterschiedlichen Lebensentwürfen zu treffen.[28]

Ein drittes liberal-nationalistisches Argument beruft sich schließlich auf die Rolle kultureller Faktoren bei der Realisierung gerechter Institutionen. Die nationale Identität sei eine wichtige Quelle des Vertrauens unter den Bürgerinnen eines Nationalstaats, und dieses Vertrauen sei eine unabdingbare Voraussetzung für die

26 Miller, »Einwanderung: Das Argument für Beschränkungen«, S. 49-51.

27 David Miller, »Vernünftige Parteilichkeit gegenüber Landsleuten«, in: Christoph Broszies, Henning Hahn (Hg.), *Globale Gerechtigkeit. Schlüsseltexte zur Debatte zwischen Partikularismus und Kosmopolitismus*, Berlin 2010, S. 146-171; ders., *National Responsibility and Global Justice*, S. 34-43, 201-230.

28 Will Kymlicka, *Multicultural Citizenship. A Liberal Theory of Minority Rights*, Oxford 1995, S. 75-106; siehe auch ders., *Liberalism, Community and Culture*, Oxford 1989.

Möglichkeit, sozialstaatliche Institutionen aufrechtzuerhalten und deliberative Formen der Demokratie zu praktizieren.[29]

Haben wir gegenüber *co-nationals* stärkere Verpflichtungen als gegenüber Fremden? Besteht die Menschheit in moralisch erheblicher Hinsicht aus Angehörigen verschiedener »Völker« oder »Nationen«? Oder sind *individuelle* Ansprüche und Interessen der richtige Bezugspunkt für eine normative Theorie der internationalen Beziehungen? Entlang dieser Fragen verliefen lange die Fronten in der migrationsethischen Debatte.

In jüngerer Zeit werden jedoch vermehrt auch »institutionalistische« Ansätze zur Rechtfertigung eines Rechts auf Ausschluss herangezogen, die ohne Bezugnahme auf die identitäre oder kulturelle Dimension des Nationalstaates auskommen. Diesen Ansätzen zufolge haben die bisherigen Bürgerinnen alleine aufgrund ihrer institutionellen Zugehörigkeit zum jeweiligen Staat das Recht, über dessen zukünftige Einwohnerschaft zu entscheiden. Und sie haben dieses Recht selbst dann, wenn zwischen bisherigen Bürgerinnen und Einwanderungswilligen keinerlei kulturelle Unterschiede bestehen.

Der wohl prominenteste Vertreter eines solchen Ansatzes ist Christopher H. Wellman.[30] Er nimmt Walzers Analogie zwischen Staaten und Clubs wörtlich und beruft sich auf die Vereinigungsfreiheit. Genau wie private Vereine haben Wellman zufolge auch legitime Staaten ein Recht auf freie Vereinigung. Und genau wie die Vereinigungsfreiheit einem privaten Verein das Recht gebe, Beitrittswilligen die Aufnahme zu verweigern, schließe auch die staatliche Vereinigungsfreiheit ein Recht ein, Einwanderungswillige abzuweisen.

Ein weiteres institutionalistisches Argument für ein Recht auf Ausschluss formuliert Ryan Pevnick.[31] Im Zentrum seiner Überlegungen stehen die Beiträge, welche die Bürgerinnen eines Landes

29 David Miller, *On Nationality*, Oxford 1995, S. 90-99; ders., *Strangers in Our Midst*, S. 9 f., 64 f.; Matthew J. Gibney, *The Ethics and Politics of Asylum. Liberal Democracy and the Response to Refugees*, Cambridge 2004, S. 45-48.

30 Wellman, »Immigration and Freedom of Association«; ders., »Freedom of Association and the Right to Exclude«, in: Christopher H. Wellman, Phillip Cole, *Debating the Ethics of Immigration. Is There a Right to Exclude?* Oxford 2011, S. 11-155.

31 Pevnick, *Immigration and the Constraints of Justice.*

zum Bestehen staatlicher Institutionen leisten. Sie bilden Pevnick zufolge die Grundlage für einen eigentumsrechtlichen Anspruch auf diese Institutionen, der einen Anspruch einschließe, darüber zu entscheiden, wer in Zukunft zu diesen Institutionen beitragen und von ihnen profitieren darf. Zwar sei das Territorium selbst nicht von Menschen geschaffen, wohl aber die meisten Dinge, die Einwanderungswillige an einem Land schätzten. Und da diese Güter erst durch die kollektiven Bemühungen der Bürgerinnen in die Welt kämen, seien diese dazu berechtigt, über die Zugangsregeln zu bestimmen.

Die vier hier erst holzschnittartig wiedergegebenen Ansätze zur Begründung der Standardansicht sollen in den folgenden Kapiteln nun eingehend dargestellt und kritisch hinterfragt werden. Ich beginne (entgegen dem historischen Verlauf der Debatte) mit den voraussetzungsärmeren institutionalistischen Positionen von Wellman (drittes Kapitel) und Pevnick (viertes Kapitel). Anschließend diskutiere ich Walzers Kommunitarismus (fünftes Kapitel) und die liberal-nationalistischen Ansätze von Miller und Kymlicka (sechstes Kapitel).

3.
Staaten als Clubs? Wellman über Vereinigungsfreiheit[1]

Staaten sind wie Clubs: Es ist an den bisherigen Mitgliedern, zu entscheiden, wen sie als neues Mitglied in ihre Gemeinschaft aufnehmen wollen. – So lautet eine verbreitete Intuition zur Einwanderungsfrage. Die Analogie zwischen Staaten und privaten Vereinen wurde maßgeblich von Michael Walzer in die philosophische Debatte über Einwanderungsbeschränkungen eingeführt:

> Welche Art von Gemeinschaft wollen die Bürger schaffen? Mit welchen anderen Männern und Frauen wollen sie ihre sozialen Güter teilen und austauschen?
>
> Dies sind genau die Fragen, die auch Vereinsmitglieder zu beantworten haben, wenn sie über Vereinsmitgliedschaften entscheiden, wenn es sich hier in aller Regel auch um eine minder große Gemeinschaft und eine schmälere Bandbreite von Sozialgütern handelt.[2]

Walzer macht an dieser Stelle nur eine eher oberflächliche rechtliche Parallele zwischen Staaten und Clubs geltend und neigt letztlich doch mehr der Familien-Analogie zu.[3] Christopher H. Wellman hingegen, mit dessen Position ich mich in diesem Kapitel auseinandersetzen möchte, nimmt die Club-Analogie wörtlich. Seiner Ansicht nach haben Staaten und private Vereine nicht nur gleichermaßen ein Recht auf Ausschluss; sie haben dieses Recht auch aus demselben Grund, nämlich auf Basis der Vereinigungsfreiheit.[4]

1 Zentrale Überlegungen dieses Kapitels sowie der Kapitel 4 und 8 finden sich in stark gekürzter Fassung auch in Andreas Cassee, »Das Recht auf globale Bewegungsfreiheit. Eine Verteidigung«, in: *Archiv für Rechts- und Sozialphilosophie, Beihefte* 141 (2015), S. 55-77.

2 Michael Walzer, *Sphären der Gerechtigkeit. Ein Plädoyer für Pluralität und Gleichheit*, Frankfurt/M., New York ²2006, S. 78.

3 Ebd., S. 78-80. Auf die Analogie zwischen nationalen Gemeinschaften und Familien komme ich in Abschnitt 5.4.1 zurück.

4 Die ursprüngliche Formulierung des Arguments findet sich in Christopher H. Wellman, »Immigration and Freedom of Association«, in: *Ethics* 119/1 (2008), S. 109-141. Für eine ausführlichere Darstellung und Verteidigung siehe ders., »Freedom of Association and the Right to Exclude«, in: Christopher H. Wellman,

Die Attraktivität von Wellmans Vorschlag besteht darin, dass er eine dezidiert universalistische Rechtfertigung für Einwanderungsbeschränkungen verspricht, die völlig ohne problematische Annahmen über die deskriptive oder normative Bedeutung kultureller Unterschiede zwischen nationalstaatlichen Gemeinschaften auskommt. Die Mitglieder eines Golfclubs haben das Recht, keine neuen Mitglieder in ihre Vereinigung aufzunehmen. Sie brauchen dafür nicht zu zeigen, dass potenzielle Neumitglieder ihnen fremd sind oder dass die bisherigen Mitglieder einander kulturell besonders nahestehen. Die bisherigen Mitglieder haben das Recht, Anwärter auf die Mitgliedschaft abzuweisen, ganz einfach deshalb, weil es *ihr* Club ist. Und ebenso verhält es sich Wellman zufolge bei staatlichen Gemeinschaften. Die bisherigen Bürgerinnen haben ein Recht auf Ausschluss gegenüber Einwanderungswilligen, und zwar völlig unabhängig davon, ob sie eine gemeinsame Kultur pflegen, die sie von Ausländern unterscheidet. Die Bürgerinnen kulturell homogener Staaten mögen zwar besondere Gründe haben, vom Recht auf Ausschluss Gebrauch zu machen. Dieses Recht selbst wird aber – anders als bei kommunitaristischen oder liberal-nationalistischen Ansätzen – ohne Rückgriff auf kulturelle Prämissen begründet.[5]

Im Folgenden werde ich Wellmans Argument für ein Recht auf Ausschluss zunächst etwas genauer darstellen (Abschnitt 3.1). Anschließend diskutiere ich die Frage, welche praktischen Konklusionen aus dem Argument folgen würden, wenn es denn überzeugend wäre (Abschnitt 3.2). Vor diesem Hintergrund gehe ich dann auf die Gründe ein, aus denen wir Staaten meines Erachtens nicht dieselben Ausschlussrechte zugestehen sollten wie privaten Vereinen (Abschnitt 3.3), und ziehe ein kurzes Fazit anhand einer Analogie (Abschnitt 3.4).

Phillip Cole, *Debating the Ethics of Immigration. Is There a Right to Exclude?* Oxford 2011, S. 11-155.

5 Wellman, »Immigration and Freedom of Association«, S. 117-119; ders., »Freedom of Association and the Right to Exclude«, S. 48-54.

3.1 Wellmans Argument

Der Hauptstrang von Wellmans Argument lässt sich wie folgt zusammenfassen:

P1. Legitime Staaten haben ein Recht auf politische Selbstbestimmung.
P2. Das Recht auf politische Selbstbestimmung beinhaltet ein Recht auf Vereinigungsfreiheit.
P3. Das Recht auf Vereinigungsfreiheit schließt ein Recht ein, eine Vereinigung mit einem assoziationswilligen Gegenüber nicht einzugehen beziehungsweise Außenstehenden die Aufnahme in eine bestehende Gruppe zu verweigern.
K. Also haben legitime Staaten das Recht, Außenstehenden die Aufnahme zu verweigern.[6]

Die erste Prämisse seines Arguments plausibilisiert Wellman anhand des folgenden Beispiels: Angenommen, in Norwegen würden Geschwindigkeitsbegrenzungen im Straßenverkehr nur sehr lax durchgesetzt und es käme in der Folge zu einer Häufung tödlicher Verkehrsunfälle – dürfte die schwedische Regierung dann eingreifen und Temposünder in Norwegen bestrafen? Wie Wellman zu Recht feststellt, geht der Common Sense dahin, dass ein solcher Eingriff in die internen Angelegenheiten Norwegens zu verurteilen wäre. Und um dieses Urteil zu stützen, müssen wir Wellman zufolge annehmen, dass der norwegische Staat ein Recht auf politische Selbstbestimmung hat; er genießt eine »privilegierte Position der moralischen Hoheit« über seine internen Angelegenheiten *(self-regarding affairs)*.[7]

Im Unterschied zur klassischen Souveränitätslehre schreibt Wellman dieses Recht auf politische Selbstbestimmung nur *legitimen* Staaten zu. So begingen beispielsweise die Alliierten seiner Ansicht nach kein Unrecht, als sie in den Nürnberger Prozessen über Taten richteten, die von Deutschen auf deutschem Territorium gegen andere Deutsche verübt worden waren. Aufgrund der Menschenrechtsverletzungen unter den Nazis hatte der deutsche Staat seine

6 Wellman, »Freedom of Association and the Right to Exclude«, S. 13.
7 Ebd., S. 18, eigene Übersetzung.

Legitimität verloren; er hatte deshalb kein Selbstbestimmungsrecht, das die Alliierten hätten verletzen können. Doch ein Staat wie Norwegen, der die Menschenrechte seiner Bürger (und aller anderen Personen auf seinem Territorium) insgesamt in vernünftigem Maß schütze, habe ein Recht auf Selbstbestimmung selbst dann, wenn seine Institutionen in gewissen Bereichen (etwa mit Blick auf die Vermeidung von Verkehrstoten) suboptimal seien.[8]

Dass legitime Staaten gewisse Selbstbestimmungsrechte haben, dürfte einigermaßen unstrittig sein. Weniger klar ist allerdings der Umfang dieses Rechts auf politische Selbstbestimmung. Schließt es ein Recht auf Vereinigungsfreiheit (P2.) einschließlich eines Rechts auf Ausschluss gegenüber individuellen Beitrittswilligen (P3.) ein? Um diese Annahmen zu verteidigen, betont Wellman zunächst die Bedeutung der Vereinigungsfreiheit für die individuelle Selbstbestimmung:

> In der Vergangenheit wurde es für angebracht gehalten, dass der Vater entscheidet, wen man heiratet, oder der Staat darüber bestimmt, welche Religion man praktiziert, aber diese Zeiten sind glücklicherweise (weitgehend) vorbei. Heute sind sich fast alle einig, dass wir einen Anspruch auf eheliche und religiöse Vereinigungsfreiheit haben; wir sehen es als selbstverständlich an, dass jeder und jede Einzelne das Recht hat, selbst zu wählen, mit wem er oder sie eine Ehe eingehen oder seine oder ihre Religion praktizieren möchte.[9]

Mit wem jemand den Bund der Ehe eingehen oder eine Religion praktizieren möchte, gehöre zu den *self-regarding affairs*, über die jede Person selbst entscheiden können sollte. Und um im vollen Genuss der Vereinigungsfreiheit zu sein, müsse eine Person auch das Recht haben, eine Assoziation *nicht* einzugehen, also beispielsweise keiner Religionsgemeinschaft beizutreten oder unverheiratet zu bleiben.[10]

So weit, so unstrittig. Die eigentliche Krux von Wellmans Argument besteht in der Übertragung dieser Annahmen über das Recht auf individuelle Selbstbestimmung auf das kollektive Selbstbestimmungsrecht legitimer Staaten:

8 Ebd., S. 28.

9 Wellman, »Immigration and Freedom of Association«, S. 110, eigene Übersetzung.

10 Ebd.; siehe auch Wellman, »Freedom of Association and the Right to Exclude«, S. 31 f.

Genau wie eine Einzelperson das Recht hat zu entscheiden, wen (falls überhaupt jemanden) sie heiraten möchte, hat eine Gruppe von Landsleuten das Recht zu entscheiden, wen (falls überhaupt jemanden) sie in ihre politische Gemeinschaft einladen möchte. Und genau wie die Vereinigungsfreiheit ein Individuum dazu berechtigt, Single zu bleiben, berechtigt die Vereinigungsfreiheit eines Staates diesen dazu, alle Ausländer von der politischen Gemeinschaft auszuschließen.[11]

Den Einwand, dass Staaten nicht dieselben Assoziationsrechte haben wie private Vereine, weil Individuen normalerweise nicht durch ihre freie Entscheidung zu Mitgliedern einer staatlichen Gemeinschaft werden, versucht Wellman mit einer *reductio ad absurdum* zu entkräften. Wer Staaten keine Vereinigungsfreiheit zuschreibe, könne nicht begründen, weshalb es falsch wäre, einen Staat zur Mitgliedschaft in Organisationen wie der NAFTA oder der EU zu zwingen. Wer die Annahme teile, dass es Staaten grundsätzlich freistehe, solchen Vereinigungen beizutreten oder auch nicht, sei damit bereits auf die Ansicht festgelegt, dass die Freiheit der Vereinigung auch für Staaten gelte.[12]

Auch den Einwand, dass Staaten im Gegensatz zu Ehen keine intimen Vereinigungen sind und deshalb nicht denselben moralischen Prinzipien unterliegen, lässt Wellman nur sehr beschränkt gelten. Zwar sei die Vereinigungsfreiheit bei intimen Assoziationen besonders bedeutsam. Doch grundsätzlich gelte sie auch für Vereinigungen, welche diese Eigenschaft nicht haben. So könne man sich zwar darüber streiten, ob die amerikanischen Pfadfinder das Recht haben sollten, Homosexuelle und Atheisten auszuschließen, oder ob der exklusive Augusta National Golf Club dazu berechtigt sei, Frauen die Mitgliedschaft zu verweigern. Doch selbst wer in solchen Fällen für staatliche Intervention plädiere, gestehe normalerweise zu, dass wir es mit einer Güterabwägung zwischen Diskriminierungsschutz und Vereinigungsfreiheit zu tun haben. Das bedeute aber, dass auch bei solchen Vereinigungen eine gewisse Präsumtion für die Vereinigungsfreiheit bestehe.[13]

Selbst bei vergleichsweise unwichtigen und kaum als »intim« zu

11 Wellman, »Immigration and Freedom of Association«, S. 110 f., eigene Übersetzung.

12 Ebd., S. 112 f.

13 Ebd., S. 113 f.; Wellman, »Freedom of Association and the Right to Exclude«, S. 32-38.

beschreibenden Assoziationen wie Golfclubs gelte, dass deren Mitglieder gute Gründe haben könnten, sich für die Aufnahmepolitik ihres Vereins zu interessieren. Denn erstens habe die Aufnahmepolitik einen Einfluss darauf, wie das Vereinsleben in Zukunft aussehen werde (mit einer größeren Mitgliederzahl wird möglicherweise die Mitgliedschaftsgebühr sinken, dafür werden die Anlagen wahrscheinlich entsprechend stärker genutzt sein). Und zweitens werden die neu aufgenommenen Mitglieder ihrerseits an den zukünftigen Entscheidungen des Clubs beteiligt sein. Ein wichtiger Bestandteil der kollektiven Selbstbestimmung bestehe aber in der Kontrolle darüber, wer das »Selbst« sei, das da über sich selbst bestimme. Wenn nun aber nichts Seltsames daran sei, dass sich die Mitglieder eines Golfclubs für dessen Aufnahmepolitik interessierten, so gelte dasselbe für das Interesse der Bürgerinnen an der Aufnahmepolitik des jeweiligen Staates. Und in beiden Fällen sei es grundsätzlich das gute Recht der bisherigen Mitglieder, selbst über die Aufnahme neuer Mitglieder zu entscheiden.[14]

Wellman gesteht zu, dass die Vereinigungsfreiheit nicht der einzige Wert sei, der mit Blick auf die Einwanderungsfrage einschlägig sein könnte. Mit der bisherigen Argumentation sei nur ein nichtabsolutes Recht auf Ausschluss begründet, das grundsätzlich gegen andere Überlegungen abgewogen werden dürfe.[15] Könnte es also sein, dass Staaten die Einwanderung aus anderen Gründen letztlich doch nicht beschränken dürfen?

Um diese Möglichkeit auszuschließen, untersucht Wellman verschiedene Argumente gegen ein staatliches Recht auf Ausschluss.[16] Das egalitaristische Argument, das im Recht auf Ausschluss die Ursache für eine unverdiente Schlechterstellung derer erblickt, die mit der »falschen« Staatsangehörigkeit geboren wurden,[17] weist

14 Wellman, »Immigration and Freedom of Association«, S. 114 f.; ders., »Freedom of Association and the Right to Exclude«, S. 38 f.

15 Wellman, »Immigration and Freedom of Association«, S. 117, 119; ders., »Freedom of Association and the Right to Exclude«, S. 34-36, 54 f..

16 Ich beschränke mich hier auf eine kurze Wiedergabe von Wellmans Diskussion der egalitaristischen und libertären Argumente. Zusätzlich bespricht Wellman in seinem neueren Beitrag auch Abizadehs demokratietheoretisches Argument (siehe Abschnitt 7.3) sowie utilitaristische Argumente für offene(re) Grenzen. Siehe Wellman, »Freedom of Association and the Right to Exclude«, S. 93-103, 105-116.

17 Dieses Argument diskutiere ich in Abschnitt 7.2.

Wellman im Rückgriff auf zwei Überlegungen zurück. Erstens sei die Forderung nach »absoluter Gleichheit« zugunsten eines relationalen Gleichheitsverständnisses zu verwerfen, wie es etwa Elizabeth Anderson vertritt.[18] Unter dieser Interpretation sei das Gleichheitsgebot zwar mit gewissen Ungleichheiten innerhalb einer Gesellschaft unvereinbar (und ebenso mit dem Ausschluss langfristig niedergelassener Einwanderer von der vollen Mitgliedschaft in der politischen Gemeinschaft, dazu später mehr). Materielle Ungleichheiten zwischen den Mitgliedern verschiedener Gesellschaften seien nach einem relationalen Gleichheitsverständnis hingegen nicht *per se* problematisch. Und zweitens seien offene Grenzen selbst dann nicht gefordert, wenn ein nichtrelationales Gleichheitsgebot überzeugend wäre. Denn eine entsprechende Umverteilung des materiellen Wohlstandes könnte auch erreicht werden, ohne die global Benachteiligten in einem reichen Land aufzunehmen. Wohlhabende Staaten hätten deshalb allenfalls eine disjunktive Pflicht, den global Benachteiligten *entweder* durch die Aufnahme im eigenen Staatsgebiet *oder* durch Unterstützung vor Ort zu helfen. Ähnliches gelte für den Umgang mit politisch Verfolgten, denen im Zweifel ebenfalls vor Ort geholfen werden könne, notfalls mit militärischen Interventionen.[19]

Etwas kompromissbereiter zeigt sich Wellman mit Blick auf das libertäre Argument, das Einwanderungsbeschränkungen als illegitimen Eingriff in die individuelle Eigentums- und Vertragsfreiheit kritisiert.[20] Es liege tatsächlich ein Konflikt zwischen individuellen Eigentumsrechten und dem kollektiven Verfügungsrecht über den Zugang zum staatlichen Territorium vor, wenn ein individueller Eigentümer daran gehindert werde, jemanden auf sein Grundstück einzuladen. Dies rechtfertige eine gewisse Einschränkung der kollektiven Verfügungsrechte. Wenngleich kein Recht auf die langfristige Niederlassung in einem fremden Land bestehe, sei Menschen doch ein Besuchsrecht einzuräumen, wenn ein individueller Eigentümer im entsprechenden Land sie zu sich einlade (wobei der

18 Elizabeth S. Anderson, »Warum eigentlich Gleichheit?«, in: Angelika Krebs (Hg.), *Gleichheit oder Gerechtigkeit. Texte der neuen Egalitarismuskritik*, Frankfurt/M. 2000, S. 117-171.

19 Wellman, »Immigration and Freedom of Association«, S. 119-130; ders., »Freedom of Association and the Right to Exclude«, S. 57-78.

20 Vgl. Abschnitte 4.2.1 und 7.1.1.

Staat von der einladenden Person finanzielle Garantien verlangen dürfe). Doch die Ansicht, dass individuelle Eigentumsrechte das kollektive Recht auf Vereinigungsfreiheit ganz außer Kraft setzen könnten, sei unplausibel. Denn die langfristige Niederlassung von Einwanderern habe erhebliche Auswirkungen auf andere Bürgerinnen (sie werden nach einer gewissen Zeit verpflichtet sein, den Neuankömmlingen die Aufnahme in die politische Gemeinschaft anzubieten). Und die Annahme eines systematischen Vorrangs individueller Eigentumsrechte führe auf direktem Weg in den Anarchismus, weil dann gar keine kollektiven Entscheidungen mehr möglich wären.[21]

Insgesamt seien weder egalitaristische noch libertäre Überlegungen geeignet, die Präsumtion für das Recht legitimer Staaten auf Vereinigungsfreiheit zu überwiegen. Legitime Staaten haben *all things considered* ein Recht auf Ausschluss.

3.2 Wenn Staaten wie Clubs wären

Nehmen wir einmal an, Wellmans Argumentation sei überzeugend und die Aufnahmepolitik von Staaten sei mit derjenigen privater Vereine vergleichbar. Was genau würde in praktischer Hinsicht daraus folgen? Wellman selbst fasst seine Ergebnisse wie folgt zusammen:

> Wenn meine Argumente gültig sind, dann sollten wir daraus schließen, dass [...] legitime Staaten dazu berechtigt sind, alle potenziellen Einwanderer abzuweisen, selbst diejenigen, die verzweifelt Zuflucht vor korrupten Regierungen suchen.[22]

Das heißt nicht, dass Staaten Wellman zufolge eine restriktive Einwanderungspolitik verfolgen *sollten.* Wellman hält im Gegenteil fest, er selbst befürworte tendenziell ein liberaleres Einwanderungsregime als das heute bestehende. Aber seiner Ansicht nach steht es den einzelnen Staaten frei, diesbezüglich zu entscheiden, was auch immer sie für angebracht halten; staatliche Gemeinschaften ha-

21 Wellman, »Immigration and Freedom of Association«, S. 130-137; ders., »Freedom of Association and the Right to Exclude«, S. 79-92.

22 Wellman, »Immigration and Freedom of Association«, S. 141, eigene Übersetzung.

ben das *Recht*, eine restriktive Einwanderungspolitik zu verfolgen, wenn sie dies tun wollen.[23]

Doch folgt diese Konklusion tatsächlich aus Wellmans Argument? Ich möchte behaupten: nein. Hätten Staaten dieselben Assoziationsrechte wie private Vereine, so würde daraus in je unterschiedlicher Hinsicht weniger, mehr beziehungsweise etwas ganz anderes folgen, als Wellman geltend macht. Erstens ist die Aufnahmepolitik schon bei privaten Vereinen keine »moralfreie Zone« – wenn überhaupt, zeigt das Argument nur, dass Staaten nicht *gezwungen* werden dürfen, gegen ihren Willen neue Mitglieder aufzunehmen (Abschnitt 3.2.1). Das Recht auf Nichteingriff, das Clubs mit Blick auf ihre innere Zusammensetzung genießen, beinhaltet aber zweitens wesentlich mehr als bloß ein Recht, Außenstehende abzuweisen – unter anderem dürfen Clubs auch ihren bisherigen Mitgliedern die Mitgliedschaft aus mehr oder weniger beliebigen Gründen wieder entziehen oder deren Nachkommen die Aufnahme verweigern (Abschnitt 3.2.2). Und drittens sind Assoziationsrechte normalerweise Rechte, welche die Vergabe der Mitgliedschaft in einer Gemeinschaft betreffen, und es ist nicht ohne weiteres klar, wie aus solchen Rechten ein Anspruch abgeleitet werden könnte, Dritten den Aufenthalt an einem bestimmten Ort zu untersagen (Abschnitt 3.2.3).

3.2.1 Die Aufnahmepolitik von Clubs als moralfreie Zone?

Ein erstes Problem für Wellmans Argument hat damit zu tun, dass er nicht genügend deutlich zwischen negativen Anspruchsrechten und Immunitäten einerseits und gekoppelten Privilegien beziehungsweise moralischen Freiheiten andererseits unterscheidet.[24] Es ist eine Sache zu behaupten, dass Vereine oder Staaten mit Blick auf ihre Aufnahmepolitik ein Recht auf Nichteingriff genießen sollten. Die These lautet dann, dass niemand einen Verein oder einen Staat dazu zwingen darf, Beitrittswillige aufzunehmen (ein negatives Anspruchsrecht), und vielleicht auch, dass Verpflichtungen aus

23 Ebd., S. 116 f.; Wellman, »Freedom of Association and the Right to Exclude«, S. 46-48.

24 Zur Hohfeld'schen Begrifflichkeit, die ich hier verwende, siehe Leif Wenar, »The Nature of Rights«, in: *Philosophy & Public Affairs* 33/3 (2005), S. 223-252; siehe dazu Abschnitt 2.1.

erzwungenen Assoziationen nichtig sind (eine Immunität). Es ist etwas ganz anderes zu behaupten, dass es Vereinen oder Staaten moralisch freisteht, Beitrittswillige aufzunehmen oder auch nicht, ganz wie sie wollen (ein gekoppeltes Privileg).

Der Gedanke lässt sich anhand einer anderen wichtigen Freiheit illustrieren. Wenn eine Äußerung durch die Meinungsäußerungsfreiheit gedeckt ist, so folgt daraus zunächst nur so viel, dass niemand eine Person daran hindern darf, diese Äußerung zu tätigen. Ein moralisches negatives Anspruchsrecht dieser Art impliziert wohl, dass Individuen ein entsprechendes rechtliches Privileg genießen sollten: Es sollte ihnen rechtlich nicht verboten sein, sich entsprechend zu äußern (sonst dürfte der Staat dieses Verbot wohl durchsetzen, was gegen das negative Anspruchsrecht verstieße). Das schließt aber keineswegs aus, dass die Äußerung moralisch kritikwürdig sein könnte. Eine Äußerung, die unter die Meinungsäußerungsfreiheit fällt, ist deshalb nicht automatisch über jede moralische Kritik erhaben. Und ebenso verhält es sich mit der Aufnahmepolitik privater Vereine. Selbst wenn Clubs aufgrund der Vereinigungsfreiheit dazu berechtigt sind, über ihre eigene Aufnahmepolitik zu entscheiden, heißt das noch nicht unbedingt, dass die Aufnahmepolitik eine »moralfreie Zone« ist, in der jede Entscheidung moralisch so legitim ist wie die andere.[25]

Dass Aufnahmeentscheidungen privater Vereinigungen durch-

25 Arash Abizadeh vertritt die Auffassung, dass die Vereinigungsfreiheit neben einer »zwangsregulierenden Funktion«, welche die hier besprochenen Nichteingriffsrechte begrundet, auch eine »projektermöglichende Funktion« habe, aus der sich moralische Privilegien ergeben: Damit Menschen in privaten Assoziationen ihren persönlichen Projekten nachgehen können, seien ihnen gewisse Freiheiten im Sinne einer Ausnahme von ansonsten einschlägigen moralischen Pflichten einzuräumen (wobei diese moralischen Freiheiten weniger robust seien als die zwangsregulierenden Nichteingriffsrechte). Siehe Arash Abizadeh, »The Democratic Legitimacy of Border Coercion. Freedom of Association, Territorial Dominion, and Self-Defence«, in: *APSA 2010 Annual Meeting Paper* (2012) ⟨http://papers.ssrn.com/sol3/papers.cfm?abstract_id=1644290⟩, letzter Zugriff 7.5.2016. Ich möchte nicht ausschließen, dass das richtig sein könnte. Allerdings dürfte Wellman zur Verteidigung *solcher* Assoziationsrechte nicht auf Intuitionen zurückgreifen, die sich auf Nichteingriffsrechte beziehen. Und es würde sich natürlich die Frage stellen, wie weit die projektermöglichende Funktion der Vereinigungsfreiheit auch bei Staaten einschlägig ist, die gerade nicht dazu da sind, dass eine beliebige Gruppe von Menschen ihren persönlichen Projekten nachgehen kann (vgl. dazu Abschnitt 3.3.1).

aus moralisch aufgeladen sein können, macht etwa Peter Singers Beispiel einer Gruppe von Reichen deutlich, die in Vorahnung eines Atomkriegs einen luxuriös ausgestatteten Bunker bauen und nach Eintreten der Katastrophe Nichtmitglieder der Strahlung aussetzen, weil sie nicht auf den Tennisplatz in ihrem Bunker verzichten wollen.[26] Man kann sich natürlich darüber streiten, ob dieses Beispiel eine treffende Analogie für den Umgang reicher Staaten mit politischen und wirtschaftlichen Flüchtlingen ist. Aber kaum jemand wird wohl bestreiten, dass die Entscheidung der Clubmitglieder *im Beispiel* eine ist, in der moralische Gründe eine wichtige Rolle spielen sollten. Radikale Befürworter der Vereinigungsfreiheit würden zwar möglicherweise daran festhalten, dass niemand die Clubmitglieder dazu *zwingen* dürfte, Nichtmitglieder aufzunehmen. Aber auch sie gingen wohl nicht so weit zu behaupten, dass die Clubmitglieder ihre Entscheidung aus moralischer Sicht so oder anders fällen dürfen, ganz wie sie wollen.[27]

In seiner Argumentation beruft sich Wellman immer wieder auf Intuitionen, die sich auf Nichteingriffsrechte beziehen. So macht er im Norwegen-Beispiel nicht etwa die Ansicht stark, dass die Norwegerinnen keinerlei moralische Pflicht haben, bei der Festlegung ihrer Verkehrsgesetze eine übermäßige Zahl von Verkehrstoten zu vermeiden. Worauf sich Wellman beruft, ist lediglich die Intuition, dass die Norwegerinnen diesbezüglich ein Recht auf Nichteingriff haben. Der schwedische Staat darf ihnen nicht die Entscheidungshoheit über ihre Verkehrsgesetze entziehen. Wenn das staatliche Recht auf Selbstbestimmung in Wellmans erster Prämisse aber nur ein Recht auf Nichteingriff ist, so ist unklar, weshalb am Ende der Argumentationskette eine moralische Freiheit herauskommen soll.

Wenn die Club-Analogie überzeugend wäre, so wäre damit

26 Peter Singer, *Praktische Ethik*, Stuttgart ^{2}1994, S. 315-334.

27 Gegen diese Verwendung von Singers Beispiel mag man einwenden, die Pflicht, Nichtmitgliedern *Zugang zum Bunker* zu gewähren, tangiere nicht das Recht der bisherigen Mitglieder, frei über die *Vergabe der Mitgliedschaft* in ihrer Vereinigung zu entscheiden. Ein analoger Einwand lässt sich allerdings auch gegen die Ansicht vorbringen, dass *Staaten* im Rahmen der Vereinigungsfreiheit ein Recht haben, den Zugang zu ihrem Territorium zu beschränken (vgl. dazu Abschnitt 3.2.3). Und wenn Wellmans Ansicht richtig ist, dass der territoriale Zugang und der Zugang zur Mitgliedschaft bei Staaten gekoppelt sind, so gilt dasselbe wohl auch für die Vereinigung der Bunkereigentümer, die Singer als eine staatsähnliche Organisation mit einer eigenen Verfassung beschreibt. Vgl. ebd., S. 315.

also nur die erste Prämisse der Standardansicht (die These über die nationalstaatliche Entscheidungskompetenz) begründet: Es wäre gezeigt, dass niemand einen Staat dazu zwingen darf, Einwanderungswillige aufzunehmen. Ob es dem Staat beziehungsweise seinen Bürgerinnen auch moralisch freistünde, Einwanderungswillige nach Belieben aufzunehmen oder abzuweisen, bliebe hingegen eine offene Frage.

3.2.2 Ein Recht, bisherige Mitglieder und ihre Nachkommen auszuschließen?

In einer anderen Hinsicht folgt aus Wellmans Argumentation wesentlich mehr, als dieser explizit macht. Dies wird deutlich, wenn wir etwas genauer analysieren, *worauf* uns die Vereinigungsfreiheit mit Blick auf private Vereinigungen im Einzelnen ein Recht gibt. Bei der Ehe ist die Sache noch einigermaßen einfach. Die Vereinigungsfreiheit gibt uns das Recht, eine Ehe mit einem heiratswilligen Partner einzugehen; das Recht, eine Ehe nicht einzugehen; dann hoffentlich auch das Recht, uns (unilateral) scheiden zu lassen; aber natürlich auch das Recht, eine bestehende Ehe (im gegenseitigen Einverständnis) nicht aufzulösen.

Bei Vereinen ist die Sache etwas komplexer. Erstens steht dem Einzelnen hier nicht ein anderes Individuum gegenüber, sondern ein Kollektiv (von dem wir annehmen müssen, dass es irgendeinen internen Entscheidungsmechanismus kennt). Zweitens fällt die Gründung und Auflösung bei Clubs nicht wie bei Ehen mit dem Ein- und Austritt einzelner Personen zusammen. Und drittens können Vereine ihrerseits als Kollektivmitglieder anderen Vereinen beitreten (wohingegen ein Ehepaar keine »Meta-Ehe« mit anderen Ehepaaren eingehen kann). Durch Kombination ergeben sich so insgesamt acht Paare von Rechten mit Blick auf den Erwerb und Verlust der Mitgliedschaft in einem »perfekten Club«:

Eintritt und Austritt

1. Das Recht des Individuums, einer Gruppe, die es aufnehmen will, (nicht) beizutreten.
2. Das Recht des Individuums, aus einer Gruppe, deren Mitglied es ist, (nicht) auszutreten.

Aufnahme und Ausschluss

3. Das Recht der Gruppe, ein Individuum, das beitreten will, (nicht) aufzunehmen.
4. Das Recht der Gruppe, ein Individuum, das ihr Mitglied ist, (nicht) auszuschließen.

Gründung und Auflösung

5. Das Recht mehrerer Individuen, (k)eine neue Gruppe zu gründen.
6. Das Recht der Gruppe, sich (nicht) aufzulösen.

Assoziationsrechte zweiter Ordnung

7. Das Recht der Gruppe, einer anderen Gruppe, die sie als Kollektivmitglied aufnehmen will, (nicht) beizutreten.
8. Das Recht der Gruppe, aus einer anderen Gruppe, deren Kollektivmitglied sie ist, (nicht) auszutreten.[28]

Anhand dieser Liste ist nun leicht zu erkennen, dass Staaten, wie wir sie heute kennen, weit davon entfernt sind, perfekte Clubs zu sein. So gibt es im geltenden Recht beispielsweise kein unkonditionales Recht, einem Staat nicht beizutreten (1.) – unsere erste Staatsangehörigkeit erwerben wir ohne unsere Zustimmung. Und auch das individuelle Austrittsrecht (2.) gilt bei Staaten nur in einer abgeschwächten Form: Aus einem Club kann ich austreten, auch wenn mich kein anderer Club aufnehmen will; aus einem Staat kann ich hingegen nur austreten, wenn ein anderer mir die Aufnahme anbietet.

Ein weiterer wesentlicher Unterschied besteht mit Blick auf das Recht auf Nichtaufnahme (3.): Private Vereine dürfen sämtliche Bewerber um die Mitgliedschaft abweisen. Das gilt auch für die Nachkommen von Mitgliedern, und zwar selbst dann, wenn diese auf dem Vereinsgelände zur Welt gekommen sind. Wir hielten einen Club, der im Clubhaus geborene Kinder von Mitgliedern nicht aufnimmt, zwar möglicherweise für unsympathisch. Doch wir sähen uns kaum dazu berechtigt, den Club zur Änderung sei-

28 An dieser Stelle könnte die Liste im infiniten Regress fortgesetzt werden: Verbände von Clubs haben ihrerseits ein Recht, Kollektivmitglieder (nicht) aufzunehmen, Verbänden dritter Ordnung beizutreten etc.

ner Aufnahmepolitik zu zwingen; dies zu tun, verstieße gegen die Vereinigungsfreiheit.

Darüber hinaus haben private Clubs auch das Recht, bisherigen Mitgliedern die Mitgliedschaft wieder zu entziehen (4.). So sehen viele Vereine die Möglichkeit vor, mit den Vereinszielen unvereinbare Verhaltensweisen mit dem Ausschluss zu ahnden. Die Ausschlussgründe, die ein privater Verein vorsehen kann, sind aber durchaus nicht auf Zuwiderhandlungen gegen den Vereinszweck beschränkt. In der »Knabengesellschaft« im schweizerischen Bergdorf Andeer kann beispielsweise nicht länger ordentliches Mitglied bleiben, wer eine Ehe eingeht – nicht etwa, weil die Heirat den Vereinszielen zuwiderliefe (im Gegenteil war die Anbahnung von Ehen jedenfalls historisch ein wichtiger Zweck der Knabengesellschaft), sondern einfach deshalb, weil der Verein ein Verein der Junggesellen (oder eben »Knaben«) im Dorf sein möchte. Auch dieses Anliegen ist durch die Vereinigungsfreiheit geschützt.

Wenn Staaten tatsächlich wie Clubs wären, so müsste also gelten, dass Staaten den Nachkommen von Mitgliedern die Aufnahme verweigern dürfen (und zwar selbst dann, wenn diese auf dem Territorium des jeweiligen Staates zur Welt gekommen sind).[29] Und Staaten dürften sogar ihre bisherigen Bürgerinnen aus mehr oder weniger beliebigen Gründen aus der politischen Gemeinschaft ausschließen.[30] Den Einzelnen müsste im Gegenzug aber auch das Recht zugestanden werden, im gegenseitigen Einverständnis mit anderen Individuen einen neuen Staat ins Leben zu rufen (5.). Um die Club-Analogie vollständig durchzuhalten, müsste Wellman also radikale Implikationen in Kauf nehmen, die weit über die Anerkennung eines Rechts auf Ausschluss gegenüber Einwanderungswilligen hinausgehen.

Nun möchte ich an dieser Stelle keineswegs suggerieren, dass Wellman tatsächlich glaubt, dass Staaten in allen diesen Hinsichten

29 Jan Brezger, Andreas Cassee, »Debate: Immigrants and Newcomers by Birth. Do Statist Arguments Imply a Right to Exclude Both?«, in: *Journal of Political Philosophy* (early view) (2016), S. 5-7.

30 Frederick G. Whelan, »Citizenship and Freedom of Movement. An Open Admission Policy?«, in: Mark Gibney (Hg.), *Open Borders? Closed Societies? The Ethical and Political Issues*, New York 1988, S. 3-39, hier S. 29; Javier Hidalgo, »Self-Determination, Immigration Restrictions, and the Problem of Compatriot Deportation«, in: *Journal of International Political Theory* 10/3 (2014), S. 261-282.

wie Clubs aussehen sollten. Doch die von Wellman nicht bestrittenen Unterschiede zwischen Staaten und privaten Vereinen nehmen seinem Argument wesentlich an Überzeugungskraft. Bevor ich darauf zurückkomme, gilt es aber noch eine dritte Hinsicht herauszuarbeiten, in der sich staatliche Assoziationsrechte, wie sie Wellman im Blick hat, von privaten Assoziationsrechten unterscheiden.

3.2.3 Politischer und territorialer Ausschluss

Das Recht auf Ausschluss, das Wellman verteidigen will, ist ein Recht auf den *territorialen* Ausschluss von Einwanderungswilligen. Assoziationsrechte sind aber normalerweise Rechte, welche den Erwerb und Verlust der *Mitgliedschaft* in einer Gruppe betreffen (in unserem Fall der Mitgliedschaft in einer politischen Gemeinschaft). Und es ist nicht ohne weiteres klar, weshalb die bloße Anwesenheit zusätzlicher Menschen im Staatsgebiet die Vereinigungsfreiheit der Mitglieder einer politischen Gemeinschaft überhaupt tangieren soll. Sarah Fine formuliert diese Kritik folgendermaßen:

> Die bloße Anwesenheit von Einwanderern innerhalb der Grenzen eines Staates kann kein ernsthaftes Problem für die Assoziationsrechte einzelner Bürger darstellen – sie ist sicher vereinbar mit ihrem individuellen Recht auf Vereinigungsfreiheit in der Zivilgesellschaft, wo sie frei bleiben, private Vereinigungen mit Neuankömmlingen und mit anderen Bürgerinnen einzugehen oder auch nicht. Außerdem scheint die Anwesenheit von Einwanderern auch mit dem kollektiven Recht der Bürgerinnen vereinbar zu sein, als Gruppe darüber zu entscheiden, ob sie Außenstehende in ihre politische Gemeinschaft aufnehmen wollen oder nicht.[31]

Ist die Club-Analogie also eher als Argument für ein Recht auf *politischen* Ausschluss zu verstehen? Begründet sie statt eines Rechts auf Einwanderungsbeschränkung vielmehr ein Recht auf Nichteinbürgerung (und möglicherweise auch ein Recht auf Ausbürgerung)?

Zur Begründung eines Rechts auf territorialen Ausschluss kann Wellman die Vereinigungsfreiheit erst über ein (weitgehend implizites) Hilfsargument heranziehen.[32] Mit Walzer geht Wellman da-

31 Sarah Fine, »Freedom of Association Is Not the Answer«, in: *Ethics* 120/2 (2010), S. 338-356, hier S. 343, eigene Übersetzung.

32 Wellman, »Immigration and Freedom of Association«, ist diesbezüglich wenig explizit; ich folge hier der Rekonstruktion seines Arguments in Fine, »Freedom

von aus, dass Staaten nicht dazu berechtigt seien, langfristig niedergelassenen Einwanderern die volle Mitgliedschaft in der politischen Gemeinschaft zu verwehren. Dies zu tun, widerspreche dem Gebot der relationalen Gleichheit.[33] Gleichzeitig muss es den Staaten seiner Ansicht nach aber aufgrund der Vereinigungsfreiheit doch *irgendwie* möglich sein, Außenstehende von der Mitgliedschaft in der politischen Gemeinschaft auszuschließen. Daraus scheint Wellman nun zu folgern, dass Staaten ein Recht haben müssen, Einwanderungswillige an der Grenze abzuweisen oder ihnen jedenfalls die langfristige Niederlassung zu untersagen.

Das Verbot der internen Exklusion so genannter *denizens*[34] ist also eine unverzichtbare Prämisse in Wellmans Argument für ein Recht auf externe Exklusion an den territorialen Außengrenzen. Das ist zunächst insofern interessant, als die Vereinigungsfreiheit folglich nicht herangezogen werden kann, um die verbreitete Ansicht zu begründen, dass Staaten *sowohl* Einwanderungswillige *als auch* Einbürgerungswillige abweisen dürfen.

Doch selbst wenn wir einfach annehmen, dass Wellmans Annahme über das Verbot der internen Exklusion richtig ist, ist sein Hilfsargument weniger harmlos, als es auf den ersten Blick scheinen könnte. Denn es ist alles andere als klar, ob die »Koppelung« von politischer Mitgliedschaft und territorialem Zugang darauf hinauslaufen muss, dass moralische Prinzipien aus dem ersten Bereich auf den zweiten übertragen werden. So kämen wir beispielsweise kaum auf die Idee zu argumentieren: Der Staat darf auf dem Territorium geborenen Nachkommen von Mitgliedern nicht die Aufnahme

of Association Is Not the Answer«, S. 343 f. In seinem späteren Beitrag scheint Wellman diese Rekonstruktion gutzuheißen, wenn er in seiner Diskussion des libertären Arguments für offene Grenzen schreibt: »[D]a der Dreh- und Angelpunkt in der doppelten Tatsache besteht, dass (1.) Länder Menschen nicht für einen *unbegrenzten Zeitraum* aufnehmen können, ohne ihnen gleiche Mitgliedschaftsrechte zu gewähren, und (2.) Gruppen von Bürgern das Recht haben, die Mitgliedschaft in ihren politischen Gemeinschaften zu kontrollieren, sind selbst legitime Staaten möglicherweise nicht dazu berechtigt, Ausländern den Besuch für einen *entsprechend beschränkten Zeitraum* zu verwehren.« Wellman, »Freedom of Association and the Right to Exclude«, S. 90, eigene Übersetzung, Hervorhebung im Original.

33 Wellman, »Immigration and Freedom of Association«, S. 125 f.

34 Tomas Hammar, *Democracy and the Nation State. Aliens, Denizens and Citizens in a World of International Migration*, Aldershot 1990.

verweigern, aber er muss doch irgendwie die Möglichkeit haben, über seine innere Zusammensetzung zu bestimmen, also darf er die reproduktiven Freiheiten seiner Bürgerinnen beschneiden.[35]

Wie problematisch Wellmans Hilfsargument ist, lässt sich anhand von Fines Beispiel eines Yoga-Clubs verdeutlichen, dessen Mitglieder sich für ihre Übungen im Central Park in New York versammeln.[36] Der Yoga-Club hat zwar ein Recht auf Vereinigungsfreiheit, und dazu zählt normalerweise auch ein Recht, Nichtmitglieder von seinen Aktivitäten auszuschließen. Doch wenn der Verein dieses Recht im Central Park nicht wirksam ausüben kann, weil Nichtmitglieder die Übungen einfach mitmachen, so folgt daraus nicht automatisch, dass der Yoga-Club deshalb Nichtmitglieder aus dem Park verbannen darf.

Dagegen mag man vielleicht einwenden, die relevante Analogie sei doch eher die eines Golfclubs, der über ein eigenes Gelände verfügt. Ein solcher Verein hat tatsächlich ein Recht auf territorialen Ausschluss. Doch er hat dieses Recht nicht aufgrund der Vereinigungsfreiheit. Das Recht auf territorialen Ausschluss ersetzt in diesem Fall auch nicht das Recht, territorial anwesenden Nichtmitgliedern die Mitgliedschaft zu verweigern. Golfclubs dürfen beschließen, Nichtmitglieder langfristig zur Mitbenutzung der Anlage einzuladen, ohne ihnen je die Mitgliedschaft anzubieten. Wir haben es hier also nicht mit einer Verlagerung des aus der Vereinigungsfreiheit abgeleiteten Rechts auf Ausschluss an die territorialen Grenzen zu tun, sondern vielmehr mit einem davon unabhängigen eigentumsrechtlichen Anspruch, der einer eigenständigen Rechtfertigung bedarf. Auch Clubs mit Privatgelände können also nicht wirklich als Beispiel für die Art von Begründungszusammenhang gelten, die Wellman zur Rechtfertigung von Einwanderungsbeschränkungen vorschwebt. Was Wellman fehlt, ist eine Theorie territorialer Rechte, welche die Begründungsarbeit leistet, die im Fall des Golfclubs durch eine Theorie des Eigentums zu leisten wäre.[37]

35 Michael Blake, »Christopher Heath Wellman and Phillip Cole, Debating the Ethics of Immigration. Is There a Right to Exclude?«, in: *Notre Dame Philosophical Reviews* (2012) ⟨http://ndpr.nd.edu/news/32280-debating-the-ethics-of-immigration-is-there-a-right-to-exclude/⟩, letzter Zugriff 7.5.2016.

36 Fine, »Freedom of Association Is Not the Answer«, S. 354 f.

37 Ebd.

3.2.4 Zwischenfazit

Es ist nicht völlig unmöglich, sich Staaten als perfekte Clubs vorzustellen. Doch dazu müssten wir wohl an ein Szenario mit Staaten (oder staatsähnlichen Organisationen) ohne territoriale Monopolstellung denken, wie sie Otto Bauer zu Beginn des 20. Jahrhunderts für die multinationalen Reiche Mittel- und Osteuropas vorgeschlagen hat. Bauers Vorschlag sah vor, einen Teil der staatlichen Funktionen und Kompetenzen auf Körperschaften ohne Gebietsmonopol zu übertragen, um nationalen Gemeinschaften bildungs- und kulturpolitische Autonomie zu gewähren.[38] Nun könnten wir uns eine radikalisierte Variante dieses Vorschlags vorstellen, die gar keinen umfassenden Territorialstaat mehr vorsieht und die Mitgliedschaft in den nichtmonopolistischen staatlichen Körperschaften auch nicht an die nationale Zugehörigkeit knüpft, sondern durch das Prinzip der freien Vereinigung regelt. In einem solchen Szenario könnten Staaten wie perfekte Clubs sein: Es wäre jederzeit möglich, neue Staaten zu gründen oder alte aufzulösen, und es bestünde auch ein Recht, bisherige Mitglieder aus einem Staat auszuschließen. Diese würden dann zu Staatenlosen, bis ihnen gegebenenfalls ein anderer Staat die Mitgliedschaft anböte. Wer aus einem Staat ausgeschlossen würde, müsste allerdings nicht wegziehen oder aus privaten Assoziationen wie Wohngemeinschaften austreten; Staaten wären nicht im Genuss territorialer Exklusionsrechte.

Aus Sicht der Vereinigungsfreiheit wäre dieses Arrangement kaum zu kritisieren. Sowohl Staaten als auch private Vereinigungen wären gleichzeitig im Genuss der vollen Assoziationsrechte, wie sie in Abschnitt 3.2.2 analysiert wurden. Dennoch sprechen natürlich gute Gründe gegen eine solche Staatenwelt. So zöge die Rechtsdurchsetzung durch nichtmonopolistische Akteure eine ganze Reihe von praktischen Problemen nach sich. Und selbst wenn diese Probleme irgendwie gelöst werden könnten, wäre nicht sichergestellt, dass jede Person auch einen Staat findet, der sie aufnimmt und in ihren grundlegenden Rechten schützt. Mit Blick auf private Vereinigungen mag eine solche Situation moralisch akzeptabel sein. Findet jemand keinen heiratswilligen Partner, so ist das zwar bedauerlich, aber sicher das kleinere Übel als eine

38 Otto Bauer, *Die Nationalitätenfrage und die Sozialdemokratie,* Wien 1907. Diesen Hinweis entnehme ich Walzer, *Sphären der Gerechtigkeit,* S. 82.

Zwangsehe. Bei Staaten scheint mir diese Ansicht weit weniger überzeugend.

Nun behauptet auch Wellman nicht, dass Staaten in *allen* hier skizzierten Hinsichten wie Clubs aussehen sollten. Er bestreitet weder die Legitimität der obligatorischen Mitgliedschaft im Staat, noch zieht er die territoriale Monopolstellung von Staaten in Zweifel.[39] Wie sich gezeigt hat, ist sie im Gegenteil eine unverzichtbare Prämisse in seinem Argument dafür, dass Staaten im Rahmen der Vereinigungsfreiheit ein Recht zukommt, Außenstehende von ihrem Territorium auszuschließen. Etwas ambivalenter äußert sich Wellman zum Recht auf Ausschluss gegenüber bisherigen Mitgliedern. Einerseits sieht er keinen systematischen Grund, weshalb Staaten unter keinen Umständen dazu berechtigt sein sollten, bisherige Bürgerinnen auszuschließen. Andererseits betont Wellman aber auch, der diesbezügliche Spielraum sei aufgrund der besonderen Verpflichtungen von Staaten gegenüber ihren Bürgerinnen viel enger, als wenn es um den Ausschluss von Einwanderungswilligen gehe.[40] Ein Recht, mehr oder weniger beliebige Ausschlussgründe für bisherige Mitglieder vorzusehen, wie es Vereine normalerweise haben (man denke an die Knabengesellschaft Andeer), scheint Wellman Staaten also doch nicht zuschreiben zu wollen.

Auch Wellman glaubt also nicht, dass bei Staaten *alle* Assoziationsrechte gelten, wie sie bei privaten Vereinen bestehen. Seine Argumentation legt ihn auch nicht unbedingt auf diese Ansicht fest. Wellman betont wie erwähnt, das Recht auf Vereinigungsfreiheit sei ein nichtabsolutes Recht, das durch andere Ansprüche überwogen werden könne. Das lässt die Möglichkeit offen, dass Staaten *all things considered* nur einen Teil der Assoziationsrechte perfekter Clubs genießen sollten. Dennoch machen die Hinsichten, in denen Staaten Wellmans eigener Ansicht nach *nicht* wie Clubs aussehen sollten, seine Argumentation zweifelhaft. Denn Wellman greift selbst immer wieder auf die stillschweigende Annahme zurück, dass die Assoziationsrechte ein unzertrennliches Bündel bilden. So argu-

39 »Staaten müssen in ausreichendem Maß territorial zusammenhängend sein, um ihre notwendigen Funktionen zu erfüllen, und um dies zu erreichen, müssen sie die Möglichkeit haben, nichtkonsensuellen Zwang gegen all diejenigen auszuüben, die sich innerhalb ihrer territorialen Grenzen befinden.« Wellman, »Immigration and Freedom of Association«, S. 131, eigene Übersetzung.

40 Wellman, »Freedom of Association and the Right to Exclude«, S. 74-76.

mentiert er, wer Staaten das Recht einräume, überstaatlichen Organisationen wie der EU (nicht) beizutreten, sei damit bereits auf die Ansicht festgelegt, dass Staaten *das* Recht auf Vereinigungsfreiheit besitzen. Dieses Recht schließe dann zwingend auch das Recht ein, individuelle Bewerber um die Mitgliedschaft abzuweisen.[41]

Wie sich nun aber gezeigt hat, glaubt Wellman selbst nicht, dass es Vereinigungsfreiheit nur »ganz oder gar nicht« gibt. Die Frage ist nicht, ob Staaten *das* Recht auf Vereinigungsfreiheit haben. Die Frage ist vielmehr, *welche Teilmenge* der Assoziationsrechte, die wir privaten Vereinen zuschreiben, auch für Staaten gelten sollten. Dann ist aber alles andere als klar, was Intuitionen über staatliche Assoziationsrechte höherer Ordnung austragen, wenn es darum geht, ein staatliches Recht auf Nichtaufnahme individueller Mitglieder zu verteidigen. Denkbar wäre nämlich auch, dass sich die Sache bei Staaten etwa wie beim öffentlich-rechtlichen Verband der Studierenden der Universität Zürich (VSUZH) verhält: Der VSUZH ist verpflichtet, alle beitrittswilligen Studierenden aufzunehmen; ein Ausschlussrecht hat die Organisation weder gegenüber bisherigen Mitgliedern noch gegenüber neuen Beitrittswilligen. Dennoch hat der VSUZH aber Assoziationsrechte zweiter Ordnung: Der Verband darf selbst über den Beitritt zu nationalen und internationalen Dachverbänden entscheiden.[42]

3.3 Weshalb Staaten nicht wie Clubs sind

Die von Wellman nicht bestrittenen Unterschiede zwischen Staaten und Clubs machen nicht nur zweifelhaft, wie einschlägig die Intuitionen sind, auf die er sich mit dem EU-Beispiel beruft. Sie machen sein Argument auch anfällig für zwei grundsätzlichere Einwände. Das eine Gegenargument setzt bei der Frage nach der *Rechtfertigung* der unstrittigen Unterschiede zwischen Staaten und Clubs an. Diese Unterschiede beruhen offenbar darauf, dass für Staaten jedenfalls in einigen Hinsichten andere moralische Prinzipien gelten

41 Wellman, »Immigration and Freedom of Association«, S. 112.

42 Vgl. §6, §3 der Statuten der öffentlich-rechtlichen Körperschaft des Verbands der Studierenden der Universität Zürich (VSUZH) vom 23. Mai 2012 ⟨http://www.zh.ch/internet/de/rechtliche_grundlagen/gesetze/erlass.html?Open&Ordnr=415.34⟩, letzter Zugriff 7.5.2016.

als für private Vereinigungen. Und es könnte sich herausstellen, dass dieselben Gründe, die beispielsweise die obligatorische Mitgliedschaft in der staatlichen Gemeinschaft rechtfertigen, zugleich gegen ein staatliches Recht auf Ausschluss sprechen. Die Vereinigungsfreiheit, so dieser erste Einwand, ist mit Blick auf *staatliche* Ausschlussrechte schlicht nicht entscheidend (Abschnitt 3.3.1).

Eine zweite Antwortstrategie nimmt die unstrittigen Unterschiede zwischen Staaten und Clubs hingegen als eine *externe Gegebenheit* an und fragt, ob die Vereinigungsfreiheit selbst überhaupt dafür spricht, Assoziationen, die solchen Einschränkungen unterliegen, ein Recht auf Ausschluss einzuräumen. Zweifel scheinen mir hier aus zwei Gründen angebracht. Zum einen gelten die Rechte auf Nichteintritt, Austritt und Neugründung bei Staaten nur beschränkt oder gar nicht. Gerade diese Rechte auf individuelle »Outside-Optionen« stehen aber in einem engen Begründungszusammenhang mit den kollektiven Ausschlussrechten, die wir privaten Vereinen einräumen (Abschnitt 3.3.2). Und zum anderen sind Territorialstaaten »Container-Assoziationen«, die eine breite Palette von privaten Assoziationsformen in sich einschließen. Solchen »Container-Assoziationen« ein Recht auf Ausschluss zu gewähren, bedeutet aber, die Vereinigungsfreiheit mit Blick auf diverse private Vereinigungsformen erheblich einzuschränken (Abschnitt 3.3.3).

3.3.1 Partikuläre Projekte vs. gerechter Rahmen

Staatliche Institutionen unterliegen normalerweise sowohl für ihre innere Zusammensetzung als auch für die Vergabe von Leistungen irgendeinem Prinzip des gleichen Zugangs, sei es in Form eines universellen, obligatorischen Zugangs wie bei der Schulpflicht, sei es in Form eines freien, aber freiwilligen Zugangs wie beim Anspruch auf rechtliches Gehör oder sei es in der schwächeren Form eines Anspruchs auf Gleichbehandlung in einem gerechten Auswahlverfahren wie etwa im Fall des Rechts, sich in einem fairen Verfahren um ein staatliches Stipendium zu bewerben oder in freien Wahlen für einen Sitz im Parlament zu kandidieren. In all diesen Hinsichten unterscheiden sich staatliche Institutionen von ihren privaten Pendants: Ein privater Debattierclub darf im Gegensatz zu einem Parlament aus bloßer Sympathie entscheiden, wen er als neues Mitglied aufnehmen möchte; ein privater Wohltätigkeitsverein darf im Gegensatz zu einem Bildungsministerium beschließen, Stipendien nur an unverheiratete katholische Frauen zu vergeben; und eine Privatperson darf im Gegensatz zu einer Richterin frei entscheiden, wessen Klagen sie sich anhören möchte. Joseph Carens spricht in diesem Zusammenhang von einer tief greifenden Spannung zwischen dem Recht auf Vereinigungsfreiheit und dem Recht auf Gleichbehandlung. In der privaten Sphäre überwiege das Prinzip der freien Vereinigung, in der öffentlichen Sphäre hingegen sei das Prinzip der Gleichbehandlung ausschlaggebend.[43]

Worin könnte dieser Unterschied begründet sein? Und wie ist die Grenze zwischen den Geltungsbereichen beider Arten von Prinzipien genau zu ziehen? Ist es beispielsweise legitim, die Vereinigungsfreiheit auch bei privaten Vereinigungen im Namen des Schutzes vor Diskriminierung durch ein Gleichbehandlungsprinzip einzuschränken? Bei intimen Vereinigungen wie Ehen oder bei »expressiven« Assoziationen wie Religionsgemeinschaften werden wir diesbezüglich wahrscheinlich vorsichtig sein.[44] Wenn eine Vereinigung diese Eigenschaften nicht habe und besonders grundlegende Interessen auf dem Spiel stünden, sehe die Sache aber anders aus, meint Fine:

> Gruppen mögen ein präsumtives Recht haben, Außenstehende auszuschließen, wenn die fraglichen Vereinigungen intim sind oder in erster Linie expressiv oder wenn der Ausschluss normalerweise einigermaßen »harmlos« ist, aber der Staat erfüllt nicht die notwendigen Bedingungen für diese Präsumtion.[45]

Obschon Intimität, Expressivität und die Betroffenheit grundlegender Interessen sicher wichtige Kriterien sind, wenn es darum

43 Joseph H. Carens, »Fremde und Bürger: Weshalb Grenzen offen sein sollten«, in: Andreas Cassee, Anna Goppel (Hg.), *Migration und Ethik*, Münster 2012, S. 23-46, hier S. 41 f. In der liberalen Tradition macht Carens eine Dynamik der schrittweisen Ausweitung der öffentlichen Sphäre aus, als deren logische Fortsetzung er die Anerkennung eines Rechts auf Einwanderung sieht.

44 Stuart White, »Freedom of Association and the Right to Exclude«, in: *Journal of Political Philosophy* 5/4 (1997), S. 373-391.

45 Fine, »Freedom of Association Is Not the Answer«, S. 352, eigene Übersetzung. Eine Kritik an Wellmans Argument, die beim Spannungsverhältnis von Vereinigungsfreiheit und Diskriminierungsverbot ansetzt, formuliert auch Michael Blake, »Immigration, Association, and Antidiscrimination«, in: *Ethics* 122/4 (2012), S. 748-762.

geht, den Geltungsbereich von Antidiskriminierungsnormen bei privatrechtlichen Vereinigungen festzulegen, scheinen mir diese Kriterien den grundlegenden Unterschied zwischen staatlichen und privaten Institutionen jedoch nicht ganz zu treffen. Ein Gericht beispielsweise unterliegt selbst dann Prinzipien der Gleichbehandlung, wenn die bisherigen Richter faktisch enge Freunde sind und nur vergleichsweise harmlose Fälle verhandeln. Der springende Punkt scheint mir hier eher der zu sein, dass private Vereine und staatliche Institutionen ganz unterschiedlichen Zwecken dienen.

Private Vereine sind dazu da, dass wir mit Personen der eigenen Wahl mehr oder weniger beliebige persönliche Projekte verfolgen können. Staatliche Institutionen wie Gerichte hingegen dienen der Gewährleistung eines gerechten Rahmens, in dem Menschen ihren je unterschiedlichen persönlichen Projekten nachgehen können (wozu auch die unparteiische Durchsetzung privater Assoziationsrechte zählt).

Dieser Unterschied scheint mir eine überzeugende Rechtfertigung dafür zu liefern, weshalb bei privaten Vereinen, nicht aber bei Staaten ein unbedingtes Recht auf Nichteintritt besteht. Das Recht, einem Verein nicht beizutreten, schützt uns davor, bei partikulären Projekten mitmachen zu müssen, die nicht die unseren sind. Staaten hingegen dienen (idealerweise) nicht beliebigen persönlichen Zielen irgendeiner Gruppe, sondern der Aufrechterhaltung einer gerechten Ordnung. Deshalb erachten wir es gemeinhin als unproblematisch, dass wir gezwungen werden, uns auch mit solchen Menschen in einer staatlichen Gemeinschaft zu assoziieren, mit denen wir jede private Vereinigung ablehnen würden.

Wenn das richtig ist, liegt aber die Frage nahe, weshalb ein analoges Argument nicht auch für die kollektiven Ausschlussrechte gegenüber neuen Mitgliedern gelten soll. Im Fall privater Vereinigungen schützen uns diese Rechte davor, unsere persönlichen Projekte für Außenstehende öffnen zu müssen, bis sie irgendwann nicht mehr *unsere* Projekte sind. Beim Staat hingegen haben wir es von vornherein nicht mit einem partikulären Projekt einer bestimmten Gruppe zu tun, sondern mit einem universalistischen Projekt der Gewährleistung einer gerechten Ordnung.[46] Das macht zweifel-

46 Eine Zwischenposition vertritt diesbezüglich Bernd Ladwig, »Offene Grenzen als Gebot der Gerechtigkeit?«, in: Andreas Cassee, Anna Goppel (Hg.), *Migrati-*

haft, ob wir der Vereinigungsfreiheit bei Staaten dasselbe Gewicht einräumen sollten wie bei privaten Vereinigungen.

Private Clubs könnten nicht die Spezialvereinigungen sein, die sie sind und auch sein sollten, wenn nicht sowohl auf der individuellen als auch auf der kollektiven Ebene ein Recht bestünde, eine entsprechende Assoziation mit bestimmten anderen Personen abzulehnen. Staaten hingegen dienen ganz anderen Zwecken, und es ist deshalb alles andere als evident, dass für beide Vereinigungsformen dieselben moralischen Prinzipien einschlägig sind – auf diesen Punkt werde ich im nächsten Kapitel im Zusammenhang mit kollektiven Eigentumsrechten noch einmal zurückkommen.[47] Auf den verbleibenden Seiten dieses Kapitels möchte ich aber noch einen anderen Einwand gegen Wellmans Argument stark machen: Selbst wenn wir annehmen, dass die Vereinigungsfreiheit mit Blick auf die Einwanderungsfrage entscheidend ist, wäre noch nicht klar, ob dies für oder gegen ein staatliches Recht auf Ausschluss spräche.

3.3.2 Kollektive Ausschlussrechte und individuelle Outside-Optionen

Wie wir gesehen haben, funktioniert Wellmans Argument als Argument für ein Recht auf den *territorialen* Ausschluss von Einwanderungswilligen nur dann, wenn wir annehmen, dass territoriale Anwesenheit und Mitgliedschaft bei Staaten gekoppelt sind – etwas vereinfacht gesagt lautet die Annahme, dass Immigration und Emigration einfach mit dem Eintritt in die politische Gemeinschaft respektive mit dem Austritt aus derselben zusammenfallen. Diese Koppelung von Mitgliedschaft und Territorialität hat eine Reihe von Auswirkungen auf die Assoziationsrechte.

Eine direkte Folge der territorialen Monopolstellung von Staaten ist zunächst, dass Individuen nicht ohne weiteres ein Recht haben können, einen neuen Staat zu gründen. Wie Kant bemerkt, leben wir nicht auf einer Ebene, in der wir uns »ins Unendliche

on und Ethik, Münster 2012, S. 67-88. Er beschreibt den Staat als ein universalistisches Gerechtigkeitsprojekt mit partikulärem Einschlag. Das Argument für ein (stark eingeschränktes) Recht auf Ausschluss, das Ladwig auf dieser Grundlage formuliert, bespreche ich in Abschnitt 9.3.4.

47 Siehe Abschnitt 4.2.4.

zerstreuen« könnten, sondern auf einer Kugel mit einer begrenzten Oberfläche.[48] Und diese Oberfläche (oder jedenfalls der bewohnbare Teil davon) ist unter den existierenden Staaten verteilt. Gerade das Recht auf Neugründung steht aber in einem engen Begründungszusammenhang mit den kollektiven Ausschlussrechten.

Der Punkt lässt sich am Beispiel des VSUZH verdeutlichen. Dass für den Studierendenverband eine Aufnahmepflicht gilt, könnte natürlich damit gerechtfertigt werden, dass alle Studierenden einen Anspruch auf universitäre Mitbestimmung haben; dann hätten wir es mit der Art von Argument zu tun, die ich im letzten Abschnitt besprochen habe. Ein anderes Argument könnte aber auch lauten: Unabhängig davon, ob ein prinzipieller Anspruch auf universitäre Mitbestimmung besteht oder nicht – *wenn* einer bestimmten Gruppe von Studierenden spezielle Rechte eingeräumt werden, sodass andere Studierende nicht das Recht haben, eine neue Gruppe mit denselben Befugnissen zu gründen, *dann* sollte diese Gruppe allen offenstehen.

Das Recht auf Neugründung stellt bei privaten Vereinen sicher, dass die »Ungleichheit« zwischen Mitgliedern und Nichtmitgliedern bestehender Vereinigungen nur eine oberflächliche ist. Sowohl Mitglieder als auch Nichtmitglieder haben formal dasselbe Recht, im gegenseitigen Einverständnis mit anderen Individuen solche Vereinigungen einzugehen. Würde man den bisherigen Mitgliedern des VSUZH ein kollektives Recht auf Ausschluss zugestehen, so wäre diese formale Gleichheit aber nicht gegeben (andere Studierende könnten zwar studentische Vereine gründen, aber diese hätten nicht dieselben Kompetenzen wie der öffentlich-rechtliche Studierendenverband). Die Nichtaufnahme von Beitrittswilligen und der Ausschluss bisheriger Mitglieder scheinen also nur dann unproblematisch zu sein, wenn die Ausgeschlossenen ihrerseits das Recht haben, eine neue Vereinigung der jeweiligen Art ins Leben zu rufen.

Nun könnte man an dieser Stelle vielleicht entgegnen, dass mit Blick auf Staaten im Status quo sehr wohl eine Form von formaler Gleichheit bestehe, obwohl es kein allgemeines Recht auf Neugründung gibt: Jede Person ist ursprünglich Mitglied in einer staatlichen Vereinigung und hat das gleiche Recht, im gegenseiti-

48 Immanuel Kant, *Zum ewigen Frieden. Ein philosophischer Entwurf*, in: *Gesammelte Schriften*, herausgegeben von der Preußischen Akademie der Wissenschaften, Bd. VIII, Berlin 1912, S. 341-386, hier S. 358.

gen Einverständnis mit einer anderen staatlichen Vereinigung die Mitgliedschaft zu wechseln. Doch das Problem ist natürlich, dass manche Menschen mit ihrer ursprünglichen Mitgliedschaft zufriedener sein werden als andere, und *diese* Ungleichheit ist selbst nicht durch Prinzipien der freien Vereinigung gerechtfertigt.

»Gründe doch deinen eigenen Club!«, lautet oft die Antwort, wenn jemand partout nicht einsehen will, dass man ihn in einem privaten Verein nicht dabeihaben will. Wie auch David Miller betont, ist diese Antwort bei Staaten nicht besonders überzeugend.[49]

Stark eingeschränkt sind bei Territorialstaaten, wie sie Wellman im Blick hat, darüber hinaus auch die individuellen Rechte auf Nichteintritt und Austritt. Ihre erste Staatsangehörigkeit erhalten Menschen ungeachtet ihrer Zustimmung. Und ein Austritt aus einem Staat ist nur möglich, wenn man gleichzeitig in einen anderen eintritt. Ein kollektives Recht auf Nichtaufnahme kann es bei Staaten deshalb nur auf Kosten eines anderen wichtigen Bestandteils der Vereinigungsfreiheit geben: Das kollektive Recht, eine Assoziation mit einem bestimmten Individuum zu vermeiden, beschränkt das individuelle Recht, eine Assoziation mit einem bestimmten Kollektiv zu vermeiden, und umgekehrt.

Bei privaten Vereinen ist zwischen individuellen und kollektiven Rechten auf »Assoziationsvermeidung« keine Abwägung nötig; es ist jederzeit möglich, Mitglied in gar keinem Verein zu sein. Sobald für eine Vereinigungsform aber gilt, dass die Mitgliedschaft in mindestens einer Gruppe unvermeidbar ist, entsteht ein Konflikt zwischen diesen beiden Bestandteilen der Vereinigungsfreiheit. Und Wellman scheint mir keine überzeugende Rechtfertigung dafür zu liefern, weshalb eine Einschränkung der kollektiven Ausschlussrechte hier einen schwerwiegenderen Eingriff in die Vereinigungsfreiheit darstellen soll als die Einschränkung der individuellen Austrittsrechte, die aus der bestehenden Regelung resultiert.

3.3.3 Territorialstaaten als Container-Assoziationen

Der wohl wichtigste Grund, an Wellmans Ansicht zu zweifeln, dass die Vereinigungsfreiheit *für* ein staatliches Recht auf Ausschluss

49 David Miller, »Einwanderung: Das Argument für Beschränkungen«, in: Andreas Cassee, Anna Goppel (Hg.), *Migration und Ethik*, Münster 2012, S. 47-65, hier S. 56.

spricht, ergibt sich aber aus der Tatsache, dass Territorialstaaten »Container-Assoziationen« sind, also Assoziationen, die zahlreiche andere Vereinigungen in sich einschließen.

Für einige Arten von privaten Vereinigungen mag zwar gelten, dass diese von der Möglichkeit der direkten Begegnung im physischen Raum völlig unabhängig sind. Menschen können beispielsweise zur Community der Wikipedia-Autoren gehören, ohne sich je auf dem gleichen Fleck der Erdoberfläche aufzuhalten wie irgendein anderes Mitglied dieser Gemeinschaft. Für viele andere Vereinigungsformen ist physische Nähe hingegen so fundamental, dass von einer entsprechenden Vereinigung gar nicht sinnvoll die Rede sein kann, wenn sich die Beteiligten nicht gemeinsam an einem Ort aufhalten dürfen. Staaten ein Recht auf Ausschluss zu gewähren, bedeutet deshalb, die Vereinigungsfreiheit mit Blick auf zahlreiche private Assoziationsformen empfindlich zu beschneiden. In einer Welt mit einem staatlichen Recht auf Ausschluss können wir mit Menschen aus anderen Ländern keine Wohngemeinschaften, Fußballclubs oder Familien gründen, ohne dass jemand von uns in der Rolle eines Bittstellers einen Staat um eine Aufenthaltsbewilligung ersuchen muss.[50]

Nun möchte ich nicht bestreiten, dass es Container-Assoziationen gibt, die legitimerweise kollektive Ausschlussrechte besitzen. So beschränken die Ausschlussrechte von Firmen beispielsweise die Vereinigungsfreiheit mit Blick auf die Organe der betrieblichen Mitbestimmung. Ähnliches gilt für Parteien mit Blick auf ihre untergeordneten Gremien. Aber Betriebsräte oder Parteigremien sind natürlich von vornherein darauf ausgelegt, eine bestimmte Rolle in den jeweils übergeordneten Assoziationen zu spielen. Die Vorstellung, dass Ehen, Wohngemeinschaften und andere private Vereinigungen in derselben Weise dem Staat untergeordnet sind, scheint mir mit einem modernen Staatsverständnis aber kaum vereinbar zu sein. Und es gibt im rechtlichen Status quo außer dem Staat kein Beispiel für eine Container-Assoziation, die fast das ganze Spekt-

50 Siehe u. a. Hillel Steiner, »Hard Borders, Compensation, and Classical Liberalism«, in: David Miller, Sohail H. Hashmi (Hg.), *Boundaries and Justice. Diverse Ethical Perspectives*, Princeton, New Jersey 2001, S. 79-88; Chandran Kukathas, »The Case for Open Immigration«, in: Andrew I. Cohen, Christopher H. Wellman (Hg.), *Contemporary Debates in Applied Ethics*, Malden, Mass. 2005, S. 207-220, hier S. 210.

rum privater Vereinigungen in sich einschließt, aber dennoch ein Recht auf Ausschluss besitzt.

Am ehesten kommt dieser Situation vielleicht noch der Fall abgeschotteter Religionsgemeinschaften nahe, die ihren Mitgliedern Ehen oder Freundschaften mit Außenstehenden verbieten wollen. Doch Religionsgemeinschaften haben natürlich keine rechtliche Autorität, solche Ansprüche durchzusetzen, und es ist zwei Angehörigen unterschiedlicher Religionsgemeinschaften jederzeit erlaubt, aus ihren jeweiligen religiösen Gruppen auszutreten, um beispielsweise eine Ehe einzugehen, ohne dass sie dafür an einen anderen Ort ziehen oder gemeinsam eine dritte Religionsgemeinschaft finden müssten, die bereit ist, beide aufzunehmen.

Weshalb sollten die Ausschlussrechte *einer* Assoziationsform so wichtig sein, dass sie eine Einschränkung der Vereinigungsfreiheit mit Blick auf *fast alle anderen* Vereinigungsformen rechtfertigen? Eine Antwort könnte vielleicht lauten, dass die meisten Menschen in Europa schlicht mehr Wert darauf legen, kollektiv die Einwanderung beschränken zu können, als je individuell die Möglichkeit zu haben, etwa mit einer Nigerianerin eine Wohngemeinschaft zu gründen. Ich glaube aber, dass wir vorsichtig sein sollten, die Schwere eines Eingriffs in die Freiheitsrechte daran zu bemessen, wie sehr dieser unter einem restriktiven Regime überhaupt als Eingriff wahrgenommen wird. So mag es in einer segregierten Gesellschaft, in der Mischehen gesetzlich verboten sind, nur wenige geben, für die eine Ehe mit einer andersfarbigen Person überhaupt in Betracht käme, und viele, die Wert darauf legen, als Weiße (oder, wie wir einmal annehmen wollen, auch als Schwarze) unter sich zu bleiben. Dennoch wird man mir hoffentlich zustimmen, dass das Verbot von Mischehen einen massiven Verstoß gegen die Vereinigungsfreiheit darstellt. Und dieses Urteil scheint mir nicht wesentlich davon abzuhängen, dass mit der Ehe eine besonders bedeutsame private Assoziationsform betroffen ist. Segregationsregeln für vergleichsweise unwichtige Vereinigungen wie Fußballclubs wären moralisch ebenso unhaltbar.

Analog wäre der individuellen Vereinigungsfreiheit auch im Einwanderungsfall nicht durch einen Kompromiss der Art Genüge getan, dass Staaten zwar im Allgemeinen ein Recht auf Ausschluss besitzen, aber Ausnahmen für besonders wichtige private Vereinigungen wie Ehen oder auch enge Freundschaften gewähren müssen.[51] Ein solcher Kompromissvorschlag wirft nicht nur eine Reihe von unangenehmen Folgefragen auf. (Wollen wir wirklich, dass der Staat darüber entscheidet, welche privaten Vereinigungsformen für uns wichtig sind? Gibt es überhaupt eine Weise, dies zu entscheiden, die auf angemessene Weise neutral ist zwischen unterschiedlichen Lebensentwürfen? Und können genuine Instanzen der entsprechenden Beziehungsformen von »Scheinehen«, »Scheinfreundschaften« etc. unterschieden werden, ohne massiv in die Privatsphäre der Beteiligten einzugreifen?) Der Kompromissvorschlag müsste vor allem auch auf der Annahme beruhen, dass zwischen individuellen Assoziationswünschen und kollektiven Präferenzen überhaupt eine Abwägung vorzunehmen ist. Das Segregationsbeispiel scheint mir aber zu zeigen, dass eine solche Abwägung nicht zulässig ist. Die Logik der Vereinigungsfreiheit geht vielmehr dahin, dass individuelle Assoziationsrechte grundsätzlich den Vorrang haben gegenüber kollektiven Verfügungswünschen.[52] Und wie das folgende Beispiel verdeutlichen soll, gilt das nicht nur, wenn eine Einschränkung der individuellen Assoziationsrechte aus rassistischen Motiven erfolgt, wie dies im Segregationsbeispiel der Fall ist.

51 Ich danke Henning Hahn für die Anregung, die Möglichkeit eines solchen Kompromisses zu diskutieren.

52 Für eine solche Vorrangregel scheint sich Wellman an einer Stelle, die ich bereits zitiert habe, selbst auszusprechen: »In der Vergangenheit wurde es für angebracht gehalten, dass der Vater entscheidet, wen man heiratet, oder der Staat darüber bestimmt, welche Religion man praktiziert, aber diese Zeiten sind glücklicherweise (weitgehend) vorbei. Heute sind sich fast alle einig, dass wir einen Anspruch auf eheliche und religiöse Vereinigungsfreiheit haben; wir sehen es als selbstverständlich an, dass jeder und jede Einzelne das Recht hat, selbst zu wählen, mit wem er oder sie eine Ehe eingehen oder seine oder ihre Religion praktizieren möchte.« Wellman, »Immigration and Freedom of Association«, S. 110, eigene Übersetzung. Ich weiß nicht, wie Wellman diese Aussage mit der Ansicht vereinbaren will, dass der Staat *doch* darüber bestimmen können soll, mit wem wir eine eheliche Gemeinschaft eingehen oder eine Religion praktizieren dürfen, jedenfalls soweit es um Personen geht, die eine andere Staatszugehörigkeit haben als wir.

3.4 Die Roten und die Blauen

Als ich eingeschult wurde, wurden wir Kinder in zwei Gruppen eingeteilt: die Roten und die Blauen. Ich erinnere mich nicht mehr genau, welchen administrativen Zwecken diese Einteilung diente, aber ich erinnere mich, dass wir uns in den ersten Jahren stark mit diesen Gruppen identifiziert haben und Slogans wie »Die Blauen sind die Schlauen!« oder »Die Roten sind die Toten!« auf dem Schulhof gang und gäbe waren. Die Identifikation hat sich schnell verflüchtigt. Doch stellen wir uns einmal vor, sie hätte sich noch gesteigert, die Roten und die Blauen wären später im Berufs- und Privatleben weitgehend unter sich geblieben, und irgendwann hätten besonders eifrige Angehörige beider Gruppen die folgende Forderung erhoben: Der gesamte öffentliche und private Raum der Stadt soll in eine rote und eine blaue Zone unterteilt werden, die grundsätzlich nur noch den Roten beziehungsweise den Blauen offensteht. Die Einteilung in die beiden Gruppen soll schon bei der Geburt erfolgen, wobei Kinder die Farbe ihrer Eltern übernehmen. Individuelle Eigentümer von roten oder blauen Grundstücken dürfen zwar vorübergehend Blaue respektive Rote zu sich einladen, wenn sie entsprechende Garantien für sie abgeben. Doch »violette« Wohngemeinschaften oder Familien sollen nicht mehr möglich sein; wenn eine rote und eine blaue Person eine längerfristige Verbindung eingehen wollen, muss eine von ihnen die Farbe wechseln. Dafür soll aber die Zustimmung der jeweiligen Gruppe notwendig sein.

Sollten wir sagen, dass dieser Vorschlag im Sinne der Vereinigungsfreiheit wäre? Ich bezweifle es. Natürlich dürften rote und blaue Individuen beschließen, selbst nur private Assoziationen mit »Gleichfarbigen« einzugehen. Doch sie dürften es anderen Individuen nicht verbieten, sich ihrerseits mit »Andersfarbigen« einzulassen; dies wäre ein Verstoß gegen die Vereinigungsfreiheit. Und an diesem Urteil würde sich auch dann nichts ändern, wenn sich die Roten und die Blauen im Geiste des im letzten Abschnitt diskutierten Kompromissvorschlags dazu bereit erklärten, eine Ausnahme für besonders bedeutsame private Vereinigungsformen zu gewähren.

Zumindest was die Struktur des geforderten Ausschlussrechts angeht, ist das Beispiel völlig analog zum Einwanderungsfall: Es geht in beiden Fällen nicht einfach um das Recht, Außenstehende von der Mitgliedschaft in einer Vereinigung auszuschließen (die Roten und die Blauen dürften selbstverständlich Vereine gründen, in die nur Rote beziehungsweise Blaue aufgenommen werden). Es geht auch nicht um das Recht, Außenstehende aus einem privaten Raum auszuschließen (die Roten und die Blauen dürften Clubhäuser kaufen oder mieten, zu denen sie nur Angehörigen der eigenen Gruppe Zutritt gewähren). Die Forderung geht vielmehr dahin, dass der *gesamte* öffentliche und private Raum ein »privater Raum zweiter Ordnung« sein soll, der unter der Kontrolle von Gruppen steht, die ihre ursprüngliche Zusammensetzung einer unfreiwilligen Zuteilung verdanken. Ein *solches* Recht gewähren wir keinem Verein, und die Club-Analogie liefert deshalb auch keinen überzeugenden Grund, Staaten ein solches Recht zuzuschreiben.

Im Innern demokratischer Staaten haben alle Menschen das Recht, sich im öffentlichen Raum frei zu bewegen, und alle haben (idealerweise) die Möglichkeit, privaten Raum zu erwerben oder zu mieten, in den sie dann einladen dürfen, wen immer sie wollen. Beides ist für die Vereinigungsfreiheit erheblich. Der private Raum ist wichtig, weil er es privaten Vereinigungen ermöglicht, sich unter Ausschluss Dritter zu versammeln und exklusiven Aktivitäten nachzugehen. Der öffentliche Raum ist einerseits wichtig, damit wir überhaupt von einem privaten Raum in den anderen gelangen können, andererseits ist er aber auch selbst ein wichtiger Raum für Interaktionen – er gibt uns die Möglichkeit, uns ohne eigentumsrechtliche Voraussetzungen mit anderen Individuen zu treffen, und zwar auch mit solchen, die wir noch gar nicht kennen. Wenn wir einmal von den Problemen absehen, die sich aus der beschränkten Verfügbarkeit und der ungerechten Verteilung privaten Raums ergeben, so scheint dieses Arrangement aus Sicht der Vereinigungsfreiheit ideal. Und die Vereinigungsfreiheit liefert deshalb auch kein überzeugendes Argument dafür, dass wir einen frei zugänglichen öffentlichen Raum nur mit unseren Mitbürgerinnen teilen sollten, nicht aber mit den Angehörigen anderer Staaten.

Man mag mir an dieser Stelle vorwerfen, das Beispiel der Roten und der Blauen trivialisiere die tief greifende Bedeutung der nationalstaatlichen Zugehörigkeit. Der öffentliche Raum eines Staates sei eben kein Raum, in dem wir völlig Fremden begegnen, sondern ein intimer Raum, den wir immer schon nur mit »unseresgleichen« teilen. Auf Argumente dieser Art werde ich im fünften und sechsten Kapitel zu sprechen kommen. Doch Wellmans Anspruch besteht gerade darin zu zeigen, dass sich ein staatliches Recht auf Ausschluss analog zum Ausschlussrecht eines Golfclubs *ohne* irgendwelche Annahmen über die kulturelle oder identitäre Bedeutung nationaler Gemeinschaftsgrenzen rechtfertigen lässt. Und das Beispiel der Roten und der Blauen scheint mir deutlich zu machen, dass Wellman an diesem Anspruch scheitert.

4.
»Das ist unser Land!«
Pevnick über kollektive Eigentumsrechte

Das ist unser Land! Wir haben es zu dem gemacht, was es heute ist, und es ist unsere Entscheidung, mit wem wir die Früchte unserer Zusammenarbeit teilen wollen. – So lautet eine weitere verbreitete Überzeugung.

Die Ansicht, dass staatliche Institutionen als kollektives Eigentum der jeweiligen Bürger anzusehen sind, liegt etwa dem Vergleich zugrunde, der manchmal zwischen illegaler Einwanderung und dem unbefugten Eindringen in ein Privatgebäude angestellt wird.[1] In diesem Kapitel sollen die Aussichten einer solchen eigentumsrechtlichen Begründung der Standardansicht geprüft werden, wobei ich mich auf die wohl am weitesten ausgearbeitete theoretische Entwicklung dieser Position stütze, nämlich auf die *associative ownership view* von Ryan Pevnick.[2]

4.1 Pevnicks Argument

Pevnicks Position hat auf den ersten Blick viel mit derjenigen von Wellman gemeinsam. Beide grenzen sich gegen die Lehre einer absoluten staatlichen Souveränität ebenso ab wie gegen kommunitaristische und liberal-nationalistische Positionen, die ein Recht auf Ausschluss aus der Bedeutung kulturell-identitärer Verbindungen unter *co-nationals* abzuleiten versuchen. Beide sehen das Recht auf Ausschluss nicht in einem Recht auf *nationale* Selbstbestimmung, sondern in einem Recht auf *staatliche* Selbstbestimmung begründet.[3] Ernster als Wellman nimmt Pevnick jedoch die Tatsache, dass staatliche Gemeinschaften keine freiwilligen Vereinigungen sind.

1 Vgl. Carsten Köllmann, »Migration in die Illegalität«, in: Andreas Cassee, Anna Goppel (Hg.), *Migration und Ethik*, Münster 2012, S. 233-252.

2 Ryan Pevnick, *Immigration and the Constraints of Justice. Between Open Borders and Absolute Sovereignty*, Cambridge 2011.

3 Ebd., S. 20-27, 133-162; Christopher H. Wellman, »Immigration and Freedom of Association«, in: *Ethics* 119/1 (2008), S. 109-141, hier S. 117-119.

Anders als bei freiwilligen Vereinigungen sei es bei Staaten nicht möglich, ein Recht auf kollektive Selbstbestimmung direkt aus dem Selbstbestimmungsrecht der Individuen abzuleiten – immerhin sei es denkbar, dass ein Kollektiv gegen die Interessen einzelner Mitglieder handelt, die ihrerseits gar nicht Teil des Kollektivs sein wollen. Aus diesem Grund sei Wellmans Argument über die Vereinigungsfreiheit zurückzuweisen. Da sich individuelle Bürger nicht frei miteinander vereinigen, könne die Vereinigungsfreiheit nicht herangezogen werden, um ein Recht auf staatliche Selbstbestimmung über die Einwanderungspolitik zu begründen.[4]

Stattdessen sieht Pevnick das Recht auf staatliche Selbstbestimmung nun eben durch eigentumsrechtliche Überlegungen begründet. Dabei stützt er sich auf den auf John Locke zurückgehenden Gedanken, dass das Erzeugen von (Mehr-)Wert durch Arbeit eigentumsrechtliche Ansprüche generiert.[5] Während Locke selbst dabei primär die Rechtfertigung individueller Eigentumsrechte im Blick hat, bringt Pevnick diesen Gedanken auf kollektiver Ebene zur Anwendung: Die Mitglieder einer staatlichen Vereinigung haben ihm zufolge einen besonderen Anspruch auf die Güter, die sie durch ihre Beiträge zu staatlichen Institutionen (etwa durch das Entrichten von Steuern) überhaupt erst in die Welt bringen.

Die Eigentumstheorie, auf die sich Pevnick dabei beruft, stammt von Lawrence Becker. Dieser formuliert folgende Bedingungen für die Aneignung von Eigentum durch Arbeit:

> Wenn die Arbeit (1.) jenseits dessen liegt, was wir für andere zu tun moralisch verpflichtet sind; (2.) etwas herstellt, das ohne sie nicht existieren würde; und (3.) das Produkt von der Art ist, dass andere nichts verlieren, wenn sie davon ausgeschlossen bleiben; dann ist es (4.) nicht falsch, wenn die Produzenten Außenstehende vom Besitz, Gebrauch etc. der Früchte ihrer Arbeit ausschließen.[6]

Auf dieser Grundlage tun die Bürgerinnen eines Staates Pevnick zufolge kein Unrecht, wenn sie Außenstehende von der Nutznießung

4 Pevnick, *Immigration and the Constraints of Justice*, S. 28-30.

5 John Locke, »Zweite Abhandlung. Über den wahren Ursprung, die Reichweite und den Zweck der staatlichen Regierung«, in: *Zwei Abhandlungen über die Regierung*, Frankfurt/M. 1977, S. 200-354, insbesondere S. 215-231.

6 Lawrence C. Becker, *Property Rights. Philosophical Foundations*, London 1977, S. 41, zitiert in Pevnick, *Immigration and the Constraints of Justice*, S. 34, eigene Übersetzung.

an den Institutionen ausschließen, die sie gemeinsam aufrechterhalten. Ohne die Beiträge der Mitglieder würden diese Institutionen gar nicht existieren, und in diesem Sinn verlieren Außenstehende nichts, wenn ihnen der Zugang zu diesen Institutionen verwehrt bleibt.[7]

Die Tatsache, dass staatliche Institutionen teilweise von früheren Generationen erschaffen wurden, sei kein Hinderungsgrund für einen Eigentumsanspruch der heutigen Generation. Es sei ohne weiteres einzusehen, dass Eigentumsrechte von Generation zu Generation weitergegeben werden können wie etwa im Fall eines landwirtschaftlichen Familienbetriebs.[8] Und auch die Unfreiwilligkeit der Zugehörigkeit zur staatlichen Gemeinschaft ändere nichts Wesentliches an der eigentumsrechtlichen Situation, wie das folgende Beispiel verdeutlichen soll:

> Unglücklich über den hohen Preis höherer Bildung und die niedrige Qualität öffentlich verfügbarer Vorlesungen in politischer Theorie, kidnappt Mary mehrere vielversprechende junge politische Theoretiker. Unter Drohungen zwingt sie sie, in Gefangenschaft an der Aufzeichnung einer Reihe von kühnen und mitreißenden Vorlesungen mitzuwirken. Gerade als die Vorlesungen vollendet sind, bekommt die Polizei einen Tipp, Mary wird verhaftet, und die politischen Theoretiker werden befreit. Infolge dieser Geschichte werden die Vorlesungen zu einer Art öffentlichem Kuriosum und finden (jedenfalls nach den bescheidenen Maßstäben der politischen Theorie) eine breite Käuferschaft.[9]

Auch wenn die Theoretiker zur Zusammenarbeit gezwungen wurden, stehe außer Zweifel, dass sie aufgrund ihrer Arbeit einen Eigentumsanspruch an den Vorlesungen haben. Und analog gelte auch bei Staaten, dass die Unfreiwilligkeit der individuellen Beiträge nichts daran ändere, dass diese Beiträge eigentumsrechtliche Ansprüche generierten. Diese Eigentumsrechte sind Pevnick zufolge die Basis für ein kollektives Selbstbestimmungsrecht der Bürgerinnen über ihre Institutionen, das auch ein Recht einschließt, darüber zu bestimmen, wer in Zukunft zu diesen Institutionen beitragen und von ihnen profitieren darf.[10]

7 Pevnick, *Immigration and the Constraints of Justice*, S. 33-36.
8 Ebd., S. 36-39.
9 Ebd., S. 37, eigene Übersetzung.
10 Ebd., S. 36-45.

Wie schon Wellman qualifiziert auch Pevnick dieses Recht auf Selbstbestimmung als ein nichtabsolutes Recht, das im Einzelfall gegen andere Überlegungen abgewogen werden könne, wobei er (anders als Wellman) weitreichende Ausnahmen für Flüchtlinge vorsieht:

> Es gibt [...] starke Gründe, nicht nur die Ansprüche von traditionellen Flüchtlingen zu akzeptieren, sondern auch die traditionellen Bedingungen für die Qualifikation als Flüchtling zu erweitern, indem wir anerkennen, dass Menschen, die in schwerwiegender Armut leben, genau wie politisch Verfolgte in einer sehr starken Position sind, Einlass zu verlangen.[11]

Weniger kompromissbereit zeigt sich Pevnick mit Blick auf irreguläre Migrantinnen. Zwar möge es zutreffen, dass »Illegale« einen Beitrag zum jeweiligen Gemeinwesen leisten, doch da sie dies ohne Zustimmung des Kollektivs tun, würden sie dadurch nicht zu Miteigentümerinnen des jeweiligen Staates. Die Sache verhalte sich (jedenfalls bei »Illegalen« der ersten Generation) wie bei John, der ungebeten Geld auf ein Konto überweist, auf dem eine Gruppe von alten Freunden für den Kauf einer gemeinsamen Ferienwohnung spart. Möglicherweise müssten die Freunde die ungebetenen Beiträge an John zurückerstatten, doch sie seien zweifellos nicht verpflichtet, ihre Ferienwohnung mit ihm zu teilen. Analoges gelte für die Beiträge irregulärer Migrantinnen zu staatlichen Institutionen. Und schließlich werde auch legal anwesenden Gastarbeitern kein Unrecht getan, wenn man ihnen trotz ihrer Beiträge die Aufnahme in die staatliche Gemeinschaft verwehre. Immerhin hätten sie zugestimmt, diese Beiträge zu leisten, ohne dadurch einen Anspruch auf die Staatsbürgerschaft zu erwerben.[12]

Aufgrund seiner Zugeständnisse mit Blick auf politische und wirtschaftliche Flüchtlinge versteht Pevnick seine *associative ownership view* als eine Mittelposition zwischen der Forderung nach offenen Grenzen und derjenigen nach absoluter staatlicher Kontrolle über die Einwanderung.[13] Das scheint mir allerdings insofern irreführend, als es sich beim Aufnahmeanspruch von Flüchtlingen nicht um eine Implikation seiner eigentumstheoretischen Argu-

11 Ebd., S. 96, eigene Übersetzung.

12 Ebd., S. 163-170, 180-183.

13 Vgl. den Untertitel seiner Monographie, *Between Open Borders and Absolute Sovereignty.*

mentation handelt, sondern vielmehr um eine Ausnahme von den eigentumsrechtlichen Prinzipien, die er ansonsten verteidigt. Pevnicks zentrales theoretisches Argument ist eindeutig ein Argument für ein diskretionäres Recht auf Ausschluss – und um dieses Argument wird es mir im Folgenden gehen.

4.2 Vier Probleme für Pevnick

Pevnicks Position hat auf den ersten Blick eine große Überzeugungskraft. Staatliche Institutionen fallen nicht »wie Manna vom Himmel«,[14] und es scheint plausibel, dass aus den Beiträgen, die einzelne Personen zum Bestehen staatlicher Institutionen leisten, besondere moralische Ansprüche erwachsen. Kaum jemand würde beispielsweise behaupten wollen, dass ein Arbeitsloser in Österreich denselben Anspruch auf Gelder aus der Schweizer Arbeitslosenversicherung hat wie eine Arbeitslose in der Schweiz, die Beiträge an diese Versicherung entrichtet hat.

Dennoch scheint mir Pevnicks Versuch, die Standardansicht mit kollektiven Eigentumsrechten zu begründen, aber letztlich nicht überzeugend. Zunächst ist fraglich, ob wir die aneignungstheoretischen Prämissen akzeptieren sollten, die seiner Position zugrunde liegen. Damit Pevnicks Argument überhaupt Aussicht auf Erfolg hat, müssen wir annehmen, dass aneignungsbasierte Eigentumsansprüche einerseits stark genug sind, um ein staatliches Recht auf Einwanderungskontrolle zu rechtfertigen, andererseits aber nicht *zu* stark sind, sodass *individuelle* Eigentumsansprüche ein solches Recht von vornherein ausschließen (Abschnitt 4.2.1). Und selbst wenn die aneignungstheoretischen Prämissen der *associative ownership view* grundsätzlich haltbar und auf staatliche Institutionen anwendbar sind, ist aus drei Gründen unklar, ob sich daraus tatsächlich ein Recht bestehender Staaten ableiten lässt, die Einwanderung zu beschränken. Ein erstes Problem, das zwar nicht unbedingt den normativen Kern von Pevnicks Argument, wohl aber seine praktischen Konklusionen zweifelhaft macht, hat mit historischem Unrecht zu tun (Abschnitt 4.2.2). Zwei weitere Probleme betreffen die Bedingungen für die Aneignung von Eigentum, die Pevnick selbst

14 Ebd., S. 116.

anerkennt. Erstens ist fraglich, ob es bei der Einwanderung tatsächlich um den Zugang zu einem Gut geht, das ohne die Arbeit der jeweiligen Bürgerinnen nicht existieren würde, sodass Außenstehende nichts verlieren, wenn sie von diesem Gut ausgeschlossen werden. Denn das Territorium selbst haben die Bürgerinnen natürlich nicht durch ihre Arbeit geschaffen (Abschnitt 4.2.3). Und zweitens ist zweifelhaft, ob die Leistung reziproker Beiträge zu staatlichen Institutionen tatsächlich jenseits dessen liegt, was wir für andere zu tun moralisch verpflichtet sind. Mit Blick auf die im Staatsgebiet geborenen Nachkommen bisheriger Bürger scheint Pevnick eine entsprechende Pflicht anzuerkennen: Wir müssen sie in die staatliche Gemeinschaft aufnehmen, ob wir wollen oder nicht. Und er scheint mir kein überzeugendes Argument dafür zu liefern, dass diesbezüglich eine Asymmetrie zwischen »Neuankömmlingen durch Geburt« und »Neuankömmlingen durch Einwanderung« bestehen sollte (Abschnitt 4.2.4).

4.2.1 Aneignungstheoretische Prämissen

Auch wenn Pevnicks Annahmen über den Erwerb kollektiver Eigentumsrechte an staatlichen Institutionen intuitiv durchaus eine gewisse Plausibilität besitzen, sind sie doch alles andere als alternativlos. Kritik an diesen Annahmen kann aus zwei Richtungen formuliert werden. Einerseits könnte man bezweifeln, dass es überhaupt so etwas wie »natürliche« aneignungsbasierte Eigentumsrechte gibt. Und andererseits könnte man zugeben, dass es solche Eigentumsrechte gibt, aber bestreiten, dass individuelle Rechte dieser Art überhaupt Raum für ein kollektives Recht auf Ausschluss gegenüber Einwanderungswilligen lassen.

Als Alternative der ersten Art kommt nicht nur eine Theorie in Frage, welche Eigentumsrechte gänzlich in Frage stellt, sondern auch eine, die solche Rechte zwar anerkennt, aber in einen breiteren gerechtigkeitstheoretischen Rechtfertigungszusammenhang einbettet. Eine solche Theorie ist die Vertragstheorie der Gerechtigkeit von John Rawls. Wenn ein gerechtes Eigentumssystem (einschließlich gerechter Regeln für die Besteuerung) einmal in Kraft ist, können sich Individuen und Gruppen dieser Theorie zufolge zwar unter Einhaltung der entsprechenden Regeln legitimes Eigentum aneignen. Das System der Aneignungsregeln selbst ist aber nicht naturrechtlich begründet, sondern erhält seine Rechtfertigung dadurch, dass es anderen möglichen Regeln in einer hypothetischen Vertragssituation vorgezogen würde.[15]

Wenn eine Theorie dieser Art überzeugend ist, genügt es nicht zu zeigen, dass es ein System von Aneignungsregeln gibt, unter dem die Bürgerinnen eines Staates aufgrund ihrer Beiträge zu staatlichen Institutionen ein Recht auf Ausschluss gegenüber Einwanderungswilligen erwerben. Es müsste auch gezeigt werden, dass dieses System von Aneignungsregeln aus einer angemessenen Perspektive der Unparteilichkeit *anderen* Systemen von Aneignungsregeln vorzuziehen ist, die diese Implikation nicht haben. Und auf dieser Ebene der Reflexion trägt der Hinweis darauf, dass Einwanderungswillige (noch) nichts zu den jeweiligen Institutionen beigetragen haben, wenig aus. Denn eine Rechtfertigung für das *System* von Eigentumsrechten (beziehungsweise territorialen Rechten) ist auch denjenigen geschuldet, die selbst unter Anwendung der einmal festgelegten Regeln nicht als Eigentümer zählen werden.

Eine solche vertragstheoretische Position, welche die Einwanderungsfrage als ein Problem der (unparteiischen) Wahl zwischen verschiedenen Systemen territorialer Rechte versteht, werde ich im neunten Kapitel entwickeln.[16] Für den Moment möchte ich Pevnick aber auf seinem eigenen theoretischen Terrain begegnen und um des Arguments willen annehmen, dass es eine direkte aneignungstheoretische Rechtfertigung für Eigentumsrechte gibt. Dann taucht ein zweites Problem auf: Es könnte sich herausstellen, dass *individuelle* Eigentumsrechte ein staatliches Recht, die Einwanderung zu beschränken, von vornherein ausschließen.

Lockes naturrechtlicher Theorie des Eigentums zufolge bestehen Eigentumsrechte schon im vorstaatlichen Zustand. Jedes Individuum hat ein natürliches Recht auf seinen eigenen Körper, und darüber hinaus können sich Individuen durch ihre Arbeit auch äußere Gegenstände einschließlich Land aneignen, sofern sie dadurch keine vorher bestehenden Eigentumsrechte verletzen und den anderen »gleich viel und gleich Gutes« übrig lassen (das so genannte Proviso).[17] Gäbe es in einem solchen Naturzustand so etwas wie ein

15 John Rawls, *Eine Theorie der Gerechtigkeit*, Frankfurt/M. 1979. Siehe insbesondere seine Ausführungen zur reinen Verfahrensgerechtigkeit, S. 105-110.

16 Siehe insbesondere Abschnitt 9.2.2.

17 Locke, »Zweite Abhandlung«, S. 215-231.

Recht auf Einwanderungsbeschränkung? Dürften die Bewohner eines Dorfes oder die Mitglieder einer kulturellen Gemeinschaft Neuankömmlinge aus »ihrem« Gebiet vertreiben? Ich glaube mit Jeremy Waldron, dass das nicht der Fall wäre. Individuelle Eigentümerinnen hätten zwar das Recht, ihren legitimen Besitz gegen Neuankömmlinge (wie auch gegen Alteingesessene) zu verteidigen. Darüber hinaus dürften Dorfgemeinschaften und kulturelle Communitys möglicherweise auch marodierende Banden oder Diebe vertreiben. Aber gegenüber Neuankömmlingen, die auf dem lokalen Arbeitsmarkt ein Auskommen suchen und dabei keine Eigentumsrechte verletzen, hätten sie kein Recht auf Ausschluss.[18]

Ändert sich daran etwas Wesentliches, wenn wir vom hypothetischen Naturzustand zu einem Zustand übergehen, in dem es Staaten gibt? Auch das ist im Rahmen einer Locke'schen Theorie zweifelhaft. Lockes Idee der Staatsgründung geht dahin, dass individuelle Landeigentümer einen Teil ihrer natürlichen Rechte (insbesondere ihr Recht auf Selbstjustiz) an den Staat abtreten, der im Gegenzug ihre übrigen Rechte (insbesondere ihr Recht auf Eigentum) schützt.[19] Der Staat besitzt nur solche Rechte, die Individuen erstens an ihn übertragen können, weil sie sie schon im vorstaatlichen Zustand besitzen, und die zu übertragen zweitens notwendig ist, damit der Staat ihnen Rechtsschutz gewähren kann. In der neueren Debatte wird ein solches Staatsverständnis von *libertarians* rechter und linker Prägung vertreten. Der wesentliche Unterschied zwischen beiden Lagern betrifft die Fortwirkung von Lockes Proviso in der Gegenwart. *Left-libertarians* meinen, dass aktuelle Eigentümer sicherstellen müssen, dass »genug und gleich Gutes« für alle anderen übrig bleibt, indem sie sie für die bereits erfolgte Aneignung von natürlichen Ressourcen entschädigen. *Right-libertarians* bestreiten dies. Beiden Theorien zufolge auferlegen individuelle Eigentumsrechte staatlichem Handeln aber enge Grenzen.[20]

18 Jeremy Waldron, »Immigration: A Lockean Approach«, in: *New York University School of Law, Public Law & Legal Theory Research Paper Series* 15/37 (2015) ⟨http://papers.ssrn.com/sol3/papers.cfm?abstract_id=2652710⟩, letzter Zugriff 7.5.2016.

19 Locke, »Zweite Abhandlung«, insbesondere S. 253-255, 260-281.

20 Die klassische Formulierung der rechtslibertären Position findet sich bei Robert Nozick, *Anarchie, Staat, Utopia*, München 2011. Für die linkslibertäre Position siehe Hillel Steiner, *An Essay on Rights*, Oxford 1994.

Das schließt zwar nicht grundsätzlich aus, dass die Beiträge der Bürgerinnen zu staatlichen Institutionen besondere Ansprüche generieren könnten. Aber solche Ansprüche dürften nicht bereits bestehende Eigentumsrechte von Individuen verletzen. Genau das wäre aber der Fall, wenn der Anspruch der Bürgerinnen auf »ihren« Staat ein Recht einschließen würde, die Einwanderung zu begrenzen. Denn Einwanderungsbeschränkungen beschneiden das Recht individueller Eigentümer, frei darüber zu entscheiden, wem sie eine Arbeitsstelle anbieten, ein Haus verkaufen oder eine Wohnung vermieten wollen, und sie beschneiden auch das Recht der Einwanderungswilligen, frei über das »Eigentum« an ihrem eigenen Körper zu verfügen, solange sie damit keine natürlichen Rechte Dritter verletzen.[21] Genau wie Wellmans Ausführungen über kollektive Assoziationsrechte stehen also auch Pevnicks Ausführungen über kollektive Eigentumsrechte im direkten Konflikt mit *individuellen* Ansprüchen desselben Typs.

Diese Überlegungen machen deutlich, dass sich Pevnicks Argumentation auf einem schmalen Grat bewegt. Einerseits muss er die Idee aneignungsbasierter Eigentumsrechte stark genug machen, um dem Einwand zu entgehen, dass ein System von Eigentumsrechten (beziehungsweise territorialen Rechten), das kein Recht auf Ausschluss gegenüber Einwanderungswilligen vorsieht, aus nicht aneignungstheoretischen Gründen vorzuziehen wäre. Andererseits muss er die Aneignungsidee aber schwach genug machen, um dem Einwand zu entgehen, dass individuelle Eigentumsrechte ein staatliches Recht auf Einwanderungsbeschränkung von vornherein ausschließen. Doch nehmen wir um des Arguments willen einmal an, dieses Problem sei lösbar, Pevnicks aneignungstheoretische Prämissen seien überzeugend und direkt auf staatliche Institutionen anwendbar. Folgt dann tatsächlich, dass real existierende Staaten ein Recht auf Ausschluss haben?

21 Joseph H. Carens, »Fremde und Bürger: Weshalb Grenzen offen sein sollten«, in: Andreas Cassee, Anna Goppel (Hg.), *Migration und Ethik*, Münster 2012, S. 23-46, hier S. 25-27; Hillel Steiner, »Libertarianism and the Transnational Migration of People«, in: Brian Barry, Robert E. Goodin (Hg.), *Free Movement. Ethical Issues in the Transnational Migration of People and Money*, Hemel Hempstead 1992, S. 87-94; ders., »Hard Borders, Compensation, and Classical Liberalism«, in: David Miller, Sohail H. Hashmi (Hg.), *Boundaries and Justice. Diverse Ethical Perspectives*, Princeton, New Jersey 2001, S. 79-88.

4.2.2 Historisches Unrecht

Selbst wenn Pevnicks normative Theorie völlig richtig wäre, wäre immer noch eine empirische Annahme nötig, um den Bürgerinnen eines konkreten Staates ein Recht auf Ausschluss zuschreiben zu können – die Annahme nämlich, dass die Bürgerinnen (und nur sie) tatsächlich in der geforderten eigentumsbegründenden Relation zum fraglichen Staat und seinem Territorium stehen.

An manchen Stellen scheint Pevnick zu suggerieren, dass diese Relation im aktuellen Beitragen zu den jeweiligen Institutionen besteht. Die entscheidende Annahme würde dann lauten, dass sich der Fortbestand staatlicher Institutionen (ausschließlich) auf die Beträge der jeweiligen Bürgerinnen zurückführen lässt. Und die Frage wäre, ob ein solcher »explanatorischer Nationalismus« mit Blick auf staatliche Institutionen empirisch haltbar ist.[22]

Pevnicks Aussagen über irreguläre Migration und Gastarbeiter-Programme machen aber deutlich, dass sich seine Theorie höchstens teilweise an aktuellen Beiträgen orientiert. Pevnick meint, nur wer von den bisherigen Eigentümern als neuer Miteigentümer aufgenommen werde, erwerbe durch seine Beiträge Ansprüche auf das assoziative Eigentum an staatlichen Institutionen. Wer (wie irreguläre Migranten) gegen den Willen der bisherigen Mitglieder Beiträge leistet oder (wie Gastarbeiter) eine Einladung annimmt, gegen Bezahlung Beiträge zu leisten, ohne die Mitgliedschaft zu erwerben, hat Pevnick zufolge hingegen keinen Anspruch auf das gemeinschaftliche Eigentum an den jeweiligen Institutionen.

Damit verlagert sich die fragliche empirische Annahme in die Vergangenheit: Um das Ausschlussrecht eines konkreten Staates zu begründen, muss zwar nicht gezeigt werden, dass das Bestehen dieses Staates aktuell das ausschließliche Verdienst seiner Mitglieder ist. Aber es muss gezeigt werden, dass die aktuellen Mitglieder ihren Anspruch auf diesen Staat durch legitime Übertragung von früheren Generationen geerbt haben, die ihrerseits keine Rechte Dritter verletzt haben.

Das allerdings dürfte historisch eher die Ausnahme als die Regel sein, denn die Geschichte nationalstaatlicher Grenzziehungen und

22 Für den Begriff des »explanatorischen Nationalismus« siehe Thomas Pogge, *Weltarmut und Menschenrechte. Kosmopolitische Verantwortung und Reformen*, Berlin, New York 2011, S. 177-183.

-verschiebungen entspricht in den meisten Fällen keineswegs dem friedlichen Bild der unschuldigen Aneignung bisher unbewohnter Landstriche durch eine Generation von Erstbesiedlern. Die Geschichte nationalstaatlicher Grenzen ist vielmehr von Gewalt und Kolonialismus geprägt, und dies macht zweifelhaft, wie weit die aktuellen Bürgerinnen real existierender Staaten gemäß Pevnicks eigener Theorie überhaupt einen eigentumsrechtlichen Anspruch auf »ihr« Land geltend machen können.

Pevnick gesteht grundsätzlich zu, dass vergangenes Unrecht die Eigentumsansprüche der gegenwärtigen Bürgerinnen eines Staates trüben kann, meint aber, dies sei kein grundsätzliches Problem für seine Theorie: Wie auch immer die Forderungen der Wiedergutmachung historischen Unrechts im Einzelnen zu spezifizieren seien, seien sie mit seiner Theorie doch problemlos vereinbar, denn er behaupte nur, dass es *möglich* sei, dass die Bürgerinnen eines Landes aufgrund ihrer Beiträge ein Eigentumsrecht an den Institutionen erwerben, die sie gemeinsam aufrechterhalten.[23]

Um die Abweisung von Einwanderungswilligen durch einen bestimmten Staat zu rechtfertigen, müsste demzufolge gezeigt werden, dass die Bürgerinnen dieses Staates tatsächlich einen legitimen historischen Anspruch auf »ihr« Territorium haben, und es müsste ausgeschlossen werden, dass konkreten Einwanderungswilligen aufgrund vergangenen Unrechts die Aufnahme geschuldet sein könnte. Im Anwendungskapitel seines Buches, in dem Pevnick Empfehlungen für den Umgang der USA mit der irregulären Migration aus Mexiko ausspricht, sind solche Erwägungen dann allerdings auffallend abwesend.[24]

»We didn't cross the border, the border crossed us« (»Wir haben nicht die Grenze überquert, die Grenze hat uns überquert«), lautet ein beliebter Slogan mexikanischer »Illegaler« in den Vereinigten Staaten.[25] Angespielt wird damit auf die Tatsache, dass typische Destinationen irregulärer Migranten wie Kalifornien zum mexikanischen Staatsgebiet gehörten, bis die USA das Nachbarland Mitte des 19. Jahrhunderts mit militärischen Mitteln zwangen, einen Teil

23 Pevnick, *Immigration and the Constraints of Justice*, S. 41-43.

24 Ebd., S. 163-185.

25 Josue David Cisneros, *The Border Crossed Us. Rhetorics of Borders, Citizenship, and Latina/o Identity*, Tuscaloosa, Alabama 2014, S. 1.

seines Territoriums abzutreten.[26] Diese historischen Gegebenheiten erwähnt Pevnick mit keinem Wort. Und auch das Unrecht, das im Rahmen der Kolonialisierung gegen die indigene Bevölkerung verübt wurde, spielt in seinen Anwendungsüberlegungen keine Rolle.

Ich möchte hier keine positive These darüber vertreten, welche Kompensationspflichten die USA gegenüber den Mexikanern oder den Nachfahren der Ureinwohner Nordamerikas haben oder ob die ehemaligen europäischen Kolonialmächte verpflichtet sein könnten, einwanderungswillige Nachkommen ihrer Opfer aus Kompensationsgründen einreisen zu lassen.[27] Aber wer wie Pevnick eine »historische« Gerechtigkeitstheorie[28] vertritt, sollte diese Fragen meines Erachtens ernst nehmen. Einfach zuzugestehen, dass historisches Unrecht ein Problem sein könnte, um dann doch stillschweigend anzunehmen, dass der gegenwärtige Besitz der Staaten ihr legitimes Eigentum ist, ist keine überzeugende Alternative.

Vielleicht könnte man versucht sein, an dieser Stelle noch einen Schritt weiter zu gehen. Es dürfte im Einzelfall kaum festzustellen sein, wer unter einem alternativen Verlauf der Geschichte ohne Rechtsverletzungen heute welche Eigentumsansprüche hätte. Oft dürften zudem *mehrere* alternative Geschichtsverläufe denkbar sein, unter denen es nicht zur Verletzung von Rechten gekommen wäre, die aber in ganz unterschiedlichen heutigen Verteilungen resultiert hätten. Angesichts dieser Tatsache könnte man nun auf die Idee kommen, eine Art pauschale Entschädigung für vergangenes Unrecht zu fordern.

Robert Nozick diskutiert im Rahmen seiner individualistischen Aneignungstheorie ein entsprechendes Argument für staatliche Umverteilung. Ein staatlicher Eingriff in die Verteilung verletze zwar *prima facie* individuelle Eigentumsrechte, könnte aber in einem bestimmten Maß als Faustregel zur Wiedergutmachung historischen Unrechts gerechtfertigt sein.[29] Analog könnte man nun

26 Gleichzeitig lässt der Slogan natürlich auch eine metaphorische Interpretation zu, die darauf abzielt, dass die Grenze etwas ist, das »über uns kommt«.

27 Für die Kritik an Einwanderungsbeschränkungen ehemaliger Kolonialmächte gegenüber Menschen aus den früheren Kolonien siehe Sara Amighetti, Alasia Nuti, »A Nation's Right to Exclude and the Colonies«, in: *Political Theory* (online first) (2015).

28 Zur Unterscheidung zwischen historischen und ergebnisorientierten Theorien der Gerechtigkeit siehe Nozick, *Anarchie, Staat, Utopia*, S. 222-225.

29 Ebd., S. 327 f.

vielleicht fordern, dass Staatsgrenzen offen oder zumindest porös sein sollten, um vergangenes Unrecht wie den Kolonialismus pauschal zu kompensieren. Doch wir sollten dieses Argument wohl nicht überstrapazieren. Denn erstens müsste dafür gezeigt werden, dass eine Einzelfallbeurteilung tatsächlich unmöglich ist (oder vielleicht, dass sie so ungenau ausfallen müsste, dass die Faustregel letztlich doch vorzuziehen ist). Und zweitens müsste die Ansicht begründet werden, dass der territoriale Zugang die richtige Währung der Kompensation ist.[30] Ich möchte deshalb zugeben: Wäre historisches Unrecht das einzige Problem für Pevnicks Position, so würde dies zwar möglicherweise seine praktischen Konklusionen, nicht aber seine gesamte Theorie in Frage stellen.

4.2.3 Territorialität

Ein grundsätzlicheres Problem für Pevnicks Argument hat mit dem territorialen Aspekt der Einwanderung zu tun. Selbst wenn wir annehmen, dass die Bürgerinnen eines Staates einen Eigentumsanspruch auf *kollektiv hergestellte Güter* wie eine funktionierende Rechtspflege oder sozialstaatliche Institutionen haben, ist unklar, weshalb sich damit ein Recht auf *territorialen* Ausschluss begründen lassen sollte. Denn das Territorium selbst haben die Bürgerinnen natürlich nicht durch ihre Arbeit geschaffen.

Nehmen wir an, ein Quartierverein beschließe, in einem öffentlichen Park kostenlos Suppe an die Quartierbewohner auszuschenken. Da sich normalerweise fast nur Quartierbewohner im Park aufhalten, wird die Suppe einfach an alle Anwesenden verteilt. Nach einiger Zeit stellt sich jedoch heraus, dass die Suppe zunehmend auch Arme aus anderen Stadtteilen in den Park lockt.[31] Darf der Quartierverein den Zugang zum öffentlichen Park kontrollieren, weil Außenstehende keinen Anspruch auf die Suppe haben? Wohl kaum. Der Verein dürfte zwar beschließen, die Suppe nur

30 Oder dass die Opfer historischen Unrechts beziehungsweise ihre Nachfahren ein Mitbestimmungsrecht darüber haben sollten, in welcher Form sie entschädigt werden. Siehe dazu Sara Amighetti, Alasia Nuti, »Towards a Shared Redress. Achieving Historical Justice Through Democratic Deliberation«, in: *Journal of Political Philosophy* 23/4 (2015), S. 385-405.

31 Ein ähnliches Beispiel bespricht Michael Huemer, »Is There a Right to Immigrate?«, in: *Social Theory and Practice* 36/3 (2010), S. 429-461, hier S. 442.

noch an Menschen auszuschenken, die einen Nachweis ihrer Quartieransässigkeit erbringen. Aber das Eigentumsrecht an der Suppe gibt dem Verein noch lange kein Recht, Außenstehende am Betreten des Parks zu hindern. Pevnick macht diesen Einwand gegen sein Argument selbst stark:

> Die Schwierigkeit besteht darin, dass Restriktionen des territorialen Zugangs mit Beckers drittem Kriterium für die Inanspruchnahme von Eigentum in Konflikt zu stehen scheinen, nämlich mit der Bedingung, dass »das Produkt von der Art ist, dass andere nichts verlieren, wenn sie davon ausgeschlossen werden«. Wenn ein Nichtbürger von der Sozialhilfe ausgeschlossen wird, kann man darauf hinweisen, dass diese Institution ohne die Beiträge der Bürger nicht existieren würde und Ausländerinnen deshalb in genau derselben Position bleiben, in der sie sonst gewesen wären. Eine Antwort dieser Art steht jedoch nicht zur Verfügung, wenn es darum geht, den territorialen Ausschluss zu rechtfertigen, denn vor dem Aufbau des Staates hatten Individuen das Recht, sich frei über die Linien zu bewegen, die heute politische Gemeinschaften trennen.[32]

In seiner Erwiderung auf diesen Einwand macht Pevnick in erster Linie geltend, dass die meisten Einwanderungswilligen nicht etwa der schönen Natur wegen, sondern aufgrund der Rechtssicherheit, eines funktionierenden Arbeitsmarkts und anderer institutioneller Faktoren in ein Land einwandern möchten. Mit Blick auf Personen, die Zugang zu natürlichen Ressourcen wie einer schönen Landschaft suchten, sei zwar möglicherweise ein begrenztes Besuchsrecht oder eine finanzielle Abgeltung gefordert. Aber einem typischen Arbeitsmigranten tue man kein Unrecht, wenn man ihn an der Einwanderung hindere; schließlich hätte dieser gar kein Interesse an der Einwanderung, wenn sie ihm nicht Zugang zu funktionierenden staatlichen Institutionen verschaffte.[33]

Was Pevnicks Aussagen über den Wert des territorialen Zugangs angeht, scheint mir die Frage naheliegend, ob sich dieser tatsächlich ohne Rest in die Bestandteile »Wert der natürlichen Ressourcen« und »Wert der staatlichen Ressourcen« zerlegen lässt. Ein wesentlicher Grund für den Wunsch, in ein Land einzuwandern, besteht nämlich sicher in der Möglichkeit, auf vielfältige Weise mit einzelnen Bürgerinnen zu interagieren. Pevnick scheint an dieser Stelle stillschweigend vorauszusetzen, dass der Wert der Interaktionen

32 Pevnick, *Immigration and the Constraints of Justice*, S. 54 f., eigene Übersetzung.
33 Ebd., S. 55 f., 59 f.

von Bürgerinnen mit Dritten eine Ressource ist, auf die ein kollektiver Eigentumsanspruch der staatlichen Gemeinschaft besteht. Das ist aber alles andere als unproblematisch (unter anderem würde daraus wohl folgen, dass es kein Recht auf Auswanderung gibt).[34]

Doch selbst wenn wir für den Moment einfach annehmen, dass Pevnicks Annahmen über den *Wert* des territorialen Zugangs richtig sind, ist nicht klar, ob dies genügt, um ein *Recht* auf territorialen Zugang zurückzuweisen. Ich kann beispielsweise nicht einen Kuchen, der unser gemeinsames Eigentum ist, mit Schlagsahne verfeinern und auf dieser Grundlage einen alleinigen Anspruch auf den Kuchen geltend machen – und zwar selbst dann nicht, wenn der Wert der Schlagsahne den Wert des Kuchens bei Weitem übersteigt.

Um nochmals das Beispiel des Quartiervereins aufzugreifen: Selbst wenn der Park für Arme aus anderen Quartieren völlig unattraktiv wäre, wenn dort keine Suppe ausgeschenkt würde, folgt daraus nicht, dass der Quartierverein sie aus dem Park ausschließen dürfte. Möglicherweise hätten sie kein Interesse mehr, sich dort aufzuhalten, würde der Verein den Suppenausschank einstellen oder auf Quartieransässige beschränken, aber daraus folgt natürlich nicht, dass sie das entsprechende Recht nicht haben.

Nun würde Pevnick an dieser Stelle vielleicht einwenden, dass die Suppe ohne weiteres nur an einen Teil der im Park Anwesenden verteilt werden kann, wohingegen dies bei staatlichen Leistungen nicht möglich sei. In diese Richtung deutet jedenfalls seine Behauptung, dass die Kontrolle des territorialen Zugangs notwendig sei, um *free riding* zu verhindern.[35] Allerdings fragt sich natürlich, weshalb es nicht möglich sein sollte, *free riding* dadurch zu verhindern, dass staatliche Leistungen nur für einen Teil der Menschen im Staatsgebiet erbracht werden. An dieser Stelle sind zwei Versionen des Arguments denkbar. Entweder beruht es auf der Annahme,

34 Wenn der Wert der Interaktionen einer Bürgerin mit Außenstehenden legitimes Eigentum des Staates wäre, so wäre die Auswanderung ohne Einwilligung des Staates wohl als eine Art Diebstahl anzusehen.

35 Ebd., S. 57. Die Aussage bezieht sich auf ein hypothetisches Beispiel, in dem sich eine Gruppe von Bauern zusammenschließt, um sich gegen Piraten zu schützen. Doch insofern dieses Beispiel zeigen soll, dass *Staaten* ein Recht auf territorialen Ausschluss haben, ist wohl anzunehmen, dass Pevnick dasselbe auch von Staaten behaupten würde.

dass es *faktisch unmöglich* ist, territorial Anwesenden den Zugang zu den entsprechenden Gütern zu verweigern. Oder aber es basiert auf der Ansicht, dass es *normativ unhaltbar* wäre, dies zu tun.

Mit Blick auf die erste Version des Arguments ist zunächst unklar, wie weit die Diagnose der Unmöglichkeit eines Ausschlusses territorial Anwesender überhaupt zutrifft. Es wäre nämlich durchaus *möglich*, Nichtbürgern auf dem Territorium nicht nur jegliche Sozialleistungen, sondern etwa auch den Zugang zu den Institutionen der Rechtspflege zu verweigern. Wir mögen starke Vorbehalte gegen eine solche Regelung haben, weil wir nicht glauben, dass Nichtbürger tatsächlich keinerlei Anspruch auf staatliche Leistungen haben. Doch wenn wir für den Moment an Pevnicks eigentumstheoretischen Prämissen festhalten und annehmen, dass Ansprüche auf staatliche Leistungen ausschließlich denjenigen zukommen, die Eigentümerinnen der jeweiligen Institutionen sind, so ist unklar, was dagegen sprechen könnte, die Sache so zu regeln: Die Polizei würde einfach nicht mehr ausrücken, wenn ein Nichtbürger einen Notruf absetzte, Gerichte gingen nicht auf Klagen von Nichtbürgern ein und so weiter. Kurzum: Nichtbürgern könnte jede direkte Nutznießung an staatlichen Leistungen verweigert werden.

Vielleicht zögen sie dennoch einen gewissen indirekten Nutzen aus der Existenz staatlicher Institutionen. Möglicherweise würden Nichtbürger davon profitieren, dass potenzielle Rechtsverletzer nicht genau wissen könnten, ob ihr potenzielles Opfer nun Rechtsschutz genießt oder nicht. Außerdem könnte es sich bei manchen staatlichen Infrastrukturen als sehr kostspielig erweisen, den Zugang effektiv zu kontrollieren, sodass es für die Eigentümerinnen möglicherweise vorteilhaft wäre, auch Nichteigentümern Zugang zu gewähren. Doch wenn staatlicher Rechtsschutz wie ein beliebiges privates Gut zu behandeln ist, so ist alles andere als klar, weshalb die bloße Existenz positiver Externalitäten ein Recht zur Folge haben soll, Menschen von einem Teil der Erdoberfläche auszuschließen, auf dem sie sich in Abwesenheit dieser positiven Externalitäten aufhalten dürften.

Wenn eine Gruppe von Anwohnern unseres öffentlichen Parks auf ihren Privatgrundstücken wunderschöne Gärten unterhält, mag dies positive Externalitäten auf die Besucher des Parks haben. Vielleicht wird der Blick auf die Gärten gar zur Hauptattraktion des Parks. Doch daraus folgt natürlich nicht automatisch, dass die Besitzer der Gärten andere unter Androhung von Zwang vom Park fernhalten dürfen. Michael Huemer betont zu Recht, dass es normalerweise keine überzeugende Rechtfertigung für die Ausübung von Zwang ist, »dass man dem Opfer, wenn man es nicht auf diese Weise zwingen würde, stattdessen aufgrund einer freiwillig festgelegten Politik einen Vorteil gewähren müsste, den man ihm lieber nicht gewähren möchte«.[36]

Wenn der Zugang zu staatlichen Leistungen denselben Prinzipien unterworfen wäre wie der Zugang zu beliebigen privaten Gütern, dann dürften Staaten den Nichtbürgern auf ihrem Territorium zwar jegliche Leistungen verweigern. Ein Recht auf territorialen Ausschluss würden sie jedoch nicht genießen, und zwar selbst dann nicht, wenn sich aus den staatlichen Aktivitäten positive Externalitäten ergäben. In der ersten Version scheint mir das Argument über die Nichtausschließbarkeit territorial Anwesender von staatlichen Leistungen deshalb wenig überzeugend.

Doch entspricht es tatsächlich einer »freiwillig festgelegten Politik«, dass Staaten Leistungen für alle Menschen erbringen, die sich auf ihrem Territorium aufhalten? Dies bestreitet eine zweite Version des Arguments. In dieser Version beruht das Argument auf der Annahme, dass staatliche Leisungen *nicht* den Eigentümerinnen der jeweiligen Institutionen vorbehalten sein sollten, sondern für alle Menschen erbracht werden müssen, die sich auf dem Territorium aufhalten. Diese Annahme scheint mir durchaus überzeugend. Immerhin gibt es beispielsweise ein anerkanntes Menschenrecht auf Zugang zur Rechtspflege. Doch folgt daraus tatsächlich, dass Staaten ein Recht auf Ausschluss gegenüber Einwanderungswilligen haben?

Unter der zweiten Lesart lässt sich das Argument über die Nichtausschließbarkeit territorial Anwesender mit dem folgenden Dreischritt zusammenfassen:

P1. Wir sind verpflichtet, staatliche Leistungen für alle Menschen zu erbringen, die sich im Staatsgebiet aufhalten.
P2. Wir sind nicht verpflichtet, staatliche Leistungen für Menschen im Ausland zu erbringen.

36 Huemer, »Is There a Right to Immigrate?«, S. 442, eigene Übersetzung.

K. Also dürfen wir Menschen im Ausland daran hindern, sich ins Staatsgebiet zu begeben.

Ein verwandtes Argument formuliert Michael Blake, der sich auf die territoriale Zuständigkeit für den Schutz der Menschenrechte beruft. Wer eine Grenze überquere, auferlege den bisherigen Bewohnern des jeweiligen Territoriums die Verpflichtung, für den Schutz seiner Menschenrechte zu sorgen. Diese hätten jedoch ein Recht, nicht gegen ihren Willen neue Verpflichtungen aufoktroyiert zu bekommen:

> [L]egitime Staaten dürfen sich weigern, Einwanderern die Einreise zu erlauben, weil die bisherigen Bewohner dieser Staaten das Recht haben, neue Verpflichtungen gegenüber Einwanderungswilligen zurückzuweisen.[37]

Genau dieselbe Struktur hat allerdings das folgende Argument eines Strandbesuchers, das kaum jemanden überzeugen dürfte: »Ich bin nicht verpflichtet, Nothilfe für einen Schwimmer zu leisten, der außerhalb meiner Hör- und Sichtweite in Not gerät. Ich bin aber verpflichtet, Nothilfe zu leisten, wenn ein Schwimmer in Hör- und Sichtweite des Strandes in Not gerät, an dem ich mich selbst aufhalte. Also darf ich Menschen daran hindern, in der Nähe ›meines‹ Strandes zu schwimmen.«[38]

Dass wir gegenüber einer bestimmten Gruppe von Menschen besondere Verpflichtungen haben, heißt nicht automatisch, dass wir ein Recht haben, den *Zugang* zu dieser Gruppe zu kontrollieren. Soweit der oben skizzierte Dreischritt auf den ersten Blick doch eine gewisse Plausibilität besitzt, scheint mir dies auf der Intuition zu beruhen, dass sich die Sache bei staatlichen Verpflichtungen etwa wie bei vertraglichen Verpflichtungen verhalten muss, die wir nur durch unsere Zustimmung erwerben können: Zur Gruppe der Menschen, denen ich vertraglich verpflichtet bin, kann niemand gegen meinen Willen dazustoßen. Auf die Vermutung einer Parallelität zwischen

37 Michael Blake, »Immigration, Jurisdiction, and Exclusion«, in: *Philosophy & Public Affairs* 41/2 (2013), S. 103-130 hier, S. 120, eigene Übersetzung. Siehe auch ders., »The Right to Exclude«, in: *Critical Review of International Social and Political Philosophy* 17/5 (2014), S. 521-537.

38 Ein ähnliches Beispiel diskutiert Jan Brezger, »Zur Verteidigung des Menschenrechts auf internationale Bewegungsfreiheit. Eine Antwort auf Michael Blake«, in: *Zeitschrift für Menschenrechte* 8/2 (2014), S. 30-49, hier S. 44f.

staatlichen Verpflichtungen und vertraglichen Verpflichtungen, wie sie diesem Argument zugrunde liegt, sollten wir uns allerdings nicht zu sehr verlassen. Denn während vertragliche Verpflichtungen auf dem Prinzip der Freiwilligkeit beruhen, sind Staaten eben gerade keine freiwilligen Vereinigungen (dazu gleich mehr). Und die erste Prämisse des Arguments, das hier zur Diskussion steht, lautete gerade, dass staatliche Verpflichtungen insofern *nicht* wie vertragliche Verpflichtungen sind, als wir sie allen Menschen gegenüber haben, die sich auf demselben Territorium befinden wie wir. Auch in der zweiten Version scheint mir das Argument über die Nichtausschließbarkeit territorial Anwesender deshalb wenig überzeugend.

Das Problem des *free riding*, auf das Pevnick verweist, sollten wir durchaus ernst nehmen. Doch dieses Problem kann auf unterschiedliche Weise gelöst werden. Einwanderungsbeschränkungen sind *eine* Möglichkeit zu verhindern, dass Außenstehende von staatlichen Institutionen profitieren, ohne selbst einen Beitrag zu leisten. Alternativ könnte das Problem aber auch gelöst werden, indem gewisse Leistungen nur für einen Teil der Menschen auf dem Territorium erbracht werden, oder es könnten Leistungen für alle Aufenthalter erbracht werden, aber obligatorische Beiträge von allen Menschen im Staatsgebiet eingefordert werden. Diese Alternativen stellen Pevnick meines Erachtens vor ein Dilemma. Entweder hält er die Analogie zwischen staatlichen und privaten Gütern durch. Dann dürfte die zweite Lösung angemessen sein: Staaten sollten sich schlicht nicht verpflichtet sehen, Leistungen für Nichtbürger auf ihrem Territorium zu erbringen. Oder aber Pevnick gibt zu, dass jedenfalls für einige staatliche Güter *anders* als für private Güter ein Prinzip des universellen Zugangs für alle territorial Anwesenden gilt. Mindestens ebenso plausibel wie Pevnicks eigene Konklusion scheint mir dann aber die Schlussfolgerung, dass Staaten eben *nicht* dieselben Exklusionsrechte haben wie unser Quartierverein, sondern ihre »Suppe« an alle austeilen müssen, die in den »Park« kommen wollen (wobei sie im Gegenzug natürlich Beiträge in Form von Steuern von Neuankömmlingen einfordern dürfen).

Es ist diese letzte Lösung, die ich selbst für die überzeugendste halte. Staaten sollten Migrantinnen die gleichen Beiträge abverlangen, die sie auch von alteingesessenen Bürgern einfordern, und sollten ihnen im Gegenzug gleichen Zugang zu staatlichen Leistungen gewähren (wobei gewisse Leistungen wohl für alle territorial

Anwesenden »auf Vorschuss« erbracht werden müssen, wohingegen andere Ansprüche, etwa auf Altersrenten, wahrscheinlich von einer gewissen Beitragsdauer abhängig gemacht werden dürfen).

Bevor ich diese Ansicht näher begründe, sollte ich zugeben, dass spezielle Situationen denkbar sind, in denen diese Lösung nicht zur Verfügung steht oder zu einer Verschlechterung des Niveaus der staatlichen Versorgung führen würde, beispielsweise wenn eine große Zahl von chronisch kranken US-Amerikanern wegen des besseren Gesundheitssystems nach Kanada einwandern möchte.[39] Auf die Frage, wie weit Restriktionen der internationalen Bewegungsfreiheit zum Schutz sozialstaatlicher Institutionen in solchen Konfliktfällen legitim sind, werde ich später zurückkommen.[40] Für den Moment möchte ich einfach zugestehen, dass es in solchen Fällen zulässig sein könnte, entweder vom Grundsatz gleicher Beiträge abzuweichen (also höhere Prämien von den Zuzüglern zu verlangen) oder auf eine der beiden anderen Strategien zurückzugreifen (also entweder die Einwanderung zu beschränken oder Zuwanderern gewisse Leistungen zu verwehren). Aber es scheint mir wichtig zu betonen, dass das ein Spezialfall ist. In vielen Fällen dürfte es ohne weiteres möglich sein, neue Mitglieder unter den gleichen Bedingungen, die für bisherige Mitglieder gelten, an der staatlichen Kooperation teilhaben zu lassen. Und was Pevnick bräuchte, wäre ein Argument dafür, dass es in *solchen* Fällen zulässig ist, die Einwanderung zu beschränken.

4.2.4 Unfreiwilligkeit und die Asymmetrie zwischen Einwanderern und neuen Generationen

Wie schon Wellman leitet auch Pevnick das staatliche Recht auf Ausschluss aus moralischen Prinzipien ab, die zunächst auf freiwillige Vereinigungen zugeschnitten sind. Und wenngleich ich bei der Darstellung seiner Position geschrieben habe, dass er die Unfreiwilligkeit der staatlichen Vereinigung ernster nimmt als Wellman, so nimmt er sie meines Erachtens doch nicht ernst genug.

Es steht mir frei, ob ich mit Christoph Blocher eine Firma

39 Dieses Szenario diskutiert Joseph H. Carens, »Immigration and the Welfare State«, in: Amy Gutmann (Hg.), *Democracy and the Welfare State*, Princeton, New Jersey 1988, S. 207-230.

40 Siehe Abschnitte 9.3.2-9.3.4.

gründen oder Beiträge an einen Verein bezahlen möchte, in dem er Mitglied ist, und er hat natürlich ebenfalls das Recht, eine entsprechende Zusammenarbeit mit mir zu verweigern. Dass wir beide gezwungen sind, Steuern an denselben Staat zu entrichten, hat hingegen keiner von uns gewählt. Weshalb sollten wir angesichts dieses Unterschieds annehmen, dass Beiträge zu staatlichen Institutionen dieselben moralischen Ansprüche generieren wie Beiträge zu privaten Vereinigungen?

Um die Übertragung eigentumsrechtlicher Prinzipien aus dem Bereich privater Vereinigungen auf die staatliche Gemeinschaft zu plausibilisieren, zieht Pevnick das Beispiel der entführten Theoretiker heran. Es soll zeigen, dass die Unfreiwilligkeit der Beiträge zu staatlichen Institutionen nichts Wesentliches an der eigentumsrechtlichen Situation ändert. Das scheint mir aber aus zwei Gründen wenig überzeugend. Zum einen ist unklar, ob die entführten Theoretiker nach ihrer Befreiung tatsächlich ein *kollektives* Eigentumsrecht an den Vorlesungen haben, die sie in Gefangenschaft aufgezeichnet haben. Gerade weil ihre Beteiligung an dem Projekt unfreiwillig war, scheint mir vielmehr einleuchtend, dass jeder Einzelne der Theoretiker ein Vetorecht haben sollte, was die Veröffentlichung (seines Teils) der Vorlesungen angeht. Zwar könnten die ehemals Entführten natürlich beschließen, eine neue Vereinigung einzugehen, um die Vorlesungen gemeinsam zu vertreiben. Aber der gemeinschaftliche Charakter des Eigentums würde dann erst durch diese neue, diesmal freiwillige Vereinigung hergestellt. Pevnicks Beispiel zeigt also nicht, dass ein unfreiwilliges Kollektiv dieselben Eigentumsrechte besitzt wie ihr freiwilliges Pendant.

Vor allem aber haben wir es im Beispiel der entführten Theoretiker mit einem Fall *ungerechtfertigter* Unfreiwilligkeit zu tun, wohingegen wir bei Staaten normalerweise davon ausgehen, dass Menschen *mit gutem Recht* dazu gezwungen werden, Beiträge in Form von Steuern zu entrichten. Es scheint mir hilfreich, in diesem Zusammenhang nochmals an Beckers Bedingungen für die Aneignung von Eigentum durch Arbeit zu erinnern. Die erste dieser Bedingungen lautete, dass die Arbeit jenseits dessen liegen muss, was wir für andere zu tun verpflichtet sind. Wenn wir aber glauben, dass bei Staaten gerechtfertigtermaßen die obligatorische Mitgliedschaft besteht und Steuern auch gegen den Willen der Individuen eingetrieben werden, dann wohl deshalb, weil wir (mit Kant und gegen Locke[41]) annehmen, dass es sehr wohl eine Pflicht gibt, mit anderen in einen rechtlichen Zustand zu treten und reziprok zur Aufrechterhaltung einer gerechten staatlichen Ordnung beizutragen. Einen fairen Beitrag zur institutionellen Gewährleistung von Rechtssicherheit und Gerechtigkeit zu leisten, liegt eben *nicht* jenseits dessen, was wir für andere zu tun verpflichtet sind.

Auch Pevnick bestreitet nicht, dass wir gegenüber *einigen* Menschen in der Pflicht stehen, mit ihnen eine (auf lange Sicht) reziproke staatliche Verbindung einzugehen. Er verlangt beispielsweise nicht, dass sich Individuen einfach vom Staat lossagen und die Steuerzahlung verweigern dürfen oder dass die bisherigen Mitglieder einer staatlichen Gemeinschaft kollektiv beschließen dürfen, auf dem Territorium geborenen Nachkommen von Mitgliedern die Aufnahme zu verwehren. Und mit Blick auf die Nachkommen irregulärer Migranten schreibt Pevnick sogar explizit, dass diese ein Recht hätten, als Vollmitglieder in die staatliche Gemeinschaft aufgenommen zu werden.[42] Was aber unterscheidet »Neuankömmlinge durch Geburt« von »Neuankömmlingen durch Einwanderung«? Weshalb sollten wir verpflichtet sein, mit *einigen* Menschen in ein reziprokes staatliches Verhältnis zu treten, aber gleichzeitig das Recht haben, *anderen* diese Art der Zusammenarbeit zu verweigern?[43]

Pevnicks Ausführungen zum spezifischen Problem der irregulären Migration sind in diesem Punkt wenig erhellend. Die Ansicht,

41 Locke versteht den Übergang vom Naturzustand in den staatlichen Zustand als einen eigeninteressierten, freiwilligen Akt individueller Eigentümer, die ihr Land dem staatlichen Territorium hinzufügen und ihr Recht auf Rechtsdurchsetzung an den Staat übertragen. Siehe Locke, »Zweite Abhandlung«, insbesondere S. 253-255, 260-281. Kant hingegen vertritt die Ansicht, dass eine *Pflicht* bestehe, mit anderen Individuen »in einen Zustand [zu] treten, darin jedem das, was für das Seine anerkannt werden soll, gesetzlich bestimmt und durch hinreichende Macht (die nicht die seinige, sondern eine äußere ist) zu Theil wird«. Immanuel Kant, *Die Metaphysik der Sitten*, in: *Gesammelte Schriften*, herausgegeben von der Preußischen Akademie der Wissenschaften, Bd. VI, Berlin 1906, S. 203-493, hier S. 312. Siehe dazu Anna Stilz, »Why Do States Have Territorial Rights?«, in: *International Theory* 1/2 (2009), S. 185-213.

42 Pevnick, *Immigration and the Constraints of Justice*, S. 65 f., 169 f.

43 Jan Brezger, Andreas Cassee, »Debate: Immigrants and Newcomers by Birth. Do Statist Arguments Imply a Right to Exclude Both?«, in: *Journal of Political Philosophy* (early view) (2016).

dass »Illegale« der zweiten Generation im Unterschied zu denjenigen der ersten Generation ein Recht auf Aufnahme haben, begründet er wie folgt:

> [S]olche Individuen finden sich – ohne eigenes Zutun – in ein System der sozialen Kooperation (und des Schutzes) verstrickt, das ihre Lebenschancen zentral beinflusst – und zu einem großen Teil *determiniert.*[44]

Dass sie in das jeweilige Kooperationssystem verstrickt sind und ihre Lebenschancen wesentlich von der Behandlung durch den jeweiligen Staat abhängen, dürfte allerdings spätestens nach einigen Jahren auch für irreguläre Migrantinnen der ersten Generation gelten. Wäre dies das entscheidende Kriterium, so würde daraus einfach folgen, dass Migrantinnen erst nach einer gewissen Aufenthaltsdauer einen Anspruch haben, die volle Mitgliedschaft zu erwerben, was ich hier nicht bestreiten möchte. Der entscheidende Unterschied zwischen der ersten und der zweiten Generation irregulärer Migrantinnen muss also darin bestehen, dass irreguläre Migranten der zweiten Generation *ohne eigenes Zutun* in diese Situation geraten sind. Damit wird aber einfach vorausgesetzt, was es eigentlich zu zeigen gilt, nämlich dass eine moralische Asymmetrie besteht zwischen Menschen, die durch Geburt in ein Staatsgebiet gelangen, und solchen, die durch Einwanderung hinzukommen.

Am nächsten an eine explizite Verteidigung dieser Asymmetrie kommt Pevnick wohl da, wo er den Staat mit einem Familienbetrieb vergleicht, der von Generation zu Generation weitergegeben wird. Die Nachkommen der Bürgerinnen und Bürger sind die legitimen Erben des jeweiligen Gemeinwesens, so die Idee, und das unterscheidet sie in moralisch erheblicher Weise von Einwanderungswilligen.[45] Die Pflicht, mit gewissen Menschen in eine staatliche Gemeinschaft zu treten, würde demzufolge auf Erbschaft beruhen (wobei nicht ganz klar ist, wie die Aufnahmepflicht gegenüber den Nachkommen irregulärer Migrantinnen in dieses Bild passt).

Um das Erbschaftsargument durchzubringen, muss sich Pevnick allerdings nicht nur gegen den aus der Debatte über Erbschaftssteuern bekannten Vorwurf wehren, ein uneingeschränkter

44 Pevnick, *Immigration and the Constraints of Justice*, S. 65, eigene Übersetzung, Hervorhebung im Original.

45 Ebd., S. 37-39.

Anspruch auf Vererbung sei unvereinbar mit der Wahrung eines Mindestmaßes an Chancengleichheit. Pevnick muss vor allem auch zeigen, dass es so etwas wie eine »natürliche« Erbfolge gibt.[46] Die naheliegendste aneignungstheoretische Rechtfertigung für Erbschaften geht nämlich nicht von Ansprüchen der *Erbenden* aus, sondern von einem Anspruch der *Vererbenden*, frei darüber zu verfügen, was nach dem Tod mit ihrem Vermögen geschehen soll.[47] Der Erbschaftsgedanke scheint also eher *dafür* zu sprechen, dass die gegenwärtigen Bürgerinnen auch »Neuankömmlinge durch Geburt« abweisen dürfen.

Pevnick behauptet allerdings nicht, dass die gegenwärtigen Bürgerinnen individuell darüber entscheiden können sollten, an wen sie ihren Anteil am jeweiligen Gemeinwesen weitergeben wollen. Und er verlangt auch nicht, dass die gegenwärtige Generation der Bürgerinnen kollektiv beschließen darf, den Staat an eine beliebige Gruppe ihrer Wahl weiterzugeben. Er scheint vielmehr von einem System mit Pflichtanteilen auszugehen, das einem traditionellen Erbrecht mit fixen Anteilen für Verwandte unterschiedlichen Grades entspricht. Damit scheint er sich letztlich auf eine Art natürliche Zugehörigkeit der Individuen zu einer intergenerationellen Gemeinschaft zu stützen, die der traditionalistischen Auffassung der natürlichen Zugehörigkeit zu einer Familie analog ist. Mit eigentumsrechtlichen Überlegungen allein lässt sich diese Annahme aber kaum rechtfertigen. Wie schon Wellman zehrt damit auch Pevnick letztlich von Voraussetzungen, die seine Theorie nicht hergibt.

4.3 Eigentum und Exklusion

Es scheint mir wichtig zu betonen, dass meine Kritik an Pevnicks Argument keineswegs auf die Ansicht hinauslaufen muss, dass Individuen durch ihre Beiträge zu staatlichen Institutionen überhaupt kein »Eigentum« an diesen Institutionen erwerben. Doch wie auch Waldron betont, können Eigentumsrechte ganz unterschiedliche Formen annehmen:

46 Brezger, Cassee, »Immigrants and Newcomers by Birth«, S. 10.
47 Nozick, *Anarchie, Staat, Utopia*, S. 242.

[J]emanden als »Eigentümerin« einer Ressource zu bezeichnen, vermittelt keine genauen Informationen über ihre Rechte in Bezug auf diese Ressource: Ein körperschaftlicher Eigentümer ist nicht dasselbe wie ein individueller Eigentümer; eine Eigentümerin intellektuellen Eigentums hat ein anderes Bündel von Rechten als die Eigentümerin eines Autos; und selbst mit Blick auf ein und dieselbe Ressource können sich die Rechte (und Pflichten) eines Hauseigentümers, dessen Eigentum nicht mit Schulden belastet ist, von denjenigen eines Hypthekenschuldners unterscheiden.[48]

Pevnick zitiert diese Stelle selbst, um sich gegen den Vorwurf zu wehren, er verwechsle territoriale Jurisdiktionsrechte mit privaten Eigentumsrechten.[49] Doch die entscheidende Frage ist natürlich nicht, ob wir die Ansprüche der Bürgerinnen auf ihre Institutionen nun als »Eigentumsrechte« bezeichnen sollten oder nicht. Die entscheidende Frage ist vielmehr, welche spezifischen Rechte die Bürgerinnen aufgrund ihrer Beiträge geltend machen können.

Pevnicks eigene Position geht dahin, dass bei Staaten ungefähr das gleiche Bündel von Eigentumsrechten besteht wie bei privaten Vereinen: Die zahlenden Mitglieder haben einen robusten kollektiven Verfügungsanspruch nicht nur über ihr Vereinsvermögen, sondern auch über die Aufnahme neuer Mitglieder, wobei die Stimme jedes Mitglieds bei den kollektiven Entscheidungen gleich viel zählt. In weiten Teilen seiner Argumentation stellt Pevnick diese Position nur der einen Alternative gegenüber, dass Beiträge zu staatlichen Institutionen *überhaupt keine* besonderen Ansprüche generieren. Aber das sind natürlich nicht die einzigen Möglichkeiten. Denkbar wäre beispielsweise auch, dass Staaten wie Aktiengesellschaften aussähen. Das Stimmengewicht der einzelnen Bürger hinge dann von ihrem Beitrag zum Kapitalstock des Landes ab. Und auch die Ausschlussrechte wären etwas anders geregelt: Aktionäre können zwar kollektiv entscheiden, ob sie neue Aktien ausgeben und damit die Zahl der Gesellschafter erhöhen wollen. Aber die einzelnen Inhaberinnen von Aktien dürfen anders als bei Vereinen frei darüber entscheiden, an wen sie ihren eigenen Anteil übertragen wollen. Das Modell der Aktiengesellschaft ist zweifellos keine besonders attraktive Möglichkeit für Staaten, aber Pevnick

48 Jeremy Waldron, »Property and Ownership«, in: Edward N. Zalta (Hg.), *The Stanford Encyclopedia of Philosophy* (2012) ⟨http://plato.stanford.edu/archives/spr2012/entries/property/⟩, letzter Zugriff 7. 5. 2016, eigene Übersetzung.

49 Pevnick, *Immigration and the Constraints of Justice*, S. 43.

sagt erstaunlich wenig darüber, *weshalb* Staaten nicht wie Aktiengesellschaften organisiert sein sollten.[50]

Was Pevnick gar nicht in Betracht zieht, sind Eigentumsmodelle, die ohne kollektive Kontrolle über den Kreis der Beitragenden auskommen. Alle Menschen, die in der Schweiz leben, sind beispielsweise gesetzlich verpflichtet, regelmäßig Versicherungsprämien an eine Krankenkasse ihrer Wahl zu bezahlen. Und viele Studierende der Universität Zürich entrichten (freiwillig) Mitgliedsbeiträge an den Verband der Studierenden der Universität Zürich (VSUZH). In beiden Fällen erwerben die Beitragenden dadurch besondere Ansprüche. Bei der Krankenkasse sind dies in erster Linie individuelle Ansprüche auf Leistungen im Krankheitsfall, beim VSUZH dürfte das wichtigste Recht darin bestehen, darüber mitzubestimmen, wie die Mittel des Verbands eingesetzt werden und wer die Interessen der Studierenden in der universitären Selbstverwaltung vertreten soll. Ein Recht auf Mitbestimmung über die Aufnahme neuer Mitglieder erwerben die Beitragenden in keinem der beiden Fälle. Dennoch ist das geltende Recht natürlich weit davon entfernt, ihre Beiträge wie vom Himmel gefallenes Manna zu behandeln.

Diese Beispiele machen deutlich: Wer das Vereinsmodell zurückweist, ist damit noch lange nicht auf die unplausible Ansicht festgelegt, dass Beiträge zu staatlichen Institutionen überhaupt keine besonderen Ansprüche generieren. Denn auch wenn Eigentumsrechte in gewisser Hinsicht immer »Exklusionsrechte« sein mögen, so kann diese Exklusion doch auf unterschiedlichen Ebenen stattfinden: als Ausschluss von der Nutznießung an bestimmten Gütern, als Ausschluss von der kollektiven Verfügung über diese Güter und/oder als Ausschluss vom Schema der Kooperation, in dem die Güter bereitgestellt werden. Diesen Ebenen des Ausschlusses entsprechen verschiedene Arten von Eigentumsansprüchen, die Pevnick meines Erachtens nicht klar genug unterscheidet:

a. *Individuelle Nutznießungsrechte:* Ansprüche der Beitragenden auf Nutznießung an den gemeinsam produzierten Gütern.
b. *Kollektive Verfügungsrechte erster Ordnung:* Ansprüche der Beitra-

50 Vgl. dazu Shelley Wilcox, »Ryan Pevnick, Immigration and the Constraints of Justice. Between Open Borders and Absolute Sovereignty«, in: *Ethics* 122/3 (2012), S. 617-622, hier S. 620 f.

genden, kollektiv über die Verwendung der gemeinsam produzierten Güter zu entscheiden.

c. *Kollektive Verfügungsrechte zweiter Ordnung:* Ansprüche der bisherigen Beitragenden, kollektiv darüber zu entscheiden, wer in Zukunft beitragen und damit Ansprüche der Arten a.-c. erwerben darf.

Ich möchte nicht bestreiten, dass Menschen durch ihre Beiträge zu staatlichen Institutionen individuelle Nutznießungsrechte (a.) erwerben. Es gibt kaum ein Recht, (langfristig) von Institutionen zu profitieren, zu denen man nichts beiträgt (jedenfalls sofern man in der Lage ist, entsprechende Beiträge zu leisten). Ich möchte auch nicht bestreiten, dass die Mitglieder einer staatlichen Gemeinschaft einen Anspruch haben, kollektiv über die Verwendung der staatlichen Mittel zu verfügen (b.), wobei dieses Verfügungsrecht unter anderem durch erstere Ansprüche eingeschränkt ist (eine Mehrheit der Bürgerinnen darf beispielsweise nicht beschließen, einzelne Beitragende von allen staatlichen Leistungen auszuschließen). Was ich aber bestreiten möchte, ist, dass bei Staaten ein Anspruch der Art c. besteht: Das assoziative Eigentum an staatlichen Institutionen beinhaltet meines Erachtens *kein* Recht, Einwanderungswillige von einem Territorium auszuschließen.

Staaten ein solches Recht zuzuschreiben, widerspricht vielmehr den Bedingungen für die Aneignung von Eigentum, die Pevnick selbst anerkennt. Denn erstens ist der territoriale Zugang kein Gut, von dem wir andere ausschließen könnten, ohne dass sie etwas verlieren würden; das Territorium selbst wurde nicht von den Angehörigen des jeweiligen Staates geschaffen (Abschnitt 4.2.3). Und zweitens ist zweifelhaft, ob Beiträge zur reziproken Aufrechterhaltung einer gerechten Ordnung tatsächlich jenseits dessen liegen, was wir für andere zu tun verpflichtet sind (Abschnitt 4.2.4). Attraktiver als Pevnicks Position, die sich am Vereinsmodell orientiert, scheint mir deshalb die Ansicht, dass das »Eigentum« an staatlichen Institutionen dem Eigentum an offenen Vereinigungen nachempfunden sein sollte. Diejenigen, die Beiträge zu solchen Vereinigungen leisten, erwerben dadurch besondere Ansprüche. Doch sie müssen grundsätzlich bereit sein, neue Mitglieder in ihre Kooperationsgemeinschaft aufzunehmen.

5. Ein Recht auf kulturelle Eigenständigkeit? Walzers Kommunitarismus

Jedes Volk hat das Recht, über seine eigene kulturelle Zukunft zu bestimmen. Und dieses Recht auf kulturelle Selbstbestimmung schließt einen Anspruch der einzelnen Gesellschaften ein, darüber zu entscheiden, ob und in welchem Maß sie sich fremden kulturellen Einflüssen aussetzen wollen, indem sie ihre Grenzen für Einwanderungswillige öffnen. – Dies ist die Kernaussage eines dritten zentralen Arguments für ein Recht auf Ausschluss, das in unterschiedlichen Versionen von kommunitaristischen und liberal-nationalistischen Autorinnen und Autoren vertreten wird. Ihre Begründungen und Terminologien unterscheiden sich – statt von »Gesellschaften« oder »Völkern« (beziehungsweise historisch weniger belasteten *peoples*) ist oft von »Nationen«[1] oder auch einfach von »politischen Gemeinschaften«[2] die Rede. Der Grundgedanke ist aber jeweils derselbe: Das Recht auf Ausschluss entspringt einem kollektiven Selbstbestimmungsrecht von Gruppen, die sich nicht (oder jedenfalls nicht nur[3]) durch gemeinsame staatliche Institutionen, sondern in erster Linie durch eine gemeinsame Kultur auszeichnen.

Gegenüber den institutionalistischen Argumenten, die ich in den letzten beiden Kapiteln diskutiert habe, hat diese kulturelle Argumentationsweise den Vorteil, sehr direkt deutlich zu machen, weshalb die bloße Anwesenheit zusätzlicher Personen im Staatsgebiet ein Problem sein könnte. Jede noch so kleine Zahl von Einwanderern wird *irgendeinen* Einfluss auf die Kultur des Landes haben. Und wenn ich Wellman und Pevnick vorgeworfen habe, sich letztlich auf Annahmen zu stützen, die ihre eigenen Theorien nicht

1 David Miller, *On Nationality*, Oxford 1995; ders., *National Responsibility and Global Justice*, Oxford 2007; Will Kymlicka, *Multicultural Citizenship. A Liberal Theory of Minority Rights*, Oxford 1995.

2 Michael Walzer, *Sphären der Gerechtigkeit. Ein Plädoyer für Pluralität und Gleichheit*, Frankfurt/M. ²2006.

3 Oft wird das Anstreben eigener politischer Institutionen als notwendige Bedingung dafür genannt, dass eine kulturelle Gruppe als »Nation« gelten kann. Siehe Miller, *National Responsibility and Global Justice*, S. 126 f.

hergeben, so scheint die kulturelle Argumentationsweise diese Lücken auf naheliegende Weise zu schließen.

Die Ansicht, dass der gesamte öffentliche und private Raum eines Landes ein privater Raum zweiter Ordnung sein soll, der unter der Kontrolle von unfreiwillig zusammengesetzten Gruppen steht, kann Wellman mit dem Verweis auf die Vereinigungsfreiheit nicht überzeugend begründen. Unter einer kulturellen Betrachtungsweise scheint diese Annahme hingegen naheliegend: Wenn wir Menschen nicht als abstrakte Individuen, sondern als kulturell eingebettete Wesen verstehen, so ist der öffentliche Raum eines Landes eben kein »neutraler« Raum, in dem sich völlig Fremde begegnen, sondern ein Raum, in dem die Angehörigen einer bestimmten kulturellen Gemeinschaft ihre partikulären *way of life* verfolgen.[4] Und auch die Tatsache, dass die Zugehörigkeit zum entsprechenden Kollektiv nicht frei gewählt ist, scheint auf den ersten Blick weniger gravierend, wenn es um kulturelle Zugehörigkeit statt bloß um den formalen Status der Staatsbürgerschaft geht. Dass wir uns nicht für unsere Kultur entschieden haben, ändert nichts daran, dass sie für uns eine tief greifende identitäre Bedeutung hat.[5]

Ein Selbstbestimmungsrecht nationaler Kollektive könnte auch herangezogen werden, um ein wesentliches Problem für Pevnicks Argument zu lösen. Ich habe Pevnick vorgeworfen, sich auf eine Art natürliche Zugehörigkeit der Individuen zu intergenerationellen Kollektiven berufen zu müssen, um an der Ansicht festhalten zu können, dass eine moralische Asymmetrie besteht zwischen Menschen, die durch Geburt auf ein Territorium gelangen, und solchen, die durch Einwanderung hinzukommen. Weder Neugeborene noch Einwanderer haben bisher zu den jeweiligen staatlichen Institutionen beigetragen, und der Gedanke der Aneignung von Eigentum durch individuelle Beiträge vermag eine unterschiedliche Behandlung der beiden Gruppen deshalb nicht zu rechtfertigen. Im Rahmen kultureller Ansätze scheint diese Asymmetrie hingegen leicht zu begründen: Einwanderer bringen ihre eigenen kulturellen Prägungen mit, wohingegen auf dem Territorium geborene Nachkommen von Einheimischen von vornherein in der

4 Vgl. dazu die Kritik am »indifferenten« Raumkonzept der klassischen politischen Ökonomie bei Walzer, *Sphären der Gerechtigkeit*, S. 73-76.

5 Miller, *On Nationality*, S. 42-45.

nationalen Kultur sozialisiert werden.[6] Und sich als Angehöriger einer Nation zu verstehen, bedeutet gerade, sein Leben in den Kontext eines Projekts zu stellen, das von Generation zu Generation weitergegeben wird.[7]

Diesen Vorteilen kultureller Ansätze stehen allerdings erhebliche Begründungslasten gegenüber. Es sind vor allem drei Probleme, für welche die Vertreterinnen solcher Ansätze eine Lösung finden müssen. Erstens müssen sie etwas dazu sagen, was »eine Gesellschaft«, »ein Volk« oder »eine Nation« im relevanten Sinn genau sein könnte. Die Herausforderung besteht hier nicht so sehr darin zu zeigen, dass zwischen verschiedenen Gruppen von Menschen kulturelle Unterschiede bestehen oder dass kulturelle Merkmale wie eine gemeinsame Sprache oder geteilte Traditionen und Lebensweisen oft geographisch gehäuft auftreten. Die Schwierigkeit besteht vielmehr darin, ein Kriterium zu liefern, mit dem sich die Menschheit einigermaßen trennscharf in Angehörige jeweils *eines* Volks, *einer* Nation etc. zerlegen lässt.[8] Und soweit am Ende der Argumentationskette ein *staatliches* Recht auf Ausschluss herauskommen soll, müsste dieses Kriterium die Diagnose zulassen, dass die Grenzen zwischen kulturellen Gemeinschaften (jedenfalls im Normalfall) zumindest grob mit den Grenzen zwischen Staaten zusammenfallen. Gibt es irgendein kulturelles Kriterium, das beispielsweise den Schluss zuließe, dass Deutschschweizer, Romands, Rätoromanen und Tessiner Träger einer gemeinsamen schweizerischen Kultur sind, die sie von Schwaben, Tirolern oder von Menschen aus dem französischen Jura unterscheidet?

Dieses Problem mag ein Stück weit entschärft werden, wenn man von einem (rein) askriptiven Verständnis der relevanten Gruppen zu einem (teilweise) anerkennungstheoretischen Verständnis übergeht (»Schweizerin ist, wer von anderen Schweizerinnen als

6 David Miller, *Strangers in Our Midst. The Political Philosophy of Immigration*, Cambridge, Mass., London 2016, S. 63 f.

7 Miller, *National Responsibility and Global Justice*, S. 39.

8 Eine skeptische Einschätzung der Aussichten einer solchen askriptiven Individuierung von Kulturen vertritt etwa Samuel Scheffler: »Kurz gesagt ist die Annahme, dass jedes Individuum letztlich genau eine wohldefinierte Kultur ›hat‹, falsch, und wenn wir grundlegende politische Fragen auf der Basis dieser Annahme entscheiden, geraten wir auf Abwege.« Samuel Scheffler, »Immigration and the Significance of Culture«, in: *Philosophy & Public Affairs* 35/2 (2007), S. 93-125, hier S. 102, eigene Übersetzung.

Schweizerin anerkannt wird«).[9] Dann allerdings wird das zweite Problem umso gravierender. Selbst wenn wir genauer wüssten, was unter »einer Gesellschaft«, »einem Volk« oder »einer Nation« zu verstehen ist, stellt sich nämlich immer noch die Frage nach der moralischen Relevanz dieser Kategorien. Weshalb sollten wir gerade diesen Gruppen besondere Ansprüche (und insbesondere ein kollektives Recht auf kulturelle Selbstbestimmung) zugestehen? Für anerkennungstheoretische Positionen ist es besonders schwierig, darauf eine befriedigende Antwort zu geben: Weshalb sollte die bloße Tatsache, dass sich bestimmte Menschen (oft eher aufgrund von Mythen als aufgrund harter Fakten[10]) gegenseitig als Träger einer gemeinsamen nationalen Kultur anerkennen, moralisch bedeutsam sein?

Es scheint mir wichtig, an dieser Stelle zu betonen, dass das Recht auf kulturelle Selbstbestimmung nur dann als Argument für ein unilaterales Recht auf Ausschluss herangezogen werden kann, wenn wir annehmen, dass es sich dabei tatsächlich um ein *kollektives* Recht bestehender kultureller Gruppen handelt. Gehen wir stattdessen von einem *individuellen* Anspruch auf Mitbestimmung über die eigene kulturelle Umgebung oder auf Berücksichtigung der eigenen kulturellen Präferenzen aus, so könnte dieser Anspruch sowohl für als auch gegen Einwanderungsbeschränkungen sprechen. Der Wunsch der bisherigen Bewohnerinnen eines Landes, ihre Kultur vor Wandel durch Einwanderung zu bewahren, müsste irgendwie gegen den Wunsch einzelner Einwanderungswilliger abgewogen werden, sich in eine andere kulturelle Umgebung zu begeben.[11] Die Idee muss also sein, dass jedes Individuum innerhalb seiner vorgegebenen kulturellen Gruppe darüber mitbestimmen darf, wie seine kulturelle Zukunft aussehen soll. Dann können wir einer Uganderin, welche die europäische Kultur derjenigen in ihrem Herkunftsland vorzieht, antworten, sie hätte wohl ein Recht,

9 Vgl. Avishai Margalit, Joseph Raz, »National Self-Determination«, in: *The Journal of Philosophy* 87/9 (1990), S. 439-461, hier S. 445; Miller, *On Nationality*, S. 22 f.

10 Dazu kritisch Arash Abizadeh, »Historical Truth, National Myths and Liberal Democracy. On the Coherence of Liberal Nationalism«, in: *Journal of Political Philosophy* 12/3 (2004), S. 291-313.

11 Siehe dazu die Zurückweisung des Arguments über *border preferences* bei Arash Abizadeh, »Democratic Theory and Border Coercion. No Right to Unilaterally Control Your Own Borders«, in: *Political Theory* 36/1 (2008), S. 37-65, hier S. 51 f.

sich für eine Veränderung der ugandischen Kultur einzusetzen, nicht aber ein Recht, sich einer anderen kulturellen Gruppe anzuschließen. Doch die Frage ist natürlich, weshalb wir ein solches kollektives Recht auf kulturelle Selbstbestimmung akzeptieren sollten.

Denn ein solches gemeinschaftliches Selbstbestimmungsrecht über die Kultur im eigenen Land steht in einem offensichtlichen Spannungsverhältnis zu den individuellen Selbstbestimmungsrechten – darin besteht die dritte Herausforderung für die Vertreter kultureller Ansätze. Wenn ich vorher gesagt habe, dass die bloße Existenz abweichender kultureller Praktiken innerhalb eines Staatsgebiets aus Sicht eines kollektiven Rechts auf kulturelle Selbstbestimmung ein Problem darstellt, so fragt sich nämlich, ob ein solches Recht überhaupt Raum für individuelle Freiheiten lässt. Denn *jedes* individuelle Selbstbestimmungsrecht reduziert die Fähigkeit des Kollektivs, über seine kulturelle Zukunft zu entscheiden. Das Recht auf Meinungsäußerungsfreiheit beschränkt die Möglichkeiten einer Gesellschaft, die Verbreitung kultureller Erzeugnisse zu unterbinden, die nicht den Werten entsprechen, welche eine Mehrheit bewahren und fördern möchte; das Recht auf Religionsfreiheit verunmöglicht es einer Mehrheit zu beschließen, dass man eine christliche Gesellschaft sein wolle, und so weiter. Wenn wir in diesen Fällen den individuellen Selbstbestimmungsrechten gegenüber kollektiven Verfügungswünschen den Vorrang geben, weshalb sollten wir dasselbe nicht auch bei der Einwanderung tun?[12]

Insbesondere im Umgang mit den beiden letztgenannten Problemen schlagen verschiedene Vertreter kultureller Ansätze sehr unterschiedliche Wege ein. Auf den verbleibenden Seiten dieses Kapitels möchte ich zunächst auf die Position von Michael Walzer eingehen, der der philosophischen Strömung des Kommunitarismus zuzurechnen ist, welche den Universalismus und Individualismus liberaler Gerechtigkeitstheorien grundsätzlich in Frage stellt. Im nächsten Kapitel werde ich dann die Argumente von David Miller und Will Kymlicka untersuchen, die als »liberale Nationalisten« die Ansicht vertreten, dass das »liberale« Bekenntnis zu universellen Rechten und zur individuellen Autonomie als zentralem politischem Wert durchaus mit dem »nationalistischen« Bekenntnis zur moralischen Relevanz nationaler Zugehörigkeit vereinbar sei.

12 Christopher Freiman, Javier Hidalgo, »Liberalism or Immigration Restrictions, But Not Both«, in: *Journal of Ethics & Social Philosophy* 10/2 (2016).

5.1 Die kommunitaristische Kritik am Liberalismus

Ein wichtiger Ausgangspunkt der Debatte über die moralische Relevanz kultureller Zugehörigkeit ist die Anfang der 1980er Jahre aufkommende kommunitaristische Kritik an liberalen Gerechtigkeitstheorien. Mit dem Etikett »Kommunitarismus« wird eine heterogene und an den Rändern unscharfe Gruppe von Autorinnen und Autoren bezeichnet, die sich vor allem durch die gemeinsame Stoßrichtung ihrer Einwände gegen den »liberalen Mainstream« auszeichnen.

In der Kritik steht dabei ein breites Spektrum von »liberalen« Theorien, das von marktliberalen bis zu sozialdemokratischen Positionen reicht. Gegenstand der Kritik ist eine Reihe von theoretischen Grundannahmen, die von so unterschiedlichen Autoren wie Robert Nozick[13] oder John Rawls[14] (jedenfalls dem frühen Rawls[15]) geteilt werden. Beide sind erstens normative Individualisten: Sie halten das Individuum für die grundlegende Einheit der normativen Theorie, auf die jedes Argument letztlich verweisen muss – in Rawls' berühmter Formulierung geht ihre Annahme dahin, dass nur individuelle Personen »sich selbst beglaubigende Quellen von gültigen Ansprüchen« *(self-originating sources of valid claims)* sein können.[16] Beide gehen zweitens von einem vergleichsweise abstrakten Verständnis des Individuums aus: Der Selbsteigentümer bei Nozick und der Vertragspartner hinter dem Schleier des Nichtwissens bei Rawls sind abstrakte Personen, die weder historisch noch kulturell verortet oder verwurzelt sind. Drittens teilen beide ein bestimmtes Verständnis des Verhältnisses von Gerechtigkeit und gutem Leben: Beide sind der Ansicht, dass der Staat der Gewährleistung eines »neutralen« Rahmens dienen sollte, in dem dann jedes Individuum selbst entscheiden kann, welchen Lebensplänen es nachgehen möchte; mit staatlichen Mitteln eine bestimmte Vorstellung vom guten Leben durchsetzen zu wollen, wäre sowohl Nozick als auch Rawls zufolge ein Unrecht. Und viertens sind beide Theoretiker

13 Robert Nozick, *Anarchie, Staat, Utopia*, München 2011.

14 John Rawls, *Eine Theorie der Gerechtigkeit*, Frankfurt/M. 1979.

15 Für eine Diskussion von Rawls' Zugeständnissen an die Kommunitaristen in seinen späteren Werken vgl. die Einleitung zum sechsten Kapitel.

16 John Rawls, »Kantian Constructivism in Moral Theory«, in: *The Journal of Philosophy* 77/9 (1980), S. 515-572, hier S. 543.

Universalisten: Sie erheben mit ihren Theorien Geltungsansprüche, die über einen bestimmten kulturellen Kontext hinausreichen.

Alle vier Aspekte liberaler Theorien sind Gegenstand der kommunitaristischen Kritik (wobei nicht alle Kommunitaristen sämtliche dieser liberalen Prämissen zurückweisen). Dem normativen Individualismus wird vorgeworfen, die tief greifende Bedeutung gemeinschaftlicher Bindungen zu übersehen. Der abstrakten liberalen Konzeption der Person halten Kommunitaristen das Bild konkreter, kulturell verwurzelter Menschen entgegen, deren Identität sich aus ihrer kulturellen Zugehörigkeit speist und die sich spezifischen Traditionen verpflichtet sehen. Gegen den liberalen »Vorrang des Rechten vor dem Guten« haben sich Kommunitaristen für eine am Gemeinwohl im Sinne eines guten gemeinschaftlichen Lebens orientierte Politik ausgesprochen. Und dem Universalismus liberaler Theorien setzen sie einen Partikularismus entgegen, der bei den gelebten Traditionen und den geteilten moralischen Überzeugungen der Mitglieder spezifischer Gemeinschaften ansetzt.[17]

Zu den Klassikern der kommunitaristischen Literatur zählen etwa Alasdair MacIntyres Plädoyer für eine Rückbesinnung auf alte (aristotelische) Tugenden,[18] Charles Taylors Kritik am »Atomismus« liberaler Theorien[19] und seine Ausführungen über gemeinschaftliche Werte als »autoritative Horizonte«, die uns Ziele im Leben vorgeben,[20] oder Michael Sandels Kritik am »ungebundenen Selbst« bei Rawls.[21] Mehr als andere hat aber Michael Walzer versucht, die kommunitaristische Kritik am Liberalismus mit einem positiven Gegenentwurf zu verbinden. In seiner Monographie *Sphären der Gerechtigkeit* findet sich auch die wohl erste breit angelegte Verteidigung eines Rechts auf Ausschluss auf der Grundlage kultureller Prämissen.

Im Folgenden werde ich Walzers Diskussion der Einwande-

17 Für eine Übersicht siehe Will Kymlicka, *Politische Philosophie heute. Eine Einführung*, Frankfurt/M., New York 1997, S. 169-199; Robin Celikates, Stefan Gosepath, *Politische Philosophie*, Stuttgart 2013, S. 107-122.

18 Alasdair MacIntyre, *Der Verlust der Tugend. Zur moralischen Krise der Gegenwart*, Frankfurt/M. 1995.

19 Charles Taylor, »Atomism«, in: *Philosophy and the Human Sciences. Philosophical Papers* 2, Cambridge 1985, S. 187-209.

20 Charles Taylor, *Hegel and Modern Society*, Cambridge 1979, S. 157.

21 Michael J. Sandel, »The Procedural Republic and the Unencumbered Self«, in: *Political Theory* 12/1 (1984), S. 81-96.

rungsfrage zunächst in groben Zügen wiedergeben (Abschnitt 5.2). Anschließend diskutiere ich seine Aussagen über die konstitutive Rolle kulturell geteilter Überzeugungen für Gerechtigkeit und Moral und deren Bedeutung für seine These über die »gemeinschaftliche Eigenständigkeit« (Abschnitt 5.3). Dabei werde ich die Ansicht vertreten, dass Walzers Kulturrelativismus selbst kein überzeugendes Argument für ein Recht auf Ausschluss hergibt. Der Empfehlung mancher Kommentatoren folgend, Walzers Buch als ein metaethisch neutrales Plädoyer für die politische Autonomie kultureller Gemeinschaften zu lesen,[22] untersuche ich anschließend Walzers Analogie zwischen Staaten und Familien und seine Aussagen über den Wert der kulturellen Diversität (Abschnitt 5.4). Ein kurzes Fazit beschließt das Kapitel (Abschnitt 5.5).

5.2 Walzer über Mitgliedschaft

Ausgangspunkt von Walzers Diskussion der Einwanderungsfrage ist eine Theorie der Güter, in deren Zentrum nicht so sehr die materielle Produktion und Verteilung, sondern vielmehr das kollektive »Ersinnen« sozialer Güter steht. Durch diesen kulturellen Prozess der Bedeutungsverleihung würden materielle Gegenstände erst zu Gütern. Und wenn Dinge zur Verteilung gelangten, so seien sie immer schon soziale Güter in diesem Sinn. Diejenigen, die materielle Gegenstände herstellen und unter sich verteilen, haben Walzer zufolge ein gemeinschaftliches Verständnis davon, wozu diese Gegenstände da sind beziehungsweise was ihr Witz ist. Und diese gemeinschaftlichen Verständnisse seien konstitutiv für Forderungen der Gerechtigkeit.[23] Gerecht oder ungerecht sei eine Verteilung immer nur relativ zur sozialen Bedeutung, welche das zu verteilende Gut in einer bestimmten Gemeinschaft habe:

> Es ist dieses Verständnis, an das wir appellieren, auf das wir uns beziehen müssen mit unseren Argumenten, und zwar gilt dies für jeden von uns, nicht nur für die Philosophen; denn in Fragen der Moral ist jede Argumen-

22 Siehe u.a. James Dreier, »Moral Relativism and Moral Nihilism«, in: David Copp (Hg.), *The Oxford Handbook of Ethical Theory*, Oxford 2006, S. 240-264, hier S. 263, Fn. 11.

23 Walzer, *Sphären der Gerechtigkeit*, S. 30-36.

tation nichts anderes als ein Appell an allgemeingültige Bedeutungen, an ein gemeinschaftliches Verständnis von den Dingen.[24]

Dem Ansinnen einer Theorie globaler Gerechtigkeit steht Walzer vor diesem Hintergrund skeptisch gegenüber. Eine solche (über eine »dünne« Minimalmoral hinausreichende[25]) globale Theorie zu verteidigen, würde im Rahmen seiner Gütertheorie bedeuten, sich auf gemeinschaftliche Verständnisse zu berufen, die es so (noch) nicht gebe. Das Setting seiner Argumentation ist deshalb nicht ein mit abstrakten Individuen besiedelter Globus, sondern die einzelne politische Gemeinschaft mit ihrem partikulären Selbstverständnis. Distributive Gerechtigkeit setze den Kontext einer politischen Gemeinschaft voraus, deren Mitglieder soziale Güter ersinnen, herstellen und verteilen. Das erste und wichtigste Gut, das dabei zur Verteilung gelange, sei die Mitgliedschaft in der politischen Gemeinschaft selbst. Und wie bei anderen Gütern sei das zentrale Verteilungskriterium auch hier im gemeinschaftlichen Verständnis derjenigen zu suchen, die dieses Gut ersinnen und bereitstellen. Diejenigen, die bereits Mitglieder sind, vergeben die Mitgliedschaft auf Grundlage ihres gemeinschaftlichen Verständnisses davon, was für eine Art von Gemeinschaft sie sind und sein wollen.[26]

Die Vorstellung von politischen Gemeinschaften, die wie Nachbarschaften offen sind oder nur über informelle Exklusionsmechanismen des Nicht-willkommen-Heißens verfügen, weist Walzer als eine Dystopie zurück.[27] Die Mauern des Staates niederzureißen, bedeute nicht, »eine Welt ohne Mauern zu schaffen, sondern vielmehr tausend kleine Festungen zu errichten«. Und wenn auch diese Festungen geschleift würden, so wäre das Ergebnis Walzer zufolge eine »Welt radikal entwurzelter Menschen«.[28]

Angemessener als die Analogie der Nachbarschaft sei deshalb diejenige des Vereins. Wie Clubs seien Staaten dazu berechtigt, auf der Grundlage des Selbstverständnisses ihrer bisherigen Mitglieder über die Aufnahme neuer Mitglieder zu entscheiden – nicht aber dazu, bisherigen Mitgliedern den Austritt zu verbieten:

24 Ebd., S. 61.

25 Vgl. Michael Walzer, *Thick Thin. Moral Argument at Home and Abroad*, Notre Dame, Indiana 1994.

26 Walzer, *Sphären der Gerechtigkeit*, S. 62 f., 65-67.

27 Ebd., S. 72-76.

28 Ebd., S. 75.

Einreise- und Zuwanderungsbeschränkungen haben den Zweck, Freiheit und Wohlfahrt sowie Politik und Kultur einer Gruppe von Menschen zu bewahren, die sich einander und einem gemeinsamen Leben verpflichtet fühlen. Nicht so die Ausreisebeschränkung, sie ersetzt Bindung durch Zwang.[29]

Das Recht der politischen Gemeinschaft, über die Aufnahme neuer Mitglieder zu entscheiden, ist Walzer zufolge einer (schwachen) »externen« und zwei (stärkeren) »internen« Beschränkungen unterworfen. Die »externe« Beschränkung ergibt sich aus einem Prinzip der gegenseitigen Hilfe, das auch gegenüber Fremden gelte. Doch die zufällige Begegnung mit Fremden könne unser moralisches Leben nur in beschränktem Ausmaß überformen und nicht grundlegend umkrempeln. Politisch Verfolgte, die eines nichtexportierbaren Gutes bedürften, hätten zwar einen gewissen Anspruch, aufgenommen zu werden. Doch das zugrunde liegende Prinzip sei auf eine beschränkte Zahl von Notleidenden zugeschnitten und seine genauen Implikationen seien notwendigerweise unscharf.[30]

Stärkere Verpflichtungen anerkennt Walzer gegenüber »nationalen Verwandten«. Ähnlich wie das Elternhaus eine Zufluchtsstätte für Nachkommen bleibe, die bereits ausgezogen sind, sei auch der Nationalstaat eine Zufluchtsstätte für *co-nationals*, die nicht im entsprechenden Staat leben. Sie hätten zwar keinen Rechtsanspruch, wohl aber eine legitime Erwartung, in Zeiten der Not von ihrer »nationalen Familie« aufgenommen zu werden.[31]

Die dritte Beschränkung des Rechts, über die Aufnahme neuer Mitglieder zu bestimmen, ergibt sich ebenfalls aus dem Selbstverständnis politischer Gemeinschaften. Soweit sich eine Gesellschaft als demokratische Gemeinschaft verstehe, dürfe sie auf ihrem Territorium keine fixierten Statusunterschiede zwischen Mitgliedern und Ausländern tolerieren.[32] Ein System mit Gastarbeitern, die langfristig von der vollen Staatsbürgerschaft ausgeschlossen bleiben, sei moralisch unhaltbar:

Die Bestimmung über Fremde und Gäste durch eine exklusive Gruppe von Bürgern (oder im Falle von Sklaven durch ihre Herren, von Frauen

29 Ebd., S. 76.
30 Ebd., S. 67 f., 88-92.
31 Ebd., S. 78-80.
32 Ebd., S. 92-105.

durch Männer, von Schwarzen durch Weiße, von niedergeworfenen Völkern durch ihre Eroberer) ist keine gemeinschaftliche Freiheit, sondern Unterdrückung.[33]

Gerade weil die »Zweitzulassung« grundsätzlich nicht beschränkt werden dürfe – Einwanderer müssen zwar nicht sofort die vollen Bürgerrechte bekommen, aber der Zugang zur Staatsbürgerschaft muss ihnen doch langfristig offenstehen –, sei ein Recht auf Ausschluss bei der »Erstzulassung« an den territorialen Grenzen aber unverzichtbar für die Selbstbestimmung kultureller Gemeinschaften. Zusammenfassend schreibt Walzer in einer oft zitierten Textpassage:

> Zulassung und Ausschluß sind der Kern, das Herzstück von gemeinschaftlicher Eigenständigkeit. Sie sind es, die der Selbstbestimmung ihren tieferen Sinn verleihen. Ohne sie gäbe es keine *spezifischen Gemeinschaften*, keine historisch stabilen Vereinigungen von Menschen, die einander in einer speziellen Weise verbunden und verpflichtet sind und die eine spezielle Vorstellung von ihrem gemeinsamen Leben haben.[34]

Im Folgenden möchte ich Walzers Position in zwei Schritten kritisch hinterfragen. Ich gehe zunächst der Frage nach, ob sich aus Walzers Gütertheorie ein überzeugendes Argument für seine Position zur Einwanderung ergibt (Abschnitt 5.3). Anschließend wende ich mich der Frage zu, ob Walzer Argumente für ein Recht auf »gemeinschaftliche Eigenständigkeit« formuliert, die wir auch unabhängig von seiner Gütertheorie akzeptieren sollten (Abschnitt 5.4).

5.3 Vom Kulturrelativismus zur »gemeinschaftlichen Eigenständigkeit«?

Liefert Walzer eine überzeugende Antwort auf die drei Herausforderungen, die ich zu Beginn dieses Kapitels identifiziert habe? Zum Problem der Individuierung kultureller Gemeinschaften hat er kaum etwas zu sagen; er setzt immer schon voraus, dass eine gewisse Übereinstimmung zwischen politischen Grenzen und »Gemeinschaftsgrenzen« in einem umfassenderen Sinn besteht. Auch zum Verhältnis zwischen den kollektiven Selbstbestimmungsrech-

33 Ebd., S. 106.

34 Ebd., Hervorhebung im Original.

ten politischer Gemeinschaften und den individuellen Selbstbestimmungsrechten äußert sich Walzer nicht explizit, wobei die Vermutung naheliegt, dass er individuelle Rechte einfach als Ausdruck kultureller Festlegungen verstehen muss. Aber immerhin liefert Walzer auf den ersten Blick eine klare Antwort auf die Frage nach der moralischen Relevanz der kulturellen Zugehörigkeit.

Die grundlegendste Hinsicht, in der die kulturelle Gemeinschaft Walzer zufolge eine moralisch bedeutsame Größe ist, betrifft ihre Rolle bei der Konstitution sozialer Güter und moralischer Normen. Wer sich auf Grundsätze der Gerechtigkeit oder der Moral beruft, kann sich Walzer zufolge nur auf ein geteiltes Verständnis der Bedeutung eines Gutes berufen – und geteilt werden solche Verständnisse immer im Rahmen einer spezifischen kulturellen Gemeinschaft.

Diese Position hat auf den ersten Blick durchaus eine gewisse Attraktivität: Was ist angesichts der immensen Bandbreite an unterschiedlichen moralischen Vorstellungen, die zu verschiedenen Zeiten in verschiedenen kulturellen Kontexten vorgeherrscht haben und immer noch vorherrschen, naheliegender als die Annahme, dass die Moral eine »kulturrelative« Angelegenheit ist? Es scheint mir allerdings wichtig, an dieser Stelle zwischen verschiedenen Versionen einer solchen kulturrelativistischen These zu unterscheiden.[35]

5.3.1 Deskriptiver und metaethischer moralischer Relativismus

Einigermaßen unstrittig dürfte erstens die Ansicht sein, dass Vorstellungen über Gerechtigkeit und Moral deskriptiv betrachtet ein kulturelles Phänomen sind. Wir können empirisch beobachten, wie moralische Vorstellungen an einem Ort in Zeit und Raum entstehen, wie sie sich räumlich ausbreiten und über die Zeit verändern. Diese These ist zwar sicher richtig, aber uninformativ, denn Ähnliches gilt natürlich mit Blick auf alle möglichen Vorstellungen

35 Zur Unterscheidung zwischen deskriptiven und metaethischen Formen des kulturellen Relativismus siehe Chris Gowans, »Moral Relativism«, in: Edward N. Zalta (Hg.), *The Stanford Encyclopedia of Philosophy* (2012) ⟨http://plato.stanford.edu/archives/spr2012/entries/moral-relativism/⟩, letzter Zugriff 7.5.2016. Für verschiedene Versionen der metaethischen These siehe auch Dreier, »Moral Relativism and Moral Nihilism«.

wie beispielsweise die Vorstellung, dass die Erde ein kugelförmiger Planet ist oder dass der Mensch vom Affen abstammt.

Eine zweite, immer noch deskriptive These besagt, dass die politische Gemeinschaft ein Ort ist (der *primäre* Ort ist), an dem Individuen *gemeinsame* moralische Vorstellungen haben. Diese These scheint mir schon weniger unproblematisch. Denn einerseits besteht eine gewisse Einigkeit über moralische Fragen manchmal durchaus auch über nationale Grenzen hinaus. So gehe ich beispielsweise mit Walzer einig, dass das schweizerische Saisonnierstatut moralisch unhaltbar war; Walzer und ich haben diesbezüglich eine Übereinstimmung, obwohl wir in unterschiedlichen politischen Gemeinschaften leben. Und andererseits besteht natürlich auch innerhalb der einzelnen Staaten nur sehr beschränkt Einigkeit über Gerechtigkeitsprinzipien. Wenn Walzer von *dem* Selbstverständnis einer Gemeinschaft spricht, so unterschlägt er damit, dass verschiedene politische Strömungen innerhalb der einzelnen Nationalstaaten je unterschiedliche Selbstverständnisse und Gerechtigkeitsideale propagieren, die oft miteinander in Konflikt stehen.

Die eigentliche Krux besteht aber im Übergang von einer deskriptiven These über die kulturelle *Genese* moralischer Normen zu einer metaethischen These über ihre kulturrelative *Geltung*. Eine solche metaethische These folgt nicht ohne weiteres aus der Tatsache, dass moralische Überzeugungen unter einer deskriptiven Betrachtungsweise ein kulturelles Phänomen sind. Dies macht das Beispiel der historischen Vorstellungen über die Gestalt der Erde deutlich: Die Überzeugung, dass die Erde keine Scheibe, sondern eine Kugel ist, mag zwar nur von einem Teil der Menschen in der Geschichte geteilt worden sein. Aber das heißt natürlich nicht, dass der Geltungsanspruch der Aussage »Die Erde ist keine Scheibe« kulturrelativ ist. Zwar sagen wir manchmal im übertragenen Sinn, dass die Erde »für die alten Römer« eine Scheibe war. Doch damit meinen wir natürlich nicht, dass die alten Römer im Unterschied zu uns tatsächlich auf einer Scheibe gelebt haben, sondern nur, dass sie dies fälschlicherweise glaubten. Und wenn Kreationisten heute noch bestreiten, dass der Mensch vom Affen abstammt, so kommen wir kaum auf die Idee, diese Meinungsverschiedenheit durch das Zugeständnis beilegen zu wollen, dass sie dann eben im Gegensatz zu den Anhängerinnen der Evolutionstheorie nicht von anderen Säugetieren abstammen.

Bei allen Unterschieden, die ansonsten zwischen naturwissenschaftlichen und moralischen Aussagen bestehen mögen, scheint mir Ähnliches doch auch in der Moral zu gelten: Wir leben mit allen zeitgenössischen[36] Menschen und nicht bloß mit den Angehörigen unserer eigenen Kultur in einer »gemeinsamen Welt der Gründe«,[37] und wenn wir unterschiedliche moralische Überzeugungen haben, so besteht diesbezüglich eine Meinungsverschiedenheit, die sich nicht einfach dadurch auflösen lässt, dass das eine für uns, etwas anderes aber für die anderen moralisch richtig ist. Jedenfalls folgt ein solcher metaethischer Relativismus keineswegs aus dem deskriptiven moralischen Relativismus der ersten beiden Thesen.

Ein häufig geäußertes Bedenken gegen den metaethischen Relativismus geht dahin, dass dieser der normativen Theorie ihr kritisches Potenzial nehme.[38] Allerdings ist die bloße Tatsache, dass es *wünschenswert* wäre, dass der metaethische Relativismus falsch ist, für sich genommen wohl noch kein guter Grund anzunehmen, dass er tatsächlich falsch ist.[39] Um die relativistische Position zurückweisen zu können, müsste ich mich deshalb weiter in metaethisches Terrain vorwagen, als ich dies im Rahmen dieser Arbeit tun kann. Stattdessen möchte ich für den Moment einfach annehmen, dass Walzers kulturrelativistische These richtig ist, und mich der Frage zuwenden, wie diese These mit den anderen Elementen seiner Position zusammenhängt.

Betreibt Walzer nach der Festlegung auf den metaethischen Relativismus einfach deskriptive Ethik? Sind seine Aussagen über »ge-

36 Die Möglichkeit eines »Relativismus der Distanz«, dem zufolge unsere Moral beispielsweise mit der Moral eines mittelalterlichen Samurai bloß in einem »begrifflichen«, nicht aber in einem »realen« Konfrontationsverhältnis steht, möchte ich hier explizit offenlassen. Siehe für diese These Bernard Williams, »The Truth in Relativism«, in: *Proceedings of the Aristotelian Society* 75 (1975), S. 215-228.

37 Diese Formulierung übernehme ich aus mündlichen Ausführungen von Bernd Ladwig.

38 »Letzten Endes kann die politische Theorie keinen Beitrag dazu leisten, wie wir unsere Angelegenheiten regeln, außer indem sie gegen alle Impulse, die uns zurück zu unserer eigenen Kultur ziehen, um Allgemeinheit und eine reflexive Basis ringt, um zu entscheiden, welche unserer traditionellen Unterscheidungen und Ungleichbehandlungen berechtigt sind und welche nicht.« Ronald Dworkin, *A Matter of Principle*, Cambridge, Mass. 1985, S. 219, eigene Übersetzung.

39 Dreier, »Moral Relativism and Moral Nihilism«, S. 253.

meinschaftliche Eigenständigkeit«, über den Wert der kulturellen Diversität oder über die Analogie zwischen politischen Gemeinschaften und Familien letztlich als empirisch zu überprüfende Thesen darüber zu verstehen, wie die Menschen faktisch über Gerechtigkeit denken? Oder geht es Walzer eher darum, einen attraktiven Vorschlag für eine bestimmte Interpretation gemeinschaftlicher Verständnisse zu machen? Wenn ja, nach welchen Kriterien beurteilt er, was ein attraktiver Vorschlag ist? Diese Fragen liegen auf der Hand, doch Walzer gibt darauf keine eindeutigen Antworten. Klar scheint mir jedoch, dass der metaethische Relativismus selbst kein überzeugendes Argument für ein Recht auf Ausschluss liefert.

5.3.2 Wessen gemeinschaftliche Verständnisse?

Nehmen wir einmal an, der metaethische Relativismus sei richtig. Was würde daraus für die Frage nach einer moralisch gerechtfertigten Einwanderungspolitik folgen? Wie an anderen Stellen hütet sich Walzer auch hier vor klaren inferenziellen Aussagen. Aber er scheint doch zu suggerieren, dass ein enger Zusammenhang besteht zwischen seiner These über die kulturelle Konstitution sozialer Güter und seiner Ansicht, dass politische Gemeinschaften ein Recht auf Ausschluss haben. So schreibt er an einer Stelle:

> Mitgliedschaft als soziales Gut wird begründet durch unser Verständnis von Zugehörigkeit, ihr Wert bemißt sich an unserer Arbeit und unserer Kommunikation; und so sind wir es (wer sonst sollte es sein?), denen die Verantwortung für ihre Vergabe und Verteilung zufällt.[40]

Soweit Walzer damit allerdings sagen will, dass aus seiner These über die konstitutive Rolle »gemeinschaftlicher Verständnisse« für die Gerechtigkeit irgendetwas darüber folgt, *wessen* gemeinschaftliches Verständnis im Konfliktfall den Vorrang haben sollte, scheint mir dies nicht überzeugend. Ein fiktiver Dialog mag helfen, das Problem zu verdeutlichen.

Stellen wir uns vor, eine Gruppe von Schweizer Polizeibeamten habe gerade einen Weiterbildungskurs in Migrationsethik absolviert und sei von Walzers Position überzeugt. Als die Beamten eine Gruppe von irregulären Migrantinnen aufgreifen, versuchen sie,

40 Walzer, *Sphären der Gerechtigkeit*, S. 66.

ihre neu erworbenen Kenntnisse einzusetzen, um die bevorstehende Abschiebung zu rechtfertigen: »Wir sind Schweizer, und wir haben ein gemeinschaftliches Verständnis davon, was es heißt, Mitglied in unserer politischen Gemeinschaft zu sein. Aufgrund dieser geteilten Überzeugungen müssen wir Ihnen leider mitteilen, dass Sie sich nicht in unserem Land aufhalten dürfen. Sie können versuchen, an unser Selbstverständnis zu appellieren, um für Ihre Aufnahme zu werben (oder Sie hätten versuchen können, dies zu tun, wenn Sie überhaupt auf ordentliche Weise um eine Aufenthaltsbewilligung ersucht hätten). Aber ob wir Sie aufnehmen oder nicht, können nur wir selbst entscheiden, und zwar auf Grundlage unseres gemeinschaftlichen Verständnisses davon, was es heißt, Schweizer zu sein.«

Die Migrantinnen halten dagegen: »Wir sind globale Arbeitsmigrantinnen, und wir haben ein gemeinschaftliches Verständnis davon, was es heißt, unsere Haut auf dem globalen Arbeitsmarkt zu verkaufen. Diesem Selbstverständnis zufolge tun wir kein Unrecht, wenn wir uns ohne legale Erlaubnis in einem Land aufhalten, um dort zu arbeiten.[41] Sie können versuchen, an *unser* Selbstverständnis zu appellieren und uns Gründe zu nennen, weshalb wir nicht einwandern sollen – aber ob wir von der Einwanderung absehen, können nur wir selbst entscheiden, und zwar auf der Grundlage unseres Selbstverständnisses als Arbeitsmigrantinnen.«

Vielleicht berufen sich die Beamten an dieser Stelle auf die Beschränkungen des Prinzips der gegenseitigen Hilfe unter Fremden, über die doch ein interkultureller Konsens bestehe. Die Migrantinnen gestehen diesen Konsens ein, betonen jedoch, wonach sie verlangten, sei keine Hilfe, sondern Bewegungsfreiheit. »Wir sind hier in der Schweiz! Hier gelten unsere Vorstellungen!«, entgegnen die Beamten empört. »Ist das nur wieder eine der partikulären Vorstellungen, die sich aus *Ihrem* Selbstverständnis ergeben?«, fragen die Migrantinnen zurück. »Dann müssen wir Ihnen leider mitteilen, dass wir sie nicht teilen.« Es gibt mehrere Möglichkeiten, wie der Dialog an dieser Stelle weitergehen könnte:

41 Franck Düvell liefert empirische Evidenz dafür, dass dies tatsächlich eine verbreitete Überzeugung unter irregulären Migranten in Europa ist. Mein fiktives Beispiel hängt aber nicht von dieser empirischen Annahme ab. Siehe Franck Düvell, »Implicit and Explicit Concepts of Justice in Irregular Immigration«, in: Franck Düvell (Hg.), *Illegal Immigration in Europe. Beyond Control?* Basingstoke 2006, S. 209-220.

1. »Ja, das ist wieder so eine von *unseren* moralischen Überzeugungen«, geben die Beamten zu. Es sei nun offensichtlich geworden, dass man sich nicht werde einigen können. Das sei auch nicht weiter überraschend, da man eben unterschiedlichen Kulturen angehöre. Freundlich, aber bestimmt führen die Beamten die Migrantinnen ab. Beim Feierabendbier versichern sie einander, kein Unrecht begangen zu haben: »Wir konnten die Migrantinnen zwar nicht davon überzeugen, dass sie ihrerseits moralisch verpflichtet waren, von der irregulären Einwanderung abzusehen, oder dass wir *in ihren Augen* gerechtfertigt gehandelt haben. Aber *unsere* Verpflichtungen ergeben sich aus *unserem* Selbstverständnis, und dieses Selbstverständnis enthält nichts, was uns verbieten würde, irreguläre Migrantinnen abzuschieben.«
2. »Sie irren sich über Ihre eigenen moralischen *commitments*«, werfen die Beamten den Migrantinnen vor. »Das Prinzip, dass für die Einwanderungspolitik eines Landes das Selbstverständnis der bisherigen Mitglieder ausschlaggebend ist, ist selbst Gegenstand einer interkulturell geteilten Überzeugung.« Im weiteren Verlauf des Gesprächs versuchen die Beamten nachzuweisen, dass zwischen ihnen und den Migrantinnen ein »übergreifender Konsens«[42] bestehe, der ein Recht auf Ausschluss gegenüber Einwanderungswilligen beinhalte.
3. »Angesichts der nun offensichtlich gewordenen kulturellen Unterschiede ist es nur *vernünftig*, ein Metaprinzip zu akzeptieren, dem zufolge auf dem Territorium jeder Gemeinschaft deren eigenes Selbstverständnis ausschlaggebend ist«, argumentieren die Beamten. »Wenn dieses Prinzip Ihrem Selbstverständnis widerspricht, dann sind Ihre Überzeugungen in diesem Punkt eben unvernünftig und Sie sollten sie revidieren.«

Es ist nicht ganz klar, welche dieser Argumentationsweisen Walzer selbst den Beamten empfehlen würde. Klar scheint mir aber, dass er nicht umhinkommt, *einen* dieser Wege zu beschreiten. Seine Position beruht auf der (meist stillschweigend vorausgesetzten) Norm, dass für die Einwanderungspolitik eines Landes X das

42 Zum Begriff des »übergreifenden Konsenses« *(overlapping consensus)* siehe John Rawls, *Politischer Liberalismus*, Frankfurt/M. [4]2003, S. 219-265; dazu zustimmend Walzer, *Sphären der Gerechtigkeit*, S. V.

Selbstverständnis der bisherigen Bürger von X ausschlaggebend ist. Und diese Norm entspringt entweder (1.) einem lokalen gemeinschaftlichen Verständnis derer drinnen, oder sie ist (2.) Teil eines interkulturell geteilten Verständnisses, oder aber es handelt sich (3.) um eine universelle Norm über den Umgang mit kulturellen Unterschieden, die selbst keinen kulturellen Index hat.

Im *ersten* Fall müsste Walzers These letztlich lauten, dass in der Einwanderungspolitik einfach das Recht des Stärkeren gilt, ja gelten muss. Wir könnten uns zwar fragen, wozu wir als Mitglieder einer politischen Gemeinschaft aufgrund unseres gemeinschaftlichen Selbstverständnisses moralisch verpflichtet sind. Aber es bestünde natürlich keine Garantie, dass einwanderungswillige Mitglieder anderer kultureller Gruppen dieses Selbstverständnis teilen. Und wenn dies nicht der Fall wäre, so hätten sie keine moralische Pflicht, vom Versuch der irregulären Einwanderung abzusehen. Die Asymmetrie würde am Ende einfach darin bestehen, dass die bisherigen Mitglieder normalerweise eher die Macht haben, den Konflikt gewaltsam in ihrem Sinne zu »lösen«. Eine eigentliche *Rechtfertigung* eines Rechts auf Ausschluss *gegenüber* Einwanderungswilligen gäbe Walzers Theorie aber nicht her.

Das schlösse zwar nicht aus, dass Einwanderungswilligen gewisse Formen der Berücksichtigung geschuldet sein könnten – es könnte sein, das Selbstverständnis derer drinnen Gebote enthält, die Interessen von Einwanderungswilligen zu berücksichtigen. Diese Möglichkeit macht Joseph Carens stark:

Ein Ansatz wie derjenige von Walzer, der seine Grundlage in der Tradition und Kultur *unserer* Gemeinschaft sucht, muss sich als einem methodologischen Paradox der Tatsache stellen, dass der Liberalismus ein zentraler Bestandteil unserer Kultur ist. […] Für Menschen in einer anderen moralischen Tradition, die fundamentale Unterschiede zwischen denjenigen inner- und außerhalb der Gesellschaft annimmt, mögen Einwanderungsbeschränkungen leicht zu rechtfertigen sein. Diejenigen, die *anders* sind, würden einfach nicht zählen, oder wenigstens nicht so viel. Aber wir können Fremde nicht auf der Grundlage abweisen, dass sie anders sind, weil *wir* das Produkt einer liberalen Kultur sind.[43]

43 Joseph H. Carens, »Fremde und Bürger: Weshalb Grenzen offen sein sollten«, in: Andreas Cassee, Anna Goppel (Hg.), *Migration und Ethik*, Münster 2012, S. 23-46, hier S. 42f., Hervorhebung im Original.

Doch die Situation verhielte sich dann immer noch so wie in der Tierethik (man verzeihe mir den obszönen Vergleich[44]). Wie Tiere wären Einwanderungswillige aus Sicht derer drinnen nicht Adressaten einer moralischen Rechtfertigung oder Subjekte in einer gemeinsamen moralischen Gemeinschaft, sondern *moral patients* beziehungsweise bloße Objekte der moralischen Berücksichtigung. Und das Problem des moralischen Nichtgebundenseins der Einwanderungswilligen bliebe bestehen. Selbst wenn wir eine Verpflichtung anerkennen, die Interessen der »anderen« zu berücksichtigen, heißt das noch nicht, dass sie ihrerseits verpflichtet sind, unsere Erwägungen zu respektieren.

Im *zweiten* Fall müsste Walzers These letztlich lauten, dass Staaten ein Recht auf Ausschluss haben, weil diesbezüglich ein international geteiltes gemeinschaftliches Verständnis besteht. Unter dieser Lesart könnte seine Theorie eine Rechtfertigung liefern, die auch einwanderungswillige Fremde akzeptieren müssten (jedenfalls wenn wir annehmen, dass nicht sinnvoll hinter bestehende gemeinschaftliche Verständnisse zurückgefragt werden kann). Aber dass es ein solches gemeinschaftliches Verständnis gibt, müsste natürlich erst gezeigt werden – der metaethische Relativismus selbst ist diesbezüglich neutral.

Wie aussichtsreich der Versuch ist, einen solchen internationalen Konsens nachzuweisen, dürfte wesentlich davon abhängen, wie breit eine Überzeugung geteilt sein muss, damit sie als verbindlich gelten kann. In seinem aufschlussreichen Vorwort zur zweiten deutschen Ausgabe der *Sphären der Gerechtigkeit* macht Walzer eine starke Lesart geltend, um dem Einwand zu entkommen, seine Theorie versperre jede Möglichkeit, die Sklaverei oder die Unterdrückung der Frau als Unrecht zu kritisieren. Solche Praktiken, so schreibt Walzer, »leiten sich definitiv nicht aus *gemeinsamen* Sinngebungen, d. h. aus dem Einverständnis aller her; es sind Zwangsverfügungen; und es gibt immer Frauen und Männer, die sich der Versklavung, der Exklusion und der hierarchischen Unterdrückung widersetzen«.[45] Solche Anfechtungen gibt es aber natürlich auch

44 Pace Sue Donaldson und Will Kymlicka, die eine Tierethik auf der Grundlage von Begrifflichkeiten aus der Debatte über die Rechte von nationalen und ethnischen Minderheiten entwickeln. Siehe Sue Donaldson, Will Kymlicka, *Zoopolis. Eine politische Theorie der Tierrechte*, Berlin 2013.

45 Walzer, *Sphären der Gerechtigkeit*, S. IV, Hervorhebung im Original.

mit Blick auf die Exklusion unerwünschter Einwanderer (man denke etwa an die Versuche, Grenzzäune in Ceuta und Melilla oder anderswo zu überwinden, oder an Kirchenbesetzungen durch Sans-Papiers in diversen europäischen Ländern). Es ist deshalb zweifelhaft, ob Walzer zeigen kann, dass sich das Recht auf Ausschluss in einem genügend starken Sinn auf eine *gemeinsame* Sinngebung stützt.

Noch unattraktiver scheint auf den ersten Blick die *dritte* Möglichkeit, nämlich zu behaupten, dass Walzers Norm über den Vorrang des Selbstverständnisses derer drinnen eine *universelle* Norm ist. Denn dann scheint Walzer denselben Fehler zu begehen, den Bernard Williams namenlosen Ethnologen vorwirft, die von einer These über die kulturrelative Geltung moralischer Normen auf eine universelle Norm der Nichteinmischung oder der Toleranz schließen. Das Argument ist nicht nur ein *non sequitur*; die Konklusion steht sogar im direkten Widerspruch zu der Prämisse, dass es gerade keine universellen Normen geben kann. Williams bezeichnet diese Form des Kulturrelativismus als »wohl die absurdeste Anschauung, die innerhalb des an Absurditäten nicht gerade armen Gebiets der Moralphilosophie je vertreten worden ist«.[46]

Dennoch wurde manchmal vorgeschlagen, Walzer so zu lesen – oder eher: seine metaethischen Andeutungen außer Acht zu lassen und seine Ausführungen als ein universalistisches Argument für kulturelle Selbstbestimmung zu lesen. So schreibt etwa James Dreier, Walzers Ausführungen seien »wahrscheinlich am besten als Argument für die Wertschätzung politischer Autonomie zu verstehen, das nicht auf einer bestimmten Konzeption der Natur der Moral beruht«.[47]

Interessanterweise scheint Walzer selbst mit den Jahren immer mehr in diese Richtung zu tendieren. Die verschiedenen Vorworte zu den *Sphären der Gerechtigkeit* legen eine solche Entwicklung jedenfalls nahe. Betont Walzer im 1982 verfassten Vorwort zur englischsprachigen Erstausgabe noch, sein Argument sei »radikal partikularistisch«,[48] so bedauert er 1991 im Vorwort zur ersten

46 Bernard Williams, *Der Begriff der Moral. Eine Einführung in die Ethik*, Stuttgart ^{2}1978, S. 28.

47 Dreier, »Moral Relativism and Moral Nihilism«, S. 263, Fn. 11, eigene Übersetzung.

48 Michael Walzer, *Spheres of Justice. A Defense of Pluralism and Equality*, New York

deutschsprachigen Ausgabe bereits, in eine metaethische Debatte über Universalismus und Relativismus hineingezogen worden zu sein.[49] Und im Vorwort zur deutschen Neuauflage von 2006 scheint Walzer sogar zu bestreiten, dass er überhaupt eine relativistische Position vertritt:

> Dies ist keine »relativistische« Position, denn sie stützt sich auf ein Universalprinzip des Respekts für andere Völker und Kulturen – oder richtiger, sie ist relativistisch nur in einer spezifischen und begrenzten Weise, indem sie die Verteilung spezieller Güter in Beziehung setzt zu ihrer sozialen Bedeutung.[50]

Wie ein solches »Universalprinzip« mit Walzers Ausführungen über die kulturelle Konstitution moralischer Normen zusammenpasst, bleibt eine offene Frage. Doch lassen wir dieses Problem für den Moment beiseite und wenden wir uns der Frage zu, ob Walzer vom metaethischen Relativismus unabhängige Gründe liefert, weshalb wir dieses Prinzip akzeptieren sollten.

5.4 Ohne Kulturrelativismus zur »gemeinschaftlichen Eigenständigkeit«?

Was bleibt von den *Sphären der Gerechtigkeit*, wenn man Walzers kulturrelativistische Andeutungen ausblendet? Walzer liefert eine interessante Interpretation des Gleichheitsgebotes, die »komplexe Gleichheit«, die sicher auch unter nichtrelativistischen Vorzeichen bedenkenswert ist. Doch er weigert sich, dieses Prinzip direkt auf die Einwanderungsfrage anzuwenden.[51] Was seine Ausführungen über die Mitgliedschaft in der politischen Gemeinschaften angeht, so scheinen diese aus nichtrelativistischer Sicht in weiten Teilen eine *petitio principii* zu sein: Walzer setzt voraus, was er eigentlich zeigen

1983, S. xiv: »My argument is radically particularist.« In der deutschen Übersetzung ist »radically particularist« etwas unglücklich mit »streng subjektiv« wiedergegeben. Vgl. Walzer, *Sphären der Gerechtigkeit*, S. 20.

49 Walzer, *Sphären der Gerechtigkeit*, S. 11 f.

50 Ebd., S. III.

51 Andreas Cassee, »Das Recht zu bleiben. Irreguläre Migration und die Erfordernisse der Gerechtigkeit«, in: Andreas Cassee, Anna Goppel (Hg.), *Migration und Ethik*, Münster 2012, S. 211-232, hier S. 228-230.

müsste, nämlich dass die Vorstellungen und Interessen derer drinnen ausschlaggebend sind und nicht etwa unparteiisch gegen die Vorstellungen und Interessen von Einwanderungswilligen abgewogen werden müssen. Immerhin liefert Walzer aber zwei Analogien, die diese Annahme stützen sollen. Wie bei Clubs sei es bei Staaten legitim, wenn die bisherigen Mitglieder ihre Aufnahmepolitik daran ausrichten, welche Art von Gemeinschaft sie sein wollen. Und wie bei Familien bestünden bei politisch-kulturellen Gemeinschaften besondere Verpflichtungen unter den bisherigen Mitgliedern, auch wenn diese ihre Mitgliedschaft nicht frei gewählt haben.

Die erste Analogie habe ich im dritten Kapitel bereits ausführlich diskutiert und zurückgewiesen, auf die zweite möchte ich hier kurz eingehen (Abschnitt 5.4.1). Anschließend untersuche ich eines der wenigen systematischen Argumente, die Walzer formuliert: Das Recht auf Ausschluss habe den Zweck, die kulturelle Diversität zu schützen und zu befördern (Abschnitt 5.4.2).

5.4.1 Die Analogie zur Familie

Sind politisch-kulturelle Gemeinschaften aus moralischer Perspektive mit Familien vergleichbar? Am überzeugendsten ist diese Analogie zweifellos dann, wenn wir an Gemeinschaften denken, die *nichts anderes* sind als erweiterte Familien. Das ist vielleicht unsere Vorstellung von indigenen Stammesgesellschaften: Die Mitglieder der politischen Gemeinschaft sind alle mehr oder weniger nahe Verwandte, es gibt keine Unterscheidung zwischen öffentlicher und privater Sphäre und mithin keine Möglichkeit, Menschen als Mitglieder der politischen Gemeinschaft zu akzeptieren, ohne sie zugleich in den trauten Kreis der Familie aufzunehmen.

Wenn diese Beschreibung zutrifft, so mag dies ein Grund sein, indigenen Gruppen ein Recht auf Ausschluss einzuräumen. Aber das ist in unserem Zusammenhang eine eher akademische Frage. Denn Stammesgesellschaften haben normalerweise keine eigenen Nationalstaaten, und *unsere* Nationalstaaten unterscheiden sich natürlich wesentlich von den Institutionen einer Stammesgesellschaft. Von der Vorstellung, dass Blutsverwandtschaft die Grundlage der politischen Gemeinschaft ist, sind wir weitgehend abgekommen (auch wenn Reste dieser Vorstellung mancherorts in Form eines *ius sanguinis* im Einbürgerungsrecht fortleben). Und dass wir jemanden im politischen Leben als Mitbürger neben uns dulden müssen, heißt noch lange nicht, dass wir ihn zum Familienessen im intimen Kreis einladen müssen.[52]

Worauf, wenn nicht auf eine Rückkehr zu einem ethnischen Nationalismus, den Walzer keineswegs verteidigen will, könnte die Familien-Analogie für politische Gemeinschaften wie die unseren dann hinauslaufen? Vielleicht sollten wir die Analogie schwächer lesen: Das Argument lautet nicht, dass politische Gemeinschaften mit erweiterten Familien *identisch* sind, sondern nur, dass beide Gemeinschaftsformen in der einen Hinsicht analog sind, dass ihre Mitglieder einander auf besondere Weise verpflichtet sind, auch wenn sie ihre Zugehörigkeit zur jeweiligen Gruppe nicht frei gewählt haben. Die gerechtfertigte Parteilichkeit, die wir in der Einwanderungspolitik zugunsten unserer Mitbürgerinnen ausüben, speist sich genau wie die gerechtfertigte Parteilichkeit gegenüber Familienangehörigen aus speziellen Verpflichtungen, die nicht aus unseren freien Entscheidungen resultieren, so die Idee.[53]

Fraglich ist an dieser Stelle allerdings nicht nur, ob politische Gemeinschaften in relevanten Hinsichten mit Familien vergleichbar sind. Fraglich ist bereits, wie weit die genannten Eigenschaften auf familiäre Gemeinschaften überhaupt zutreffen. Immerhin sind Ehen und eheähnliche Beziehungen in liberalen Gesellschaften frei gewählt, und im Gegensatz zu früheren Zeiten ist ein Recht auf Scheidung weithin anerkannt. Auch die Beziehung zwischen Eltern und Kindern oder zwischen Geschwistern ist nicht völlig unauflösbar. Eltern können den Kontakt zu ihren erwachsenen Nachkommen abbrechen, diese können sich ihrerseits von ihren Eltern lossagen, und Geschwister können sich (jedenfalls im Erwachsenenalter) weigern, eine enge Beziehung aufrechtzuerhalten. Zwar können wir natürlich nichts daran ändern, mit wem wir biologisch verwandt sind – welche Beziehungen wir auf dieser Grundlage pflegen wollen, ist aber weitgehend uns selbst überlassen.[54] Jedenfalls sehen sich liberale Staaten normalerweise nicht dazu berechtigt, die

52 Zur Kritik, dass Walzer die Unterscheidung zwischen öffentlicher und privater Sphäre zu wenig ernst nimmt, siehe Carens, »Fremde und Bürger: Weshalb Grenzen offen sein sollten«, S. 41.

53 Siehe für diese Interpretation Phillip Cole, *Philosophies of Exclusion. Liberal Political Theory and Immigration*, Edinburgh 2000, S. 68.

54 Ebd., S. 67.

Aufrechterhaltung familiärer Bande zu erzwingen (eine Ausnahme ist hier die rechtlich erzwingbare Verantwortung der Eltern für ihre minderjährigen Nachkommen, aber auch diese Verantwortung ist bei sexuell aufgeklärten Eltern in gewissem Sinn frei gewählt). Und ob Kinder ihrerseits moralisch verpflichtet sind, im Erwachsenenalter von einem Abbruch der Beziehung zu ihren Eltern abzusehen, ist eine Frage, die in der Ethik der Familienbeziehungen kontrovers diskutiert wird.[55]

Darüber hinaus ist die Parteilichkeit, die wir zugunsten unserer Familienmitglieder ausüben dürfen, in wesentlichen Hinsichten beschränkt. Hier ist wiederum die Unterscheidung zwischen privater und öffentlicher Sphäre wichtig. Ich darf zwar mein privates Vermögen einsetzen, um ein Familienmitglied zu unterstützen, auch wenn Außenstehende bedürftiger sein mögen. Aber besondere Verpflichtungen gegenüber Familienmitgliedern geben uns kein Recht, die Steuerzahlung zu verweigern oder in einer öffentlichen Funktion die eigenen Familienangehörigen zu begünstigen.[56] Und wir sehen besondere Verpflichtungen gegenüber Familienangehörigen normalerweise nicht als Rechtfertigungsgrund dafür, Zwang gegen Außenstehende auszuüben. So darf ich beispielsweise nicht eine Bewerberin um einen Job unter Zwangsandrohung vom Betreten der Stadt abhalten, damit sie nicht zu einem Bewerbungsgespräch erscheinen kann und mein Bruder bessere Chancen hat, die begehrte Stelle zu erhalten.[57]

Die Frage ist hier nicht, ob wir *irgendeinen* Raum für besondere Verpflichtungen unter Familienmitgliedern lassen sollten. Die Frage ist vielmehr, ob wir diese besonderen Verpflichtungen als einen »Trumpf« verstehen sollten, der Zwang gegenüber Dritten zu rechtfertigen vermag, der in Abwesenheit dieser besonderen Verpflichtungen nicht erlaubt wäre. Damit die Familien-Analogie zeigen kann, was sie zeigen soll, müssen wir annehmen, dass fa-

55 Kritik an der verbreiteten Ansicht, dass erwachsene Kinder ihren Eltern etwas »schulden«, äußert etwa Jane English, »What Do Grown Children Owe Their Parents?«, in: Nancy S. Jecker (Hg.), *Aging And Ethics. Philosophical Problems in Gerontology*, New York 1992, S. 147-154.

56 Joseph H. Carens, *The Ethics of Immigration*, Oxford 2013, S. 274 f.

57 Für dieses Beispiel, das ich hier in leicht abgewandelter Form verwende, siehe Michael Huemer, »Is There a Right to Immigrate?«, in: *Social Theory and Practice* 36/3 (2010), S. 429-461, hier S. 438 f.

miliäre Verpflichtungen Hohfeld'sche Privilegien (Ausnahmen von ansonsten einschlägigen Pflichten) begründen. Gehen wir stattdessen davon aus, dass sich familiäre Verpflichtungen nur auf Handlungen erstrecken können, die uns aus Sicht der allgemeinen Moral ohnehin erlaubt sind, so können Verpflichtungen gegenüber der »nationalen Familie« keine eigenständige Rechtfertigung für Einwanderungsbeschränkungen liefern.[58]

Doch nehmen wir um des Arguments willen einmal an, spezielle Verpflichtungen seien im familiären Kontext tatsächlich ein solcher Trumpf. Formuliert Walzer dann ein überzeugendes Argument dafür, dass Analoges auch für politische Gemeinschaften gilt? Ich wage es zu bezweifeln. Denn Walzer scheint keinen *anderen* Grund für die Analogie zwischen Familien und politischen Gemeinschaften zu nennen, als eben den, dass beide Formen von Gemeinschaften angeblich besondere Verpflichtungen gegenüber nicht frei gewählten Personen beinhalten. Und wenn politische Gemeinschaften und Familien analog sind, *weil* diese besonderen Verpflichtungen bestehen, dann kann die Analogie selbst kein unabhängiges Argument für das Bestehen solcher Verpflichtungen liefern. Die Familien-Analogie scheint also letztlich eher eine Illustration von Walzers Position zu liefern als eine eigenständige Rechtfertigung derselben.[59]

5.4.2 Der Wert kultureller Diversität

Eine der wenigen Stellen, an denen Walzer so etwas wie ein systematisches Argument für Einwanderungsbeschränkungen formuliert, ist die folgende:

> Die Besonderheit von Kulturen und Gruppen hängt an ihrer Abgeschlossenheit; fehlt diese, ist mit jener als einem stabilen Merkmal menschlichen Lebens nicht zu rechnen. Wenn, wie die meisten Menschen (manche von ihnen globale Pluralisten, andere nur lokale Loyalisten) zu glauben scheinen, diese Besonderheit tatsächlich ein Wert ist, dann muß es irgendwo eine Begrenzung geben, so daß ein geschlossener Raum entsteht.[60]

58 Siehe dazu die Unterscheidung zwischen »additiven« und »priorisierenden« speziellen Verpflichtungen bei Arash Abizadeh, »The Special-Obligations Challenge to More Open Borders«, in: Sarah Fine, Lea Ypi (Hg.), *Migration in Political Theory. The Ethics of Movement and Membership*, Oxford 2016, S. 105-124.

59 Cole, *Philosophies of Exclusion*, S. 68.

60 Walzer, *Sphären der Gerechtigkeit*, S. 76.

Die Figur des »lokalen Loyalisten« scheint mir an dieser Stelle nicht besonders erhellend, zumal sich seine Wertschätzung zunächst nur auf die spezifische Besonderheit seiner eigenen Kultur beziehen dürfte. Sofern er sich überhaupt zur kulturellen Diversität im Allgemeinen bekennt, ist dieses Bekenntnis wohl ein rein taktisches (er wird sich für kulturelle Vielfalt aussprechen, wenn damit die Rechte der Gruppe gestärkt werden, zu der er loyal ist; sobald es aber um Abweichler im Innern dieser Gruppe geht, wird es mit seinem Bekenntnis zur Diversität wahrscheinlich nicht weit her sein). Die Position des »globalen Pluralisten« scheint mir hingegen durchaus bedenkenswert. Das Argument, das Walzer hier im Blick hat, lässt sich wie folgt rekonstruieren:

P1. Kulturelle Diversität ist wertvoll.
P2. Wenn politische Gemeinschaften kein Recht auf Ausschluss hätten, würde die kulturelle Diversität radikal vermindert.
P3. Also haben politische Gemeinschaften ein Recht auf Ausschluss.

Das Argument ist in dieser Formulierung streng genommen noch nicht logisch schlüssig; es fehlen explizite Annahmen darüber, wie sich aus der evaluativen Aussage über Werte in P1. eine deontische Aussage über Rechte in P3. herleiten lässt. Doch die Grundidee des Arguments ist klar genug. Ob diese Idee überzeugend ist, hängt von zwei Faktoren ab: erstens von der Plausibilität der empirischen Prognose eines Diversitätsverlusts im Fall offener Grenzen (Veit Bader nennt dies lakonisch »Walzers berühmtes zweites Gesetz der kulturellen Thermodynamik«[61]) und zweitens von der Plausibilität der Annahme, dass kulturelle Diversität wertvoll ist.

Würde eine Öffnung staatlicher Grenzen zu einer kulturellen Einebnung führen? Bliebe am Ende nur noch eine homogenisierte Weltkultur übrig, als deren Vorbote vielleicht der kulturelle Einheitsbrei auf den Gates der internationalen Großflughäfen gelten kann? Ich halte diese Befürchtung für übertrieben. Sie unterschätzt, dass sich auch dort, wo keine formalen Restriktionen bestehen, oft räumlich getrennte Subkulturen bilden, sei es aufgrund des Wun-

61 Veit Bader, »Citizenship and Exclusion. Radical Democracy, Community, and Justice. Or, What is Wrong with Communitarianism?«, in: *Political Theory* 23/2 (1995), S. 211-246, hier S. 219, eigene Übersetzung.

sches der Einzelnen, mit »ihresgleichen« zusammen zu sein, oder sei es aufgrund informeller Exklusionsmechanismen, wie sie Walzer bei Nachbarschaften identifiziert. Aufgrund dieser Mechanismen bildet sich etwa in öffentlichen Parks oder Badeanstalten oft eine informelle Raumaufteilung zwischen verschiedenen Gruppen heraus, und ich sehe keinen Grund, weshalb ähnliche Mechanismen nicht auch mit Blick auf Einwanderungsentscheidungen greifen würden, wenn zwangsbewehrte Restriktionen aufgehoben wären. Wenn Menschen einen starken Wunsch hegen, unter kulturell ihresgleichen zu leben, dann werden sie das auch in einer Welt mit offenen Grenzen tun.[62]

Kulturelle Argumente für ein Recht auf Ausschluss gehen oft von zwei Annahmen aus, die schwer miteinander zu vereinbaren sind. Einerseits wird betont, wie bedeutsam die kulturelle Verwurzelung für die meisten Menschen sei und wie schmerzhaft der Prozess des Übertritts von einer Kultur in eine andere. Kymlicka spricht in diesem Zusammenhang von einer Entscheidung, die mit der Entscheidung für ein Leben als Bettelmönch vergleichbar sei.[63] Und andererseits wird gleichzeitig angenommen, dass die meisten Menschen jederzeit bereit sind zu migrieren, sofern sie sich davon einen marginalen Einkommensvorteil versprechen. Ich glaube, dass die erste Annahme eine gewisse Berechtigung hat (auch wenn Kymlickas Analogie den Punkt sicher zu stark macht) – gerade deshalb scheint mir die zweite Annahme aber wenig überzeugend.[64]

Zwar mag es nicht völlig abwegig sein anzunehmen, dass eine Liberalisierung der Grenzregime zum Verschwinden *einiger* kultureller Formen führen könnte. Aber gleichzeitig entstünden auch *neue* hybride kulturelle Formen. Ob es am Ende mehr oder weniger verschiedene Kulturen gäbe, hängt wahrscheinlich davon ab, wie man Kulturen individuiert beziehungsweise wie kulturelle Diver-

62 Wie weit diese Kritik Walzer trifft, ist unklar, denn seine Prophezeiung einer kulturellen Einebnung betrifft eine Situation, in der die »tausend kleinen Festungen«, die ihm zufolge nach einer Öffnung der Grenzen zunächst entstünden, bereits geschleift wurden. Vgl. Walzer, *Sphären der Gerechtigkeit,* S. 75 f. Zur Frage, weshalb eine solche Schließung kleinräumiger Gemeinschaften aus Sicht der Diversität *weniger* wertvoll wäre als eine Schließung auf nationalstaatlicher Ebene, äußert sich Walzer indes nicht.

63 Will Kymlicka, *Multicultural Citizenship. A Liberal Theory of Minority Rights*, Oxford 1995, S. 86.

64 Vgl. Carens, *The Ethics of Immigration,* S. 261 f.

sität genau gemessen wird. Doch die Prognose einer völligen Einebnung geht sicher zu weit – das jedenfalls legen unsere Erfahrungen mit geografischen Zonen nahe, in denen bereits Freizügigkeit besteht: Die Tatsache, dass sich die Menschen in der Schweiz frei bewegen können, hat beispielsweise nicht dazu geführt, dass alle kulturellen Unterschiede zwischen Zürich und Genf oder zwischen beiden Städten und einem Bergdorf wie Andeer verschwunden wären.[65] Und kaum jemand glaubt ernsthaft, dass im Rahmen der EU-Personenfreizügigkeit Franzosen zu Deutschen werden oder umgekehrt.[66]

Nichtsdestotrotz könnte es natürlich sein, dass freie Einwanderung (zumal in einer Welt mit großen Wohlstandsunterschieden) zu einer gewissen Reduktion der kulturellen Diversität führen würde. Nehmen wir einmal an, ein System mit geschlossenen Grenzen erweise sich als der kulturellen Diversität am zuträglichsten oder (vielleicht realistischer) es gelte jedenfalls in einigen konkreten Fällen, dass Einwanderungsbeschränkungen die kulturelle Diversität befördern. Wäre dies ein überzeugender Grund, die Einwanderung (grundsätzlich oder in diesen konkreten Fällen) zu begrenzen?

Das hängt davon ab, ob – und vor allem *weshalb* – wir kulturelle Diversität überhaupt als einen Wert anerkennen sollten. Eine Möglichkeit bestünde an dieser Stelle in der Behauptung, dass kulturelle Diversität *intrinsisch* wertvoll sei (etwa so, wie man vielleicht behaupten könnte, dass Diversität in der Pflanzenwelt etwas Wertvolles sei, und zwar völlig unabhängig davon, ob sie den Menschen oder anderen Tieren irgendeinen Vorteil bringt). Wäre diese Behauptung überzeugend, so wäre gezeigt, dass *jede* Reduktion der kulturellen Diversität bedauerlich wäre, ganz gleichgültig, wie sie zustande kommt.

Überzeugender scheint mir aber die Ansicht, dass kulturelle Diversität *instrumentell* wertvoll ist. So könnte man mit Joseph Raz argumentieren, dass die Kultur uns »soziale Formen« zur Verfügung stellt, die uns wertvolle Möglichkeiten für unsere Lebensgestaltung eröffnen – eine kulturell vielfältige Welt wäre demzufolge wünschenswert, weil sie uns *ceteris paribus* mehr Wahlmöglichkeiten

65 Ähnliche Beispiele nennt Carens, »Fremde und Bürger: Weshalb Grenzen offen sein sollten«, S. 40.

66 Abizadeh, »Democratic Theory and Border Coercion«, S. 50.

bietet.[67] Oder man könnte mit John Stuart Mill die Ansicht vertreten, dass kulturelle Diversität wertvoll sei, weil sie die Erprobung unterschiedlicher Lebenspläne ermöglicht und uns somit eine bessere *Einschätzung* unserer Optionen erlaubt. Mehr Diversität führt *ceteris paribus* zu mehr Wissen über die Möglichkeiten menschlicher Lebensgestaltung.[68] Wichtig ist an dieser Stelle aber die Qualifikation, dass kulturelle Diversität diesen instrumentellen Argumenten zufolge *normalerweise* eine gute Sache ist. Ob ein Verlust an kultureller Vielfalt im konkreten Einzelfall tatsächlich zu bedauern ist, hängt davon ab, *weshalb* eine bestimmte kulturelle Praxis verschwindet.

Nehmen wir, um etwas Konkretes vor Augen zu haben, einmal an, die gutschweizerische Kultur des Schwingens verschwände im Fall einer Öffnung der Grenzen. Dies könnte aus unterschiedlichen Gründen geschehen. Hier sind drei Szenarien:

a. Im Rahmen eines gezielten politischen Projekts übernehmen Einwanderer die politische Mehrheit in der Schweiz und verbieten das Schwingen.
b. Aufgrund des Zuzugs schwerreicher Einwanderer steigen die Bodenpreise ins Unermessliche. Obwohl sich Schwingfeste bei der alteingesessenen Bevölkerung immer noch großer Beliebtheit erfreuen, können sie nicht mehr kostendeckend durchgeführt werden.
c. Im Zuge der Einwanderung gewinnen andere Sportarten und Unterhaltungsformen bei der einheimischen Bevölkerung zunehmend an Popularität. Die Tradition des Schwingens schläft über die Jahre langsam ein.

In Szenario a. ist der Verlust der Schwingkultur unter allen drei Interpretationen des Werts kultureller Diversität zu bedauern. Es kommt nicht nur zu einer Reduktion der kulturellen Vielfalt, sondern Individuen verlieren auch Optionen, die sie als für sich wert-

67 Joseph Raz, *The Morality of Freedom*, Oxford 1986, S. 307-313. Siehe für dieses Verständnis des Arguments über den Wert kultureller Diversität Stephen R. Perry, »Immigration, Justice, and Culture«, in: Warren F. Schwartz (Hg.), *Justice in Immigration*, Cambridge 1995, S. 94-135, hier S. 118; Abizadeh, »Democratic Theory and Border Coercion«, S. 50.

68 John Stuart Mill, *Über die Freiheit*, Stuttgart 2010, S. 81-107; vgl. Perry, »Immigration, Justice, and Culture«, S. 118.

voll einschätzen, und es wird ein kulturelles Experiment zerstört, das Menschen gerne weiterführen möchten. Ähnliches gilt auch für Szenario b. Zwar wird der knappe Boden von den privilegierten Einwanderern möglicherweise für andere kulturelle Praktiken genutzt, die aus Sicht der Raz'schen und Mill'schen Überlegungen ebenfalls wertvoll sind, aber weniger privilegierte Einheimische verlieren den Raum, den sie brauchen, um eine kulturelle Praxis auszuüben, die sie gerne aufrechterhalten und weiter erproben möchten. (Beispiele dieser Art scheinen mir zu zeigen, dass Befürchtungen einer kulturellen »Kolonialisierung« dann am ehesten überzeugen, wenn es um die Zuwanderung wohlhabender Menschen in vergleichsweise arme Weltgegenden geht.)

In Szenario c. sieht die Sache hingegen ganz anders aus. Diejenigen, die vom Schwingen auf andere Sportarten umsteigen oder sich als Zuschauer anderen Unterhaltungsformen zuwenden, sind nach der Erprobung beider Optionen gerade der Ansicht, dass die durch die Einwanderung neu dazugekommene Option für sie wertvoller ist. Weshalb sollte man sie daran hindern, das kollektive Wissen zu nutzen, das zu befördern nach der Mill'schen Argumentation gerade den Wert der Diversität ausmacht? Weshalb sollte die für einige Menschen wertvolle Option des Schwingens bewahrt werden, indem anderen Individuen eine für sie wertvollere Option entzogen wird?

Ich möchte an dieser Stelle nicht ausschließen, dass es konkrete Situationen geben könnte, die den Szenarien a. oder b. ähnlich sind; in solchen Fällen könnte der Wert der kulturellen Diversität tatsächlich für eine gewisse Einschränkung der Bewegungsfreiheit sprechen. Doch dass sich auf diese Weise ein *allgemeines* Recht auf Ausschluss begründen lässt, ist fraglich. Denn oft erfolgen kulturelle Veränderungen eher wie in Szenario c. Die Kultur verändert sich zum Bedauern einiger Menschen, weil andere Menschen neue kulturelle Möglichkeiten begrüßen. Und in solchen Fällen sprechen die instrumentellen Argumente für den Wert kultureller Diversität insgesamt eher für *offene* Grenzen. Denn die bloße Existenz verschiedenartiger kultureller Möglichkeiten versorgt Menschen nicht mit wertvollen Optionen, solange sie nicht tatsächlich Zugang zu diesen Optionen bekommen.[69] Einwanderungsbeschränkungen

69 Vgl. Abizadeh, »Democratic Theory and Border Coercion«, S. 50.

hindern Menschen daran, auf kulturelle Optionen in anderen Ländern zuzugreifen, und sie nehmen auch denjenigen, die selbst nicht migrieren, eine wertvolle Möglichkeit, durch die Interaktion mit Zugewanderten mit neuen kulturellen Formen in Kontakt zu kommen. Die Einwanderung zu beschränken, um kulturelle Vielfalt zu schützen, ist deshalb aus Sicht des Raz'schen Motivs für kulturelle Diversität wenig sinnvoll. Und auch das Mill'sche Motiv, die Erprobung unterschiedlicher Lebensformen, lässt kaum die starken Konklusionen zu, die Walzer verteidigt:

> Es scheint mindestens so plausibel anzunehmen, dass die Mill'schen Ziele besser durch einen freien kulturellen Markt erreicht werden, der den Austausch und die gegenseitige Befruchtung der Kulturen fördert, indem global relativ freie Migration zugelassen wird. Eine solche Politik würde natürlich zu kulturellem Wandel führen, aber es gibt keinen Grund zu der Annahme, dass sie eine globale kulturelle Homogenisierung zur Folge hätte. Und selbst wenn dies der Fall wäre, wäre die resultierende Kultur nicht statisch; den Mill'schen Zielen könnte auch dann noch besser gedient sein durch die freie Bewegung von Menschen über Grenzen als durch einen kulturellen »Museumsansatz«, wie ihn das Argument, um das es hier geht, nahelegt.[70]

Ein starkes Argument für Einwanderungsbeschränkungen lässt sich auf Grundlage des Diversitätsmotivs also höchstens dann formulieren, wenn wir annehmen, dass kulturelle Vielfalt völlig unabhängig von den Vorteilen, die sie einzelnen Menschen für ihre Lebensgestaltung bringt, *intrinsisch* wertvoll ist. Es liegt in der Natur der Sache, dass Aussagen über intrinsische Werte argumentativ schwer anzugreifen sind; zu behaupten, dass etwas intrinsisch wertvoll ist, bedeutet gerade, den entsprechenden Wert nicht im Rekurs auf äußere Zusammenhänge begründen zu wollen. Ich kann deshalb nur hoffen, dass die geneigte Leserin mir in der Ansicht folgt, dass die These, kulturelle Diversität sei in sich selbst wertvoll, wesentlich an Anziehungskraft verliert, wenn man diese These von den instrumentellen Motiven für den Wert kultureller Vielfalt isoliert. Und wie ich versucht habe zu zeigen, sprechen diese instrumentellen Motive mindestens so sehr gegen wie für ein Recht auf Ausschluss.

70 Perry, »Immigration, Justice, and Culture«, S. 118, eigene Übersetzung.

5.5 Ein Korrektiv, aber keine Alternative

Insgesamt scheint mir auch Walzer kein überzeugendes Argument für die Standardansicht zu liefern. Der Schluss vom metaethischen Relativismus auf irgendein Prinzip über den Umgang mit kulturellen Unterschieden mag zwar verbreitet sein, er ist aber logisch nicht schlüssig. Hält Walzer am Kulturrelativismus fest, so kann seine These nur lauten, dass Staaten ein Recht auf Ausschluss haben, weil diesbezüglich ein gemeinschaftlicher Konsens besteht. Sofern es sich dabei um einen lokalen Konsens derer drinnen handelt, zeigt dies aber nicht mehr, als dass in der Einwanderungspolitik das Recht des Stärkeren gilt. Und für die These, dass ein internationaler Konsens über das Recht auf Ausschluss besteht, liefert Walzer keinerlei empirische Evidenz.

Liest man Walzers Ausführungen hingegen als ein metaethisch neutrales Plädoyer für die politische Autonomie kultureller Gruppen, so setzt es in weiten Teilen voraus, was es eigentlich zeigen müsste, nämlich dass die Interessen und Vorstellungen der bisherigen Bürger gegenüber den Interessen und Vorstellungen von Einwanderungswilligen den Vorrang haben. Die Familienanalogie vermag diese Annahme nicht zu begründen. Denn zum einen beruht sie auf Prämissen über die Ethik der Familienbeziehungen, die alles andere als unstrittig sind, und zum anderen liefert Walzer kein *anderes* Argument für diese Analogie als seine Ansicht, dass die Zugehörigkeit zu einer politischen Gemeinschaft besondere Verpflichtungen gegenüber nicht frei gewählten Personen generiert. Wenn diese Annahme die Grundlage der Analogie ist, so kann die Analogie diese Annahme aber nicht stützen. Und schließlich spricht auch der Wert der kulturellen Diversität bei genauer Betrachtung nicht eindeutig für ein Recht auf Ausschluss. Jedenfalls wer kulturelle Vielfalt aus instrumentellen Gründen für wertvoll hält, hat ebenso starke Gründe, Einwanderungsbeschränkungen für problematisch zu halten, weil sie Individuen daran hindern, für sie wertvolle kulturelle Möglichkeiten zu ergreifen und vom vollen kulturellen Erfahrungsschatz der Menschheit zu profitieren.

Die kommunitaristische Hinwendung zu dichten Beschreibungen konkreter Menschen und ihrer sozialen Beziehungen ist zweifellos ein wichtiges Korrektiv für abstrakte universalistische Gerechtigkeitstheorien. Wer über abstrakte Prinzipien nachdenkt, läuft manchmal Gefahr, aus dem Blick zu verlieren, was ein moralisches Prinzip für konkrete Menschen in ihren spezifischen Lebensumständen genau bedeuten würde. Aber die Frage ist natürlich immer, *wessen* Geschichte erzählt wird, und aus *wessen Perspektive* die Geschichte erzählt wird. Walzers Narration handelt von einer idealisierten Gemeinschaft von Bürgerinnen, die einander tief verbunden sind und sich einem gemeinsamen Leben verpflichtet sehen, das durch freie Einwanderung bedroht wäre. Ebenso gut könnte man aber eine Geschichte über (ungleich intimere) familiäre Gemeinschaften erzählen, deren Mitglieder einander tief verbunden sind und sich einem gemeinsamen Leben verpflichtet sehen, das durch eine restriktive Einwanderungspolitik bedroht ist. Die Narration könnte von den Toten im Mittelmeer handeln, von der Verzweiflung der Ausschaffungshäftlinge,[71] der Entrechtung der Sans-Papiers oder von Menschen, die für den westlichen Markt produzieren und im Fernsehen tagtäglich den Verheißungen des Wohlstands in Europa und Nordamerika ausgesetzt sind, ohne jemals die Möglichkeit zu haben, den Schauplatz dieser Verheißungen zu betreten.

Die Frage ist an dieser Stelle, welchen Geschichten (und welchen Vorstellungen und Interessen, die diese Geschichten transportieren) wir welches Gewicht beimessen sollten. Und ich sehe nicht, wie wir diese Frage beantworten können, ohne auf Gerechtigkeitsprinzipien zu verweisen, die das Partikuläre einer einzelnen kulturellen Narration transzendieren und die verschiedenen Narrationen zueinander in Beziehung setzen.

71 Die Ausschaffungshaft ist das schweizerische Pendant zur deutschen Abschiebehaft (juristisch: Abschiebungshaft) und zur österreichischen Schubhaft.

6. Liberaler Nationalismus? Die Argumente von Miller und Kymlicka

Liberale Philosophinnen und Philosophen haben ganz unterschiedlich auf die kommunitaristische Kritik reagiert. Während etwa Brian Barry für eine harte Haltung bekannt ist und am universalistischen Anspruch seiner Gerechtigkeitstheorie festhält,[1] lassen sich die späteren Arbeiten von John Rawls in Teilen als Versuch der Versöhnung mit bestimmten Elementen der kommunitaristischen Kritik lesen.[2] Das gilt etwa für seine Hinwendung zu einem »politischen Liberalismus«, der liberale Prinzipien nicht moralphilosophisch begründet, sondern aus einem »überlappenden Konsens« unter Menschen mit unterschiedlichen umfassenden Ansichten ableitet. Liberale Prinzipien seien als *politische* Prinzipien auch für solche Personen akzeptabel, die ihr privates Leben nicht an einem liberalen Ideal der Autonomie, sondern an für sie unhintergehbaren religiösen Lehren ausrichten.[3] Noch weiter geht Rawls in *Das Recht der Völker*, wo er umfassende Grundrechte und Freiheiten als eine spezifisch liberale Festlegung bezeichnet, die man »achtbaren« nichtliberalen Gesellschaften nicht aufzwingen dürfe.[4]

Wie in vielen anderen Debatten ist auch in der Debatte zwischen Kommunitaristinnen und Liberalen mit den Jahren ein breites Spektrum an Zwischenpositionen entstanden, die Elemente beider Strömungen verbinden. Irgendwo in diesem Spektrum ist der

1 »Ich glaube weiterhin an die Möglichkeit, ein universell gültiges Argument für liberal-egalitaristische Prinzipien vorzubringen.« Brian Barry, *Justice as Impartiality*, Oxford 1995, S. 3, eigene Übersetzung.

2 Vgl. Will Kymlicka, *Contemporary Political Philosophy. An Introduction*, Oxford ²2002, S. 228-244; Daniel Bell, »Communitarianism«, in: Edward N. Zalta (Hg.), *The Stanford Encyclopedia of Philosophy* (2013) ⟨http://plato.stanford.edu/archives/fall2013/entries/communitarianism/⟩, letzter Zugriff 7. 5. 2016.

3 John Rawls, »Justice as Fairness. Political not Metaphysical«, in: *Philosophy & Public Affairs* 14/3 (1985), S. 223-251; ders., *Politischer Liberalismus*, Frankfurt/M. 2003.

4 John Rawls, *Das Recht der Völker. Enthält: »Nochmals: Die Idee der öffentlichen Vernunft«*, Berlin, New York 2002, insbesondere S. 100-103. Siehe dazu Abschnitt 9.1.1.

»liberale Nationalismus« zu verorten, der in der Einwanderungsdebatte eine wichtige Rolle spielt. Dieser von Yael Tamir eingeführte Begriff[5] steht für eine Familie von Positionen, denen zufolge sich »Liberalismus« und »Nationalismus« nicht ausschließen oder sogar gegenseitig bedingen. Mit Blick auf die Einwanderungsfrage versuchen liberale Nationalisten zu zeigen, dass ein Ausschlussrecht nationaler Gemeinschaften mit liberalen Prinzipien nicht unvereinbar sei oder dass liberale Prinzipien sogar *für* ein nationales Selbstbestimmungsrecht über die eigene Einwanderungspolitik in Anschlag gebracht werden können.

6.1 Miller über grundlegende Rechte und den intrinsischen Wert der Nation

Der wohl prominenteste Vertreter eines liberalen Nationalismus in der Migrationsdebatte ist David Miller. In seinem Aufsatz »Einwanderung: Das Argument für Beschränkungen«[6] verfolgt Miller in erster Linie eine negative Argumentationsstrategie. Er versucht zu zeigen, dass die Anerkennung universell gültiger individueller moralischer Rechte einem Recht auf Ausschluss nicht entgegensteht, sofern diese Rechte als Rechte auf ein anständiges Leben beziehungsweise auf eine angemessene Auswahl an Optionen in wichtigen Lebensbereichen verstanden werden. Wenn diese »grundlegenden« Interessen im Herkunftsland geschützt seien, könnten Einwanderungswillige kein Recht auf Einwanderung geltend machen (Abschnitt 6.1.1). Dieses negative Argument lässt allerdings alleine noch nicht die starken Konklusionen zu, die Miller verteidigt: Es ist nicht klar, weshalb wir ein Recht auf Ausschluss akzeptieren sollten, wenn *sowohl* auf Seiten der Einwanderungswilligen *als auch* auf Seiten der bisherigen Bürgerinnen keine »grundlegenden« Interessen auf dem Spiel stehen (Abschnitt 6.1.2). An einer Stelle scheint Miller ein Anreizargument für diese Asymmetrie zu formulieren: Ohne ein Recht auf Ausschluss fehle ein wichtiger Anreiz für eine nachhaltige Politik im Einzelstaat (Abschnitt 6.1.3). Liest man Millers Aufsatz allerdings im Kontext seiner anderen Werke,

5 Yael Tamir, *Liberal Nationalism*, Princeton, New Jersey 1993.

6 David Miller, »Einwanderung: Das Argument für Beschränkungen«, in: Andreas Cassee, Anna Goppel (Hg.), *Migration und Ethik*, Münster 2012, S. 47-65.

so wird deutlich, dass er hier kein rein instrumentelles Argument im Blick hat. Der Vorrang, den Miller den nichtfundamentalen Interessen der Mitglieder einer nationalen Gemeinschaft gegenüber den nichtfundamentalen Interessen von Einwanderungswilligen einräumt, folgt vielmehr aus zwei Prämissen, die Miller an anderer Stelle explizit macht und verteidigt: erstens aus der Annahme einer gerechtfertigten Parteilichkeit unter *co-nationals*, die Miller mit dem intrinsischen Wert nationaler Gemeinschaften begründet (Abschnitt 6.1.4), und zweitens aus einer nationalistischen Theorie territorialer Rechte (Abschnitt 6.1.5). Wie ich zeigen werde, geht Miller dabei schleichend von der Annahme, dass die nationale Gemeinschaft ein intrinsischer Wert unter vielen ist, zu der Annahme über, dass der intrinsische Wert nationaler Gemeinschaften der *einzige* Wert ist, den es auf der internationalen Ebene zu berücksichtigen gilt, sofern keine »grundlegenden« Interessen auf dem Spiel stehen (Abschnitt 6.1.6).

6.1.1 Das negative Argument: Grundlegende Rechte und bloße Freiheiten

In »Das Argument für Beschränkungen« bespricht und verwirft Miller drei Argumente für ein Recht auf Einwanderung: den Analogieschluss vom Recht auf innerstaatliche Bewegungsfreiheit auf ein Recht auf zwischenstaatliche Bewegungsfreiheit, denjenigen vom Recht auf Auswanderung auf ein Recht auf Einwanderung sowie ein Argument über globale Verteilungsgerechtigkeit. Millers allgemeine Argumentationsstrategie geht dabei dahin, »grundlegende Freiheiten« von »bloßen Freiheiten« zu unterscheiden. Während auf grundlegende Freiheiten ein moralisches (Menschen-) Recht bestehe, seien bloße Freiheiten zwar wertvoll für diejenigen, die sie genießen, wir könnten darauf aber gegenüber anderen Personen kein *Recht* geltend machen:

> Es wäre für mich eine gute Sache, wenn ich frei wäre, morgen einen Aston Martin zu erwerben, aber das wird nicht als eine Freiheit gelten, die moralisch ins Gewicht fällt – mein Wunsch ist keiner, der anderen irgendeine Art von Verpflichtung auferlegt, ihn zu erfüllen.[7]

7 Ebd., S. 49.

Mit Blick auf das erste Analogieargument gesteht Miller zunächst zu, dass die Bewegungsfreiheit zu den grundlegenden Freiheiten zähle. Wer in Ketten liege oder in einem kleinen Raum eingesperrt sei, könne kein anständiges Leben führen. Und aufgrund instrumenteller Überlegungen sei auch eine etwas weiträumigere Mobilität wichtig:

> Wenn ich mich nicht in einem ziemlich großen Gebiet frei bewegen kann, könnte es mir unmöglich sein, eine Stelle zu finden, meine Religion auszuüben oder einen passenden Ehepartner zu finden. Weil all dies vitale Interessen sind, ist es recht klar, dass Bewegungsfreiheit zu den grundlegenden Menschenrechten gehört.[8]

Dennoch sei die Reichweite des Rechts auf Bewegungsfreiheit im Sinne des Anteils am physischen Raum, in dem man sich frei bewegen können müsse, schon im innerstaatlichen Fall erheblich eingeschränkt. Man darf sich nicht dorthin bewegen, wo sich bereits eine andere Person befindet, man darf nicht ohne Erlaubnis der Besitzerin in ein privates Gelände eindringen, und selbst einen öffentlichen Park darf man nicht außerhalb der Öffnungszeiten betreten. Dass diese Einschränkungen keinen Verstoß gegen das Menschenrecht auf Bewegungsfreiheit darstellen, sieht Miller darin begründet, dass das Recht auf Bewegungsfreiheit von vornherein kein Recht auf *uneingeschränkte* Bewegungsfreiheit sei. Es genüge, wenn Menschen ein »angemessenes« Bündel an Optionen zur Verfügung haben, sodass sie in wichtigen Lebensbereichen (etwa hinsichtlich Beruf, Religion, kulturellen Aktivitäten oder intimen Partnern) eine vernünftige Auswahl treffen können. Und bei der Festlegung dessen, was als angemessenes Bündel an Optionen gelte, seien nicht die spezifischen Interessen einzelner Personen, sondern *generische* menschliche Interessen einschlägig. So genüge es beispielsweise, wenn den Menschen ein gewisses Spektrum an musikalischen Ausdrucksformen offenstehe. Wolle eine Person, in deren Herkunftsland es keine Oper gibt, unbedingt Opernsängerin werden, so habe sie darauf hingegen kein moralisches Recht; ihr Wunsch sei vielmehr mit demjenigen nach einem Aston Martin vergleichbar.[9]

Ein allgemeines Recht auf zwischenstaatliche Bewegungsfreiheit

8 Ebd., S. 50.

9 Ebd., S. 50 f.

liege deshalb jenseits dessen, was der Schutz generischer menschlicher Interessen erfordere. »Anständige« Staaten würden ihren Einwohnern normalerweise genügend Optionen bieten, und nur darauf bestehe ein grundlegendes moralisches Recht. Zwar könne kontingenterweise gelten, dass bestimmte Menschen in ihrem Herkunftsland keine angemessene Auswahl an Optionen haben. Und in solchen Fällen hätten Menschen möglicherweise einen Anspruch, in einem anderen Land (nicht in jedem beliebigen Land ihrer Wahl, aber in irgendeinem »anständigen« Land) aufgenommen zu werden. Doch damit lasse sich kein allgemeines Recht auf Einwanderung rechtfertigen, sondern allenfalls ein »Ersatzrecht«, dessen Bestehen vom Vorliegen einer besonderen Notlage abhänge.

Auch das zweite Analogieargument, das ein Recht auf Einwanderung aus dem anerkannten Recht auf Auswanderung ableitet, weist Miller zurück. Es sei nichts Seltsames daran, Rechte zu postulieren, deren Ausübung von der Zustimmung anderer Personen abhänge – so sei beispielsweise das Recht auf Ehe keineswegs als ein Recht zu verstehen, vom Staat einen Ehepartner zur Verfügung gestellt zu bekommen, sondern nur als ein Recht, nicht am Eingehen einer Ehe mit einem heiratswilligen Partner gehindert zu werden. Ebenso verhalte es sich beim Recht auf Auswanderung.[10]

Das dritte Argument, das Miller bespricht, leitet ein Recht auf Einwanderung aus einem Prinzip der globalen Chancengleichheit ab. Ob wir ein solches Prinzip akzeptieren sollten, sei allerdings zweifelhaft. Miller beruft sich an dieser Stelle auf Michael Walzers These, dass die Reichweite der distributiven Gerechtigkeit auf den Kontext einer politischen Gemeinschaft beschränkt sei:

> Als hauptsächlichen Grund für diese Sichtweise führt Walzer an, dass die Güter, deren Verteilung eine Frage der Gerechtigkeit darstellt, ihre Bedeutung und ihren Wert überhaupt erst innerhalb bestimmter politischer Gemeinschaften erlangen. Ein anderer einschlägiger Gesichtspunkt ist, dass die Menge an Gütern, die zu einem gegebenen Zeitpunkt für eine Verteilung zur Verfügung steht, von der Geschichte der jeweiligen Gemeinschaft abhängt; dazu gehören zum Beispiel Entscheidungen über das ökonomische System, unter dem die Produktion erfolgt. Diese Überlegungen sprechen gegen die Auffassung, dass Gerechtigkeit auf globaler Ebene im Sinne einer gleichmäßigen Verteilung eines einzigen Gutes zu jedem beliebigen

10 Ebd., S. 51-53.

Zeitpunkt zu sehen ist, gleichgültig, ob dieses Gut nun als »Ressourcen« oder »Chancen« oder »Wohlfahrt« verstanden wird.[11]

Sein suffizienzorientiertes Prinzip vermeide diese Probleme, so Miller: Es sei überzeugend, dass kein Mensch unter die absolute Schwelle eines anständigen Lebens fallen sollte, und zwar unabhängig davon, welche kulturellen Werte in seiner Gesellschaft gelten und welche historischen Lasten die jeweilige Gesellschaft zu tragen habe. Globale Ungleichheiten seien nach Maßgabe dieses Prinzips aber nur dann problematisch, wenn Menschen tatsächlich unter diese absolute Schwelle fallen. Und selbst in diesen Fällen stünden den Staaten immer noch zwei Möglichkeiten offen: Sie stehen Miller zufolge unter der disjunktiven Pflicht, entweder notleidende Menschen in ihrem Staatsgebiet aufzunehmen oder Ressourcen zu transferieren, um die Not vor Ort zu lindern.[12]

Alle drei Argumente für ein moralisches *Recht* auf zwischenstaatliche Bewegungsfreiheit weist Miller also zurück. Nichtsdestotrotz gesteht er aber zu, dass Einwanderungswillige einen gewissen Anspruch auf Berücksichtigung haben. Wolle ein Staat die Einwanderung beschränken, so müsse er dafür gute Gründe geltend machen können. Im weiteren Verlauf seines Aufsatzes bespricht Miller zwei solche Gründe für Einwanderungsbeschränkungen.[13] Zum einen betont er die Bedeutung einer öffentlichen Kultur für die Aufrechterhaltung gerechter Institutionen (auf diesen Punkt werde ich in Abschnitt 6.3 zurückkommen). Was Miller an dieser Stelle im Blick hat, ist allerdings nicht nur ein Recht, die Einwanderung in dem Maß zu beschränken, in dem dies notwendig ist, um *irgendeine* funktionierende öffentliche Kultur zu bewahren. Dies wird in seiner Antwort auf den Einwand deutlich, dass es genüge, eine gewisse Verlangsamung der Einwanderung vorzunehmen, um die öffentliche Kultur vor dem Zusammenbruch zu schützen.[14]

Diese Argumentation übersieht allerdings, dass Menschen ein Interesse daran haben, die öffentliche Kultur ihres Landes zu bestimmen: Sie wollen die Entwicklung, die ihr Land nimmt, gestalten können, einschließlich

11 Ebd., S. 54.

12 Ebd., S. 54 f.

13 Ebd., S. 55-60.

14 Siehe für diesen Einwand Stephen R. Perry, »Immigration, Justice, and Culture«, in: Warren F. Schwartz (Hg.), *Justice in Immigration*, Cambridge 1995, S. 94-135, hier S. 112-115.

der Werte, die zur öffentlichen Kultur gehören. Natürlich gibt es dabei keine Erfolgsgarantie: Aspekte der Kultur, die ihnen wichtig sind, können durch ökonomische und andere Kräfte, die sich nicht politisch kontrollieren lassen, erodiert werden. Aber gewiss können sie guten Grund haben, es zu versuchen und insbesondere Anstrengungen zu unternehmen, über die Zeit hinweg kulturelle Kontinuität zu bewahren, sodass es ihnen möglich ist, sich als Träger einer erkennbaren kulturellen Tradition zu sehen, deren Wurzeln in die Vergangenheit zurückreichen.[15]

Einen zweiten legitimen Grund für Einwanderungsbeschränkungen sieht Miller in der Kontrolle der Bevölkerungsgröße. Um globale Umweltprobleme in den Griff zu bekommen, sei es dringend gefordert, dass Staaten mit einer hohen Geburtenrate Maßnahmen zur Senkung derselben ergreifen. Das sei aber unwahrscheinlich, wenn Staaten ihre überschüssige Bevölkerung durch internationale Migration einfach »exportieren« könnten. Darüber hinaus bestehe an Einwanderungsbeschränkungen zur Kontrolle der Bevölkerungsgröße aber auch dann ein legitimes Interesse, wenn es darum gehe, die lokalen Lebensbedingungen zu schützen. Zwar sei es richtig, dass entsprechende Probleme nicht alleine der Bevölkerungsgröße geschuldet seien, sondern auch einer bestimmten Lebensweise. Statt die Einwanderung zu beschränken, könnten wir auch zu einem weniger ressourcenintensiven *way of life* übergehen. Das aber sei eine politische Entscheidung:

> Die Mitglieder einer Territorialgemeinschaft haben das Recht zu entscheiden, ob sie ihre Mitgliederzahl begrenzen, ob sie auf ökologisch und menschlich verträglichere Weise leben wollen oder ob sie keines von beidem tun und lieber die Kosten eines Lebensstils mit hohem Konsum und hoher Mobilität in einem dicht besiedelten Territorium auf sich nehmen wollen. Soweit die Lösung teilweise in einer Begrenzung der Bevölkerungszahl besteht, ist die Regulierung der Einwanderung eine natürliche Konsequenz.[16]

In den weiteren Teilen seines Aufsatzes verteidigt Miller drei Einschränkungen des Rechts auf Ausschluss. Erstens anerkennt er gewisse Pflichten der Staaten gegenüber Flüchtlingen. Jeder Staat müsse einen fairen Anteil derjenigen global Notleidenden aufnehmen, denen nicht vor Ort geholfen werden könne (wobei in Abwesenheit eines global anerkannten Prinzips der Lastenvertei-

15 Miller, »Einwanderung: Das Argument für Beschränkungen«, S. 57.

16 Ebd., S. 60

lung nicht garantiert sei, dass jeder *bona fide* Flüchtling auch einen Staat finde, der ihn aufnehme; jeder Staat könne an einem gewissen Punkt für sich beanspruchen, genug getan zu haben). Zweitens seien diskriminierende Aufnahmekriterien unzulässig. Staaten müssten wie erwähnt gute Gründe haben, Einwanderungswillige abzuweisen, und wenn an dieser Stelle auf die Hautfarbe oder das Geschlecht eines Menschen verwiesen werde, sei dies kein akzeptabler Grund, sondern eine Beleidigung (Ähnliches gelte auch für religiöse Aufnahmekriterien, es sei denn, wir hätten es mit einem religiös homogenen Staat zu tun, wie dies bei Israel der Fall sei). Und schließlich seien Staaten drittens nicht dazu berechtigt, *interne* Exklusion zu praktizieren – wie Walzer hält Miller die Einführung einer fixen Kategorie von »Bürgerinnen zweiter Klasse«, die nie die vollen Bürgerrechte erhalten, für moralisch inakzeptabel.[17]

Unter diesen Einschränkungen sieht es Miller aber als das gute Recht nationalstaatlicher Gemeinschaften an, die Einwanderung zu beschränken. Die Mitglieder einer nationalen Gemeinschaft hätten gute Gründe, Restriktionen zu erlassen, etwa um ihre Kultur zu bewahren oder um die Bevölkerungsgröße zu kontrollieren. Und Einwanderungswillige hätten ihrerseits kein moralisches Recht auf Einwanderung, weil ein solches Recht jenseits dessen liege, was zur Wahrung grundlegender Freiheiten notwendig sei.

6.1.2 Eine Pattsituation?

Ob Millers Argument durchkommt, hängt natürlich wesentlich davon ab, ob sein suffizienzorientiertes Verständnis grundlegender moralischer Rechte überzeugend ist. Ich glaube, dass das nicht der Fall ist – jedenfalls dann nicht, wenn es um negative Freiheitsrechte geht. Darauf werde ich im achten Kapitel ausführlich zu sprechen kommen.[18]

An dieser Stelle möchte ich aber ein anderes Problem für Millers Position deutlich machen. Nehmen wir einmal an, Millers Theorie sei überzeugend und grundlegende moralische Rechte seien immer nur Rechte auf ein bestimmtes Minimum im Sinne eines anständigen Lebens beziehungsweise einer angemessenen Auswahl an Optionen. Folgt dann tatsächlich, dass nationale Gemeinschaf-

17 Ebd., S. 60-64.

18 Siehe Abschnitt 8.2.2.

ten ein Recht auf Ausschluss haben? Miller betont im ersten Teil seiner Argumentation den Unterschied zwischen »bloßen Freiheiten« und »grundlegenden Freiheiten« und macht geltend, dass auf »bloße Freiheiten« grundsätzlich *kein* Recht bestehe. Im zweiten Teil der Argumentation, in dem Miller positive Gründe für Einwanderungsbeschränkungen bespricht, spielt diese Unterscheidung jedoch plötzlich keine Rolle mehr – er leitet aus einem *legitimen Interesse* an nationaler Selbstbestimmung ein *Recht* auf Ausschluss ab, ohne die Möglichkeit in Betracht zu ziehen, dass auch dieses Interesse nur einer »bloßen Freiheit« gelten könnte.

Was hindert uns daran, Millers Argument umzudrehen? Weshalb sagen wir nicht: »Die Mitglieder einer nationalen Gemeinschaft mögen zwar ein legitimes Interesse haben, die Entwicklung ihrer Kultur zu kontrollieren. Aber die Einwanderung hindert sie normalerweise nicht daran, weiterhin ein anständiges Leben zu führen. Vielleicht sind spezielle Situationen denkbar, in denen eine sehr hohe Einwanderungsrate dazu führt, dass die bisherigen Bewohnerinnen eines Landes tatsächlich kein anständiges Leben mehr führen können, etwa weil die öffentliche Kultur nicht nur modifiziert, sondern zerstört wird, oder weil die Bevölkerungsdichte aufgrund der Einwanderung unerträglich hoch wird. Aber das Recht auf Ausschluss, das in solchen Fällen bestehen mag, ist nur ein Ersatzrecht. Und in Abwesenheit solcher Notlagen haben nationale Gruppen kein Recht auf Ausschluss. Die Mitglieder nationaler Gemeinschaften mögen zwar einen gewissen Anspruch auf Berücksichtigung haben (die Nichterfüllung ihrer Interessen darf nicht ohne jeden Grund erfolgen). Aber ein allgemeines *Recht* auf Ausschluss liegt jenseits dessen, was zum Schutz grundlegender Freiheiten erforderlich ist.«

Bei einer gewissen Bandbreite von Anwendungsfällen wird wahrscheinlich weder den Einwanderungswilligen ein Leben unterhalb des absoluten Minimums drohen, wenn sie abgewiesen werden, noch werden bisherige Mitglieder unter die absolute Schwelle fallen, wenn die Einwanderung zugelassen wird. Und in solchen Fällen liefert Millers minimalistische Theorie grundlegender Rechte selbst kein Argument für eine bestimmte Lösung des Interessenkonflikts.

Haben wir es also mit einer Pattsituation zu tun? Oder sollten wir die nichtfundamentalen Ansprüche beider Seiten unparteiisch gegeneinander abwägen? Millers Annahme ist eine andere. In *National Responsibility and Global Justice* macht er dies expliziter:

> [O]bwohl die Ansprüche potenzieller Migranten anerkannt werden müssen, müssen sie nicht auf die gleiche Weise gezählt werden wie die Interessen der bisherigen Bürger einschließlich ihres Interesses an Selbstbestimmung. Ein gewisses Maß an Parteilichkeit ist legitim: Die zentrale Frage ist, wie stark der Anspruch des Einwanderers sein muss, bevor er die Ziele der aufnehmenden Gesellschaft übertrumpfen kann.[19]

Liefert Miller ein überzeugendes Argument für diese asymmetrische Berücksichtigung der nichtfundamentalen Ansprüche auf beiden Seiten?

6.1.3 Ein Argument über Anreize?

An einer Stelle in »Das Argument für Beschränkungen« formuliert Miller eine Überlegung, die man als unparteiisches Argument höherer Stufe[20] für Parteilichkeit in der Einwanderungspolitik verstehen könnte. Müssten die Ansprüche von Einwanderungswilligen bei Aufnahmeentscheidungen unparteiisch berücksichtigt werden, ginge Miller zufolge ein wichtiger Anreiz für eine nachhaltige Politik im Einzelstaat verloren. Die einzelnen Gesellschaften hätten wenig Grund, Maßnahmen zur Stabilisierung der Bevölkerungsgröße zu ergreifen, wenn sie ihren Bevölkerungsüberschuss durch internationale Migration einfach »exportieren« könnten.[21] Ganz ähnlich argumentiert auch Rawls, der sich auf eine Analogie zur Institution des Privateigentums beruft:

> Nach meinem Verständnis ergibt sich der Zweck der Institution des Privateigentums daraus, dass Besitztümer dazu neigen zu verkommen, solange niemand Bestimmtes die Verantwortung für ihren Erhalt übertragen bekommt und die Kosten tragen muss, wenn er diese nicht wahrnimmt. Im vorliegenden Fall ist das fragliche Besitztum das Territorium eines Volkes und das in diesem gelegene Potenzial, das Volk *dauerhaft* zu unterhalten, und der Akteur ist das Volk selbst als eine politisch organisierte Einheit.

19 David Miller, *National Responsibility and Global Justice*, Oxford 2007, S. 223 f., eigene Übersetzung.

20 Zur Begrifflichkeit siehe Barry, *Justice as Impartiality. A Treatise on Social Justice II*, Oxford 1995.

21 Miller, »Einwanderung: Das Argument für Beschränkungen«, S. 59.

Wie ich schon in der Einleitung gesagt habe, muss ein Volk anerkennen, dass ein unverantwortlicher Umgang mit dem eigenen Land und seinen natürlichen Ressourcen nicht durch kriegerische Eroberungen oder durch Migration in das Territorium eines anderen Volkes ohne dessen Zustimmung ausgeglichen werden kann.[22]

Interpretiert man dies als ein rein instrumentelles beziehungsweise konsequentialistisches Argument – »ein System mit einem allgemeinen Recht auf Ausschluss hat insgesamt bessere Folgen als alle verfügbaren Alternativen« –, so scheint es mir allerdings nicht besonders überzeugend. Denn es ist fraglich, wie wirksam solche Anreize für eine nachhaltige Politik im einwanderungspolitischen Status quo sind, oder genauer: Es ist zweifelhaft, wie weit sie bei denjenigen Entscheidungsträgern wirken, die den größten Einfluss auf die politische und wirtschaftliche Entwicklung eines Landes haben. Die Erfahrung scheint mir hier eher die zu sein, dass Angehörige korrupter Eliten immer einen Staat finden, der sie aufnimmt, wenn sie ein Land heruntergewirtschaftet haben, zumal wenn sie sich dabei bereichert haben (welcher Staat verzichtet schon gerne auf gute Steuerzahler?). »Immobilisiert« werden typischerweise nur die politisch und wirtschaftlich Machtlosen. Wenn überhaupt, spräche ein solches Anreizargument deshalb wahrscheinlich eher für eine Einschränkung des Rechts auf Auswanderung (vielleicht für ein spezifisches Auswanderungsverbot für bestimmte hohe Funktionsträger) als für das heutige System, das den Privilegierten in der Praxis ein vergleichsweise hohes Maß an Bewegungsfreiheit einräumt.

In *National Responsibility and Global Justice*, wo Miller ausführlich auf Szenarien mit nationalen Gemeinschaften eingeht, die je unterschiedliche Umwelt- und Bevölkerungspolitiken verfolgen, macht er aber ohnehin deutlich, dass sein Argument kein rein instrumentelles ist. Millers These lautet nicht (oder jedenfalls nicht in erster Linie), dass ein System mit einem Recht auf Ausschluss in einer unparteiischen Betrachtung die besten Konsequenzen hat; er glaubt vielmehr, dass es *unfair* wäre, wenn eine Nation ausbaden müsste, was eine andere angerichtet hat.[23]

Ein naheliegender Einwand lautet an dieser Stelle, dass Millers System der nationalen »Sippenhaftung« selbst als unfair erscheint,

22 Rawls, *Das Recht der Völker*, S. 43, Hervorhebung im Original.

23 Miller, *National Responsibility and Global Justice*, S. 68-75.

sobald die vereinfachende Rede von Entscheidungen »einer Nation« aufgegeben wird und einzelne Personen in den Blick genommen werden. Weshalb sollte eine kinderlose Inderin Anspruch auf weniger Lebensraum haben als eine Schweizerin mit drei Kindern, bloß weil frühere Generationen von Inderinnen mehr Kinder hatten als frühere Generationen von Schweizerinnen?[24] Wie so oft verweist Miller an dieser Stelle auf seine suffizienzorientierte Theorie universeller moralischer Rechte. Es sei aus Sicht der Gerechtigkeit kein Problem, wenn Angehörige unterschiedlicher Nationen aufgrund der Entscheidungen ihrer Vorgänger ein unterschiedliches Maß an Ressourcen pro Kopf hätten, solange sie nicht unter das absolute Minimum fielen.[25] Das allerdings kann, wie ich bereits deutlich gemacht habe, höchstens ein Teil der Antwort sein. Die Frage bleibt, weshalb es umgekehrt ungerecht wäre, Ressourcen an Menschen mit einer ungünstigen Startposition umzuverteilen, solange dabei ebenfalls niemand unter die absolute Schwelle fällt.

Millers Antwort scheint zu lauten, dass eine solche Umverteilung auf ungebührliche Weise in die speziellen Verpflichtungen unter den Angehörigen einer Nation eingriffe. Und diese speziellen Verpflichtungen sind es auch, die – gemeinsam mit einer Theorie territorialer Rechte – die positive Rechtfertigung für die Parteilichkeit in der Einwanderungspolitik liefern. Diese Hintergrundannahmen, die in »Das Argument für Beschränkungen« wenig explizit werden, verteidigt Miller in anderen Teilen seines Werks.[26]

6.1.4 Spezielle Verpflichtungen und der intrinsische Wert der Nation

Millers Argument für spezielle Verpflichtungen unter den Angehörigen nationaler Gemeinschaften beginnt mit der eigentlich harmlosen Feststellung, dass manche Beziehungen für die Beteiligten

24 Joseph H. Carens, *The Ethics of Immigration*, Oxford 2013, S. 262-270.

25 Miller, *National Responsibility and Global Justice*, S. 72.

26 Für die These über die gerechtfertigte Parteilichkeit siehe David Miller, »Vernünftige Parteilichkeit gegenüber Landsleuten«, in: Christoph Broszies, Henning Hahn (Hg.), *Globale Gerechtigkeit. Schlüsseltexte zur Debatte zwischen Partikularismus und Kosmopolitismus*, Berlin 2010, S. 146-171; ders., *National Responsibility and Global Justice*, S. 34-43. Für die Theorie territorialer Rechte siehe ebd., S. 214-221; ders., »Territorial Rights. Concept and Justification«, in: *Political Studies* 60/2 (2012), S. 252-268.

nicht (nur) instrumentell, sondern (auch) intrinsisch wertvoll sind. Als paradigmatisches Beispiel nennt Miller die Freundschaft. Der Wert der Freundschaft erschöpfe sich nicht wie bei reinen Zweckverbänden darin, dass sie uns gewisse Vorteile verschaffe; das Bestehen der Beziehung selbst sei für uns wertvoll. Und oft seien spezielle Verpflichtungen konstitutiv für solche intrinsisch wertvollen Beziehungen. Auch wenn wir etwa bei Freundschaften nicht als Erstes an Verpflichtungen denken mögen, sei es doch unmöglich, mit einer Person befreundet zu sein, ohne sich ihr auf besondere Weise verpflichtet zu sehen. Wenn eine Gemeinschaft erstens intrinsisch wertvoll sei, wenn spezielle Verpflichtungen für diese Gemeinschaft zweitens konstitutiv seien und wenn die Gemeinschaft drittens nicht inhärent ungerecht sei (wie dies beispielsweise bei einer mafiösen oder rassistischen Vereinigung der Fall wäre), dann sollten wir Miller zufolge besondere Verpflichtungen unter den Mitgliedern dieser Gemeinschaft anerkennen.[27]

Alle drei Bedingungen sieht Miller bei nationalen Gemeinschaften erfüllt. Die Annahme über den intrinsischen Wert nationaler Gemeinschaften begründet er in erster Linie damit, dass viele Menschen offensichtlich großen Wert auf ihre nationale Zugehörigkeit legten. Die Beweislast liege bei denjenigen, die behaupteten, dass diese faktische Wertschätzung fehlgeleitet sei. Den Einwand, dass nicht *alle* nominellen Mitglieder einer Nation ihrer nationalen Zugehörigkeit Wert beimessen, lässt Miller an dieser Stelle nicht gelten. Wenn einzelne Weltenbürger die Identifikation mit »ihrer« Nation verweigerten, verpassten sie zwar eine wertvolle Chance, ihr Leben in den Kontext eines Projekts zu stellen, das von Generation zu Generation weitergereicht werde. Aber einzelne Abweichler gefährdeten noch nicht die Existenz der Nation als solcher; es genüge, dass die entsprechenden Überzeugungen und Einstellungen einigermaßen breit geteilt werden.[28]

Zweitens seien Nationen, wie wir sie kennen, konstitutiv auf spezielle Verpflichtungen unter ihren Mitgliedern angewiesen. Zwar sei es vielleicht möglich, sich nationale Gemeinschaften anderer Art vorzustellen, die diese Eigenschaft nicht hätten. Solche »Nationen« wären mit der Gemeinschaft der Blues-Fans vergleichbar, deren Mitglieder zwar den Austausch untereinander wertschät-

27 Miller, »Vernünftige Parteilichkeit gegenüber Landsleuten«, S. 147-151.

28 Ebd., S. 151-155.

zen mögen, aber normalerweise nicht glaubten, anderen Blues-Fans besonders verpflichtet zu sein. Aber »Nationen« dieser Art hätten nicht dasselbe ethische Leben wie die Nationen, die wir kennen – es würde sich um eine *andere* Gemeinschaftsform handeln als um diejenige, die offensichtlich viele Menschen schätzten.[29]

Und drittens sei auch nicht einsichtig, weshalb wir Nationen als inhärent ungerechte Gemeinschaften ansehen sollten. Zwar sei es richtig, dass Nationen manchmal ungerecht handelten. Aber das kontingente Verüben von Unrecht genüge nicht, um den intrinsischen Wert der Nation zurückzuweisen; an intrinsischem Wert mangle es nur solchen Vereinigungen, die »auf Ungerechtigkeit gegründet« seien, was bei nationalen Gemeinschaften nicht der Fall sei.[30]

Auch das Bedenken, dass spezielle Verpflichtungen unter den Mitgliedern nationaler Gemeinschaften deshalb problematisch sein könnten, weil sie zu einer Schlechterstellung von Nichtmitgliedern führen (Scheffler nennt dies den »Verteilungseinwand« gegen spezielle Verpflichtungen[31]), weist Miller zurück. Denn eine solche Schlechterstellung sei nur dann problematisch, wenn wir bereits annehmen, dass wir Nichtmitgliedern eine starke Form von Gleichbehandlung schulden.

Die Überzeugungskraft des Verteilungseinwands gegen spezielle Verpflichtungen unter Landsleuten hängt deshalb gänzlich davon ab, wie wir die allgemeinen Verpflichtungen spezifizieren, die vorgängig bestehen. Wenn wir sagen, dass es eine Pflicht gibt, Menschen überall in einem starken und substanziellen Sinn gleich zu behandeln – sie beispielsweise mit gleichen Chancen oder einem gleichen Wohlfahrtsniveau zu versorgen –, dann folgt daraus direkt, dass die Anerkennung lokaler Verpflichtungen ziemlich sicher Ungerechtigkeit verursachen wird. [...] Aber das bedeutet natürlich, dass der Verteilungseinwand nicht herangezogen werden kann, um diese Ansicht über globale Verpflichtungen zu *begründen*.[32]

29 Ebd., S. 155.

30 Ebd., S. 150 f., 155-158.

31 Samuel Scheffler, »Families, Nations, and Strangers«, in: ders., *Boundaries and Allegiances. Problems of Justice and Responsibility in Liberal Thought*, Oxford 2002, S. 48-65.

32 Miller, *National Responsibility and Global Justice*, S. 42 f., eigene Übersetzung, Hervorhebung im Original.

Es sei deshalb plausibel anzunehmen, dass nationale Gemeinschaften alle drei Bedingungen für das Vorliegen spezieller Verpflichtungen erfüllten. Und diese Verpflichtungen seien die Grundlage für eine gerechtfertigte Parteilichkeit unter *co-nationals*.

6.1.5 Territoriale Rechte

Dass die Mitglieder nationaler Gemeinschaften einander in *einigen* Hinsichten bevorzugt behandeln dürfen, möchte ich hier nicht bestreiten. Es scheint mir beispielsweise einigermaßen unproblematisch, wenn Französinnen ihr privates Vermögen eher zur Förderung der französischen als der deutschen Kultur einsetzen. Wie ich bereits erwähnt habe, ist die entscheidende Frage nicht, ob wir *irgendeinen* Raum für gerechtfertigte Parteilichkeit unter den Angehörigen nationaler Gemeinschaften lassen sollten, sondern ob die Entscheidung über Einwanderungsbegehren zum legitimen *Anwendungsbereich* dieser Parteilichkeit zählt.[33]

An dieser Stelle kommt Millers Theorie territorialer Rechte ins Spiel.[34] Sie soll zeigen, dass es beim territorialen Zugang um ein Gut geht, auf das nationale Gemeinschaften einen besonderen Anspruch haben. Dabei unterscheidet Miller zwischen der systemischen Frage nach der Rechtfertigung territorialer Rechte im Allgemeinen und der spezifischeren Frage nach der Rechtfertigung des Anspruchs einer *bestimmten* Gruppe von Menschen auf ein *bestimmtes* Stück Land. Mit Blick auf das systemische Problem macht er in erster Linie geltend, dass Nationalstaaten ihre Funktionen ohne territoriale Rechte nicht erfüllen könnten. Und zu dem Bündel von Rechten, die dafür notwendig seien, zähle auch ein Recht auf Ausschluss gegenüber Einwanderungswilligen:

> Die Implikation für die Einwanderung ist, dass eine Person, die auf einem bestimmten Stück Boden steht, rechtmäßig der Autorität des Staates unterworfen ist, dessen Gesetze dort anwendbar sind, falls es einen solchen Staat gibt. […] Und diese Autorität muss das Recht einschließen, sie zum Gehen aufzufordern, da ein System territorialer Autorität nicht ohne eine

33 Siehe Abschnitt 5.4.1; vgl. Carens, *The Ethics of Immigration*, S. 274.

34 Miller, *National Responsibility and Global Justice*, S. 214-221; ders., »Territorial Rights«.

gewisse Kontrolle darüber funktionieren kann, wer in seinen Anwendungsbereich fällt.[35]

Zweifellos benötigen Staaten territoriale Jurisdiktionsrechte, um ihre Aufgaben erfüllen zu können. Doch weshalb brauchen sie dazu auch Ausschlussrechte gegenüber Einwanderungswilligen? Miller formuliert an dieser Stelle kein klares Argument für diese Annahme.[36] Aber es scheint naheliegend, dass sie damit zu tun hat, dass die Funktion des Nationalstaats seiner Ansicht nach nicht nur in der Gewährleistung einer gerechten Ordnung besteht, sondern auch darin, einer nationalen Gemeinschaft eine institutionelle Heimat zu bieten.[37] In diese Richtung deuten jedenfalls die Bedingungen für die legitime Aneignung von Territorien durch nationale Gruppen, die Miller in einem zweiten Argumentationsschritt formuliert.

Die Grundlage für den Anspruch einer *bestimmten* Gemeinschaft auf ein *bestimmtes* Territorium besteht Miller zufolge in einem wechselseitigen Transformationsprozess zwischen einer nationalen (oder indigenen) Kultur und einem Territorium. Die nationale Kultur passe sich an die Gegebenheiten des Territoriums an, und umgekehrt werde das Territorium durch kulturelle Eingriffe wie das Errichten von Gebäuden oder das Anlegen von Bewässerungssystemen oft so sehr verändert, dass es kaum wiederzuerkennen sei. Über diese »quasi-Locke'sche« Überlegung hinaus betont

35 Miller, *National Responsibility and Global Justice*, S. 215 f., eigene Übersetzung.

36 In einer Fußnote verweist Miller lediglich auf Walzers notorisch unklare These, dass offene Staatsgrenzen zur Herausbildung von »tausend kleinen Festungen« führen würden. Siehe ebd., S. 216, Fn. 21.

37 In seiner jüngsten Monographie macht Miller neben nationalistischen Überlegungen auch Argumente für diese Annahme geltend, welche die Kontrolle des Zugangs zu staatlichen Leistungen betreffen. Da Staaten verpflichtet seien, Bildungs-, Gesundheits- und Sozialleistungen für Migrantinnen zu erbringen, würde die kollektive Selbstbestimmung empfindlich eingeschränkt, wenn die bisherigen Bürger keine Kontrolle darüber hätten, wer in ihr Staatsgebiet einwandere. Siehe David Miller, *Strangers in Our Midst*, Cambridge Mass., London 2016, S. 61 f. Dieses Argument ist eng mit dem Argument über die Vermeidung unfreiwilliger Verpflichtungen verwandt, das ich in Abschnitt 4.2.3 diskutiert habe. Siehe Michael Blake, »Immigration, Jurisdiction, and Exclusion«, in: *Philosophy & Public Affairs* 41/2 (2013), S. 103-130; dazu kritisch Jan Brezger, Andreas Cassee, »Debate: Immigrants and Newcomers by Birth. Do Statist Arguments Imply a Right to Exclude Both?«, in: *Journal of Political Philosophy* (early view) (2016), S. 7-9.

Miller aber auch die Bedeutung einer symbolischen Aneignung des Territoriums durch kulturelle Narrationen und historisch bedeutsame Ereignisse, die an bestimmten Schauplätzen stattgefunden haben. Auch eine Gemeinschaft, die das Land, auf dem sie lebe, nicht physisch transformiere, erwerbe mit der Zeit einen besonderen Anspruch auf dieses Land, weil es als Heimstätte eines gemeinschaftlichen Lebens eine besondere symbolische Bedeutung erlange.[38]

Zusammenfassend scheint Millers Begründung territorialer Rechte also auf eine Erweiterung dessen hinauszulaufen, was er bereits über spezielle Verpflichtungen unter Landsleuten sagt: Es handle sich um notwendige Voraussetzungen für die Realisierung des intrinsischen Werts nationaler Gemeinschaften.

6.1.6 Kritik

Ist Millers Argumentation überzeugend? Ich bezweifle es. Jedenfalls scheinen mir seine Ausführungen von einer gewissen Ambivalenz bezüglich der Frage zu leben, worin die These über den intrinsischen Wert nationaler Gemeinschaften genau besteht. An manchen Stellen betont Miller, dass die nationale Zugehörigkeit *eines von vielen* Dingen sei, die Menschen wertschätzten:

> Die Frage hier ist nicht, ob dies das höchste menschliche Gut ist – für die meisten Menschen dürfte das nicht der Fall sein –, sondern ob es *eines* der menschlichen Güter ist, das neben Familienleben, kreativer Arbeit usw. intrinsischen Wert hat.[39]

Am Ende geht Miller aber viel weiter; er scheint anzunehmen, dass der intrinsische Wert nationaler Gemeinschaften eine Art Trumpf ist.[40] Wenn der Wert nationaler Gemeinschaften erst einmal als solcher erkannt ist, muss er nicht mehr unparteiisch gegen andere Werte abgewogen werden, so offenbar die Annahme.

Millers Argumentationsstrategie läuft darauf hinaus, uns zunächst das scheinbar harmlose Zugeständnis abzuringen, dass nationale Gemeinschaften intrinsisch wertvoll sind und dass grundsätzlich nichts Verwerfliches daran ist, diesen Wert realisieren zu

38 Miller, *National Responsibility and Global Justice*, S. 216-219.

39 Miller, »Vernünftige Parteilichkeit gegenüber Landsleuten«, S. 154.

40 Carens, *The Ethics of Immigration*, S. 269.

wollen. Im weiteren Verlauf der Argumentation begründet er dann alle möglichen Ansprüche damit, dass sie für nationale Gemeinschaften konstitutiv beziehungsweise für die Realisierung dieses Werts unverzichtbar seien. Die Möglichkeit, dass andere Interessen das Interesse an nationaler Selbstbestimmung mit Blick auf die Einwanderungsfrage überwiegen könnten, schließt Miller von vornherein aus, indem er annimmt, dass Nationen keine inhärent ungerechten Vereinigungen sind.

Genau darin scheint mir letztlich das Problem zu bestehen. Denn ob eine Vereinigung inhärent ungerecht ist oder nicht, hängt natürlich wesentlich davon ab, welche Ansprüche wir für diese Vereinigung als konstitutiv erachten. So würden wir normalerweise nicht sagen, dass Fanclubs inhärent ungerechte Vereinigungen sind. Wenn die Mitglieder eines Fanclubs aber geltend machen, sie könnten nicht die Art von Gemeinschaft haben, die sie so sehr schätzten, wenn sie nicht Fans anderer Vereine unter Einsatz von Gewalt aus »ihrer« Stadt fernhalten dürften, so würden wir unser Urteil wahrscheinlich revidieren.

Miller hält das Recht auf Ausschluss gegenüber Einwanderungswilligen offenbar für einen unverzichtbaren Bestandteil dessen, was Nationen ausmacht. Dürften nationale Gemeinschaften nicht die Einwanderung beschränken, so könnte es Miller zufolge keine Nationen geben, wie wir sie heute kennen. *Wenn* aber Einwanderungsbeschränkungen ungerechtfertigt sind, *dann* sind »Nationen« in seinem Sinn inhärent ungerecht. Und wenn Miller als Prämisse voraussetzt, dass Nationen keine inhärent ungerechten Gemeinschaften sind, so hat er bereits angenommen, dass Einwanderungsbeschränkungen moralisch gerechtfertigt sind. Bei genauerer Betrachtung haben wir es also schlicht mit einer *petitio principii* zu tun.

Interessanterweise wirft Miller selbst seinen Gegnern vor, diesen Fehler zu begehen, wenn sie von einer These über die inhärente *Un*gerechtigkeit nationaler Gemeinschaften darauf schließen, dass *keine* besonderen Verpflichtungen unter *co-nationals* bestehen.[41] Was Miller übersieht, ist aber, dass dieses Problem aus der allgemeinen *Struktur* des Arguments resultiert. Ein Argument, das von der inhärenten Ungerechtigkeit einer Gruppe darauf schließt, dass die

41 Miller, »Vernünftige Parteilichkeit gegenüber Landsleuten«, S. 156.

Gruppe Unrecht tut, ist ebenso unbefriedigend wie eines, das von der Annahme ausgeht, dass eine Gruppe nicht inhärent ungerecht ist, und daraus folgert, dass die Gruppe kein Unrecht tut.

Millers Ausführungen mögen deutlich machen, weshalb die Angehörigen nationaler Gemeinschaften ein gewisses Interesse haben könnten, die Einwanderung zu beschränken. Dass wir diesem Interesse mehr Gewicht beimessen sollten als den Interessen von Einwanderungswilligen, vermag er aber nicht überzeugend zu begründen.

6.2 Kymlicka über nationale Zugehörigkeit und individuelle Freiheit

Neben Argumenten, die sich auf den *intrinsischen* Wert nationaler Gemeinschaften stützen, machen liberale Nationalisten oft auch Argumente geltend, welche die *instrumentelle* Bedeutung der nationalen Zugehörigkeit für die Realisierung anderer Werte zur Grundlage haben. Die beiden prominentesten Überlegungen dieser Art gehen dahin, dass nationale Kulturen bewahrt werden müssen, um die individuelle Autonomie beziehungsweise gerechte Institutionen zu schützen.[42]

Zur Rechtfertigung der Standardansicht, wie ich sie im zweiten Kapitel skizziert habe, scheinen diese Argumente auf den ersten Blick ungeeignet, da es sich nicht um »Kontrollargumente«, sondern um »Schutzargumente« handelt.[43] Wenn ein solches Argument durchkommt, so folgt daraus nicht, dass es den Staaten völlig

42 Für den Zusammenhang zwischen individueller Autonomie und kultureller Zugehörigkeit siehe Will Kymlicka, *Multicultural Citizenship. A Liberal Theory of Minority Rights*, Oxford 1995, S. 75-106; ders., »Staatsgrenzen. Eine liberalegalitäre Perspektive«, in: *Deutsche Zeitschrift für Philosophie* 54/4 (2006), S. 549-575. Für das Argument über die kulturellen Hintergrundbedingungen gerechter Institutionen siehe David Miller, *On Nationality*, Oxford 1995, S. 90-99; ders., *Strangers in Our Midst*, S. 9f., 64f.; Matthew J. Gibney, *The Ethics and Politics of Asylum. Liberal Democracy and the Response to Refugees*, Cambridge 2004, S. 45-48.

43 Vgl. Kieran Oberman, »Immigration as a Human Right«, in: *JWI Working Paper* 2013/3 (2013) ⟨http://www.sps.ed.ac.uk/jwi/research/working_papers/kieran_oberman,_immigration_as_a_human_right⟩, letzter Zugriff 7.5.2016, S. 16f.; siehe auch Abschnitt 2.3.

freisteht, Einwanderungswillige einzulassen oder auch nicht, sondern nur, dass Staaten die Einwanderung dann und in dem Maß beschränken dürfen (und wahrscheinlich auch sollten), in dem dies tatsächlich notwendig ist, um das jeweilige Gut zu schützen.

Nichtsdestotrotz könnte es sein, dass sich mit solchen Überlegungen erhebliche Restriktionen für die Einwanderung von *non-nationals* rechtfertigen lassen.[44] Und vielleicht könnten diese instrumentellen Argumente indirekt auch herangezogen werden, um die These über die nationalstaatliche Entscheidungskompetenz zu begründen: Man könnte die Ansicht vertreten, dass nationale Gemeinschaften selbst über Einwanderungsbegehren entscheiden können sollten, weil sie am ehesten in der Lage sind zu beurteilen, wie starke Restriktionen tatsächlich notwendig sind, um die individuelle Autonomie beziehungsweise gerechte Institutionen zu schützen. Es scheint mir deshalb lohnenswert, die beiden instrumentellen Argumente hier etwas eingehender zu untersuchen. Im Folgenden werde ich zunächst das Argument über die kulturellen Voraussetzungen individueller Autonomie diskutieren, in Abschnitt 6.3 komme ich auf das Argument über die Hintergrundbedingungen gerechter Institutionen zu sprechen.

6.2.1 Individuelle Freiheit und der kulturelle Wahlkontext

Es gibt wohl kaum etwas, das so vorbehaltlos als »liberal« bezeichnet werden kann wie das Bekenntnis zur Freiheit, das bereits im Wortstamm des Begriffs (lat. *libertas*) angelegt ist. Und es könnte deshalb auch kaum ein stärkeres Argument für das Zusammengehen von Liberalismus und Nationalismus geben als eines, das einen Zusammenhang zwischen individueller Freiheit oder Autonomie[45] und nationaler Zugehörigkeit herstellt.

Ein solches Argument formuliert Will Kymlicka. Klarer als Miller grenzt er sich gegen kommunitaristische Positionen ab. Für eine Politik, die sich an einer gemeinschaftlichen Vorstellung vom guten

44 Insofern sich beide Argumente auf die instrumentelle Bedeutung der nationalen Zugehörigkeit berufen, liefern sie wohl keinen Grund, *non-citizen nationals* die Einwanderung zu verwehren.

45 Da sie für die Zwecke meiner Argumentation nicht entscheidend sind, werde ich die unterschiedlichen Konnotationen der Begriffe Autonomie und Freiheit in diesem Abschnitt ignorieren und beide Begriffe austauschbar verwenden.

Leben ausrichtet, seien moderne Nationen zu heterogen. Und die Vorstellung, dass die kulturelle Zugehörigkeit uns einen »autoritativen Horizont« vorgibt, an dem wir unsere Lebensgestaltung auszurichten haben, weist Kymlicka als illiberal zurück. Stattdessen betont er ganz im Geiste der liberalen Tradition die Bedeutung der rationalen Revidierbarkeit kulturell überlieferter Rollen und Vorstellungen. Es liege in der Freiheit jedes Einzelnen, zu entscheiden, welchen Lebensweg er beschreiten möchte.[46] Diese individuelle Freiheit setze aber einen kulturellen Wahlkontext voraus:

> Die Entscheidung, wie wir unser Leben führen, muss letztlich allein unsere eigene sein, aber diese Entscheidung treffen wir, indem wir diejenige unter den verschiedenen uns zur Verfügung stehenden Optionen auswählen, die wir für die wertvollste halten, und dabei wählen wir aus einem Wahlkontext, der uns verschiedene Lebensweisen zur Verfügung stellt.[47]

Die Idee ist dabei nicht nur, dass uns der kulturelle Hintergrund Optionen zur Verfügung stellt, die wir dann individuell als für uns wertvoll erkennen und wählen können. Die Idee ist vielmehr, dass kulturelle Narrationen als Deutungsmuster notwendig sind, damit wir irgendwelche Optionen überhaupt als *sinnvolle* Optionen verstehen können. Der kulturelle Wahlkontext sei die »Brille«, durch die wir die verschiedenen Möglichkeiten sehen, die uns im Leben offenstehen.[48] Ein Mensch, der ohne jeden kulturellen Bezug wäre, könnte demzufolge nicht autonom sein. Wie viele Optionen ihm auch zur Verfügung stünden, er könnte doch nicht zwischen wertvollen Optionen wählen; die Optionen wären jeder Bedeutung beraubt und damit wertlos.

Menschen brauchen kulturelle Bezüge, um ein autonomes Leben führen zu können. Doch brauchen sie dafür eine *nationale* Kultur? Um dies zu zeigen, führt Kymlicka zunächst eine Unterscheidung zwischen »Kulturen« im weiteren Sinn und »gesellschaftlichen Kulturen« *(societal cultures)* ein:

> [D]er Begriff der »Kultur« ist für alle möglichen Arten von Gruppen verwendet worden, von Teenager-Cliquen bis hin zu globalen Zivilisationen.

46 Kymlicka, *Multicultural Citizenship*, S. 80-82, 91-93.

47 Will Kymlicka, *Liberalism, Community and Culture*, Oxford 1989, S. 164, eigene Übersetzung.

48 Kymlicka, *Multicultural Citizenship*, S. 82-84. Die Brillen-Metapher stammt von Ronald Dworkin, *A Matter of Principle*, Cambridge, Mass., 1985, S. 228.

Die Art von Kultur, auf die ich meine Aufmerksamkeit richten werde, ist jedoch die *gesellschaftliche* Kultur – das heißt eine Kultur, die ihre Mitglieder mit sinnvollen Lebensweisen für die ganze Bandbreite menschlicher Tätigkeiten versorgt, einschließlich des sozialen Lebens, der Erziehung, der Religion, der Freizeitgestaltung und des ökonomischen Lebens, sowohl in der öffentlichen als auch in der privaten Sphäre.[49]

Gesellschaftliche Kulturen seien nun typischerweise *nationale* Kulturen und umgekehrt, wobei Kymlicka zugesteht, dass die Grenzen zwischen nationalen Kulturen nicht zwingend mit den Grenzen zwischen Staaten zusammenfallen müssen. »Nationale Minderheiten« wie die Frankophonen in Kanada seien Träger einer eigenen gesellschaftlichen Kultur, wohingegen sich Migrantinnen in die nationale Kultur (oder eine der nationalen Kulturen) des Einwanderungslandes einfügten.[50]

Den sicheren Zugang zu einer gesellschaftlichen Kultur hält Kymlicka für eine unverzichtbare Voraussetzung individueller Autonomie:

Unsere Fähigkeit, eine Konzeption des Guten zu entwickeln und zu revidieren, ist eng mit unserer Mitgliedschaft in einer gesellschaftlichen Kultur verbunden, denn der Kontext der individuellen Wahl ist die Bandbreite an Optionen, die uns durch unsere Kultur überliefert wird. Zu entscheiden, wie wir unser Leben führen, ist in erster Linie eine Angelegenheit des Erkundens der Möglichkeiten, die uns durch unsere Kultur zugänglich gemacht werden.[51]

Diese Überlegung mache nicht nur deutlich, weshalb Staaten von einer Politik des kulturellen *hands-off* Abstand nehmen sollten, sondern sie bilde auch die Grundlage für die Rechtfertigung von Einwanderungsbeschränkungen. Eine Politik offener Grenzen würde zwar das Bündel von Optionen vergrößern, die Individuen zur Verfügung stünden. Aber zugleich geriete die Stabilität des kulturellen Bezugsrahmens in Gefahr, durch den Menschen erst in die Lage versetzt würden, eine sinnvolle Wahl zwischen unterschiedlichen Lebensentwürfen zu treffen.[52]

49 Kymlicka, *Multicultural Citizenship*, S. 76, eigene Übersetzung, Hervorhebung im Original.
50 Ebd., S. 77-80.
51 Ebd., S. 126, eigene Übersetzung.
52 Ebd., S. 93.

6.2.2 Kulturelles Material oder eine nationale Kultur?

Was ist von Kymlickas Argumentation zu halten? Ich glaube, dass seine kategorische Unterscheidung zwischen alteingesessenen »nationalen Minderheiten«, die eine eigene gesellschaftliche Kultur hätten, und zugewanderten »ethnischen Minderheiten«, bei denen dies nicht der Fall sei, wenig überzeugend ist,[53] aber dieser Punkt braucht uns hier nicht weiter zu beschäftigen. Wichtiger ist die Frage, weshalb die unterschiedlichen Optionen, die uns in verschiedenen Lebensbereichen zur Verfügung stehen, ihre Bedeutung durch *einen* umfassenden kulturellen Kontext erlangen müssen. Weshalb müssen die verschiedenen Elemente des kulturellen Wahlkontexts »aus einem Guss« sein? Einen entsprechenden Einwand gegen Kymlickas Argument macht Jeremy Waldron stark:

> Sinnvolle Optionen können uns als Einzelstücke oder Fragmente aus einer Vielzahl von kulturellen Quellen zukommen. Kymlicka ist vorschnell, wenn er sagt, dass jeder Gegenstand seine Bedeutung durch eine Entität erhält, die er »unsere Kultur« nennt, und er ist nicht berechtigt, daraus zu schließen, dass es Dinge namens »kulturelle Strukturen« gibt, deren Integrität garantiert werden muss, damit Menschen eine sinnvolle Wahl haben. Sein Argument zeigt, dass Menschen kulturelles Material brauchen; es zeigt nicht, dass Menschen »eine reichhaltige und sichere kulturelle Struktur« benötigen.[54]

Gegen Kymlickas These, dass Individuen einen festen Bezug zu einer bestimmten gesellschaftlichen Kultur brauchen, macht Waldron die Möglichkeit stark, ein erfülltes Leben im »Kaleidoskop der Kulturen« zu führen. Dass Menschen ihre kulturellen Bezüge aus einer Vielzahl von Quellen beziehen, sei im Grunde der Normalfall. Wenn etwa die Bibel, die germanische Folklore oder die Mythologie der alten Römer zu den Narrationen zählten, an denen eine Person sich im Leben orientiere, so sei es unplausibel, in diesem Zusammenhang von *einer* Kultur zu sprechen.[55]

53 Siehe dazu Joseph H. Carens, *Culture, Citizenship, and Community. A Contextual Exploration of Justice as Evenhandedness*, Oxford 2000, S. 52-87.

54 Jeremy Waldron, »Minority Cultures and the Cosmopolitan Alternative«, in: Will Kymlicka (Hg.), *The Rights of Minority Cultures*, Oxford 1995, S. 93-119, hier S. 106f., eigene Übersetzung.

55 Ebd., S. 99, 107.

Dagegen argumentiert Kymlicka zum einen, Waldrons kosmopolitische Alternative sei anspruchsvoller, als dieser wahrhaben wolle. Es sei zwar nicht völlig unmöglich, von einer gesellschaftlichen Kultur in die andere zu wechseln, aber dies sei doch ein schwieriger und kostspieliger Prozess.[56] Und zum anderen übersehe Waldron, dass uns kulturelle Versatzstücke aus unterschiedlichen Quellen erst dadurch zugänglich würden, dass sie Eingang ins Repertoire einer gesellschaftlichen Kultur fänden:

Es ist wahr, dass die Optionen, die den Mitgliedern einer modernen Gesellschaft zugänglich sind, aus einer Vielzahl von ethnischen oder historischen Quellen stammen. Aber was macht diese Optionen uns »zugänglich« oder für uns sinnvoll? Schließlich gibt es Grenzen bezüglich der »kulturellen Materialien«, denen Menschen eine Bedeutung abgewinnen können. Ich habe argumentiert, dass Optionen uns zugänglich sind, wenn sie Teil des geteilten Vokabulars des sozialen Lebens werden – d. h. eingebettet sind in soziale Praktiken, denen wir auf der Basis einer gemeinsamen Sprache ausgesetzt sind.[57]

Nun sollten wir Kymlicka zweifellos Recht geben, dass gewisse Übersetzungsleistungen notwendig sind, damit sich Menschen kulturelle Materialien aus unterschiedlichen Kontexten aneignen können (zumindest wird oft eine Übersetzung im wörtlichen Sinn nötig sein). Und vielleicht sollten wir auch zugeben, dass ein radikal kosmopolitisches Leben zwar für einige, aber nicht für alle Menschen eine realistische Alternative ist.[58]

Dennoch scheint mir Waldron einen wunden Punkt zu treffen, wenn er Kymlicka vorwirft, die Individuierung von Kulturen zu trivialisieren.[59] Wenn jedes »Stück« Kultur, das mir zugänglich ist, *eo ipso* Teil meiner »gesellschaftlichen Kultur« ist, dann ist Kymlickas These über die besondere Bedeutung gesellschaftlicher Kulturen nicht mehr soziologisch gehaltvoll, sondern einfach eine begriffliche Wahrheit. Und es wäre zweifelhaft, ob verschiedene Mitglieder einer nationalen Gemeinschaft tatsächlich alle *dieselbe* gesellschaftliche Kultur in diesem Sinn hätten. Versteht man die

56 Kymlicka, *Multicultural Citizenship*, S. 85 f.

57 Ebd., S. 103, eigene Übersetzung.

58 »Dass es Alternativen *gibt*, heißt noch lange nicht, dass jeder sie *hat*.« Susanne Boshammer, *Gruppen, Recht, Gerechtigkeit. Die moralische Begründung der Rechte von Minderheiten*, Berlin, New York 2003, S. 159, Hervorhebung im Original.

59 Waldron, »Minority Cultures and the Cosmopolitan Alternative«, S. 107.

These hingegen dahingehend, dass sich uns alle kulturellen Quellen in einem gehaltvollen Sinn erst durch den nationalen Kontext erschließen, so scheint sie mir wenig überzeugend. In diese Richtung argumentiert auch Joseph Carens:

> [K]önnte irgendjemand behaupten, dass es die gesellschaftliche Kultur Quebecs oder Kanadas sei, die das Judentum oder den Islam (oder selbst das Christentum) »für uns sinnvoll« macht? Zugegeben, Juden und Muslime verwenden Französisch oder Englisch für einen Teil ihrer Kommunikation (aber nicht für jede Kommunikation) über religiöse Angelegenheiten, doch dies als die Sache zu beschreiben, die religiöse Praktiken für Gläubige sinnvoll macht, würde bedeuten, etwas Wichtiges zu übersehen.[60]

Ich glaube deshalb, dass Kymlicka die Bedeutung der nationalen Kultur überschätzt. Zwar mag die nationale Kultur *eine* Quelle des kulturellen Wahlkontexts sein, an dem sich Menschen in ihrer Lebensführung orientieren. Aber zu behaupten, sie sei die *einzige* Quelle kultureller Orientierung, geht zweifellos zu weit.

6.2.3 Kulturelle Kontinuität oder der Erhalt von Kulturgrenzen?

Ein zweites Problem für Kymlickas Argument hat damit zu tun, dass er nicht deutlich genug zwischen zwei Versionen der These unterscheidet, dass Menschen Zugang zu *ihrer eigenen* gesellschaftlichen Kultur brauchen, um ein selbstbestimmtes Leben führen zu können.

Die eine Version der These lautet, dass ein Mindestmaß an kultureller Kontinuität notwendig ist. Individuen brauchen Zugang zu einer gesellschaftlichen Kultur, und wir können nicht ohne weiteres annehmen, dass alle Individuen die Möglichkeit haben, Zugang zu einer anderen Kultur zu finden, wenn ihre bisherige Kultur plötzlich verschwindet. In dieser Version scheint mir die These durchaus überzeugend, aber ich bezweifle, dass daraus mehr folgt, als dass die Einwanderung in bestimmten extremen Szenarien etwas verlangsamt werden dürfte, um zu verhindern, dass Menschen aufgrund eines sehr schnellen kulturellen Wandels den Anschluss verlieren und somit ihre Autonomie einbüßen.[61]

60 Carens, *Culture, Citizenship, and Community*, S. 70, eigene Übersetzung.
61 Vgl. Perry, »Immigration, Justice, and Culture«, S. 115-117; siehe Abschnitt 9.3.5.

Die zweite Version der These geht viel weiter; sie behauptet, dass die *Grenzen* zwischen gesellschaftlichen Kulturen erhalten werden müssen. Es ist diese zweite These, die Kymlicka in seinen Ausführungen zur Möglichkeit eines Systems offener Grenzen zu vertreten scheint:

Ein solches System würde das Gebiet, in dem der Einzelne als freier und gleicher Bürger behandelt wird, enorm vergrößern. Offene Grenzen würden es allerdings auch wahrscheinlicher machen, daß die eigene nationale Gemeinschaft von Mitgliedern anderer Kulturen überrannt werden würde, so daß das Überleben als eigenständige Nationalkultur eventuell nicht mehr gesichert wäre. Wir haben also die Wahl zwischen erhöhter Mobilität, verbunden mit einem größeren Gebiet, in dem wir freie und gleiche Individuen sind, und begrenzter Mobilität mit größerer Gewißheit, weiterhin freie und gleiche Mitglieder der eigenen Nationalkultur sein zu können. Die meisten Bürger liberaler Demokratien bevorzugen eindeutig das zweite Modell.[62]

Auffallend ist an dieser Stelle, dass Kymlicka unversehens von einem Argument über die Bedeutung der nationalen Kultur als *Voraussetzung der individuellen Selbstbestimmung* zu einem Argument über die nationale Kultur als *Objekt kollektiver Präferenzen* überzugehen scheint. Damit büßt sein Argument aber wesentlich an Anziehungskraft ein. Die Attraktivität seines Arguments bestand gerade darin, deutlich zu machen, dass zwischen dem Bekenntnis zur individuellen Autonomie und der Anerkennung der Bedeutsamkeit nationaler Kulturen kein Widerspruch besteht. Wenn nun aber bloße kulturelle Präferenzen die Grundlage eines Rechts auf Ausschluss bilden, dann scheint dieser Widerspruch eben doch zu bestehen: Es fragt sich, weshalb nicht auch andere individuelle Freiheiten eingeschränkt werden dürften, sofern eine Mehrheit der Bürgerinnen entsprechende kulturelle Präferenzen hat.

Vielleicht sollten wir die zitierte Textstelle deshalb anders interpretieren. Vielleicht meint Kymlicka nicht, dass kollektive Präferenzen hier selbst die Begründungslast tragen, sondern erwähnt sie nur als anekdotische Evidenz dafür, dass der Zugang zur »eigenen« nationalen Kultur im Sinne eines Fortbestehens existierender Kulturgrenzen für die individuelle Autonomie notwendig sei. Auch

62 Will Kymlicka, *Multikulturalismus und Demokratie. Über Minderheiten in Staaten und Nationen*, Hamburg 1999, S. 36. Dieselbe Formulierung findet sich auch in: ders., *Multicultural Citizenship*, S. 93.

unter dieser Lesart ist allerdings zweifelhaft, ob Kymlickas Argument mit anderen individuellen Freiheiten vereinbar ist. Denn ein Prozess der kulturellen Verschmelzung vormals getrennter Kulturen könnte natürlich auch ohne Migration durch individuelle Entscheidungen der jeweiligen Mitglieder zustande kommen.

Kymlicka führt eine Unterscheidung zwischen der *Existenz* einer eigenen nationalen Kultur und ihrem *Charakter* zu einem gegebenen Zeitpunkt ein, um dem Einwand zu entgehen, er müsse letztlich bestreiten, dass es legitim ist, wenn sich eine Kultur aufgrund individueller Entscheidungen ihrer Mitglieder über die Zeit verändert.[63] Was er vernachlässigt, ist aber, dass sich nicht nur kulturelle Inhalte, sondern auch die Grenzen zwischen Kulturen durch individuelle Entscheidungen verändern können. Wenn sich der Charakter zweier bisher getrennter Kulturen über die Zeit aufgrund der autonomen Entscheidungen von Individuen langsam annähert, weshalb sollte es dann notwendig sein, künstlich an der »Getrenntheit« beider Kulturen festzuhalten? Dass der Fortbestand der »eigenen« Kultur in einem solchen Szenario eine unverzichtbare Voraussetzung für die individuelle Autonomie sein soll, scheint mir wenig überzeugend.

Das alles heißt nicht, dass Kymlickas Argument über den kulturellen Wahlkontext völlig ohne Verdienst wäre. Aber er scheint mir die Reichweite dieses Arguments mit Blick auf die Einwanderungsfrage doch wesentlich zu überschätzen. Erstens übertreibt er die Bedeutung der *nationalen* Kultur für die individuelle Freiheit. Der nationale Kontext ist (für manche) *eine* Quelle, aber sicher nicht die einzige Quelle kultureller Orientierung. Und andererseits entwickeln sich die (ohnehin unscharfen) Grenzen zwischen verschiedenen Kulturen in einem dynamischen Prozess; manche Abgrenzungen verlieren über die Zeit an Bedeutung und andere werden wichtiger. Wenn kultureller Wandel nicht zu schnell geschieht, sehe ich nicht, weshalb die individuelle Freiheit dadurch in Gefahr geraten sollte. Kymlicka mag ein überzeugendes Argument dafür liefern, weshalb sehr schneller kultureller Wandel problematisch sein könnte – mehr aber auch nicht.

63 Kymlicka, *Multicultural Citizenship*, S. 104 f.

6.3 Kulturelle Homogenität als Voraussetzung gerechter Institutionen?

Das zweite instrumentelle Argument für die Bedeutsamkeit der nationalen Zugehörigkeit, das ich hier diskutieren möchte, geht von der Annahme aus, dass gerechte Institutionen in dem Sinne nicht selbsttragend sind, als ihre Realisierung nur unter sozialen Bedingungen gelingen kann, die abstrakte Gerechtigkeitsprinzipien selbst nicht ohne weiteres hervorbringen. Im deutschen Sprachraum wird in diesem Zusammenhang oft Ernst-Wolfgang Böckenförde zitiert: »Der freiheitliche, säkularisierte Staat lebt von Voraussetzungen, die er selbst nicht garantieren kann.«[64]

Böckenförde geht es an dieser Stelle darum, die Rolle der Religion als Gewährleisterin der kulturellen Voraussetzungen liberaler Institutionen hervorzuheben. Ganz Ähnliches wird unter dem Stichwort des sozialen Vertrauens *(social trust)* aber auch mit Blick auf die nationale Zugehörigkeit behauptet. Um gerechte Institutionen aufrechtzuerhalten, sei ein gewisses Maß an Vertrauen unter den Beteiligten notwendig, meint etwa Miller. Und eine geteilte nationale Kultur sei eine wichtige Quelle solchen Vertrauens unter Bürgerinnen, die sich nicht persönlich kennen.[65] Ein sozialer Kitt, der über einen reinen »Verfassungspatriotismus«[66] hinausgeht, ist Millers Ansicht nach insbesondere dann unverzichtbar, wenn es darum geht, redistributive sozialstaatliche Institutionen aufrechtzuerhalten:

Vertrauen ist besonders wichtig, wenn wir nach den Bedingungen fragen, unter denen Individuen Systeme der sozialen Gerechtigkeit unterstützen, insbesondere Systeme, die eine Umverteilung an diejenigen beinhalten, die nicht fähig sind, ihre Bedürfnisse durch Markttransaktionen zu decken. Staaten, die in diesem Sinne Wohlfahrtsstaaten sein wollen und gleichzeitig demokratische Legitimität anstreben, müssen in Gemeinschaften verwurzelt sein, deren Mitglieder solche Gerechtigkeitsverpflichtungen einander gegenüber anerkennen.[67]

64 Ernst Wolfgang Böckenförde, *Staat, Gesellschaft, Freiheit. Studien zur Staatstheorie und zum Verfassungsrecht*, Frankfurt/M. 1976, S. 60.

65 Miller, *On Nationality*, S. 90-99; ders., *Strangers in Our Midst*, S. 9 f., 64 f.

66 Siehe dazu Jürgen Habermas, »Staatsbürgerschaft und nationale Identität«, in: *Faktizität und Geltung. Beiträge zur Diskurstheorie des Rechts und des demokratischen Rechtsstaats*, Frankfurt/M. 1998, S. 632-660.

67 Miller, *On Nationality*, S. 93, eigene Übersetzung.

Ein Staat, dessen Bürgerinnen sich als Angehörige einer gemeinsamen Nation identifizierten, sei deshalb eher in der Lage, redistributive Institutionen aufrechtzuerhalten, und offene Einwanderung würde diese kulturellen Hintergrundbedingungen gerechter Institutionen in Frage stellen. Aus ähnlichen Gründen warnt Gary Freeman, eine liberale Einwanderungspolitik führe unweigerlich zu einer »Amerikanisierung« der europäischen Sozialpolitik.[68] Und auch Matthew Gibney meint (wenn auch in seinen Konklusionen etwas zurückhaltender), dass große, kurzfristige Veränderungen der Bevölkerungsstruktur die Solidarität zu untergraben drohten, die zur Realisierung liberal-egalitaristischer Prinzipien notwendig sei.[69]

6.3.1 Eine empirische Frage?

Das Argument für Einwanderungsbeschränkungen, das Miller, Freeman und Gibney hier im Blick haben, lässt sich wie folgt formalisieren:

P1. Es ist ein Gebot der Gerechtigkeit, sozialstaatliche Institutionen zu realisieren.

P2. Die Realisierung sozialstaatlicher Institutionen muss auf demokratische Weise geschehen, was nur möglich ist, wenn breite Zustimmung zu solchen Institutionen besteht.

P3. Kulturelle Homogenität (oder ein bestimmtes Mindestmaß an kultureller Homogenität) ist eine notwendige Bedingung für die breite Zustimmung der Bevölkerung zu sozialstaatlichen Institutionen.

K. Also ist es ein Gebot der Gerechtigkeit, die Einwanderung zu beschränken, um die kulturelle Homogenität zu bewahren, die für die Realisierung sozialstaatlicher Institutionen notwendig ist.

68 Gary P. Freeman, »Migration and the Political Economy of the Welfare State«, in: *Annals of the American Academy of Political and Social Science* 485 (1986), S. 51-63.

69 Matthew J. Gibney, »Liberal Democratic States and Responsibilities to Refugees«, in: *The American Political Science Review* 93/1 (1999), S. 169-181, hier S. 174; ders., *The Ethics and Politics of Asylum*, S. 45-48.

Ich akzeptiere die ersten beiden Prämissen dieses Arguments. Ich glaube, dass wir einen starken Sozialstaat anstreben sollten (P1.). Und ich glaube auch, dass wir dies auf demokratischem Weg tun sollten (P2.). Es könnte deshalb scheinen, dass ich die Konklusion (K.) höchstens noch auf empirischem Weg zurückweisen könnte, nämlich indem ich bestreite, dass sich die Zustimmung zu bestehenden sozialstaatlichen Institutionen tatsächlich einer homogenen nationalen Kultur in den jeweiligen Ländern verdankt. Dieser empirische Einwand scheint mir durchaus eine gewisse Berechtigung zu haben; einiges dürfte hier davon abhängen, ob bei Ländern wie der Schweiz, die sich nicht nur durch religiöse und ethnische, sondern auch durch sprachliche Vielfalt auszeichnen, aber doch vergleichsweise starke sozialstaatliche Institutionen besitzen, sinnvoll von *einer* nationalen Kultur die Rede sein kann.[70] Die Vermutung, dass dies der *einzige* mögliche Einwand ist, scheint mir jedoch aus zwei Gründen voreilig.

Erstens sind sozialstaatliche Institutionen natürlich kein Selbstzweck, sondern ein Mittel zum Zweck der Realisierung distributiver Gerechtigkeit. Und wenn es richtig ist, dass die Gebote der Verteilungsgerechtigkeit eine globale Reichweite haben (eine Ansicht, für die ich im Verlauf dieser Arbeit nur am Rande argumentieren kann[71]), so könnte es sein, dass ein Rückgang der Zustimmung zu sozialstaatlichen Institutionen im Einzelstaat aus Sicht der distributiven Gerechtigkeit das kleinere Übel darstellt als das Fortbestehen globaler Ungleichheiten, zu dem Einwanderungsbeschränkungen beitragen.[72]

Der zweite und wichtigere Punkt ist, dass die Zustimmung zu sozialstaatlichen Institutionen mit G. A. Cohen gesprochen nicht »*nur* eine soziologische Tatsache«[73] ist. Gemeint ist damit nicht,

70 Vgl. Andrew Mason, »Political Community, Liberal-Nationalism, and the Ethics of Assimilation«, in: *Ethics* 109/2 (1999), S. 261-286; Will Kymlicka, Keith Banting, »Immigration, Multiculturalism, and the Welfare State«, in: *Ethics & International Affairs* 20/3 (2006), S. 281-304. Für die Ansicht, dass es tatsächlich eine gesamtschweizerische »Nation« gibt, siehe Miller, *On Nationality*, S. 94-96. Die gegenteilige Auffassung, dass die Schweiz ein multinationaler Staat sei, vertritt Kymlicka, *Multicultural Citizenship*, S. 13.

71 Vgl. Abschnitt 9.1.

72 Zu den globalen Verteilungswirkungen von Einwanderungsbeschränkungen siehe Abschnitt 7.2.1.

73 G. A. Cohen, »Incentives, Inequality, and Community«, in: Grethe B. Peterson

dass die Frage nach dem Zusammenhang zwischen kultureller Homogenität und der Zustimmung zu sozialstaatlichen Institutionen nicht sinnvoll als eine soziologische Frage gestellt und auch beantwortet werden kann. Gemeint ist vielmehr, dass nicht klar ist, ob wir diesen Zusammenhang als einen extern vorgegebenen Faktor in die normative Theorie einspeisen sollten.

Der Punkt wird vielleicht klarer, wenn wir uns Beispiele aus anderen Bereichen vor Augen führen. In homophoben oder rassistischen Gesellschaften wird die Zustimmung zu einem gerechten Stipendienwesen möglicherweise zurückgehen, wenn sich auch Homosexuelle oder Schwarze für Stipendien bewerben können. Doch insofern wir der Ansicht sind, dass die homophoben und rassistischen Einstellungen, die diesem Zusammenhang zugrunde liegen, moralisch kritikwürdig sind, werden wir natürlich nicht auf die Idee kommen, sie einfach als eine extern gegebene Tatsache in die normative Theorie einzubauen und zu sagen, dass es deshalb *gerechtfertigt* sei, Homosexuellen oder Schwarzen den Zugang zu Stipendien zu verweigern.

Ähnliches gilt mit Blick auf das Argument, das hier zur Diskussion steht. Wenn es zutrifft, dass die Zustimmung zu sozialstaatlichen Institutionen empirisch von der kulturellen Homogenität abhängt, so liegt das wohl in erster Linie daran, dass die untersuchten Individuen bestimmte Einstellungen und Überzeugungen haben. Und wenn die Gründe für diese Einstellungen und Überzeugungen moralisch fragwürdig sind, so sind es auch die Einstellungen selbst. Menschen *sollten* sozialstaatlichen Institutionen möglicherweise unabhängig von der kulturellen Diversität in der jeweiligen Gesellschaft zustimmen.[74] Jedenfalls ist die bloße Tatsache, dass starke Opposition gegen eine bestimmte Politik betrieben wird, für sich genommen sicher noch kein Grund, die Zurückweisung dieser Politik für gerechtfertigt zu halten.[75]

Sind soziologische und psychologische Erkenntnisse über die Bedingungen, unter denen Menschen bestimmten politischen Maßnahmen zustimmen, aus Sicht der Gerechtigkeitstheorie also

(Hg.), *The Tanner Lectures on Human Values, Vol. 13*, Salt Lake City 1992, S. 261-329, hier S. 308, eigene Übersetzung, Hervorhebung im Original.

74 Carens, *The Ethics of Immigration*, S. 282 f.

75 Ryan Pevnick, *Immigration and the Constraints of Justice. Between Open Borders and Absolute Sovereignty*, Cambridge 2011, S. 161.

schlicht irrelevant? Das ginge wohl zu weit. Erstens scheint es mir überzeugend, dass eine plausible Gerechtigkeitstheorie nichts motivational Unmögliches verlangen darf und gewisse Bedingungen der motivationalen Stabilität über die Zeit erfüllen sollte. Doch um das *social-trust*-Argument auf dieser Grundlage durchzubringen, wäre eine weit stärkere empirische Annahme nötig als die einer gewissen Korrelation zwischen kultureller Homogenität und der Zustimmung zu sozialstaatlichen Institutionen im politischen Status quo (Abschnitt 6.3.2). Und zweitens stellt sich auf der Ebene der nichtidealen Theorie[76] die Frage, ob wir Einwanderungsbeschränkungen als kleineres Übel hinnehmen sollten, wenn dies die einzige Möglichkeit ist, sozialstaatliche Institutionen zu schützen (Abschnitt 6.3.3).

6.3.2 Motivationale Stabilität in der idealen Theorie

Ought implies can, lautet ein nahezu universell akzeptiertes Prinzip: Was wir tun sollen, muss im Bereich dessen liegen, was wir tun können. Wie weit psychologische Erkenntnisse über motivationale Beschränkungen auf Grundlage dieses Prinzips herangezogen werden können, um bestimmte normative Forderungen zurückzuweisen, ist bereits in der Moral der individuellen Handlungen eine schwierige Frage. Im Kontext der normativen Beurteilung institutioneller Systeme ist die Frage noch komplexer. Was könnte es bedeuten, dass die Forderungen einer Gerechtigkeitstheorie motivational im Bereich des Möglichen liegen müssen?

Eine schwache Annahme könnte an dieser Stelle lauten, dass es aus Sicht (moral-)psychologischer und soziologischer Erkenntnisse nicht *undenkbar* sein darf, dass Menschen dazu motiviert sein könnten, ein entsprechendes System aufrechtzuerhalten. Eine stärkere Annahme lautet, dass das System über die Zeit seine eigene motivationale Stabilität gewährleisten können muss. Ein entsprechendes Kriterium formuliert Rawls wie folgt:

76 Zur Unterscheidung zwischen idealer und nichtidealer Theorie siehe John Rawls, *Eine Theorie der Gerechtigkeit*, Frankfurt/M. 1979, S. 25, 277 f.; Laura Valentini, »Ideal vs. Non-ideal Theory. A Conceptual Map«, in: Philosophy Compass 7/9 (2012), S. 654-664; Zofia Stemplowska, Adam Swift, »Rawls on Ideal and Non-ideal Theory«, in: Jon Mandle, David A. Reidy (Hg.), *A Companion to Rawls*, Malden, Mass. 2013, S. 112-127.

Eine wichtige Eigenschaft einer Gerechtigkeitsvorstellung ist, daß sie zu ihrer eigenen Unterstützung motiviert. Ihre Grundsätze sollten so beschaffen sein, daß, wenn sie in der Grundstruktur der Gesellschaft verwirklicht sind, die Menschen dazu neigen, sich den entsprechenden Gerechtigkeitssinn anzueignen, d.h. das Bedürfnis zu entwickeln, nach ihren Grundsätzen zu handeln.[77]

Um das *social-trust*-Argument auf Grundlage dieses Kriteriums durchzubringen, wäre allerdings weit mehr notwendig als eine These darüber, dass eine Zunahme der kulturellen Diversität in bestehenden (nationalistisch geprägten) politischen Systemen zu einer Abnahme der Zustimmung zu sozialstaatlichen Institutionen führt. Wie Ryan Pevnick betont, müssen die Vertreter des Arguments nicht nur zeigen, »dass eine gewisse Korrelation zwischen nationaler Homogenität und der Stärke redistributiver Programme besteht, sondern dass diese Korrelation (a.) nicht vom institutionellen Kontext abhängt; (b.) robust ist für ansonsten verschiedenartige Zeiten und Kulturen; und (c.) dass es sich dabei um eine notwendige reflexartige Reaktion handelt und nicht um eine bewusste Drohgebärde«.[78]

Auf Bedingung c. werde ich im nächsten Abschnitt zurückkommen; im gegenwärtigen Argumentationszusammenhang scheint mir vor allem Bedingung a. wichtig. Worauf Pevnick damit anspielt, ist die Tatsache, dass zwischen individueller Motivation und politischen Institutionen eine *wechselseitige* Abhängigkeit besteht. Motivationale Beschränkungen auf individueller Ebene mögen den Raum des politisch Machbaren eingrenzen, Veränderungen auf der Ebene der politischen Institutionen wirken aber ihrerseits auch auf die Motivation der Individuen und damit auf den Raum des politisch Machbaren zurück. Um die Unvereinbarkeit eines starken Sozialstaates mit offenen Grenzen in der idealen Theorie plausibel zu machen, müsste nun nicht nur gezeigt werden, dass der Weg dorthin nicht in einem Schritt gelingen kann (dass also im Status quo die motivationalen Ressourcen für eine solche Politik fehlen). Es müsste vielmehr gezeigt werden, dass es keine Kombination von *veränderten* politischen Institutionen und individuellen Einstel-

77 Rawls, *Eine Theorie der Gerechtigkeit*, S. 161.

78 Pevnick, *Immigration and the Constraints of Justice*, S. 160, eigene Übersetzung. Siehe auch ders., »Social Trust and the Ethics of Immigration Policy«, in: *Journal of Political Philosophy* 17/2 (2009), S. 146-167.

lungen geben kann, unter der eine solche Politik aufrechterhalten werden könnte. Das ist eine viel stärkere These, und ich sehe nicht, dass die Vertreter des *social-trust*-Arguments hinreichende Evidenz für diese These liefern. Auf der Ebene der idealen Theorie scheint mir das Argument deshalb nicht überzeugend.

6.3.3 Nichtideale Theorie: Einwanderungsbeschränkung als kleineres Übel?

Das lässt natürlich die Frage offen, wie auf der Ebene der nichtidealen Theorie mit einer Situation umzugehen ist, in der die beiden Anliegen eines starken Sozialstaats und einer liberalen Migrationspolitik aufgrund der vorherrschenden Haltungen in der Bevölkerung in Konflikt geraten. Könnte es sein, dass wir Einwanderungsbeschränkungen als das kleinere Übel akzeptieren sollten, wenn dies in einer konkreten Situation die einzige Möglichkeit ist, sozialstaatliche Institutionen zu schützen?

Wie Cohen bemerkt, hängt die Plausibilität solcher Argumente wesentlich davon ab, *wer* das Argument äußert beziehungsweise wessen Verhalten damit gerechtfertigt wird. So ist es beispielsweise nicht völlig abwegig, wenn eine an einer Kindesentführung unbeteiligte Person fordert, dass dem Kidnapper Lösegeld bezahlt werden sollte, damit das Kind zu seinen Eltern zurückkehren kann. Ganz anders fällt unsere Reaktion aber aus, wenn der Kidnapper selbst argumentiert: »Kinder sollten bei ihren Eltern sein. Ich werde das Kind nur zu seinen Eltern zurückbringen, wenn ich dafür Geld bekomme. Also sollte man mir Lösegeld bezahlen.« Wir würden dem Entführer natürlich entgegnen, dass es in seiner Macht steht, ob die zweite Prämisse seines Arguments erfüllt ist.[79]

Analog kann auch das *social-trust*-Argument nicht plausibel herangezogen werden, um die Haltung derjenigen zu rechtfertigen, die sozialstaatlichen Institutionen *selbst* ihre Unterstützung zu entziehen drohen, wenn mehr Einwanderung zugelassen wird. Ob ihnen tatsächlich eine illegitime Erpressung vorzuwerfen ist wie dem Entführer in Cohens Beispiel, ist zwar grundsätzlich eine offene Frage. Aber was sie an dieser Stelle bräuchten, wäre eine vom *social-trust*-Argument unabhängige Rechtfertigung ihres Ver-

79 Cohen, »Incentives, Inequality, and Community«, S. 307-310.

haltens.[80] Die bloße Tatsache, dass manche Menschen ihre Zustimmung zu sozialstaatlichen Institutionen von der kulturellen Homogenität ihrer Gesellschaft abhängig machen, liefert natürlich keine *Rechtfertigung* für eine solche Haltung.

Und was ist mit denjenigen, die ihre Zustimmung zu sozialstaatlichen Institutionen selbst nicht von einer bestimmten Einwanderungspolitik abhängig machen? Ist es legitim, wenn *sie* Einwanderungsbeschränkungen als das kleinere Übel hinnehmen? Zweifellos sollten wir nicht verlangen, dass politische Akteure immer an maximalistischen Forderungen nach »vollständiger Gerechtigkeit« festhalten und mit wehenden Fahnen untergehen. Es ist in der Politik manchmal unumgänglich, ein Unrecht vorübergehend zu tolerieren, um Mehrheiten zur Aufhebung eines anderen zu gewinnen. Wenn beispielsweise das geltende Adoptionsrecht in einem Staat sowohl Schwarze als auch Homosexuelle diskriminiert und die Aufhebung der rassistischen Diskriminierung nur mehrheitsfähig ist, wenn nicht gleichzeitig ein Adoptionsrecht für Homosexuelle gefordert wird, so ist es möglicherweise vertretbar, einem Gesetzestext zuzustimmen, der nur eine der beiden Diskriminierungen aufhebt. Aber es ist wichtig, in solchen Fällen nicht unnötig zur Perpetuierung des anderen Unrechts beizutragen (es wäre beispielsweise unverantwortlich, eine Kampagne für diese Gesetzesänderung zu betreiben, die auf die gemeinsame Abgrenzung weißer und schwarzer Heterosexueller gegen die Homosexuellen setzt). Und das Fernziel muss natürlich bleiben, ein Adoptionsrecht zu schaffen, dass ganz frei ist von ungerechtfertigten Diskriminierungen.

Ich gebe gerne zu, dass diese Ausführungen für die schwierige Frage nach einer vernünftigen Migrations- und Sozialpolitik unter den bestehenden nichtidealen Bedingungen nur sehr beschränkt handlungsanleitend sind. Ich bin mir auch nicht sicher, wie weit die Philosophie hier überhaupt konkrete Handlungsanleitung bieten kann; es ist die spezifische Kunst des Politischen, Deutungs-

80 Miller scheint sich dieses Problems bewusst zu sein: »Der entscheidende Punkt in Bezug auf den instrumentellen Wert der Nationalität ist jedoch, dass dieser auf folgende Weise parasitär vom intrinsischen Wert abhängig ist: Landsleute müssen zuerst überzeugt sein, dass ihre Vereinigung an sich wertvoll ist, und sich darauf festlegen, sie über die Zeit hin zu erhalten, um die anderen Vorteile, die die nationale Solidarität mit sich bringt, genießen zu können.« Miller, »Vernünftige Parteilichkeit gegenüber Landsleuten«, S. 152.

muster und Strategien zu entwickeln, mit denen sich die Kämpfe gegen verschiedene Formen von Unrecht gegenseitig eher begünstigen als behindern. Aber eines scheint mir klar zu sein: Eine eigentliche *Rechtfertigung* für Einwanderungsbeschränkungen liefert das *social-trust*-Argument so wenig, wie das berechtigte Anliegen der Aufhebung rassistischer Diskriminierung im Adoptionsbeispiel eine Rechtfertigung für die Verweigerung des Adoptionsrechts für Homosexuelle liefert.

6.4 Fazit

Insgesamt vermag also auch der liberale Nationalismus die Standardansicht nicht überzeugend zu begründen. Die starken Konklusionen bezüglich der Einwanderung, die liberale Nationalisten wie Miller und Kymlicka verteidigen, resultieren vielmehr aus unmerklichen Verschiebungen in ihren Prämissen.

Millers Ausführungen über den intrinsischen Wert nationaler Gemeinschaften machen zwar deutlich, weshalb die Angehörigen nationaler Gemeinschaften ein gewisses *Interesse* haben könnten, die Einwanderung zu begrenzen. Dass sie deshalb ein allgemeines *Recht* auf Ausschluss besitzen, folgt aber nur, wenn wir annehmen, dass dieser Wert der *einzige* Wert ist, der für die Einwanderungsfrage ausschlaggebend ist, sofern keine »grundlegenden« Interessen auf dem Spiel stehen. Kymlickas Argument über den kulturellen Wahlkontext mag zwar zeigen, weshalb sehr schneller kultureller Wandel problematisch sein könnte. Doch ein allgemeines Recht auf Ausschluss kann Kymlicka nur begründen, indem er unter der Hand von einem Argument über die Hintergrundbedingungen individueller Autonomie zu einem Argument über kollektive kulturelle Präferenzen übergeht. Und auch das *social-trust*-Argument kommt in der idealen Theorie nur dann durch, wenn von der Prämisse, dass in bestehenden (nationalistisch geprägten) politischen Systemen eine gewisse Korrelation zwischen kultureller Homogenität und der Stärke redistributiver Institutionen besteht, zu der viel stärkeren Prämisse übergegangen wird, dass diese Korrelation in *jedem* denkbaren politischen System bestehen muss.

Durch diese Verschiebungen verlieren die drei Argumente aber allesamt ihre Plausibilität. Dafür, dass der intrinsische Wert nationaler Gemeinschaften wichtiger ist als alle anderen Werte, die in der Einwanderungspolitik auf dem Spiel stehen, liefert Miller kein überzeugendes Argument. Kymlickas Ziel, die Vereinbarkeit des Bekenntnisses zur individuellen Autonomie mit der Bedeutsamkeit nationaler Zugehörigkeit zu beweisen, scheitert an dem Punkt, an dem er zu einem Argument über kollektive kulturelle Präferenzen übergeht. Und das *social-trust*-Argument beruht in seiner starken, idealtheoretischen Version auf empirischen Prämissen, für die keine hinreichende Evidenz geliefert wird.

Man wird mir wahrscheinlich vorhalten, die tiefe Verwurzelung nationaler Zusammengehörigkeitsgefühle zu wenig ernst zu nehmen. Liegt es nicht in der menschlichen Natur, zwischen »unseresgleichen« und »Fremden« zu unterscheiden? Haben sich Menschen nicht zu allen Zeiten in erster Linie denjenigen Menschen verpflichtet gefühlt, die sie als ihresgleichen anerkannt haben?

Vielleicht, aber wir sollten die Wandelbarkeit menschlicher Pflichtgefühle nicht unterschätzen. Spätestens mit der Allgemeinen Erklärung der Menschenrechte haben wir uns zu dem Grundsatz bekannt, dass es Dinge gibt, die wir allen Menschen schulden, ungeachtet dessen, wie fremd sie uns scheinen mögen. Und kulturelle Abgrenzungen haben sich im Nachhinein oft als veränderlicher herausgestellt, als sie aus einer Gegenwartsperspektive erschienen sein mögen. So gab es in der Schweiz bis ins 19. Jahrhundert hinein vielerorts starke Vorbehalte gegenüber »Kantonsfremden«, im Kanton Zürich etwa fürchtete man sich ernsthaft vor einer »Überfremdung« durch Menschen aus dem Kanton Aargau.[81] Später waren es dann die italienischen Gastarbeiter, deren Kultur mit der schweizerischen als völlig unvereinbar galt. Heute werden die Unterschiede zwischen Aargauern und Zürchern kaum mehr wahrgenommen, und ein wenig *Dolce Vita* gilt vielen Schweizern längst als Teil ihrer Nationalkultur. Dafür ist nun die Ansicht verbreitet, dass Menschen nordafrikanischer oder arabischer Herkunft niemals wirklich »unseresgleichen« werden können. Wenn die damaligen Befürchtungen und Abgrenzungen uns aus heutiger Sicht übertrieben

81 Willi Wottreng, *Ein einzig Volk von Immigranten. Die Geschichte der Einwanderung in die Schweiz*, Zürich 2000, S. 11-21. Dazu Martino Mona, »Recht auf Einwanderung oder Recht auf politisch-kulturelle Selbstbestimmung? Zur kommunitaristischen Kritik an einer liberalen Migrationspolitik«, in: Andreas Cassee, Anna Goppel (Hg.), *Migration und Ethik*, Münster 2012, S. 147-168, hier S. 155 f.

scheinen, so sollten wir damit rechnen, dass es den Menschen in nicht allzu ferner Zukunft mit den heute verbreiteten Befürchtungen und Abgrenzungen ganz ähnlich gehen könnte.

Damit beende ich den ersten Teil meiner Argumentation. Weder die Vereinigungsfreiheit noch kollektive Eigentumsrechte an staatlichen Institutionen oder die kommunitaristischen oder liberal-nationalistischen Überlegungen zur Bedeutsamkeit nationaler Zugehörigkeit scheinen mir die Ansicht zu rechtfertigen, dass Staaten ein allgemeines Recht auf Ausschluss gegenüber Einwanderungswilligen haben sollten.

Teil II
Individuelle Selbstbestimmung und internationale Mobilität

7. Drei Einwände gegen die Standardansicht

Nachdem ich im ersten Teil dieser Arbeit dargelegt habe, weshalb mich die in der Debatte gängigen Argumente für ein Recht auf Ausschluss nicht überzeugen, möchte ich nun im zweiten Teil die wichtigsten Einwände gegen die Standardansicht diskutieren und zugleich versuchen, meiner eigenen Position etwas schärfere Konturen zu verleihen.

Kritik an Einwanderungsbeschränkungen, wie sie heute üblich sind, wird aus unterschiedlichen Perspektiven geäußert. Dieses Kapitel gibt einen Überblick über drei zentrale Einwände, die sich auf Prinzipien der individuellen Freiheit (Abschnitt 7.1), der globalen Verteilungsgerechtigkeit (Abschnitt 7.2) und der demokratischen Mitbestimmung (Abschnitt 7.3) stützen. Die Vertreter aller drei Argumentationslinien sind sich in der Konklusion einig, dass Staaten kein allgemeines Recht haben, die Einwanderung unilateral und im einseitigen Interesse ihrer Bürgerinnen zu beschränken. Jenseits dieser Übereinstimmung unterscheiden sich die drei Argumente aber nicht nur in ihren normativen und empirischen Prämissen, sondern auch in ihren praktischen Implikationen.

7.1 Individuelle Freiheit

Einwanderungsbeschränkungen hindern Menschen daran, an dem Ort zu leben, an dem sie gerne leben möchten. Und mit dieser Einschränkung der Entscheidungsfreiheit über den eigenen Aufenthaltsort gehen Einschränkungen der Entscheidungsfreiheit in zahlreichen weiteren Lebensbereichen einher. Restriktionen der internationalen Mobilität hindern Menschen daran, Ausbildungen zu absolvieren oder Stellen anzutreten, die ihnen angeboten werden, und sie beschränken ihre Freiheit, gemeinsam mit Menschen der eigenen Wahl im gegenseitigen Einverständnis eine intime Beziehung einzugehen, eine Religion zu praktizieren, eine politische Demonstration zu organisieren oder eine Wohngemeinschaft zu gründen.

Die erste Gegenposition zur Standardansicht, die ich hier kurz einführen möchte, behauptet nun einfach, dass der Aufenthaltsort zu den Aspekten der eigenen Lebensführung zählt, über die jeder Mensch selbst entscheiden können sollte: Individuen haben ein moralisches Recht,[1] frei zu wählen, in welchem Land der Erde sie sich vorübergehend aufhalten oder dauerhaft niederlassen wollen. Falls diese These überzeugend ist, widerspricht dies direkt der zweiten Annahme der Standardansicht, wie ich sie im zweiten Kapitel skizziert habe. Darüber hinaus könnte ein moralisches Recht auf globale Bewegungs- und Niederlassungsfreiheit indirekt auch gegen die These über die nationalstaatliche Entscheidungskompetenz sprechen, nämlich dann, wenn sich dieses Recht als so wichtig erweist, dass es durch internationale Rechtsnormen geschützt und der nationalstaatlichen Entscheidungsgewalt damit ein Stück weit entzogen werden sollte.

Es gibt grundsätzlich zwei Möglichkeiten, den Gedanken eines Rechts auf globale Bewegungsfreiheit näher zu begründen. Die eine Möglichkeit besteht darin, dieses Recht aus einer umfassenden Theorie der Freiheitsrechte oder der Gerechtigkeit abzuleiten (Abschnitt 7.1.1). Neben solchen theoriebasierten Argumenten spielen in der Debatte aber auch Analogieargumente eine wichtige Rolle. Die Behauptung lautet dabei jeweils, wer eine bestimmte etablierte Praxis akzeptiere, könne ein Recht auf globale Bewegungsfreiheit aus Konsistenzgründen nicht zurückweisen (Abschnitt 7.1.2).

7.1.1 Libertäre und vertragstheoretische Argumente

In seinem Aufsatz »Fremde und Bürger: Weshalb Grenzen offen sein sollten« formuliert Joseph Carens zwei theoretische Argumente für ein Recht auf globale Bewegungsfreiheit.[2] Eines dieser Ar-

1 Unter einem moralischen Recht verstehe ich einen gerechtfertigten moralischen Anspruch, der andere Personen gegenüber der Rechtsträgerin in die Pflicht nimmt.

2 Joseph H. Carens, »Fremde und Bürger: Weshalb Grenzen offen sein sollten«, in: Andreas Cassee, Anna Goppel (Hg.), *Migration und Ethik*, Münster 2012, S. 23-46. Neben den libertären und vertragstheoretischen Argumenten, die in diesem Abschnitt eingeführt werden, formuliert Carens noch ein drittes, utilitaristisches Argument für eine offene Einwanderungspolitik, siehe ebd., S. 36-38. Da es sich dabei nicht um ein Argument für ein *Freiheitsrecht* auf Einwanderung handelt, bleibt es an dieser Stelle unberücksichtigt.

gumente habe ich bei der Diskussion von Ryan Pevnicks Position bereits angesprochen.[3] Es stützt sich auf die (rechts-)libertäre Gerechtigkeitstheorie von Robert Nozick, der zufolge Personen ein natürliches Recht auf ihren eigenen Körper und daraus abgeleitet ein Recht auf rechtmäßig erworbenes Eigentum haben.[4] Der einzige legitime Zweck des Staates besteht gemäß dieser Theorie darin, individuelle Eigentumsrechte einschließlich des »Eigentums« am eigenen Körper zu schützen.

Wie Carens nun geltend macht, lässt Nozicks Theorie kaum Raum für Einwanderungsbeschränkungen. Die Einwanderung dürfte der libertären Theorie zufolge nur dann eingeschränkt werden, wenn sie mit einer Verletzung von individuellen Eigentumsrechten einherginge. Das wäre wohl dann der Fall, wenn sämtliche Grundeigentümerinnen in einem Land beschlössen, einen potenziellen Einwanderer von ihren Grundstücken fernzuhalten. *Libertarians* legen normalerweise keinen besonderen Wert auf den öffentlichen Raum, sodass man wahrscheinlich nicht in ein Land einwandern könnte, ohne ein privates Grundstück zu betreten. Und wenn die Eigentümerinnen in einem Land Einwanderungsbeschränkungen einhellig guthießen, so hätten wir es einfach mit einem Anwendungsfall des je individuellen Rechts zu tun, unerwünschte Besucher von privaten Grundstücken fernzuhalten. Doch dieses Recht besteht gemäß der libertären Theorie auch gegenüber unseren Mitbürgerinnen. Und solange sich *irgendjemand* findet, der einem Einwanderer eine Wohnung vermieten oder einen Job anbieten möchte, dürfen Dritte diese freiwillige Transaktion nicht verhindern. Dies zu tun, würde sowohl die Eigentumsrechte des Vermieters beziehungsweise Arbeitgebers verletzen als auch das »Selbsteigentum« des Einwanderers; dieser hat ein natürliches Recht, seinen Körper frei zu bewegen, solange er damit keine Eigentumsrechte anderer Personen verletzt.[5]

3 Siehe Abschnitt 4.2.1.

4 Robert Nozick, *Anarchie, Staat, Utopia*, München 2011.

5 Carens, »Fremde und Bürger: Weshalb Grenzen offen sein sollten«, S. 25-27. Ein libertäres Argument für ein Recht auf Einwanderung formuliert auch Hillel Steiner, »Libertarianism and the Transnational Migration of People«, in: Brian Barry, Robert E. Goodin (Hg.), *Free Movement. Ethical Issues in the Transnational Migration of People and Money*, Hemel Hempstead 1992, S. 87-94; ders., »Hard Borders, Compensation, and Classical Liberalism«, in: David Miller, Sohail H. Hashmi

Carens' zweites Argument, dessen theoretische Grundlage mir persönlich überzeugender scheint, stützt sich auf eine modifizierte Version der Vertragstheorie der Gerechtigkeit von John Rawls, die grundsätzlich viel mehr Raum für staatliche Eingriffe lässt als der libertäre Ansatz von Nozick.[6] Ausgangspunkt von Rawls' Theorie ist ein Gedankenexperiment: Wir sollen uns fragen, auf welche Gerechtigkeitsprinzipien wir uns in einem hypothetischen »Urzustand« einigen würden, in dem wir nicht wüssten, welche gesellschaftliche Position wir dereinst innehaben werden (diese Informationsbeschränkung nennt Rawls den »Schleier des Nichtwissens«). Da niemand seine Stellung in der Gesellschaft, seine Klasse, seinen Status, seine Fähigkeiten oder seine Vorstellung vom guten Leben kennt, kommen die Vertragspartner gar nicht umhin, die Interessen aller anderen Personen gleichermaßen zu berücksichtigen. So kann das moralische Problem der Formulierung von Gerechtigkeitsgrundsätzen auf ein Problem der vernünftigen Wahl reduziert werden. Rawls zufolge würden vernünftige Akteure im Urzustand zwei Gerechtigkeitsprinzipien wählen: erstens ein Prinzip der gleichen Grundfreiheiten für alle und zweitens ein Prinzip der Verteilungsgerechtigkeit (soziale Ungleichheiten müssen der am schlechtesten gestellten Gruppe einen Vorteil bringen, und sie müssen mit Positionen und Ämtern verbunden sein, die allen offenstehen).

Dieses vertragstheoretische Gedankenexperiment wendet Carens nun (gegen Rawls[7]) auf globaler Ebene an. Wir sollen uns vorstellen, wir müssten Gerechtigkeitsprinzipien für den Umgang mit Migration wählen, ohne zu wissen, in welchem Land der Erde wir geboren sind und welche Vorstellung von einem gelingenden Leben wir verfolgen. In dieser Situation würden wir uns darauf einigen, ein Recht auf Einwanderung in die Liste der Grundfreiheiten aufzunehmen, meint Carens. Ein solches Recht könnte sich nämlich für den eigenen Lebensplan als wesentlich herausstellen – und

(Hg.), *Boundaries and Justice. Diverse Ethical Perspectives*, Princeton, New Jersey 2001, S. 79-88.

6 John Rawls, *Eine Theorie der Gerechtigkeit*, Frankfurt/M. 1979.

7 Rawls selbst spricht sich gegen eine direkte Anwendung der individualistischen Vertragstheorie auf internationaler Ebene aus und schlägt stattdessen ein zweistufiges Verfahren vor, in dem Prinzipien für die internationale Ebene zwischen Vertretern von »Völkern« *(peoples)* ausgehandelt werden. Siehe John Rawls, *Das Recht der Völker. Enthält: »Nochmals: Die Idee der öffentlichen Vernunft«*, Berlin, New York 2002; dazu Abschnitt 9.1.

zwar selbst dann, wenn wir uns in der »idealen Theorie« eine Welt vorstellen, in der globale Verteilungsgerechtigkeit gewährleistet wäre.[8] Dieses kontraktualistische Argument werde ich im neunten Kapitel ausführlich darstellen und verteidigen.

7.1.2 Analogieargumente

Neben Argumenten, die ein Recht auf globale Bewegungsfreiheit aus einer umfassenden Gerechtigkeitstheorie ableiten, werden in der Debatte oft auch Analogieargumente für ein solches Recht geltend gemacht. Die zentrale Behauptung lautet dabei, wer eine bestimmte etablierte und breit akzeptierte Praxis befürworte, müsse aus Konsistenzgründen auch ein Recht auf globale Bewegungsfreiheit akzeptieren. Solche Analogieargumente werden mit Blick auf die menschenrechtlich verbrieften Rechte auf Auswanderung und auf innerstaatliche Bewegungsfreiheit vertreten, aber auch bezüglich der freien Zirkulation von Kapital.

Ausgegangen wird dabei von der Vermutung, dass Auswanderung und Einwanderung beziehungsweise innerstaatliche und zwischenstaatliche Mobilität oder die der Produktionsfaktoren Kapital und Arbeit gleich zu behandeln sind, solange kein guter Grund vorgebracht wird, die Fälle unterschiedlich zu behandeln. Dass diese Vermutung nach Berücksichtigung aller relevanten Argumente bestehen bleibt, scheint dabei desto wahrscheinlicher, je ähnlicher der vermeintliche Parallelfall dem fraglichen Fall der Einwanderung in relevanten Hinsichten ist. Außerdem können Analogieargumente natürlich nur dann erfolgreich sein, wenn die moralische Überzeugung bezüglich des Parallelfalls vom Gegenüber auch tatsächlich geteilt wird und stabil genug ist, dass sie nicht einfach aufgegeben wird, sobald ihre Unvereinbarkeit mit einem Recht auf Ausschluss gezeigt wäre.

Darin liegt eine grundsätzliche Beschränkung der Reichweite solcher Argumente. Selbst wenn sich zeigen ließe, dass beispielsweise die Anerkennung eines Rechts auf innerstaatliche Bewegungsfreiheit mit der Ablehnung eines Rechts auf zwischenstaatliche Bewegungsfreiheit inkompatibel ist, bliebe immer noch die Mög-

8 Carens, »Fremde und Bürger: Weshalb Grenzen offen sein sollten«, S. 27-36; siehe auch Martino Mona, *Das Recht auf Immigration. Rechtsphilosophische Begründung eines originären Rechts auf Einwanderung im liberalen Staat*, Basel 2007.

lichkeit, das erstere Recht aufzugeben statt das letztere zu akzeptieren. Oliviero Angeli vertritt unter anderem aus diesem Grund die Ansicht, dass »Konsistenzargumente« grundsätzlich nicht taugten, ein Recht auf Einwanderung zu begründen.[9] Ich glaube jedoch, dass diese Diagnose zu weit geht, oder genauer, dass sie nur im Rahmen bestimmter Typen von normativen Theorien zutrifft.

In einer »fundationalistischen« Theorie der Gerechtigkeit oder der Moral, die nur inferenzielle Begründungszusammenhänge kennt, dürften Analogieargumente tatsächlich keine große Rolle spielen. Vertritt eine Person zwei unvereinbare Überzeugungen, so ist dies aus Sicht einer solchen Theorie zwar ein guter Grund anzunehmen, dass irgendwo ein »Ableitungsfehler« begangen wurde (die korrekte Anwendung irgendeines letzten Prinzips wird vermutlich keine unvereinbaren Einzelfallurteile generieren). Die Unvereinbarkeit einer moralischen Überzeugung mit anderen fest verankerten Überzeugungen ist aber selbst kein Grund dafür, diese Überzeugung aufzugeben. *Welche* der unvereinbaren Überzeugungen wir aufgeben sollten, ergibt sich einzig und allein aus dem letzten Prinzip.

Geht man hingegen von einer nichtfundationalistischen Theorie der Rechtfertigung wie Rawls' Theorie des Überlegungsgleichgewichts aus, so sieht die Sache anders aus. Dieser Theorie zufolge ist es nicht möglich, moralische Überzeugungen *ex nihilo* zu rechtfertigen. Vielmehr gilt es, ausgehend von vortheoretischen Festlegungen einen gegenseitigen Abstimmungsprozess zwischen Einzelfallurteilen und moralischen Prinzipien in Gang zu bringen, in dessen Verlauf sich einzelne der ursprünglichen Festlegungen als unhaltbar erweisen können.[10] Im Rahmen einer solchen Theorie können Analogieargumente durchaus eine wichtige Rolle spielen. Zwar ist *keine* vortheoretische Festlegung immun gegen Revision, also auch nicht die Annahme bezüglich des jeweiligen Vergleichsfalls. Doch wenn die vortheoretische Überzeugung bezüglich des Vergleichsfalls erstens hinreichend stark ist und wenn zweitens keine normativ relevanten Unterschiede zwischen diesem Vergleichsfall und dem Fall der Einwanderung auszumachen sind

9 Oliviero Angeli, »Das Recht auf Einwanderung und das Recht auf Ausschluss«, in: *Zeitschrift für Politische Theorie* 2/2 (2011), S. 171-184, hier S. 174.

10 Rawls, *Eine Theorie der Gerechtigkeit*, S. 65-73; vgl. Nelson Goodman, *Fact, Fiction, and Forecast*, London 1954.

(oder wenn der Versuch, einen entsprechenden Unterschied in die normativen Prinzipien einzubauen, seinerseits mit fest verankerten Überzeugungen in Konflikt gerät), dann wäre dies aus Sicht des Überlegungsgleichgewichts ein guter Grund, ein Recht auf globale Bewegungsfreiheit zu akzeptieren.

Bezüglich beider Erfolgskriterien – der starken Verankerung der moralischen Intuition zum Vergleichsfall und der Ähnlichkeit zum Fall der Einwanderung – scheint mir die Argumentation über die freie Zirkulation von Kapital[11] die schlechtesten Karten zu haben. Denn erstens ist unklar, ob es ein individuelles moralisches *Recht* gibt, sein Kapital weltweit zu mehren. Ich persönlich habe keine besondere Intuition zugunsten eines solchen Rechts; falls es gute Gründe für den freien Kapitalverkehr gibt, dürften diese eher auf den ökonomischen Folgen einer solchen Politik beruhen als auf individuellen Rechten. Und zweitens ist es auch mit der Ähnlichkeit zum Fall der Einwanderung nicht besonders weit her. Wie Brian Barry betont, geht es bei der Mobilität von Arbeitskräften um Menschen, und Gesellschaften setzen sich aus Menschen zusammen, nicht aus Geld.[12] Das lässt zwar zunächst noch keine bestimmte praktische Konklusion zu (Barry meint, es bestehe ein stärkeres Interesse an der Kontrolle der Einwanderung als an der Kontrolle des Kapitalverkehrs, ebenso gut könnte man jedoch umgekehrt betonen, dass Menschen im Gegensatz zu Kapitalanlagen Träger von individuellen moralischen Rechten sind und dass Beschränkungen der Mobilität von Menschen die individuelle Selbstbestimmung weit stärker tangieren als Beschränkungen ihrer Investitionsmöglichkeiten). Doch die Vermutung, dass für die Mobilität von Arbeitskräften und Kapital die *gleichen* Erwägungen einschlägig sind, ist alles andere als zwingend.

Ein eigenständiges Argument für ein Recht auf globale Bewe-

11 Diese Argumentationslinie skizziert Robert E. Goodin, »If People Were Money…«, in: Brian Barry, Robert E. Goodin (Hg.), *Free Movement. Ethical Issues in the Transnational Migration of People and Money*, Hemel Hempstead 1992, S. 6-22. Da es sich bei seinem Beitrag um ein Einleitungskapitel zu einem Sammelband handelt, wird aber nicht abschließend deutlich, ob er dieses Argument letztlich für überzeugend hält.

12 Brian Barry, »The Quest for Consistency: A Sceptical View«, in: Brian Barry, Robert E. Goodin (Hg.), *Free Movement: Ethical Issues in the Transnational Migration of People and Money*, Hemel Hempstead 1992, S. 279-287, hier S. 286.

gungsfreiheit scheint mir die Analogie zur freien Zirkulation von Kapital deshalb kaum herzugeben. Dennoch ist die Parallele zur Kapitalfreizügigkeit aber in spezifischen Argumentationszusammenhängen relevant. Das gilt insbesondere für die Debatte über die ökonomischen Folgen einer offenen Einwanderungspolitik. Dieselben Gründe, welche in der ökonomischen Standardtheorie dafür geltend gemacht werden, dass ein Abbau von Hemmnissen des freien Kapital- und Güterverkehrs zu Effizienzgewinnen führt, sprechen auch dafür, dass ein Abbau von Mobilitätsschranken für Arbeitskräfte positive Auswirkungen auf das Weltwirtschaftsprodukt hätte.[13]

Manch einem mag gerade diese Affinität zur Freihandelstheorie als Beleg dafür dienen, dass offene Grenzen ein neoliberales Projekt darstellten, das letztlich nur den Privilegierten zugutekäme.[14] Doch auch Modelle, die von neoklassischen Annahmen abweichen und beispielsweise die relative Verhandlungsmacht der Produktionsfaktoren Kapital und Arbeit in den Blick nehmen, tun gut daran, das *Faktum* der Kapitalfreizügigkeit ernst nehmen. Die Frage ist nicht, ob die Verhandlungsmacht der Lohnabhängigen in einem »geschlossenen« System größer ist als in einem »offenen«. Die Frage ist vielmehr, ob das gegenwärtige System mit einer *asymmetrischen* Mobilität von Kapital und Arbeit nach einem einschlägigen normativen Standard bessere Folgen hat als ein System, in dem beide Produktionsfaktoren mobil sind.

Außerhalb dieser spezifischen Argumentationskontexte, die von der Frage nach einem individuellen moralischen Recht auf globale Bewegungsfreiheit wegführen, scheint mir die Parallele zur Kapitalfreizügigkeit aber wie gesagt nicht besonders überzeugend, und ich werde sie hier deshalb nicht weiterverfolgen.

Wenden wir uns damit dem zweiten Analogieargument zu. Die Auswanderung aus einem Staat wird gemeinhin als ein fundamentales moralisches Recht angesehen. Kaum jemand bestreitet heute noch, dass Auswanderungsbeschränkungen, wie sie etwa in der DDR galten, ein Unrecht waren; das Recht auf Auswanderung

13 Lant Pritchett, *Let Their People Come. Breaking the Gridlock on Global Labor Mobility*, Washington, D.C. 2006, S. 30-34. Vgl. dazu die Kritik an Beschränkungen der (innerstaatlichen) Mobilität von Arbeitskräften bei Adam Smith, *Der Wohlstand der Nationen. Eine Untersuchung seiner Natur und seiner Ursachen*, München 1978, S. 103-125.

14 Peter W. Higgins, *Immigration Justice*, Edinburgh 2013, S. 220.

ist im geltenden Völkerrecht fest verankert.[15] Kann die Zäune in Ceuta, Melilla oder Idomeni gutheißen, wer die Berliner Mauer kritisiert? Oder muss, wer ein Recht auf Auswanderung anerkennt, auch ein Recht auf Einwanderung akzeptieren?[16]

Die Vermutung, dass es einer »pragmatischen Inkonsistenz«[17] gleichkommt, ein Recht auf Auswanderung zu akzeptieren und gleichzeitig das Recht auf Einwanderung zurückzuweisen, stützt sich typischerweise auf eine der beiden folgenden Intuitionen: Erstens scheint es auf den ersten Blick seltsam, dass uns das Recht auf Auswanderung keinen sicheren Zugang zum eigentlichen Akt der Auswanderung geben soll. Wenn dem Austrittsrecht kein Eintrittsrecht in irgendeinen anderen Staat korrespondiert, könnte das Recht auf Auswanderung für einige Individuen zu einem »leeren« Recht werden.[18] Und zweitens wird manchmal von einer »Symme-

15 Siehe Art. 13 Ziff. 2 der Allgemeinen Erklärung der Menschenrechte vom 10. Dezember 1948 sowie Art. 12 Ziff. 2 des Internationalen Paktes über bürgerliche und politische Rechte vom 16. Dezember 1966.

16 Zu den wenigen Philosophinnen, die den Analogieschluss vom Recht auf Auswanderung auf ein Recht auf Einwanderung verteidigen, zählen Ann Dummett, »The Transnational Migration of People Seen From Within a Natural Law Tradition«, in: Brian Barry, Robert E. Goodin (Hg.), *Free Movement. Ethical Issues in the Transnational Migration of People and Money*, Hemel Hempstead 1992, S. 169-180; und Phillip Cole, *Philosophies of Exclusion. Liberal Political Theory and Immigration*, Edinburgh 2000, S. 43-59. Für eine Symmetrie zwischen Einwanderung und Auswanderung argumentiert auch Lea Ypi, »Justice in Migration. A Closed Borders Utopia?«, in: *Journal of Political Philosophy* 16/4 (2008), S. 391-418, die allerdings meint, dass Restriktionen in beide Richtungen legitim sein könnten. Zurückweisungen der Symmetrie-These finden sich u. a. bei Barry, »The Quest for Consistency: A Sceptical View«, S. 283-285; David Miller, »Einwanderung: Das Argument für Beschränkungen«, in: Andreas Cassee, Anna Goppel (Hg.), *Migration und Ethik*, Münster 2012, S. 47-65, hier S. 51-53; Christopher H. Wellman, »Freedom of Movement and the Rights to Enter and Exit«, in: Sarah Fine, Lea Ypi (Hg.), *Migration in Political Theory. The Ethics of Movement and Membership*, Oxford 2016, S. 80-101. Zu einem differenzierten Schluss gelangen Bernd Ladwig, »Gibt es ein Recht auf Einwanderung?«, in: Karl Graf Ballestrem, Volker Gerhardt, Henning Ottmann, Martyn P. Thompson (Hg.), *Politisches Denken. Jahrbuch 2002*, Stuttgart 2002, S. 18-40, hier S. 26 f.; und Rainer Bauböck, »Free Movement and the Asymmetry between Exit and Entry«, in: *Éthique et Économique* 4/1 (2006).

17 Goodin, »If People Were Money…«, S. 12.

18 »Es ist logisch absurd, ein Recht auf Auswanderung ohne ein komplementäres Recht auf Einwanderung zu verfechten, solange es nicht tatsächlich eine Anzahl von Staaten gibt, die freien Eintritt zulassen (wie dies Mitte des 19. Jahrhunderts

trie-Präsumtion« ausgegangen, der zufolge wir annehmen sollten, dass für Grenzüberschreitungen in beide Richtungen dieselben Regeln gelten, solange kein guter Grund genannt wird, die Sache anders zu regeln. Man müsste beispielsweise gute Gründe haben, den Import und Export von gefährlichen Gütern unterschiedlich zu handhaben, und dasselbe gelte für die Asymmetrie zwischen Einwanderung und Auswanderung.[19]

Die erste Intuition kann aus zwei Gründen schwerlich herangezogen werden, um ein allgemeines Recht auf Einwanderung zu begründen. Zum einen scheint es zu genügen, dass jede Person in *irgendeinen* Staat einwandern darf, damit das Recht auf Auswanderung für alle ein »nichtleeres« Recht ist. Ein Recht, in jeden beliebigen Staat der eigenen Wahl einzuwandern, lässt sich mit dem Recht auf Auswanderung deshalb kaum begründen. Und zum anderen sind »leere« Rechte grundsätzlich nichts Seltsames. Wir haben beispielsweise ein Recht auf Ehe, nicht aber ein Recht darauf, tatsächlich einen heiratswilligen Partner zu finden.[20]

Diese Analogie zur Ehe ist zwar in wesentlichen Hinsichten schief. Das Recht auf Auswanderung ist eher dem Recht auf Scheidung als dem Recht auf Ehe analog, und wir können uns scheiden lassen, ohne zugleich eine neue Ehe einzugehen, nicht aber aus einem Land auswandern, ohne in ein anderes einzuwandern.[21] Doch an einem Aspekt der Analogie könnte man dennoch festhalten. Manche Rechte schützen nicht einen Anspruch auf *sicheren Zugang* zu irgendeiner Tätigkeit, sondern nur einen Anspruch, von *bestimmten Eingriffen* bezüglich dieser Tätigkeit verschont zu bleiben. Und es ist durchaus möglich, das Recht auf Auswanderung als ein solches Recht zu verstehen: als ein Recht nämlich, vom eigenen Staat nicht als dessen »Besitz« oder »Untertan« angesehen und behandelt zu werden, sondern als freie Bürgerin, die grundsätzlich jederzeit gehen darf.[22]

der Fall war).« Dummett, »The Transnational Migration of People Seen From Within a Natural Law Tradition«, S. 173, eigene Übersetzung.

19 Goodin, »If People Were Money…«, S. 11-15.

20 Barry, »The Quest for Consistency: A Sceptical View«, S. 283 f.; Miller, »Einwanderung: Das Argument für Beschränkungen«, S. 52 f.

21 Phillip Cole, »Open Borders: An Ethical Defense«, in: Christopher H. Wellman, Phillip Cole, *Debating the Ethics of Immigration. Is There a Right to Exclude?* Oxford 2011, S. 157-313, hier S. 203 f.; siehe auch Abschnitt 3.3.2.

22 Ladwig, »Gibt es ein Recht auf Einwanderung?«, S. 26.

Gemäß dieser Interpretation schützt das Recht auf Auswanderung vor einer bestimmten Form von Unterdrückung. Personen dürfen nicht als eine bloße Ressource angesehen werden, die sich dem Staat nicht entziehen darf. Diese Idee ist zwar mit *bestimmten Begründungen* eines Rechts auf Ausschluss unvereinbar. Das scheint mir besonders für *brain-drain*-Argumente zu gelten. Wenn Einwanderungsbeschränkungen damit gerechtfertigt werden, dass man ärmeren Ländern »ihr« Humankapital nicht entziehen dürfe, so ist dies schwerlich mit der Ansicht zu vereinbaren, dass die »Hirne« gerade nicht Eigentum des jeweiligen Staates sind.[23] Mit *anderen* Argumenten für ein Recht auf Ausschluss ist das Recht auf Auswanderung gemäß der hier diskutierten Begründung hingegen durchaus kompatibel – mit solchen Argumenten nämlich, die nicht von einem Anspruch des Staates auf seine Bürger, sondern von einem Anspruch der Bürger auf ihr Territorium ausgehen. Ein allgemeines Recht auf Einwanderung lässt sich aus dem Recht auf Auswanderung deshalb nicht ableiten.

Überzeugender als die Parallelen zwischen Kapital- und Personenfreizügigkeit beziehungsweise zwischen Auswanderung und Einwanderung scheint mir allerdings der Analogieschluss vom Recht auf innerstaatliche Bewegungs- und Niederlassungsfreiheit auf ein Recht auf globale Bewegungs- und Niederlassungsfreiheit.[24] Wenn ich von Zürich nach Genf ziehen möchte, wird dies gemeinhin als mein gutes Recht angesehen. Ich brauche den Genfern nicht darzulegen, dass ich in Zürich politisch verfolgt werde oder dass sie ein besonderes Interesse daran haben, mich aufzunehmen. Die Wahl meines Aufenthaltsortes gilt einfach als eine Sache, über die

23 Ebd.

24 Carens, »Fremde und Bürger: Weshalb Grenzen offen sein sollten«, S. 31; ders., »Migration and Morality. A Liberal Egalitarian Perspective«, in: Brian Barry, Robert E. Goodin (Hg.), *Free Movement. Ethical Issues in the Transnational Migration of People and Money*, Hemel Hempstead 1992, S. 25-47, hier S. 27 f.; ders., *The Ethics of Immigration*, Oxford 2013, S. 237-252; Kieran Oberman, »Immigration as a Human Right«, in: Sarah Fine, Lea Ypi (Hg.), *Migration in Political Theory. The Ethics of Movement and Membership*, Oxford 2016, S. 32-56; Jan Brezger, »Zur Verteidigung des Menschenrechts auf internationale Bewegungsfreiheit. Eine Antwort auf Michael Blake«, in: *Zeitschrift für Menschenrechte* 8/2 (2014), S. 30-49, hier S. 32-36; Jan Brezger, Andreas Cassee, »Debate: Immigrants and Newcomers by Birth. Do Statist Arguments Imply a Right to Exclude Both?«, in: *Journal of Political Philosophy* (early view) (2016), S. 2-5.

ich selbst entscheiden können sollte. Weshalb sollte es sich anders verhalten, wenn ich meinen Lebensmittelpunkt stattdessen nach Montreal verlagern möchte? Weshalb sollte aus einem menschenrechtlichen Anspruch ein Privileg werden, das nach Belieben gewährt oder verweigert werden darf, bloß weil eine Staatsgrenze zwischen meinem Geburtsort und dem Ort liegt, an dem ich gerne leben möchte?

David Miller verteidigt diese Asymmetrie wie erwähnt mit dem Argument, das Menschenrecht auf Bewegungsfreiheit sei nur als Recht auf eine angemessene Auswahl an Optionen bezüglich des eigenen Wohnorts zu verstehen.[25] Von einem Common-Sense-Verständnis der innerstaatlichen Bewegungsfreiheit ist Millers suffizienzorientierte Position allerdings weit entfernt. Der Common Sense geht nicht dahin, dass Menschen »genügend Auslauf« haben sollten – so wie auch das Recht auf Meinungsäußerungsfreiheit normalerweise nicht dahingehend verstanden wird, dass der Staat uns bloß eine genügend lange Liste von Meinungen lassen muss, die zu äußern legal bleibt, und ansonsten beliebige Einschränkungen vornehmen darf. Die Idee ist vielmehr, dass sich Menschen innerhalb eines Landes *frei* bewegen (und äußern) können sollten, und jeder Eingriff in diese Freiheit ist rechtfertigungspflichtig. Würde mir der Schweizer Staat eine Reise nach Genf einfach mit dem Argument verbieten, ich hätte ja genügend andere Möglichkeiten (etwa nach Bern oder nach Basel zu fahren), so verstieße dies nach dem allgemeinen Verständnis gegen mein Recht auf Bewegungsfreiheit.[26] Und die Frage bleibt, weshalb es sich anders verhalten sollte, wenn ich statt nach Genf nach Montreal reisen möchte.

An dieser Stelle kann Miller natürlich einfach zugestehen, dass er eine revisionistische Auffassung des Rechts auf innerstaatliche Bewegungsfreiheit vertritt. Wie jedes Analogieargument lässt auch das hier diskutierte, wenn es überzeugend ist, immer noch zwei praktische Konsequenzen zu. Wenn das Argument durchkommt, so muss man ein Recht auf globale Bewegungsfreiheit akzeptieren – *oder* das Recht auf innerstaatliche Bewegungsfreiheit (unter der Standardinterpretation) zurückweisen. Ich werde im nächsten Kapitel mit Kieran Oberman die Ansicht vertreten, dass Millers Position nicht nur revisionistisch, sondern auch unplausibel ist. Die

25 Miller, »Einwanderung: Das Argument für Beschränkungen«, S. 49-51.

26 Oberman, »Immigration as a Human Right«, S. 39.

individuelle Autonomie begründet nicht nur einen Anspruch, eine gewisse Auswahl an wertvollen Optionen zu haben, sondern auch einen Anspruch, in gewissen Angelegenheiten unabhängig vom Willen Dritter unter allen bestehenden Optionen zu wählen.[27] Bevor ich dazu komme, möchte ich aber noch zwei weitere Einwände gegen die Standardansicht skizzieren.

7.2 Globale Verteilungsgerechtigkeit

Rein formal schreibt die Standardansicht jedem Menschen das gleiche Recht zu. Wenn wir vom Problem nichtdemokratischer Regierungsformen für den Moment absehen, hat jeder das gleiche Recht, über die Einwanderungspolitik der eigenen staatlichen Gemeinschaft mitzubestimmen, und niemand hat das Recht, gegen den Willen einer anderen Gemeinschaft in deren Territorium einzuwandern. Unter substanziellen Gesichtspunkten hat das Recht auf Ausschluss, wie es in der gegenwärtigen internationalen Ordnung verankert ist, aber alles andere als egalitäre Auswirkungen. Dies betrifft zum einen die Verteilung der Mobilitätschancen selbst. Während die Besitzerin eines deutschen Passes 173 verschiedene Länder bereisen kann, ohne dafür ein Visum beantragen zu müssen, sind es bei einem Afghanen gerade mal 25.[28] Und zum anderen stehen diese ungleichen Mobilitätschancen in engem Zusammenhang mit massiven Ungleichheiten in den ökonomischer Aussichten.

Der Ort, an dem eine Person ihr Einkommen erzielt, ist heute der wichtigste Indikator für die Höhe ihres Einkommens. Das war nicht immer so. Um 1870, also etwa zu der Zeit, als Karl Marx *Das Kapital* veröffentlichte, waren noch rund zwei Drittel der globalen Einkommensungleichheit zwischen Individuen auf eine ungleiche Verteilung *innerhalb* der einzelnen Staaten zurückzuführen. Die Klassenzugehörigkeit war für die individuellen ökonomischen Aussichten weit wichtiger als der Aufenthaltsort oder die Staatsangehörigkeit. Unterdessen hat sich dieses Verhältnis umgekehrt. Einkommensunterschiede innerhalb der einzelnen Gesellschaften erklären nur noch knapp ein Drittel der globalen Ungleichheit, wohingegen

27 Ebd., S. 38-44; vgl. Abschnitt 8.2.2.

28 Henley & Partners, »The Henley & Partners Visa Restrictions Index 2015« ⟨http://www.henleyglobal.com/visa-index-form⟩, letzter Zugriff 7.5.2016.

Einkommensunterschiede zwischen den Staaten mit mehr als zwei Dritteln zu Buche schlagen.[29]

Diese Tatsache ist neben Krieg und politischer Verfolgung der wichtigste Grund dafür, dass so viele Menschen unter Lebensgefahr in seeuntaugliche Boote steigen, um nach Europa zu gelangen. Wer die Reise überlebt, kann mit einer massiven Verbesserung seines Einkommens rechnen, selbst wenn er vor Ort zu den Armen zählen wird. Dass Menschen die gefährliche Überfahrt auf sich nehmen, ist nicht bloß das Ergebnis von irrationalen Erwartungen oder von Manipulation durch kriminelle Schlepper, sondern eine im Großen und Ganzen rationale Verhaltensweise in einer Welt, die von massiven sozioökonomischen Ungleichheiten geprägt ist.

Einwanderungsbeschränkungen nehmen Millionen von Menschen die Möglichkeit, auf sichere und legale Weise dorthin zu gelangen, wo sie ein höheres Einkommen erzielen könnten. Diese Tatsache liegt dem zweiten zentralen Einwand gegen die Standardansicht zugrunde, den ich hier diskutieren möchte. Carens bringt diesen Einwand mit einer Analogie zum Ausdruck: Die Staatsbürgerschaft in einem wohlhabenden Land sei unter dem migrationspolitischen Status quo mit einem feudalen Privileg vergleichbar, da es sich um einen mit der Geburt zugeschriebenen Status handle, der die Lebenschancen eines Menschen massiv verbessere.[30]

Diese Analogie ist oft dahingehend interpretiert worden, dass Einwanderungsbeschränkungen gegen einen Anspruch auf globale Chancengleichheit verstoßen.[31] Versteht man den Anspruch auf Chancengleichheit formal als einen Anspruch auf Nichtdiskriminierung beim Zugang zu jeder einzelnen erstrebenswerten gesellschaftlichen Position, so impliziert die Forderung nach globaler Chancengleichheit wohl ein allgemeines Recht auf Einwanderung: Wenn jede einzelne Stelle in der Schweiz allen Individuen weltweit, die fähig und willens sind, die entsprechende Tätigkeit auszuüben, gleichermaßen offenstehen soll, so ist dies kaum zu bewerkstelli-

29 Branko Milanovic, »Global Income Inequality in Numbers. In History and Now«, in: *Global Policy* 4/2 (2013), S. 198-208 hier S. 204 f.

30 Carens, »Fremde und Bürger: Weshalb Grenzen offen sein sollten«, S. 24.

31 Bernd Ladwig, »Offene Grenzen als Gebot der Gerechtigkeit?«, in: Andreas Cassee, Anna Goppel (Hg.), *Migration und Ethik*, Münster 2012, S. 67-88, hier S. 73. Siehe auch Darrel Moellendorf, *Cosmopolitan Justice*, Boulder, Colorado 2001, S. 61-67.

gen, solange nicht alle Individuen das Recht haben, in die Schweiz einzuwandern.

Häufig wird der Anspruch auf Chancengleichheit jedoch als Anspruch auf insgesamt gleiche beziehungsweise gleich*wertige* Chancen verstanden. Eine solche »aggregative« Theorie der Chancengleichheit vertritt etwa der Glücksegalitarist Ronald Dworkin.[32] Dworkins »Neidtest« zufolge ist die Chancengleichheit dann verletzt, wenn Individuen durch »bloßes Pech« in eine Situation geraten, in der sie andere Individuen um ihr Bündel an Ressourcen beneiden. »Bloßes« Glück oder Pech *(brute luck)* wird dabei von Glück oder Pech mit Blick auf kalkulierte Risiken *(option luck)* abgegrenzt. Wer absichtlich ein Risiko eingeht, etwa indem er eine Wette abschließt oder freiwillig darauf verzichtet, sich gegen einen möglichen Schaden zu versichern, hat der glücksegalitaristischen Theorie zufolge keinen Anspruch auf Entschädigung, wenn er dabei verliert. Wer hingegen das bloße Pech hat, beispielsweise als Kind armer Eltern geboren zu sein, hat einen Anspruch auf den Ausgleich der unverdienten Nachteile, die ihm daraus erwachsen.

Dass wir es bei der Staatsangehörigkeit, die einem Individuum bei der Geburt zugeteilt wird, ähnlich wie beim Geschlecht oder bei der Hautfarbe mit einem Faktor zu tun haben, für den Individuen nicht verantwortlich gemacht werden können, dürfte kaum zu bestreiten sein. Wer bei der »Geburtslotterie«[33] um die ursprüngliche Staatsangehörigkeit ein ungünstiges Los zieht, hat bloßes Pech.

Ein *allgemeines* Recht auf Einwanderung lässt sich mit einem solchen aggregativen Prinzip der Chancengleichheit zwar kaum begründen. Denn offensichtlich können nicht alle Menschen zu den global Benachteiligten zählen, und es ist zweifelhaft, wie aus glücksegalitaristischen Prämissen ein Einwanderungsrecht für diejenigen Personen abgeleitet werden könnte, die bereits mehr als ihren fairen

32 Ronald Dworkin, *Was ist Gleichheit?* Berlin 2011. Für eine Verteidigung eines Glücksegalitarismus mit globaler Reichweite gegen die Standardeinwände aus der neueren Debatte siehe Kok-Chor Tan, »Luck, Institutions, and Global Distributive Justice. A Defence of Global Luck Egalitarianism«, in: *European Journal of Political Theory* 10/3 (2011), S. 394-421.

33 Ayelet Shachar, *The Birthright Lottery. Citizenship and Global Inequality*, Cambridge, Mass. 2009.

Anteil am globalen Wohlstand haben.[34] Auch wäre eine Welt vorstellbar, in der die Menschen in jedem Land zwar unterschiedliche, aber insgesamt doch gleichwertige Bündel an Möglichkeiten besäßen. In einer solchen Welt wären Einwanderungsbeschränkungen aus Sicht von Dworkins Neidtest wohl unproblematisch.

Dennoch erlaubt ein Prinzip der globalen Chancengleichheit aber *prima facie* eine starke Kritik an Einwanderungsbeschränkungen, wie sie wohlhabende Staaten in *unserer* Welt gegenüber den global Benachteiligten durchsetzen. Ähnliche Argumente lassen sich auch auf der Grundlage anderer Prinzipien der distributiven Gerechtigkeit formulieren, denen zufolge irgendeine »Währung« (zum Beispiel Chancen, Grundgüter oder Nutzen) nach einem bestimmten »Muster« (beispielsweise gleich, summenmaximal, oder nach dem Rawls'schen Differenzprinzip[35]) unter allen Individuen zu verteilen ist. Wenn *irgendein* solches Prinzip global anwendbar ist, dann scheint es auf den ersten Blick unhaltbar, den global Benachteiligten die Einwanderung in ein Land zu verwehren, in dem sie ihre ökonomische Situation signifikant verbessern könnten.

Gegen die Ansicht, dass Beschränkungen der Migration aus ärmeren in reichere Länder gegen ein Prinzip der globalen Verteilungsgerechtigkeit verstoßen, werden in der migrationsethischen Debatte allerdings drei Einwände vorgebracht. Erstens wird in Zweifel gezogen, ob ein liberaleres Einwanderungsregime überhaupt ein geeignetes Mittel wäre, eine egalitärere globale Verteilung zu erwirken (Abschnitt 7.2.1). Zweitens wird betont, dass eine Öffnung der Grenzen jedenfalls nicht das *einzige* Mittel sei, unseren Pflichten gegenüber den global Benachteiligten nachzukommen (7.2.2). Und drittens ist strittig, ob *globale* Verteilungsgerechtigkeit überhaupt gefordert ist (7.2.3).

34 Peter Schaber, »Das Recht auf Einwanderung: Ein Recht worauf?«, in: Andreas Cassee, Anna Goppel (Hg.), *Migration und Ethik*, Münster 2012, S. 185-195, hier S. 191 f.

35 Das Differenzprinzip verlangt die Wahl derjenigen Verteilung, unter der die am schlechtesten gestellte repräsentative Person am besten dasteht. Ungleichheiten sind nur dann zulässig, wenn sie den Benachteiligten einen Vorteil bringen. Siehe Rawls, *Eine Theorie der Gerechtigkeit*, S. 95-101.

7.2.1 Ist Migration ein geeignetes Mittel zur Reduktion globaler Ungleichheit?

Ist eine Öffnung der Grenzen wohlhabender Staaten gegenüber Einwanderungswilligen aus ärmeren Weltgegenden ein geeignetes Mittel, dem Ziel globaler Verteilungsgerechtigkeit (oder auch einem bescheideneren Ziel der Beseitigung absoluter Armut) näher zu kommen? Orientierte man sich ausschließlich an der philosophischen Literatur zum Thema, so würde man diesbezüglich wahrscheinlich zu einer pessimistischen Einschätzung gelangen.[36]

Immer wieder wird betont, dass die Ärmsten der Armen ohnehin nicht von einem liberaleren Einwanderungsregime profitieren würden, da ihnen die finanziellen Mittel fehlten, um selbst auswandern zu können.[37] Und zahlreiche Autorinnen und Autoren äußern die Vermutung, eine offenere Einwanderungspolitik würde die Lage benachteiligter Gruppen, die in den Herkunftsländern zurückbleiben, gar weiter verschlechtern, da ärmeren Ländern durch die Abwanderung hochqualifizierter Arbeitskräfte dringend benötigtes Humankapital entzogen werde. So meint etwa Miller, dass eine migrationspolitische Öffnung

> [...] wenig dazu beitragen wird, den ganz Armen zu helfen, die kaum die Ressourcen haben werden, in ein reicheres Land zu ziehen. Tatsächlich wird eine Politik freier Migration solche Menschen noch schlechter stellen, wenn sie es Ärzten, Ingenieuren und anderen Fachkräften erlaubt, auf der Suche nach einem höheren Einkommen von ökonomisch unentwickelten in ökonomisch entwickelte Gesellschaften zu ziehen, und dadurch deren Herkunftsländern dringend benötigte Fachkompetenz entzieht.[38]

Ähnliche Befürchtungen eines *brain drain* werden in der philosophischen Literatur immer wieder geäußert.[39] Lea Ypi meint

36 Kieran Oberman, »Poverty and Immigration Policy«, in: *American Political Science Review* 109/02 (2015), S. 239-251, hier S. 241.

37 Siehe nur Thomas W. Pogge, »Migration und Armut«, in: Stephan Schlothfeldt, Alfredo Märker (Hg.), *Was schulden wir Flüchtlingen und Migranten? Grundlagen einer gerechten Zuwanderungspolitik*, Wiesbaden 2002, S. 110-126, hier S. 111 f.

38 Miller, »Einwanderung: Das Argument für Beschränkungen«, S. 55

39 Siehe u. a. Christopher H. Wellman, »Immigration and Freedom of Association«, in: *Ethics* 119/1 (2008), S. 109-141, hier S. 128; Gillian Brock, Michael Blake, *Debating Brain Drain. May Governments Restrict Emigration?* Oxford 2015, insbesondere S. 37-48, 258-267; Anna Stilz, »Is There an Unqualified Right to Leave?«,

gar, es bestehe ein direkter negativer Zusammenhang zwischen der Auswanderungsrate und der ökonomischen Situation in den Herkunftsländern: »Je größer die Abwanderung qualifizierter Arbeitskräfte aus einem bestimmten Staat, desto stärker wird der Lebensstandard der verbleibenden Bürgerinnen negativ beeinflusst.«[40] Und über diese ökonomische Problematik hinaus wird manchmal geltend gemacht, dass ärmeren Ländern durch die Auswanderung auch diejenigen Akteure verloren gingen, die vor Ort am ehesten für politischen Wandel sorgen könnten.[41]

Spricht die Sorge um die global Benachteiligten also insgesamt eher *für* Einwanderungsbeschränkungen (oder gar für eine Einschränkung des Menschenrechts auf Auswanderung[42])? Ich bezweifle es. Zum einen ist das Argument für Einwanderungsbeschränkungen, das auf Grundlage der *brain-drain*-Hypothese formuliert wird, normativ anspruchsvoller, als es auf den ersten Blick scheinen könnte. Es setzt nicht nur voraus, dass potenzielle Auswanderer moralisch verpflichtet sind, auf die Auswanderung zu verzichten, um den Benachteiligten in ihrem Herkunftsland zu helfen, sondern auch, dass es sich dabei um eine erzwingbare Pflicht handelt und dass reiche Staaten ihrerseits moralisch berechtigt sind, diesen Zwang auszuüben.[43] Ein Beispiel mag das Problem verdeutlichen: Nehmen wir an, mehrere Passanten entdeckten eine Person, die in einem Teich zu ertrinken droht. Es scheint überzeugend, dass alle Passanten die Pflicht haben, der ertrinkenden Person zu helfen. Wollte einer der Passanten dieser Pflicht allerdings dadurch nachkommen, dass er andere unter Zwang vom Verlassen des Schauplatzes abhält, statt sich selbst die Kleider nass zu machen, so würden wir dieses Verhalten kaum gutheißen. Und die Frage ist, ob die Ansicht, die global Privilegierten könnten ihre Pflichten gegenüber den global Benachteiligten erfüllen, indem sie die Privilegierteren

in: Sarah Fine, Lea Ypi (Hg.), *Migration in Political Theory. The Ethics of Movement and Membership*, Oxford 2016, S. 57-79, hier S. 66-68.

40 Ypi, »Justice in Migration«, S. 411, eigene Übersetzung.

41 Devesh Kapur, John McHale, »Should a Cosmopolitan Worry about the ›Brain Drain‹?«, in: *Ethics & International Affairs* 20/3 (2006), S. 305-320, hier S. 312; Luara Ferracioli, »Immigration, Self-Determination and the Brain Drain«, in: *Review of International Studies* 41/1 (2015), S. 99-115, hier S. 106 f.

42 Siehe dazu die Diskussion in Brock, Blake, *Debating Brain Drain.*

43 Kieran Oberman, »Can Brain Drain Justify Immigration Restrictions?«, in: *Ethics* 123/3 (2013), S. 427-455.

unter den Armen an der Auswanderung hindern, nicht ebenso problematisch ist.

Doch selbst wenn wir im Kontext der gegenwärtigen Diskussion von diesen normativen Problemen absehen und annehmen, dass die Beurteilung alternativer Grenzregime einzig und allein von ihrer Verteilungswirkung abhängt, ist das *brain-drain*-Argument für Einwanderungsbeschränkungen wenig überzeugend. Denn es spricht kaum etwas für die empirische These, dass die Auswanderung tatsächlich unqualifiziert negative Auswirkungen auf diejenigen Menschen hat, die in den Auswanderungsländern verbleiben. Das jedenfalls legt ein Blick auf die umfangreiche ökonomische Literatur zum Thema nahe.[44] Allzu oft wird in der philosophischen Debatte *ein* intuitiv einleuchtender ökonomischer Wirkungsmechanismus (derjenige des *brain drain*) ins Zentrum gestellt, ohne gegenläufige Mechanismen zu berücksichtigen, die in der empirischen Literatur gut dokumentiert sind. Drei solche Mechanismen seien hier kurz erwähnt.

Erstens ist die Zahl der Menschen, die in potenziellen Auswanderungsländern eine höhere Ausbildung absolvieren, keine feste Größe. Die Aussicht, im Ausland einen gut bezahlten Job zu finden, kann selbst ein wichtiger Anreiz sein, in Bildung zu investieren.[45] In manchen Fällen führt diese Dynamik dazu, dass trotz einer hohen Auswanderungsrate insgesamt *mehr* hochqualifizierte Personen im Auswanderungsland zurückbleiben, als wenn gar keine Auswanderung stattfände.[46]

44 Für eine Übersicht über vierzig Jahre wirtschaftswissenschaftlicher Auseinandersetzung um die *brain-drain*-Hypothese siehe Frédéric Docquier, Hillel Rapoport, »Globalization, Brain Drain, and Development«, in: *Journal of Economic Literature* 50/3 (2012), S. 681-730. Eine für Laien verständliche Einführung in die Ökonomie der Migration allgemein gibt Benjamin Powell (Hg.), *The Economics of Immigration. Market-Based Approaches, Social Science, and Public Policy*, New York 2015.

45 Michel Beine, Frédéric Docquier, Hillel Rapoport, »Brain Drain and Human Capital Formation in Developing Countries. Winners and Losers«, in: *The Economic Journal* 118/528 (2008), S. 631-652; Catia Batista, Aitor Lacuesta, Pedro C. Vicente, »Testing the ›Brain Gain‹ Hypothesis. Micro Evidence from Cape Verde«, in: *Journal of Development Economics* 97/1 (2012), S. 32-45.

46 Satish Chand, Michael A. Clemens, »Skilled Emigration and Skill Creation. A Quasi-Experiment«, in: *Center for Global Development Working Paper* 152 (2008) ⟨http://www.cgdev.org/publication/skilled-emigration-and-skill-creation-quasi-experiment-working-paper-152⟩, letzter Zugriff 7. 5. 2016.

Zweitens bleiben viele Migrantinnen ihrem Herkunftsland auch nach der Auswanderung eng verbunden und tragen zur Herausbildung transnationaler Netzwerke bei, die positive Effekte auf die Herkunftsländer entfalten. Zu diesen Netzwerk-Effekten zählen der Technologietransfer durch Exil-Communitys,[47] der beispielsweise bei der Entwicklung der indischen IT-Industrie eine zentrale Rolle spielte,[48] aber auch eine Intensivierung des Handels zwischen Herkunfts- und Zielländern internationaler Migration.[49]

Und schließlich überweisen drittens viele Migrantinnen einen Teil ihres Einkommens an ihre Angehörigen in den Herkunftsländern. Diese Rücküberweisungen *(remittances)* an Menschen in Entwicklungsländern erreichten im Jahr 2015 eine Höhe von 432 Milliarden US-Dollar, was etwa dem Dreifachen der weltweiten staatlichen Ausgaben für Entwicklungszusammenarbeit entspricht.[50]

Überwiegen diese positiven Effekte der Auswanderung die negativen Effekte des *brain drain*? Die ökonomische Literatur legt eine vorsichtig optimistische Antwort nahe. Eine Studie der Weltbank-Ökonomen Robert Adams und John Page über die Auswirkungen der Auswanderung auf 71 Entwicklungsländer gelangt zum Schluss, dass eine 10-prozentige Erhöhung des Anteils an Auswanderern an

47 William R. Kerr, »Ethnic Scientific Communities and International Technology Diffusion«, in: *Review of Economics and Statistics* 90/3 (2008), S. 518-537.

48 AnnaLee Saxenian, »From Brain Drain to Brain Circulation. Transnational Communities and Regional Upgrading in India and China«, in: *Studies in Comparative International Development* 40/2 (2005), S. 35-61.

49 Keith Head, John Ries, »Immigration and Trade Creation. Econometric Evidence from Canada«, in: *The Canadian Journal of Economics* 31/1 (1998), S. 47-62; James E. Rauch, Vitor Trindade, »Ethnic Chinese Networks in International Trade«, in: *The Review of Economics and Statistics* 84/1 (2002), S. 116-130.

50 Dilip Ratha et al., »Migration and Remittances. Recent Developments and Outlook«, in: *Migration and Development Brief* 26 (2016) ⟨http://www.worldbank.org/en/topic/migrationremittancesdiasporaissues/brief/migration-and-remittances-publications⟩, letzter Zugriff 7. 5. 2016. Zu den armutsreduzierenden Effekten von Rücküberweisungen siehe Richard H. Adams, John Page, »Do International Migration and Remittances Reduce Poverty in Developing Countries?«, in: *World Development* 33/10 (2005), S. 1645-1669; Sanjeev Gupta, Catherine A. Pattillo, Smita Wagh, »Effect of Remittances on Poverty and Financial Development in Sub-Saharan Africa«, in: *World Development* 37/1 (2009), S. 104-115. Für eine philosophische Diskussion siehe Francis Cheneval, Johan Rochel, »An Ethical View on Remittances and Labor Migration«, in: *Global Justice: Theory Practice Rhetoric* 5 (2012), S. 16-30.

der Gesamtbevölkerung zu einem um 2,1 Prozent niedrigeren Bevölkerungsanteil führt, der unterhalb der absoluten Armutsgrenze von einem Dollar pro Tag und Person lebt.[51] Zahlreiche Studien zu einzelnen Regionen und Ländern gelangen ebenfalls zum Ergebnis, dass internationale Migration im Großen und Ganzen positive Effekte auf die Herkunftsländer hat.[52]

Das bedeutet zwar nicht, dass *brain drain* nicht in spezifischen Branchen und Regionen ein ernstzunehmendes Problem darstellt. Ein oft diskutiertes Beispiel ist der Mangel an medizinisch ausgebildetem Fachpersonal in armen Regionen Subsahara-Afrikas. Allerdings ist auch in diesem Fall zweifelhaft, ob eine Schließung der Migrationskanäle das Problem tatsächlich lösen würde. Denn die verhinderten Emigranten hätten immer noch wenig Anreiz, dort zu arbeiten, wo sie am dringendsten benötigten werden (auf schlecht bezahlten Stellen im öffentlichen Gesundheitswesen insbesondere in Slums und armen ländlichen Gebieten), statt auf andere Jobs auszuweichen, die wenig zur Verbesserung der Gesundheitsversorgung der breiten Massen beitragen (etwa auf Stellen in Privatkliniken in reichen Stadtteilen oder auf solche außerhalb des medizinischen Sektors).[53] Wenn überhaupt, zeigt dieser Fall also nur, dass eine liberale Migrationspolitik allein nicht ausreicht, um Armut wirksam zu bekämpfen. Die internationale Gemeinschaft sollte *auch* in eine bessere Finanzierung von Bildungs- und Gesundheitsinstitutionen vor Ort investieren. Den Fall aber als anekdotische Evidenz für die These heranzuziehen, dass eine offenere Einwanderungspolitik die Lage der global Benachteiligten *insgesamt* weiter verschlechtern würde, widerspricht der empirischen Evidenz.

Die politischen Auswirkungen der Auswanderung sind naturgemäß schwieriger zu quantifizieren. Aber auch hier lässt sich der *drain*-Hypothese eine *gain*-Hypothese gegenüberstellen.[54] Die Di-

51 Adams, Page, »Do International Migration and Remittances Reduce Poverty in Developing Countries?«

52 Für umfangreiche Literaturhinweise siehe Oberman, »Poverty and Immigration Policy«, S. 242 f.

53 Michael A. Clemens, »Do Visas Kill? Health Effects of African Health Professional Emigration«, in: *Center for Global Development Working Paper* 114 (2007) ⟨http://www.cgdev.org/publication/do-visas-kill-health-effects-african-health-professional-emigration-working-paper-114⟩, letzter Zugriff 7. 5. 2016, S. 37 f.

54 Vgl. Peter T. Leeson, Zachary Gochenour, »The Economic Effects of International Labor Mobility«, in: Benjamin Powell (Hg.), *The Economics of Immigration.*

aspora spielt oft eine entscheidende Rolle im politischen Kampf gegen autoritäre Regimes, gerade wenn die Situation vor Ort keine freie Meinungsäußerung zulässt. Und Pendelmigrantinnen, die andernorts positive Erfahrungen mit demokratischen Institutionen gemacht haben, tragen entsprechende Ideen oft zurück in ihre Herkunftsländer. So gibt es statistische Hinweise, dass ein höherer Anteil von Menschen, die in einem demokratischen Land eine Ausbildung absolviert haben, *ceteris paribus* zu einer höheren Wahrscheinlichkeit einer Demokratisierung führt.[55] Auch die Ansicht, dass die Verhinderung von Migration zur Demokratisierung undemokratischer Regierungen beitragen könnte, ist also insgesamt fragwürdig.

Ein letztes Bedenken gegen eine Liberalisierung der internationalen Migration betrifft schließlich die Fähigkeit der Staaten, wohlhabende Individuen angemessen zu besteuern. Die internationale Mobilität führe zu einem *race to the bottom* mit Blick auf die Besteuerung der global Privilegierten.[56] Tatsächlich ist der internationale Steuerwettbewerb ein ernstzunehmendes Problem. Aber dieses Problem hat nur am Rande mit Migration zu tun. Denn die global Privilegierten haben heute zahlreiche Möglichkeiten, ihre Steuerlast zu reduzieren, *ohne* ihren Wohnsitz in ein anderes Land zu verlegen. Reiche Privatpersonen können ihr Geld in Steueroasen verstecken, die den Steuerbehörden des Herkunftslandes keine Auskunft über entsprechende Vermögenswerte erteilen. Transnationale Unternehmen können ihre Gewinne auf dem Papier in Länder verschieben, die sehr niedrige oder gar keine Steuern auf Unternehmensgewinne erheben, indem sie Transferpreise manipulieren. Und Kapitalbesitzer können damit drohen, ihr Geld an einem anderen Ort zu investieren, um niedrigere Steuern durchzusetzen.[57] Die Frage, wie diesen Problemen durch internationale Regulierung auf gerechte Weise beizukommen wäre, ist Gegenstand einer ei-

Market-Based Approaches, Social Science, and Public Policy, New York 2015, S. 11-37, hier S. 25-27.

55 Antonio Spilimbergo, »Democracy and Foreign Education«, in: *American Economic Review* 99/1 (2009), S. 528-543.

56 Devesh Kapur, John McHale, *Give Us Your Best and Brightest. The Global Hunt for Talent and Its Impact on the Developing World*, Washington, D.C. 2005, S. 80-83; Stilz, »Is There an Unqualified Right to Leave?«, S. 67f.

57 Peter Dietsch, Thomas Rixen, »Tax Competition and Global Background Justice«, in: *Journal of Political Philosophy* 22/2 (2014), S. 150-177, hier S. 153-156.

genen philosophischen Debatte, auf die ich hier nicht im Detail eingehen kann.[58] Aber klar scheint mir, dass diese Probleme sehr viel mehr mit der Mobilität von Kapital als mit der Mobilität von Menschen zu tun haben.

Insgesamt scheint es also keinen überzeugenden Grund für die Annahme zu geben, dass ein liberaleres Einwanderungsregime die Situation derjenigen Menschen, die in den Auswanderungsländern verbleiben, insgesamt weiter verschlechtern würde. Plausibel scheint mir vielmehr eine verhalten optimistische Einschätzung der entsprechenden Gesamteffekte: Internationale Migration ist im Großen und Ganzen auch für diejenigen Menschen in armen Ländern ein Gewinn, die selbst nicht migrieren. Und dazu kommt ein klarer und massiver Gewinn für die Migrantinnen selbst. Eine unqualifizierte Arbeitskraft erzielt beispielsweise in den USA einen um über 1000 Prozent höheren Lohn als in Nigeria.[59]

Für eine Liberalisierung der Einwanderungsregime spricht schließlich die Tatsache, dass internationale Migration ökonomisch kein Nullsummenspiel ist. In dieser Hinsicht ist die Analogie zum Kapital- und Güterverkehr einschlägig: Genau wie der Abbau von anderen Handelshemmnissen verspricht auch der Abbau von Mobilitätsschranken für den Produktionsfaktor Arbeit den zu verteilenden Kuchen zu vergrößern, da eine ineffiziente Allokation der Produktionsfaktoren in eine effizientere überführt wird. Wenn Menschen dort arbeiten können, wo ihre Arbeit höhere Erträge erwirtschaftet, dann vergrößert sich das Wirtschaftsprodukt (wobei Grund zu der Hoffnung besteht, dass die Effizienzgewinne weniger einseitig verteilt werden, als dies bei der Liberalisierung des Kapitalverkehrs der Fall war).[60] Eine Literaturstudie verweist auf Schätzungen, denen zufolge eine vollständige Aufhebung von Einwanderungsbeschränkungen eine Steigerung des Weltwirtschaftsprodukts um 67 bis 147 Prozent zur Folge hätte.[61] Wenn die-

58 Siehe ebd.; Peter Dietsch, *Catching Capital. The Ethics of Tax Competition*, New York 2015.

59 Bryan Caplan, Vipul Naik, »A Radical Case for Open Borders«, in: Benjamin Powell (Hg.), *The Economics of Immigration. Market-Based Approaches, Social Science, and Public Policy*, New York 2015, S. 180-209, hier S. 186.

60 Pritchett, *Let Their People Come*, S. 30-34.

61 Michael A. Clemens, »Economics and Emigration. Trillion-Dollar Bills on the Sidewalk?«, in: *Journal of Economic Perspectives* 25/3 (2011), S. 83-106, hier S. 85.

se Effizienzgewinne auch nur in Teilen den global Benachteiligten zugutekommen, wäre dies ein massiver Beitrag zur Bekämpfung globaler Armut.

Nun sind solche Schätzungen natürlich immer mit Vorsicht zu genießen, zumal wenn sie eine Situation betreffen, mit der wir (jedenfalls auf globaler Ebene) keine praktischen Erfahrungen haben. Und die in diesem Abschnitt zitierten Erkenntnisse über die Auswirkungen der Migration unter heutigen, vergleichsweise restriktiven Gesetzen lassen vielleicht nur bedingt Rückschlüsse auf die Wirkungen einer *ganz anderen* Politik weitgehend offener Grenzen zu. Dasselbe gilt allerdings für die empirischen Beobachtungen, die zugunsten der *brain-drain*-Hypothese angeführt werden. Es könnte sich um Artefakte einer restriktiven Einwanderungspolitik handeln, die *nur* Hochqualifizierten Einlass gewährt.[62]

Welche Maßnahme tatsächlich das Potenzial hat, ein Übel zu beseitigen, können wir so lange nicht mit Sicherheit wissen, bis das Übel tatsächlich behoben ist. Die Evidenz, die wir heute haben, spricht aber dafür, dass die Einwanderung bereits jetzt einen positiven Beitrag zur Reduktion globaler Ungleichheit und zur Bekämpfung globaler Armut leistet. Und es scheint mir keinen guten Grund für die Annahme zu geben, dass sich dieser Effekt plötzlich ins Gegenteil verkehren würde, wenn sich eine weiter gehende Liberalisierung durchsetzte.

7.2.2 Ist Migration das richtige Mittel?

Wäre ein Prinzip der globalen Chancengleichheit (oder irgendein anderes Prinzip der Verteilungsgerechtigkeit mit globaler Reichweite) *direkt* auf die Einwanderungspolitik anwendbar, so würde daraus nicht nur folgen, dass die Standardansicht falsch ist. (Das jeweilige Verteilungsprinzip gäbe eine Hinsicht vor, in der die Interessen von Einwanderungswilligen bei der Festlegung der Einwanderungspolitik unparteiisch mitberücksichtigt werden müssten, was der These über die gerechtfertigte Parteilichkeit widerspräche.) Angesichts der empirischen Evidenz, die ich im letzten Abschnitt diskutiert habe, würde auch folgen, dass wohlhabende Staaten dazu verpflichtet wären, eine substanziell andere Einwanderungspolitik

62 Calplan, Naik »A Radical Case for Open Borders«, S. 189.

zu verfolgen, als sie dies heute tun: Sie müssten ihre Grenzen für die global Benachteiligten weitgehend öffnen.

An dieser Stelle tritt allerdings die folgende Komplikation auf. Prinzipien der Verteilungsgerechtigkeit sind einer verbreiteten und, wie ich glaube, überzeugenden Auffassung zufolge nicht isoliert auf einzelne Politikbereiche (und schon gar nicht auf einzelne Aufnahmeentscheidungen eines bestimmten Staates) anwendbar, sondern nur auf das Gesamtbündel von *policies*.[63] So wäre es beispielsweise wenig sinnvoll, isoliert über die Verteilungswirkung der Ausgabenpolitik eines Staates nachzudenken, ohne auch die Steuerpolitik in Betracht zu ziehen, und umgekehrt. Denn unterschiedliche Kombinationen aus mehr oder weniger progressiver Besteuerung und mehr oder weniger umverteilenden Ausgaben könnten *insgesamt* ähnliche Verteilungseffekte erzielen.

Analog ist auch die Einwanderungspolitik unter Gesichtspunkten der Verteilungsgerechtigkeit nicht isoliert, sondern nur in Kombination mit anderen *policies* zu beurteilen. Nun scheint es zwar plausibel, dass eine Öffnung der Grenzen für die global Benachteiligten (möglicherweise in Kombination mit anderen Maßnahmen) *ein* geeignetes Mittel darstellt, eine gerechtere globale Verteilung zu erreichen. Aber sie ist wahrscheinlich nicht das *einzige* Mittel. Eine Kombination aus alternativen Maßnahmen könnte ebenfalls zu einer gerechteren Verteilung führen. In Frage käme dafür etwa eine Kombination aus klassischen Formen der Entwicklungszusammenarbeit, direkten monetären Transfers an die global Armen[64] und einer Reform des globalen Handelssystems.[65]

Jede dieser alternativen Maßnahmen wirft natürlich je eigene normative und empirische Fragen auf. Aber nehmen wir einmal an, zwei Bündel von *policies* – eines mit und eines ohne Einwanderungsrecht für die global Benachteiligten – würden in einer ähnlich gerechten globalen Verteilung resultieren. Spräche aus Sicht der Verteilungsgerechtigkeit dann noch etwas dafür, die Grenzen

63 Vgl. dazu die Kritik an einer isolierten Betrachtung der Klimagerechtigkeit in Simon Caney, »Justice and the Distribution of Greenhouse Gas Emissions«, in: *Journal of Global Ethics* 5/2 (2009), S. 125-146.

64 Joseph Hanlon, Armando Barrientos, David Hulme, *Just Give Money to the Poor. The Development Revolution from the Global South*, Sterling, Virginia 2010.

65 Thomas Pogge, *Weltarmut und Menschenrechte. Kosmopolitische Verantwortung und Reformen*, Berlin, New York 2011.

für die global Armen zu öffnen? In der migrationsethischen Debatte wird dies aus zweierlei Gründen bestritten. Zum einen machen zahlreiche Befürworter von Einwanderungsbeschränkungen geltend, dass es den wohlhabenden Staaten beziehungsweise ihren Bürgerinnen freistehe, ihren Verpflichtungen gegenüber den global Benachteiligten *entweder* durch eine Öffnung der Grenzen *oder* auf andere Weise nachzukommen.[66] Dieser *choice view*[67] zufolge ist es ins Belieben der einzelnen Staaten gestellt, welches Bündel von effektiven Maßnahmen sie zur Erfüllung ihrer distributiven Pflichten ergreifen wollen.

Kritik an der Idee, Pflichten gegenüber den global Benachteiligten auf dem Weg einer migrationspolitischen Öffnung zu erfüllen, kommt aber auch von überraschender Seite. Oberman, der selbst ein Befürworter eines Rechts auf globale Bewegungsfreiheit ist, kritisiert die *choice view* – und macht geltend, dass *andere* Maßnahmen (jedenfalls im Kontext der Bekämpfung absoluter Armut) der migrationspolitischen Option vorzuziehen seien.[68] Die global Armen haben seiner Ansicht nach zwar ein auf der Bewegungsfreiheit basiertes Recht, sich in wohlhabendere Länder zu bewegen. Aber sie haben *auch* das Recht, in ihrem Herkunftsland zu bleiben. Und Armutsbekämpfung auf dem Wege einer migrationspolitischen Öffnung zu betreiben, verletze das letztere Recht. Menschen sollten nicht vor die Wahl gestellt werden, entweder in absoluter Armut leben oder auswandern zu müssen.

Ich glaube, dass beide Einwände eine gewisse Berechtigung haben. Wenn globale Verteilungsgerechtigkeit bereits auf anderem Wege erreicht wäre, dann ließen sich Prinzipien der Verteilungsgerechtigkeit nicht mehr heranziehen, um Einwanderungsbeschränkungen zu kritisieren. Und in der besten aller Welten sollte niemand gezwungen sein, sein Land zu verlassen, um absoluter Armut zu entkommen. Doch in der Praxis scheinen mir diese Argumente weniger weitreichende Implikationen zu haben, als es auf den ersten Blick scheinen könnte.

Erstens spricht auch Obermans Argument nicht unbedingt da-

66 Siehe u. a. Miller, »Einwanderung: Das Argument für Beschränkungen«, S. 54 f.; Wellman, »Immigration and Freedom of Association«, S. 126 f.

67 Kieran Oberman, »Immigration, Global Poverty and the Right to Stay«, in: *Political Studies* 59/2 (2011), S. 253-268.

68 Ebd.; siehe auch ders., »Poverty and Immigration Policy«.

gegen, vermittels der Einwanderungspolitik auf eine gerechtere globale Verteilung hinzuwirken, solange niemand unfreiwillig migrieren muss, um absoluter Armut zu entkommen. Hier drängt sich der Vergleich zu anderen Maßnahmen der Armutsbekämpfung auf. Nehmen wir einmal an, es gebe keine Pflicht, über die obligatorische Schulzeit hinaus eine höhere Ausbildung zu absolvieren. Dann sollte niemand vor die Wahl gestellt werden, entweder eine Universität zu besuchen oder in absoluter Armut zu leben. Aber das schließt nicht aus, dass der Aufbau von Universitäten ein legitimes Mittel zur Armutsbekämpfung sein könnte, sofern sich genügend Menschen finden, die sich freiwillig für eine höhere Ausbildung entscheiden, und dies indirekt dazu beiträgt, auch diejenigen Menschen über die Armutsgrenze zu heben, die selbst keinen universitären Abschluss haben. Analog scheint es mir legitim, durch eine migrationspolitische Öffnung auf eine gerechtere globale Verteilung hinzuwirken, sofern dies indirekt dazu beiträgt, die absolute Armut auch derjenigen Menschen zu beseitigen, die selbst nicht migrieren wollen.

Vor allem leben wir aber zweitens faktisch nicht in einer Welt, in der die reichen Staaten ihre Pflichten gegenüber den global Armen *tatsächlich* auf andere Weise erfüllen. Und die Einwanderung in ein reicheres Land unterscheidet sich von anderen Optionen zur Besserstellung der global Benachteiligten dadurch, dass sie von den Betroffenen selbst ergriffen werden kann, sofern sie nicht unter Zwang daran gehindert werden.[69]

Stellen wir uns vor, ein lebensgefährlich erkrankter Patient liege im Spital. Auf dem Nachttisch neben seinem Bett liegt ein Medikament, das sein Leben retten könnte. Ein anderes Medikament, das in einem verschlossenen Schrank im Lagerraum des Spitals liegt, würde dieselbe Wirkung entfalten. Nun darf die Ärztin den Patienten zwar daran hindern, das Medikament auf dem Nachttisch einzunehmen, wenn sie stattdessen das andere Medikament aus dem Lager holt. Aber nehmen wir einmal an, sie weigere sich, dies zu tun. Dann berechtigt die Tatsache, dass das Medikament auf dem Nachttisch nicht das *einzige* ist, das dem Patienten helfen könnte,

69 Für eine Formulierung des Verteilungseinwands gegen Einwanderungsbeschränkungen, die sich auf diese Tatsache stützt, siehe Arash Abizadeh, »The Special-Obligations Challenge to More Open Borders«, in: Sarah Fine, Lea Ypi (Hg.), *Migration in Political Theory. The Ethics of Movement and Membership*, Oxford 2016, S. 105-124, hier S. 105-107.

die Ärztin sicher nicht dazu, ihn unter Zwang daran zu hindern, das Medikament einzunehmen, das in seiner Reichweite liegt.

Überzeugend scheint mir deshalb, dass die *bloße Möglichkeit* alternativer Maßnahmen zur Beseitigung globaler Verteilungsungerechtigkeit so lange nichts zur Rechtfertigung von Einwanderungsbeschränkungen austrägt, bis diese anderen Maßnahmen tatsächlich ergriffen werden. Wohlhabende Staaten haben kein Recht, die Einwanderung aus ärmeren Ländern zu beschränken, solange sie ihre Pflichten gegenüber den global Benachteiligten nicht auf andere Weise erfüllt haben.[70]

7.2.3 Ist globale Verteilungsgerechtigkeit überhaupt gefordert?

Sprechen Prinzipien der Verteilungsgerechtigkeit gegen ein Recht auf Ausschluss? Die bisherigen Überlegungen legen eine differenzierte Antwort nahe. *Wenn* Prinzipien der distributiven Gerechtigkeit auf globaler Ebene anwendbar sind, dann folgt daraus zwar kein allgemeines Recht auf Einwanderung. Restriktionen für die Einwanderung von Menschen, die bereits zu den global Privilegierten zählen, sind aus einer reinen Verteilungsperspektive unproblematisch. Auch steht es den reicheren Staaten grundsätzlich frei, ihre Pflichten der Verteilungsgerechtigkeit auf andere Weise als durch einen Abbau von Einwanderungsbeschränkungen zu erfüllen, und möglicherweise sind diese alternativen Mittel aus normativer Perspektive sogar vorzuziehen. Doch solange sie nicht ergriffen werden, erlauben Prinzipien der globalen Verteilungsgerechtigkeit doch eine starke Kritik an denjenigen Einwanderungsbeschränkungen, die heute mit dem größten Eifer verteidigt werden: Es ist ungerecht, die global Benachteiligten daran zu hindern, durch die Einwanderung in ein wohlhabenderes Land selbst für eine Verbesserung ihrer ökonomischen Lage zu sorgen.

Ob die Forderungen der Verteilungsgerechtigkeit aber tatsäch-

70 Stephan Schlothfeldt, »Ökonomische Migration und globale Verteilungsgerechtigkeit«, in: Alfredo Märker, Stephan Schlothfeldt (Hg.), *Was schulden wir Flüchtlingen und Migranten? Grundlagen einer gerechten Zuwanderungspolitik*, Wiesbaden 2002, S. 93-109, hier S. 95; ähnlich auch Will Kymlicka, »Staatsgrenzen. Eine liberal-egalitäre Perspektive«, in: *Deutsche Zeitschrift für Philosophie* 54/4 (2006), S. 549-575, hier S. 571.

lich einen globalen Anwendungsbereich haben, ist Gegenstand einer Debatte, die seit Jahren kontrovers geführt wird.[71] Und zahlreiche Autoren in der Migrationsdebatte machen geltend, der Verteilungseinwand gegen ein Recht auf Ausschluss scheitere schon daran, dass *globale* Verteilungsgerechtigkeit moralisch gar nicht gefordert sei. Starke Prinzipien der Verteilungsgerechtigkeit seien in ihrer Reichweite vielmehr von vornherein auf den einzelstaatlichen Kontext beschränkt.[72]

Auf die Diskussion über den Anwendungsbereich von Gerechtigkeitsprinzipien werde ich später noch ausführlich zu sprechen kommen.[73] Für den Moment möchte ich einfach zugeben, dass an dieser Stelle ein wichtiger Argumentationsschritt noch aussteht. Denn es wäre zweifellos voreilig, vom weithin anerkannten gleichen moralischen Status aller Menschen direkt auf ein substanzielles Prinzip globaler Chancengleichheit zu schließen. Die Annahme einer fundamentalen moralischen Gleichheit aller Menschen schließt zwar rassistische und andere »Rechtfertigungen« eines Rechts auf Ausschluss aus, die darauf fußen, dass gewisse Menschen weniger wert sind als andere oder moralisch schlicht nicht zählen. Welche weiter gehenden Implikationen sich aus dieser Annahme ableiten lassen, ist aber grundsätzlich eine offene Frage.

71 Für die Ansicht, dass die Reichweite der Verteilungsgerechtigkeit auf den einzelstaatlichen Kontext beschränkt ist, siehe u. a. Rawls, *Das Recht der Völker*, insbesondere S. 141-149; Michael Blake, »Distributive Justice, State Coercion, and Autonomy«, in: *Philosophy & Public Affairs* 30/3 (2001), S. 257-296; Thomas Nagel, »Das Problem globaler Gerechtigkeit«, in: Christoph Broszies, Henning Hahn (Hg.), *Globale Gerechtigkeit. Schlüsseltexte zur Debatte zwischen Partikularismus und Kosmopolitismus*, Berlin 2010, S. 104-145; Andrea Sangiovanni, »Global Justice, Reciprocity, and the State«, in: *Philosophy & Public Affairs* 35/1 (2007), S. 3-39. Für die gegenteilige These, dass Forderungen der distributiven Gerechtigkeit (jedenfalls unter Bedingungen der ökonomischen Globalisierung) über staatliche Grenzen hinaus reichen, siehe Charles R. Beitz, *Political Theory and International Relations*, Princeton, New Jersey 1979; Arash Abizadeh, »Cooperation, Pervasive Impact, and Coercion. On the Scope (not Site) of Distributive Justice«, in: *Philosophy & Public Affairs* 35/4 (2007), S. 318-358. Für eine Zwischenposition siehe Miriam Ronzoni, »The Global Order: A Case of Background Injustice? A Practice-Dependent Account«, in: *Philosophy & Public Affairs* 37/3 (2009), S. 229-256.

72 Siehe u. a. Miller, »Einwanderung: Das Argument für Beschränkungen«, S. 53 f.; Wellman, »Immigration and Freedom of Association«, S. 119-130.

73 Siehe Abschnitt 9.1.

Auch folgt aus der Ansicht, dass die Perspektive der Gerechtigkeit *letztlich* eine Perspektive der Unparteilichkeit ist, noch nicht zwingend, dass Entscheidungen über Einwanderungsbegehren einem Gebot der strikten Unparteilichkeit unterliegen. Denn es ist durchaus denkbar, dass für gewisse Formen von »Parteilichkeit erster Stufe« eine unparteiische Rechtfertigung höherer Stufe gegeben werden kann.[74] Ein vergleichsweise unstrittiges Beispiel dürfte die Parteilichkeit von Strafverteidigern zugunsten ihrer Mandanten sein. Strafverteidiger sind nicht verpflichtet, in ihrer konkreten Arbeit unparteiisch zu handeln. Aber das System der Strafverfolgung als Ganzes muss wohl mit Gründen gerechtfertigt werden, die aus unparteiischer Perspektive akzeptabel sind.

Ein Darstellungsmittel für diese Forderung nach Unparteilichkeit höherer Stufe ist die bereits erwähnte Vertragssituation nach Rawls. Die vertragstheoretische Herangehensweise hat zudem den Vorteil, dass der Wert der Bewegungsfreiheit nicht von vornherein auf ihre instrumentelle Bedeutung für den Zugang zu ökonomischen Ressourcen reduziert werden muss; die Vertragspartner könnten *auch* die Tatsache berücksichtigen, dass die globale Bewegungsfreiheit selbst eine intrinsisch wertvolle Freiheit ist und den Anwendungsbereich anderer Freiheiten erweitert. Auf diesen kontraktualistischen Zugang, der freiheitliche und egalitaristische Momente in sich vereinigt, werde ich im neunten Kapitel zurückgreifen. In diesem Zusammenhang werde ich auch die Frage nach dem Anwendungsbereich von Gerechtigkeitsprinzipien wieder aufgreifen.

Für den Moment möchte ich die Diskussion über Fragen der Verteilungsgerechtigkeit aber mit einem doppelten Konditional beschließen: *Wenn* sich zeigen lässt, dass Forderungen der distributiven Gerechtigkeit eine globale Reichweite haben, und *wenn* diese Forderungen nicht bereits auf andere Weise erfüllt sind, *dann* besteht eine teilweise Komplementarität zwischen dem Argument für ein individuelles Recht auf globale Bewegungsfreiheit und Überlegungen der Verteilungsgerechtigkeit. Gründe der Verteilungsgerechtigkeit unterstützen die Forderung nach einer Aufhebung derjenigen Einwanderungsbeschränkungen, bei denen die *stakes* am höchsten sind. Restriktionen für die Einwanderung der global

74 Vgl. Brian Barry, *Justice as Impartiality. A Treatise on Social Justice II*, Oxford 1995.

Benachteiligten in wohlhabende Länder sind nicht nur problematisch, weil sie die individuelle Freiheit einschränken, sondern auch, weil sie den Unterprivilegierten die Möglichkeit nehmen, ihre ökonomische Situation auf selbstbestimmte Weise zu verbessern.

7.3 Demokratie

Im Rahmen abstrakter Gerechtigkeitstheorien mögen Einwanderungsbeschränkungen schwer zu rechtfertigen sein; unter demokratischen Gesichtspunkten sind sie aber legitim. – So lautet eine verbreitete Auffassung. Sie kommt etwa in Kay Hailbronners Beteuerung zum Ausdruck, dass es bei der Einwanderung um politische Fragen gehe, die nicht im Rekurs auf moralische Kategorien entschieden werden könnten.[75] Umso überraschender mag der dritte und letzte Einwand gegen die Standardansicht sein, den ich hier kurz einführen möchte: Unilaterale Einwanderungsbeschränkungen sind undemokratisch – so behauptet Arash Abizadeh in einem viel beachteten Aufsatz.[76] Wichtig ist dabei die Rede von *unilateralen* Beschränkungen auf einzelstaatlicher Ebene. Anders als Carens bestreitet Abizadeh nicht, dass Einwanderungsbeschränkungen *inhaltlich* ihre Berechtigung haben könnten. Er bestreitet vielmehr, dass die Bürgerinnen eines Einzelstaates die richtige *Instanz* sind, um demokratisch legitime Entscheidungen über solche Beschränkungen zu fällen; sein Einwand richtet sich gegen die These über die nationalstaatliche Entscheidungskompetenz.[77]

Im Zentrum von Abizadehs Argumentation steht die Frage nach der Konstitution des *demos*, dessen Mitglieder gemäß dem demokratischen Ideal als Freie und Gleiche über ihre eigenen politischen Geschicke entscheiden. Wer ist Mitglied des »Volks«, dessen Selbst-

75 Kay Hailbronner, »Citizenship and Nationhood in Germany«, in: William Rogers Brubaker (Hg.), *Immigration and the Politics of Citizenship in Europe and North America*, Lanham, Maryland 1989, S. 67-79.

76 Arash Abizadeh, »Democratic Theory and Border Coercion. No Right to Unilaterally Control Your Own Borders«, in: *Political Theory* 36/1 (2008), S. 37-65.

77 Genau genommen lässt Abizadeh die Möglichkeit offen, dass die migrationspolitische Entscheidungskompetenz an die Bürgerinnen der Einzelstaaten delegiert werden könnte. Allerdings würde dies einen vorgängigen demokratischen Entscheid auf internationaler Ebene voraussetzen. Siehe ebd., S. 54.

bestimmung Demokratinnen hochhalten? Eine naheliegende Antwort lautet zunächst, dass es am jeweiligen *demos* selbst sei, über seine zukünftige Zusammensetzung zu befinden.[78] Diese Antwort ist allerdings unbefriedigend, da sich dann natürlich die Frage stellt, wie der vorhergehende *demos* konstituiert sein muss, damit seine Entscheidung über diese Frage als demokratisch legitim gelten kann.[79] Der Versuch, die Frage nach der Zusammensetzung des *demos* selbst unter Verweis auf eine demokratische Prozedur zu beantworten, endet damit in einem infiniten Regress – es sei denn, wir nehmen an, dass der *demos* zu irgendeinem Zeitpunkt t_0 extern vorgegeben und selbst nicht Gegenstand demokratietheoretischer Prinzipien ist. Diese Annahme entspricht einem klassisch-republikanischen Demokratieverständnis: Es sind die Beteiligten an einem historischen Akt der Staatsgründung, die den ursprünglichen *demos* konstituieren, der dann immer wieder neu über seine eigene Zusammensetzung bestimmt.

Diese Antwort hat allerdings Implikationen, die schwer zu akzeptieren sind. Wäre es richtig, dass die Frage, wer ursprünglich zum *demos* gehört, selbst nicht demokratietheoretisch beantwortet werden kann, so müssten wir *jede* Form von Herrschaft als demokratisch anerkennen, bei der *irgendeine* Gruppe von Menschen fortlaufend nach einem demokratischen Verfahren entscheidet, wem politische Mitbestimmungsrechte verliehen werden. So wäre es demokratietheoretisch völlig unproblematisch, wenn etwa die Männer auf einem Territorium in einem demokratischen Verfahren entscheiden, den Frauen das Wahlrecht zu verweigern (wie dies in der Schweiz bei der Volksabstimmung 1959 geschah). Wollen wir die Verweigerung des Frauenwahlrechts als undemokratisch kritisieren können (und zwar unabhängig davon, nach welchem Verfahren die Männer über den Ausschluss der Frauen entscheiden), so müssen wir annehmen, dass die Demokratietheorie ein substan-

78 Ein solches Demokratieverständnis scheint Seyla Benhabib vorauszusetzen, wenn sie zu der Diagnose gelangt, mit Blick auf Migrationsfragen bestehe ein »unauflösbarer Widerspruch […] zwischen den expansiven und inklusiven Prinzipien des moralischen und politischen Universalismus der Menschenrechte und den partikularistischen und exklusiven Konzepten demokratischer Abschließung«. Seyla Benhabib, *Die Rechte der Anderen. Ausländer, Migranten, Bürger*, Frankfurt/M. 2008, S. 29 f.

79 Abizadeh, »Democratic Theory and Border Coercion«, S. 46.

zielles Prinzip darüber enthält, wer an politischen Entscheidungen beteiligt sein sollte.[80]

Das konstitutive demokratische Prinzip, auf das sich Abizadeh beruft, ist ein Prinzip der Zwangsunterworfenheit. Ein demokratisches Mitbestimmungsrecht haben diesem Prinzip zufolge diejenigen, die dem Zwang staatlicher Gesetze unterworfen sind (wobei Abizadeh unter »Zwang« nicht nur die direkte Anwendung physischen Zwangs versteht, sondern auch »kommunikativen Zwang« durch die Androhung physischen Zwangs).[81] Ähnliche Prinzipien wurden von anderen Autorinnen bereits früher herangezogen, um ein politisches Mitspracherecht für langfristig niedergelassene Einwanderer im jeweiligen Aufenthaltsland zu fordern.[82] Abizadeh geht aber noch einen Schritt weiter. Da Einwanderungsbeschränkungen immer mit der Androhung von Zwang gegenüber potenziellen Migrantinnen verbunden seien, dürften *Nichtbürgerinnen im Ausland* nicht von der demokratischen Entscheidung über solche Restriktionen ausgeschlossen werden:

> Erstens verlangt eine demokratische Theorie der Volkssouveränität, dass die zwangsbewehrte Ausübung politischer Macht gegenüber all denjenigen demokratisch gerechtfertigt wird, über die sie ausgeübt wird, d. h., eine Rechtfertigung ist all denjenigen geschuldet, die staatlichem Zwang unterworfen sind. Zweitens unterwirft das Regime der Grenzkontrolle einer umgrenzten politischen Gemeinschaft sowohl Mitglieder als auch Nichtmitglieder der zwangsbewehrten Ausübung politischer Macht. Also ist eine Rechtfertigung für ein bestimmtes Regime der Grenzkontrolle nicht nur denjenigen geschuldet, die durch die Grenzziehung als Mitglieder bestimmt werden, sondern auch denjenigen, die nicht Mitglieder sind.[83]

Müssen wir Menschen im Ausland also ein Mitbestimmungsrecht über die Einwanderungspolitik einräumen? Wer diese Konklusion vermeiden möchte, dem stehen grundsätzlich zwei Argumentationswege offen. Man kann entweder bestreiten, dass Einwande-

80 Ebd., S. 56.

81 Ebd., S. 39-48, 57-60.

82 Siehe u. a. Robert A. Dahl, *On Democracy*, New Haven 1998; Ruth Rubio-Marín, *Immigration as a Democratic Challenge. Citizenship and Inclusion in Germany and the United States*, Cambridge 2000; Claudio López-Guerra, »Should Expatriates Vote?«, in: *Journal of Political Philosophy* 13/2 (2005), S. 216-234.

83 Abizadeh, »Democratic Theory and Border Coercion«, S. 45, eigene Übersetzung.

rungsbeschränkungen Menschen im Ausland im relevanten Sinn einem Zwang unterwerfen (Abschnitt 7.3.1), oder aber man kann die Annahme zurückweisen, dass jeder Zwang demokratisch legitimiert werden muss (Abschnitt 7.3.2).

7.3.1 Einwanderungsbeschränkung als Zwang?

Die erstere Argumentationsstrategie verfolgt Miller in seiner Replik auf Abizadeh.[84] Er wendet ein, Abizadehs Zwangsbegriff sei viel zu weit. Um diese Kritik zu illustrieren, greift Miller auf das Beispiel eines Nachbarn zurück, der ständig versucht, unbefugt in sein Haus einzudringen. Wenn er diesem Nachbarn schließlich drohe, die Polizei zu rufen, sollte er nicht von seinem Tun ablassen, so sei dies nach Abizadehs Definition ein Fall von Zwang, und dem Nachbarn müsste ein Mitspracherecht eingeräumt werden. Das sei jedoch unplausibel, denn der Nachbarn werde keineswegs zu einer bestimmten Handlungsweise gezwungen. Miller schlägt deshalb vor, Zwang *(coercion)* von der bloßen Hinderung an einer bestimmten Handlungsweise *(prevention)* abzugrenzen. Nur Zwang in diesem engeren Sinn löse den starken Rechtfertigungsbedarf aus, den Abizadeh im Blick habe. Bei Einwanderungsbeschränkungen hätten wir es aber genau wie im Beispiel des Nachbarn bloß mit *prevention* zu tun – Abizadehs Argument scheitere deshalb bereits an der Annahme, dass Einwanderungsbeschränkungen im relevanten Sinn eine Form von Zwang darstellen.

Interpretiert man das Prinzip der Zwangsunterworfenheit dahingehend, dass nur Zwang in Millers engem Sinn ein politisches Mitbestimmungsrecht begründet, so müssten wir die Forderungen der demokratischen Legitimität allerdings auch innerhalb der einzelnen Staaten stark zurückfahren.[85] Nur gerade die Wehrpflicht und vielleicht noch die Steuerpflicht bedürften einer demokratischen Legitimation, weil sie Menschen zu einer spezifischen Handlung zwingen. Beschlösse die Polizei hingegen eigenmächtig, eine beliebige Aktivität wie beispielsweise das Picknicken unter Strafe zu stellen, so wäre dies demokratietheoretisch völlig unproblematisch.

84 David Miller, »Why Immigration Controls Are Not Coercive. A Reply to Arash Abizadeh«, in: *Political Theory* 38/1 (2010), S. 111-120.

85 Arash Abizadeh, »Democratic Legitimacy and State Coercion. A Reply to David Miller«, in: *Political Theory* 38/1 (2010), S. 121-130, hier S. 127 f.

Nach einer demokratischen Legitimation für seinen Entscheid gefragt, könnte der Polizeichef antworten: »Wir zwingen niemanden zu etwas, wir nehmen den Menschen bloß eine Option weg, und folglich ist eine demokratische Entscheidung in diesem Fall gar nicht nötig.« Das wäre offensichtlich abwegig. Und umgekehrt sind die Implikationen, die das Prinzip der Zwangsunterworfenheit unter Abizadehs weitem Zwangsbegriff für das Beispiel des Nachbarn hat, längst nicht so absurd, wie Miller suggeriert. Gefordert ist natürlich nicht, dass Miller seinem Nachbarn ein Mitspracherecht bei der Ausübung seines Hausrechts einräumt – das System von Eigentumsrechten, auf dem dieses Hausrecht basiert, bedarf aber sehr wohl einer demokratischen Rechtfertigung.[86]

7.3.2 Demokratische Legitimität und moralische Rechtfertigung

Wenn jeder Zwang einer demokratischen Legitimation bedarf, so scheint mir die Diagnose unvermeidlich, dass mit Blick auf unilaterale Einwanderungsbeschränkungen ein Demokratiedefizit vorliegt. Doch das gilt nicht nur für Einwanderungsbeschränkungen. Denn auch in einer Welt mit offenen Grenzen würden immer noch zahlreiche einzelstaatliche Gesetze Menschen im Ausland mit Zwang bedrohen. Auf dieses Problem weist ein anonymes Review von Abizadehs Aufsatz hin. Das Verbot homosexueller Handlungen in Nigeria beispielsweise bedrohe alle Menschen weltweit mit Zwang, wenn sie nach Nigeria reisten und dort gleichgeschlechtlichen Sex hätten.[87] Müssten Menschen im Ausland also ein Mitbestimmungsrecht über dieses nigerianische Gesetz bekommen? Um ein anderes Beispiel zu nennen, bei dem kein offensichtliches Unrecht im Spiel ist: Muss ein Parkverbot an der Zollikerstraße in Zürich gegenüber allen Menschen weltweit demokratisch gerechtfertigt werden, die auf die Idee kommen könnten, nach Zürich zu reisen und an der Zollikerstraße ein Auto zu parken?

Abizahdeh versucht, solche Implikationen zu vermeiden, indem er zwischen Zwangsandrohungen unterscheidet, die sich direkt an Menschen im Ausland richten (wie dies bei Einwanderungs-

86 Ebd.; siehe auch Ladwig, »Offene Grenzen als Gebot der Gerechtigkeit?«, S. 76 f.
87 Abizadeh, »Democratic Theory and Border Coercion«, S. 65. Fn. 59.

beschränkungen der Fall sei), und Zwangsandrohungen, die sich nur an Menschen richten, die sich bereits auf dem jeweiligen Territorium befinden. Die Beschreibung, wonach das nigerianische Gesetz alle Menschen weltweit mit Zwang bedroht, weist Abizadeh zurück: Menschen im Ausland seien nicht *Adressaten* der entsprechenden Rechtsnorm.[88]

Abizadehs Idee scheint hier die zu sein, dass eine Drohung der Art »Alle Mitglieder der Gruppe G müssen mit physischem Zwang rechnen, wenn sie φ-en!« nur diejenigen Individuen im relevanten Sinn einem Zwang unterwirft, die bereits Mitglieder der Gruppe G sind. Wer hingegen bloß durch eine separate Handlung φ* Mitglied der Gruppe G werden *könnte*, ist aktuell nicht Adressat der entsprechenden Rechtsnorm und hat damit auch keinen Anspruch auf demokratische Mitbestimmung.

Die aus dieser Einschränkung resultierende Interpretation des Prinzips der Zwangsunterworfenheit ist auf den ersten Blick attraktiv, da sie radikale, aber nicht *zu* radikale Implikationen hat. Einwanderungsgesetze haben dieser Interpretation zufolge einen speziellen Status, weil sie sich direkt an Menschen im Ausland richten. Diese Gesetze müssen auf internationaler Ebene demokratisch ausgehandelt werden (wobei Abizadeh bezüglich der praktischen Implikationen dieser Forderung einigermaßen vage bleibt[89]). Innerstaatliche Gesetze wie das Parkverbot an der Zollikerstraße haben hingegen einen territorial definierten Adressatenkreis und müssen nur denjenigen Menschen gegenüber demokratisch legitimiert werden, die zu diesem Adressatenkreis zählen. Dazu gehören bereits eingewanderte Personen (und möglicherweise auch Touristinnen), nicht aber Menschen, die sich im Ausland aufhalten.

Bei genauerer Betrachtung scheint mir Abizadehs Einschränkung des Zwangsbegriffs aber alles andere als unproblematisch zu sein. Selbst wenn wir ein geeignetes Kriterium zur Hand hätten, um Handlungen zu individuieren,[90] wäre nämlich nicht klar, weshalb das Wegnehmen von »Suboptionen« weniger problematisch

88 Ebd.

89 Robin Celikates, »Demokratische Inklusion: Wahlrecht oder Bürgerschaft?«, in: Andreas Cassee, Anna Goppel (Hg.), *Migration und Ethik*, Münster 2012, S. 291-305, hier S. 294.

90 Zur Notwendigkeit eines solchen Kriteriums siehe Ben Saunders, »Immigration, Rights and Democracy«, in: *Theoria* 58/129 (2011), S. 58-77, hier S. 70.

sein sollte als das Wegnehmen von Optionen erster Ordnung. Das wird deutlich, wenn man sich vor Augen führt, dass sich zahlreiche einzelstaatliche Gesetze nur an eine Subgruppe der territorial Anwesenden richten, etwa an Hausbesitzerinnen, Autofahrer oder Eltern. Abizadehs Einschränkung zufolge wäre es völlig unproblematisch (oder sogar gefordert), entsprechende Gesetze nur durch diejenigen Menschen bestimmen zu lassen, die bereits Mitglieder der entsprechenden Gruppe sind. Wer hingegen bloß ein Haus erwerben, Auto fahren oder ein Kind bekommen könnte, hätte so lange kein Mitspracherecht, bis er oder sie sich entscheidet, dies tatsächlich zu tun. Das ist aber unbefriedigend, weil die Entscheidung für oder gegen den Kauf eines Hauses, das Autofahren oder das Kinderkriegen möglicherweise ihrerseits davon abhängt, welchen Gesetzen man als Hausbesitzerin, Autofahrer oder Elternteil in der Folge unterworfen sein wird.

Auf der praktischen Ebene ergibt sich daraus ein Potenzial, demokratische Rechtfertigungspflichten zu umgehen. Beispielsweise könnte eine Berufsgruppe, für die spezielle Gesetze gelten, unilateral prohibitive Regelungen erlassen, um Konkurrenz durch neue Kolleginnen zu vermeiden. Und ähnlich wären auch »indirekte« Einwanderungsbeschränkungen denkbar. Es könnte beispielsweise die Regelung erlassen werden, dass Ausländerinnen zwar jederzeit ins Land einreisen dürfen, aber nach einem Monat Aufenthaltsdauer eine Niederlassungsgebühr von zehn Millionen Euro entrichten müssen oder andernfalls mit mehreren Jahren Gefängnis bestraft werden. Dieses Regime hätte zwar ähnliche Folgen wie »direkte« Einwanderungsbeschränkungen, es wäre Abizadehs Argumentation zufolge aber demokratietheoretisch unproblematisch: Die Mitglieder eines territorial definierten *demos* dürften unilateral darüber entscheiden.

Abizadehs Versuch, das Prinzip der Zwangsunterworfenheit durch den Verweis auf den beschränkten Adressatenkreis innerstaatlicher Gesetze vor allzu radikalen Implikationen zu bewahren, scheint mir deshalb letztlich nicht überzeugend. Wenn das Prinzip durchkommt, so müsste auch die Rechtfertigung so harmloser Regelungen wie des Parkverbots an der Zollikerstraße von einem globalen *demos* ausgehen. Zwar müssten Einzelfragen wie das Parkverbot natürlich nicht auf globaler Ebene entschieden werden – aber das System territorialer Jurisdiktionsrechte, das entsprechenden einzelstaatlichen (und subnationalen) Entscheidungsbefugnissen zugrunde liegt, müsste auf globaler Ebene demokratisch ausgehandelt werden.

Wenn jeder Zwang demokratisch legitimiert werden muss, *dann* scheint mir kein Weg an der Konklusion vorbeizuführen, dass das System territorialer Rechte auf globaler Ebene demokratisch ausgehandelt werden müsste. Doch muss wirklich jeder Zwang *demokratisch* gerechtfertigt werden? Genügte es nicht, wenn es eine überzeugende *inhaltliche* Rechtfertigung für ein bestimmtes System territorialer Rechte gäbe?[91] Ich möchte diese Frage hier explizit offenlassen. Die Antwort scheint mir nicht zuletzt davon abzuhängen, wie man sich zur schwierigen Frage nach dem Verhältnis zwischen demokratischer Legitimität und moralischer Rechtfertigung verhält. Geht man davon aus, dass demokratische Aushandlung der primäre Modus der Rechtfertigung von Zwang ist oder dass jeder Zwang (idealerweise) *sowohl* demokratisch legitimiert *als auch* durch gute Gründe gerechtfertigt sein sollte, so scheint mir die Diagnose eines Demokratiedefizits unvermeidbar. Weist man diese Annahme hingegen zurück, so bleibt die Möglichkeit offen, dass das System territorialer Rechte auf *andere* Weise (nämlich durch substanzielle moralische oder gerechtigkeitstheoretische Überlegungen) gerechtfertigt sein könnte. Klar scheint mir aber, dass jeder Zwang auf *mindestens eine* der beiden Weisen gerechtfertigt sein muss.

Ob mit Blick auf unilaterale Einwanderungsbeschränkungen ein Demokratiedefizit besteht, wie Abizadeh behauptet, konnte an dieser Stelle nicht abschließend beurteilt werden. Es scheint mir jedoch wichtig, diese These von einem Demokratiedefizit von der schwächeren negativen These zu unterscheiden, dass Einwanderungsbeschränkungen gegenüber potenziellen Migrantinnen nicht demokratisch gerechtfertigt sind. Diese negative These ist geradezu banalerweise wahr. Sie lässt offen, ob eine demokratische Rechtfertigung in diesem Fall überhaupt gefordert ist. Doch die negative These macht bereits deutlich, dass der Verweis auf demokratische Entscheidungsverfahren im Einzelstaat für die Rechtfertigung von

91 Diese Möglichkeit macht Ben Saunders stark: Er gesteht zu, dass Einwanderungsbeschränkungen eine Form von Zwang darstellen, behauptet aber, dass dieser Zwang durch territoriale Rechte gerechtfertigt sei, die ihrerseits nicht demokratisch, sondern gerechtigkeitstheoretisch begründet seien. Siehe ebd., S. 62-74.

unilateral beschlossenen Einwanderungsbeschränkungen nicht in derselben Weise einschlägig sein kann wie für die Rechtfertigung staatlichen Zwangs gegenüber unseren Mitbürgerinnen.

Einer Minderheit von Bürgerinnen, die in irgendeiner Sachfrage unterlegen ist, können wir sagen: »Ihr hattet die Möglichkeit, eure Argumente in die Debatte einzubringen, und eure Stimmen wurden gezählt. Ihr könnt versuchen, in Zukunft Mehrheiten für eine Änderung der bestehenden Regeln zu finden; für den Moment müsst ihr aber die Regeln akzeptieren, auf die wir uns als Freie und Gleiche in einem demokratischen Verfahren geeinigt haben.« Gegenüber potenziellen Migrantinnen (und gegenüber Menschen, die sich in Ausschaffungshaft befinden) steht eine solche Argumentation hingegen nicht zur Verfügung. Sie hatten gerade kein Mitbestimmungsrecht bei der Festlegung der Regeln, denen sie unterworfen sind. Was auch immer den Zwang rechtfertigen mag, der ihnen angedroht beziehungsweise gegen sie zur Anwendung gebracht wird – ihre Beteiligung an einem demokratischen Entscheidungsverfahren kann es nicht sein. Der Verweis darauf, dass »unsere Einwanderungsgesetze doch demokratisch beschlossen wurden«, ist deshalb keine überzeugende Antwort auf die Frage nach der Rechtfertigung von Einwanderungsbeschränkungen.

8.
Ein Recht auf globale Bewegungsfreiheit

Von den drei Einwänden gegen die Standardansicht, die ich im letzten Kapitel diskutiert habe, spricht nur der erste *grundsätzlich* gegen Einwanderungsbeschränkungen.[1] Es ist dieser Einwand über die Bewegungsfreiheit, den ich in diesem und im nächsten Kapitel verteidigen möchte. Menschen haben meiner Ansicht nach ein moralisches Recht, sich auch über Staatsgrenzen hinweg frei auf der Erdoberfläche zu bewegen und selbst zu entscheiden, in welchem Land sie sich (vorübergehend oder dauerhaft) aufhalten möchten.

Im Folgenden möchte ich zunächst kurz präzisieren, was ich damit (nicht) behaupten möchte (Abschnitt 8.1). Anschließend verteidige ich die Ansicht, dass dieselben Gründe, die dem weithin anerkannten Recht auf innerstaatliche Bewegungs- und Niederlassungsfreiheit zugrunde liegen, auch für ein Recht auf zwischenstaatliche Bewegungs- und Niederlassungsfreiheit sprechen (Abschnitt 8.2). Schließlich diskutiere ich den Einwand, dass das Paradigma der selbstbestimmten Mobilität, das diesem Argument zugrunde liegt, auf einer unzulässigen Idealisierung der Umstände beruhe, unter denen Migration faktisch stattfinde (Abschnitt 8.3), bevor ich zum Schluss des Kapitels ein kurzes Fazit ziehe (Abschnitt 8.4). Im Verlauf dieses Kapitels werde ich versuchen, gerechtigkeitstheoretisch möglichst neutral zu bleiben. Denn das Argument, das ich hier formuliere, scheint mir mit einem breiten Spektrum von unterschiedlichen umfassenden gerechtigkeitstheoretischen Positionen kompatibel.

1 Restriktionen für die Wanderung zwischen ökonomisch vergleichbaren Regionen scheinen aus Sicht eines Prinzips der globalen Verteilungsgerechtigkeit grundsätzlich unproblematisch. Und Einwanderungsbeschränkungen könnten auch Abizadehs demokratischem Prinzip Genüge tun, nämlich dann, wenn sie von einem globalen *demos* gutgeheißen würden.

8.1 Worauf ein Recht auf globale Bewegungsfreiheit (k)ein Recht wäre

Im öffentlichen Diskurs wird Migration oft als Ausdruck eines Defizits angesehen. Migrantinnen werden wahlweise als Getriebene eines entfesselten globalen Kapitalismus neoliberaler Prägung oder als Opfer »mangelnder Reformbereitschaft« und wirtschaftlicher Unfreiheit in den Herkunftsländern dargestellt. In einer idealen Welt »müsste« niemand migrieren, so der gemeinsame Tenor beider Seiten, und »Ursachenbekämpfung« sei letztlich die beste Reaktion auf die »Migrationsströme« der Gegenwart. In eine ähnliche Richtung argumentiert auch John Rawls, der die Nichtbehandlung der Einwanderungsfrage in seiner internationalen Theorie damit begründet, dass sie unter gerechten Bedingungen ohnehin ihre Bedeutung verlöre: »Das Problem der Immigration wird demnach nicht einfach offengelassen, sondern als ernsthaftes Problem durch eine realistische Utopie aufgelöst.«[2]

Dass in einer idealen Welt niemand migrieren *müsste*, möchte ich nicht in Frage stellen, im Gegenteil: Das Recht auf Bewegungsfreiheit schließt auch ein Recht ein, sich *nicht* von einem Ort wegzubewegen. Wer die Bewegungsfreiheit hochhält, wird deshalb zögern, die Erfüllung anderer grundlegender Rechte davon abhängig zu machen, dass eine Person bereit ist, ihr Herkunftsland zu verlassen.[3] In einer idealen Welt hätte jede Person die Möglichkeit, in ihrem Herkunftsland ein anständiges Leben zu führen, so viel ist unstrittig. Dass deshalb aber niemand das *Recht* hätte, seinen Lebensmittelpunkt in ein anderes Land zu verlagern, möchte ich bestreiten.

Um Missverständnissen vorzubeugen, scheint es mir sinnvoll, hier kurz zu präzisieren, was ich damit *nicht* behaupten möchte. Erstens lautet meine Behauptung nicht, dass Migration (aus Sicht einzelner Migrantinnen, der Einwanderungsgesellschaften oder auch der Menschheit insgesamt) eine gute Sache oder empfehlens-

2 John Rawls, *Das Recht der Völker. Enthält: »Nochmals: Die Idee der öffentlichen Vernunft«*, Berlin, New York 2002, S. 8

3 Kieran Oberman, »Immigration, Global Poverty and the Right to Stay«, in: *Political Studies* 59/2 (2011), S. 253-268, insbesondere S. 257-260; siehe auch ders., »Poverty and Immigration Policy«, in: *American Political Science Review* 109/02 (2015), S. 239-251, hier S. 246 f.

wert sei oder dass es gut wäre, wenn mehr Migration stattfände. Meine These ist keine evaluative, sondern eine deontische: Ich behaupte, dass Menschen ein moralisches *Recht* haben, die Entscheidung über ihren Aufenthaltsort selbst zu fällen.

Auch in einer Welt mit offenen Grenzen hätten zweifellos viele Menschen gute Gründe, nicht zu migrieren. Doch genau wie ein Bekenntnis zur Religionsfreiheit uns nicht darauf festlegt, religiöse Betätigung zu empfehlen, muss auch ein Bekenntnis zur Bewegungsfreiheit nicht mit einer Empfehlung der zwischenstaatlichen Migration einhergehen. Und genau wie die Religionsfreiheit auch die Entscheidung schützt, keine Religion auszuüben, gehört zur Bewegungsfreiheit zentral auch das Recht, an einem Ort zu bleiben. Zwischen Bewegungsfreiheit und Niederlassungsfreiheit besteht deshalb ein enger Zusammenhang: Ein allgemeines Recht, sich (nicht) zu bewegen, schließt immer schon das spezifischere Recht ein, sich von einem bestimmten Ort nicht mehr wegzubewegen beziehungsweise sich dort niederzulassen.

Das Recht auf Bewegungsfreiheit, das hier im Blick ist, ist zweitens als ein *negatives moralisches Anspruchsrecht* zu verstehen.[4] Die These lautet nicht, dass wir verpflichtet sind, Einwanderungswilligen im Ausland aktiv die Einreise zu ermöglichen, sondern nur, dass wir sie nicht mit staatlichen Zwangsmitteln an der Einwanderung hindern dürfen.[5] Dieses negative moralische Anspruchsrecht impliziert wohl, dass Menschen diesbezüglich eine rechtliche Erlaubnis beziehungsweise ein rechtliches Privileg besitzen sollten. Das schließt aber nicht aus, dass Individuen in bestimmten Fällen moralisch verpflichtet sein könnten, von der Einwanderung in ein anderes Land abzusehen (beispielsweise, weil sie Verpflichtungen

4 Man könnte natürlich der Ansicht sein, dass Individuen über das negative Anspruchsrecht auf Bewegungsfreiheit hinaus auch gewisse positive Mobilitätsansprüche haben (im innerstaatlichen Fall beispielsweise ein Recht darauf, dass der Staat ein angemessenes Straßennetz unterhält oder öffentliche Verkehrsmittel zur Verfügung stellt). Die Frage nach einem solchen Recht liegt aber jenseits des Gegenstandsbereichs dieser Arbeit.

5 Damit möchte ich nicht in Abrede stellen, dass auch negative Rechte positive Pflichten seitens des Staates generieren. Das negative Recht auf Bewegungsfreiheit umfasst beispielsweise einen Anspruch, dass die Polizei eingreift, wenn eine private Bürgerwehr versucht, ihrerseits Einwanderungsbeschränkungen durchzusetzen. Vgl. Henry Shue, *Basic Rights. Subsistence, Affluence, and U.S. Foreign Policy*, Princeton, New Jersey [2]1996, S. 35-64.

eingegangen sind, die sie nur vor Ort erfüllen können); eine moralische Erlaubnis muss mit dem Recht auf Bewegungsfreiheit, wie ich es verstehen möchte, also nicht unbedingt einhergehen.

Welche weiteren Rechte und Pflichten aus der *Wahrnehmung* des Rechts auf globale Bewegungsfreiheit resultieren, ist grundsätzlich eine offene Frage. Diese Frage nach den Rechten und Pflichten von Migrantinnen im Einwanderungsland bildet neben der Frage nach einer gerechten Regelung des territorialen Zugangs den zweiten großen Teilbereich der Migrationsethik, und ich kann hier nicht in angemessener Weise auf die entsprechenden Debatten eingehen. Aber ich will versuchen, kurz meine eigene Position zu umreißen. Meine Ansicht ist, dass Migrantinnen grundsätzlich den gleichen Zugang zu staatlichen Leistungen haben sollten wie Menschen, die durch Geburt auf das jeweilige Territorium gelangt sind. Es mag legitim sein, gewisse Leistungen wie Arbeitslosengelder oder Rentenzahlungen an die Bedingung einer gewissen Beitragsdauer zu knüpfen, aber entsprechende Regelungen sollten für bisherige Bürger und Migrantinnen gleichermaßen gelten. Im Gegenzug sollten Migrantinnen natürlich auch den gleichen Pflichten einschließlich der Steuerpflicht unterliegen wie bisherige Bürger (was gegen eine niedrigere »Pauschalbesteuerung« reicher Neuankömmlinge spricht, wie sie in der Schweiz mancherorts praktiziert wird, um wohlhabende Ausländer anzulocken). Und schließlich glaube ich, dass langfristig niedergelassenen Migrantinnen die vollen politischen Mitbestimmungsrechte gewährt werden sollten. Menschen, die sich seit Jahren im Land aufhalten oder gar im Land geboren wurden, vom politischen Prozess auszuschließen, scheint mir mit dem demokratischen Gedanken unvereinbar.[6] Es mag zwar gute Gründe geben, Kurzaufenthalterinnen oder Touristen die politischen Rechte vorzuenthalten (ihnen politische Mitbestimmungsrechte zu gewähren, würde ebenfalls auf eine Art Fremdbestimmung hinauslaufen, weil sie dann Volksvertreter wählen dürften,

6 Siehe u.a. Michael Walzer, *Sphären der Gerechtigkeit. Ein Plädoyer für Pluralität und Gleichheit*, Frankfurt/M., New York ²2006, S. 92-105; Ruth Rubio-Marín, *Immigration as a Democratic Challenge. Citizenship and Inclusion in Germany and the United States*, Cambridge 2000; Claudio López-Guerra, »Should Expatriates Vote?«, in: *Journal of Political Philosophy* 13/2 (2005), S. 216-234; Robin Celikates, »Demokratische Inklusion: Wahlrecht oder Bürgerschaft?«, in: Andreas Cassee, Anna Goppel (Hg.), *Migration und Ethik*, Münster 2012, S. 291-305.

deren Entscheidungen sie nur für einen Teil der jeweiligen Legislaturperiode unterworfen wären). Aber wer sich länger als, sagen wir, eine typische Legislaturperiode von vier Jahren im Land aufhält, sollte als volles Mitglied in die politische Gemeinschaft aufgenommen werden.[7]

Ich erwähne diese Überzeugungen hier nur, um deutlich zu machen, dass die Wahrnehmung des Rechts auf globale Bewegungsfreiheit eine ganze Reihe von weiteren Ansprüchen auslöst. Welche das im Einzelnen sind, ist für mein Argument aber nicht entscheidend. Und das Recht auf Bewegungsfreiheit selbst ist wie erwähnt ein rein negatives Recht. Zur Diskussion steht nicht die Finanzierung von Flugtickets, sondern die Frage, ob Grenzzäune und Ausschaffungsgefängnisse überzeugend gerechtfertigt werden können.

Ich möchte drittens auch nicht behaupten, dass das negative Anspruchsrecht, sich auf der Erdoberfläche frei zu bewegen und niederzulassen, völlig uneingeschränkt oder absolut gilt. Hier scheint mir ein Blick auf die rechtliche Praxis bezüglich der breit anerkannten innerstaatlichen Bewegungsfreiheit hilfreich, auf die ich gleich noch eingehender zu sprechen komme. Nach dem allgemeinen Verständnis beinhaltet das Recht auf innerstaatliche Bewegungs- und Niederlassungsfreiheit kein Recht, in private Räume einzudringen oder in einem Nationalpark ein Haus zu bauen. Dasselbe gilt für das Recht auf globale Bewegungs- und Niederlassungsfreiheit, das ich hier verteidigen möchte. Darüber hinaus darf der Staat die innerstaatliche Bewegungsfreiheit in besonderen Situationen vorübergehend auch zusätzlich einschränken. Er darf beispielsweise nach dem Niedergang einer Lawine eine Straße für den Privatverkehr sperren, um die Wege für Rettungskräfte freizuhalten, oder eine Ausgangssperre verhängen, um die Verbreitung einer gefährlichen Seuche zu verhindern. Analog darf auch die zwischenstaatliche Bewegungsfreiheit vorübergehend eingeschränkt werden, wenn dies nötig ist, um andere entsprechend gewichtige Ansprüche zu schützen. Allerdings müssen bei der entsprechen-

7 Überzeugend scheint mir allerdings, dass die retrospektive Aufenthaltsdauer in diesem Zusammenhang nur als *proxy* für die prospektive Aufenthaltsdauer in Betracht kommt. Siehe dazu Anna Goppel, »Wahlrecht für Ausländer?«, in: Andreas Cassee, Anna Goppel (Hg.), *Migration und Ethik*, Münster 2012, S. 255-274, hier S. 260 f.

den Güterabwägung auch die Ansprüche derjenigen Menschen unparteiisch mitberücksichtigt werden, deren Bewegungsfreiheit beschnitten wird, und die Einschränkungen müssen verhältnismäßig sein. Die hypothetische Möglichkeit eines Lawinenniedergangs genügt nicht, um ein Dorf für Monate oder gar Jahre von der Außenwelt abzuschneiden. Und der Staat darf wegen einer einzelnen Lawine in Graubünden nicht die ganze Ostschweiz absperren. Analog darf auch die internationale Wanderung von Menschen nur dann beschränkt werden, wenn tatsächlich eine reale Gefahr für klar benennbare andere Ansprüche besteht. Und Einschränkungen sind nur in dem Ausmaß zulässig, in dem sie tatsächlich notwendig sind, um diese Ansprüche zu schützen.[8]

Unter diesen Einschränkungen ist das Recht, um das es hier geht, aber viertens ein *allgemeines* Recht. Es gilt für alle Menschen, nicht bloß für diejenigen, die vor politischer Verfolgung oder vor wirtschaftlicher Not flüchten. Zwar wiegt der Anspruch politischer und wirtschaftlicher Flüchtlinge zweifellos besonders schwer. Und genau wie die Polizei im Lawinen-Szenario gut daran tut, Krankentransporte gegenüber Urlaubsreisen zu priorisieren, sollten wir Flüchtlingen (und zwar nicht nur politischen Flüchtlingen, sondern allen Menschen, die in ihren Herkunftsländern keinen sicheren Zugang zu menschenrechtlichen Grundgütern haben[9]) wohl den Vorrang einräumen, wenn gewisse Einschränkungen der globalen Bewegungsfreiheit aufgrund eines Konflikts mit anderen Rechten gerechtfertigt sind.[10] Doch genau wie die innerstaatliche Bewegungsfreiheit in Abwesenheit besonderer Umstände auch für Urlaubsreisen gilt, gilt das moralische Recht auf globale Bewegungsfreiheit grundsätzlich auch für Wanderungen, die nicht aus Not unternommen werden.

Und schließlich scheint es mir fünftens wichtig zu betonen, dass die Kritik an Grenzkontrollen, die ich in diesem und im nächsten

8 Joseph H. Carens, »Fremde und Bürger: Weshalb Grenzen offen sein sollten«, in: Andreas Cassee, Anna Goppel (Hg.), *Migration und Ethik*, Münster 2012, S. 23-46, hier S. 32.

9 Einen solchen weiten Flüchtlingsbegriff vertreten u. a. Andrew E. Shacknove, »Who Is a Refugee?«, in: *Ethics* 95/2 (1985), S. 274-284; Stephan Schlothfeldt, »Dürfen Notleidende an den Grenzen wohlhabender Länder abgewiesen werden?«, in: Andreas Cassee, Anna Goppel (Hg.), *Migration und Ethik*, Münster 2012, S. 199-209.

10 Joseph H. Carens, *The Ethics of Immigration*, Oxford 2013, S. 253.

Kapitel äußern werde, keineswegs auf eine Kritik an der *Existenz* staatlicher Grenzen hinauslaufen muss.[11] Was mir vorschwebt, ist nicht ein Weltstaat, sondern ein Paradigmenwechsel innerhalb des Systems mit einer Vielzahl von Einzelstaaten – weg von einem Modell, das Staaten als territoriale Clubs versteht, hin zu einem Modell, das Staaten als offene Gemeinschaften begreift. Wie ich im vierten Kapitel versucht habe deutlich zu machen, läuft dieses offene Modell keineswegs auf eine Zurückweisung jedes besonderen Anspruchs der Bürgerinnen auf »ihre« Institutionen hinaus. Diejenigen, die auf einem Territorium gemeinsam staatliche Institutionen aufrechterhalten, haben einen besonderen Anspruch, von diesen Institutionen zu profitieren. Doch sie müssen grundsätzlich bereit sein, neue Mitglieder in ihre Kooperationsgemeinschaft aufzunehmen, sofern nicht gewichtige Gründe dagegen sprechen.

8.2 Innerstaatliche und zwischenstaatliche Bewegungsfreiheit

Die einfachste Art und Weise, den Gedanken eines moralischen Rechts auf globale Bewegungs- und Niederlassungsfreiheit verständlich zu machen, besteht wohl darin, beim Recht auf innerstaatliche Bewegungs- und Niederlassungsfreiheit anzusetzen, das heute nahezu universell akzeptiert ist.

Wenn ich meinen Wohnsitz von Zürich nach Genf verlegen möchte, so wird das gemeinhin als mein gutes Recht angesehen. Niemand kommt auf die Idee zu fordern, man möge in Zürich die »Migrationsursachen bekämpfen«, statt mich in Genf einzulassen. Ich brauche auch nicht geltend zu machen, dass ich in Zürich politisch verfolgt werde, um einen Anspruch zu haben, in Genf aufgenommen zu werden. Ich habe ganz einfach das Recht, selbst darüber zu bestimmen, in welcher Schweizer Stadt ich leben möchte. Und wenn ich mich entscheide, nach Genf zu ziehen, dann darf mich weder der Bund noch die Stadt Zürich oder die Stadt Genf daran hindern. So jedenfalls verlangt es das geltende Völkerrecht:

11 Siehe dazu Arash Abizadeh, »Democratic Theory and Border Coercion. No Right to Unilaterally Control Your Own Borders«, in: *Political Theory* 36/1 (2008), S. 37-65, hier S. 43.

Es ist mein verbrieftes Menschenrecht, mich innerhalb der Schweizer Landesgrenzen frei zu bewegen und niederzulassen.[12]

Und dabei handelt es sich nicht etwa um einen besonderen Anspruch, den ich aufgrund meiner schweizerischen Staatsangehörigkeit besitze.[13] Wie der Internationale Pakt über bürgerliche und politische Rechte festhält, gilt die innerstaatliche Bewegungs- und Niederlassungsfreiheit für »[j]edermann, der sich rechtmäßig im Hoheitsgebiet eines Staates aufhält«.[14] Alle Menschen, die sich legal in der Schweiz aufhalten, haben ein Recht, nach Genf zu ziehen, wenn sie dies tun möchten.

Wenn ich statt nach Genf allerdings nach Montreal oder nach Kampala reisen oder mich dort niederlassen möchte, so sieht die völkerrechtliche Lage ganz anders aus. Ein Recht, sich zwischen nationalstaatlichen Territorien frei zu bewegen oder in einen Staat der eigenen Wahl einzuwandern, kennt das geltende Völkerrecht nicht. Gibt es eine überzeugende Rechtfertigung für diese Asymmetrie? Weshalb sollte aus einem verbrieften Menschenrecht ein Privileg werden, das zu gewähren keinerlei Pflicht besteht, bloß weil der Ort, an den ich mich bewegen möchte, jenseits einer staatlichen Grenze liegt?[15]

12 Siehe Art. 13 Ziff. 1 der Allgemeinen Erklärung der Menschenrechte vom 10. Dezember 1948 sowie Art. 12 Ziff. 1 des Internationalen Paktes über bürgerliche und politische Rechte vom 16. Dezember 1966.

13 Kieran Oberman, »Immigration as a Human Right«, in: Sarah Fine, Lea Ypi (Hg.), *Migration in Political Theory. The Ethics of Movement and Membership*, Oxford 2016, S. 32-56, hier S. 37 f.; Carens, *The Ethics of Immigration*, S. 241 f.

14 Internationaler Pakt über bürgerliche und politische Rechte vom 16. Dezember 1966, Art. 12 Ziff. 1. Ob eine »Residenzpflicht« für Flüchtlinge, wie sie vielerorts praktiziert wird, mit dieser Bestimmung vereinbar ist, wird kontrovers diskutiert. Siehe dazu Susanne Baer, »Politische Rechte«, in: Arnd Pollmann, Georg Lohmann (Hg.), *Menschenrechte. Ein interdisziplinäres Handbuch*, Stuttgart 2012, S. 256-264, hier S. 258.

15 Carens, »Fremde und Bürger: Weshalb Grenzen offen sein sollten«, S. 31; ders., »Migration and Morality. A Liberal Egalitarian Perspective«, in: Brian Barry, Robert E. Goodin (Hg.), *Free Movement. Ethical Issues in the Transnational Migration of People and Money*, Hemel Hempstead 1992, S. 25-47, hier S. 27 f.; ders., *The Ethics of Immigration*, S. 237-252; Oberman, »Immigration as a Human Right«; Jan Brezger, »Zur Verteidigung des Menschenrechts auf internationale Bewegungsfreiheit. Eine Antwort auf Michael Blake«, in: *Zeitschrift für Menschenrechte* 8/2 (2014), S. 30-49, hier S. 32-36; Jan Brezger, Andreas Cassee, »Debate: Immigrants and Newcomers by Birth. Do Statist Arguments Imply a Right to Exclude Both?«, in: *Journal of Political Philosophy* (early view) (2016), S. 2-5.

Eine Reihe von möglichen Antworten habe ich im ersten Teil dieser Arbeit bereits ausführlich diskutiert und zurückgewiesen: Weder die Vereinigungsfreiheit noch das assoziative Eigentum an staatlichen Institutionen oder irgendeine Unterscheidung zwischen Angehörigen der eigenen Nation und Fremden scheint mir einen überzeugenden Grund dafür zu liefern, den internationalen Fall grundsätzlich anders zu beurteilen als den innerstaatlichen Fall. Ich werde hier nicht wiederholen, was ich bereits zu diesen Argumenten gesagt habe. Stattdessen möchte ich auf zwei weitere Einwände gegen die Analogie zwischen innerstaatlicher und zwischenstaatlicher Bewegungsfreiheit antworten. Zum einen ist, wie ich bereits angedeutet habe, alles andere als unstrittig, ob die Rechtfertigungsgrundlagen der innerstaatlichen Bewegungsfreiheit ohne weiteres eine Übertragung auf den internationalen Fall zulassen.[16] Und zum anderen könnte man auch schlicht bestreiten, dass auf innerstaatliche Bewegungsfreiheit überhaupt ein moralisches Recht besteht. Da ich im Rahmen dieser Arbeit selbst gegen einen breit akzeptierten Status quo argumentiere, kann ich mich an dieser Stelle nicht auf die bloße Tatsache berufen, dass das innerstaatliche Recht breit anerkannt und rechtlich verankert ist.

Um beiden Einwänden zu begegnen, werde ich im Folgenden zunächst auf den Zusammenhang zwischen Bewegungsfreiheit und individueller Autonomie eingehen, der dem Recht auf Bewegungsfreiheit meiner Ansicht nach zugrunde liegt (Abschnitt 8.2.1). Anschließend verteidige ich meine Position gegen zwei alternative Rekonstruktionen der innerstaatlichen Bewegungsfreiheit, die sich auf den Anspruch auf eine angemessene Auswahl an Optionen (Abschnitt 8.2.2) beziehungsweise auf den Schutz von Demokratie und politischer Gleichheit (Abschnitt 8.2.3) berufen.

8.2.1 Bewegungsfreiheit und individuelle Autonomie

Die Bewegungsfreiheit ist für die individuelle Autonomie in mehreren Hinsichten zentral. Erstens können wir zahlreiche *andere* wichtige Freiheiten immer nur dann und nur so weit genießen, wenn und soweit wir im Genuss von Bewegungsfreiheit sind. Die Bewegungsfreiheit ist eine Ermöglichungsbedingung unter ande-

16 Siehe Abschnitt 6.1.1.

rem für die Versammlungsfreiheit, für die Freiheit, im gegenseitigen Einverständnis intime Beziehungen einzugehen, oder auch für die Freiheit der Berufswahl.[17] Wenn wir von Spezialfällen wie Online-»Versammlungen«, reinen Fernbeziehungen oder Heimarbeit einmal absehen, so beziehen sich alle diese Freiheiten auf Optionen, welche die physische Anwesenheit an einem Ort im Raum voraussetzen. Und entsprechend können wir diese Freiheiten immer nur mit Blick auf diejenigen Optionen genießen, die uns räumlich zugänglich sind. Eine Person, die unter Zwangsandrohung davon abgehalten würde, ein 50-Seelen-Dorf zu verlassen, wäre beispielsweise nicht frei, an einer Kundgebung in der nahegelegenen Stadt teilzunehmen, und sie wäre in ihrer Berufs- und Partnerwahl erheblich eingeschränkt.

Instrumentell bedeutsam ist die Bewegungsfreiheit zweitens auch mit Blick auf den Zugang zu den materiellen Ressourcen, die für eine selbstbestimmte Lebensführung wichtig sind. Sich an einen anderen Ort zu bewegen, an dem die ökonomischen Aussichten vielversprechender sind, ist eine uralte Strategie, die eigene materielle Situation zu verbessern. Und Restriktionen der Bewegungsfreiheit beschränken die Möglichkeiten, die Individuen diesbezüglich offenstehen. Wer unter »Dorfarrest« stünde, könnte beispielsweise keine Arbeitsstelle an einem anderen Ort annehmen, wenn er seine bisherige Stelle verliert.

Über ihre instrumentelle Bedeutung für die Gewährleistung anderer Freiheiten und den Zugang zu ökonomischen Möglichkeiten hinaus ist die Freiheit, über den eigenen Aufenthaltsort zu bestimmen, aber drittens auch ein konstitutiver Bestandteil dessen, was es heißt, über »sich selbst« bestimmen zu können; wir schätzen die Bewegungsfreiheit auch einfach um ihrer selbst willen. Ich selbst würde im Dorfarrest-Szenario jedenfalls auch schlicht die Möglichkeit vermissen, eine Reise unternehmen oder in eine andere Stadt ziehen zu können, ohne dafür jemanden um Erlaubnis bitten zu müssen – und zwar selbst dann, wenn dies im Einzelfall kein notwendiges Mittel ist, um eine andere Freiheit wahrzunehmen oder meine ökonomische Situation zu verbessern. Die Verfügungshoheit

17 Javier S. Hidalgo, »Freedom, Immigration, and Adequate Options«, in: *Critical Review of International Social and Political Philosophy* 17/2 (2014), S. 212-234, hier S. 214.

über den eigenen Aufenthaltsort ist nicht nur ein Instrument, sondern auch selbst eine Dimension der individuellen Autonomie.[18]

Alle drei Überlegungen lassen sich auf den internationalen Fall übertragen. Erstens beschneiden Beschränkungen der internationalen Mobilität zahlreiche andere wichtige Freiheiten. Ich kann im einwanderungspolitischen Status quo nicht an einer Demonstration gegen einen G8-Gipfel in Russland teilnehmen,[19] in eine Wohngemeinschaft in Montreal einziehen oder eine Stelle in Australien antreten, ohne in der Rolle eines Bittstellers die jeweiligen Behörden um Erlaubnis ersuchen zu müssen. Zweitens entziehen Restriktionen der zwischenstaatlichen Bewegungsfreiheit vielen Menschen die Möglichkeit, ihre ökonomische Situation zu verbessern. Und drittens ist die Bewegungsfreiheit auch im internationalen Fall in sich selbst eine bedeutsame Freiheit.

Die zweite dieser Überlegungen beruht auf kontingenten Annahmen. Natürlich kann man sich Personen vorstellen, die in ihrer Bewegungsfreiheit radikal eingeschränkt sind, aber über alle finanziellen Mittel und sozialen Sicherheiten der Welt verfügen (man denke an eine königliche Familie, die in ihrem Palast unter Hausarrest steht, aber nicht um ihren Reichtum fürchten muss). Ein robustes, allgemeines Recht auf Bewegungsfreiheit lässt sich mit dem Zugang zu ökonomischen Möglichkeiten wohl weder im innerstaatlichen noch im zwischenstaatlichen Fall begründen. Und die Behauptung, dass offene(re) Grenzen *insgesamt* zu einer Verbesserung des Zugangs zu materiellen Gütern führen würden, ist eine empirisch gehaltvolle These, die ich im Rahmen dieser philosophischen Arbeit nur ansatzweise begründen konnte.[20]

Die beiden anderen Aussagen über den Zusammenhang zwischen Bewegungsfreiheit und individueller Autonomie beruhen hingegen nicht auf anspruchsvollen empirischen Annahmen, sondern liegen gewissermaßen in der Natur der Sache. Restriktionen der Bewegungsfreiheit beschneiden immer unser Selbstbestimmungsrecht über den eigenen Aufenthaltsort, und sie beschneiden immer die ganze Palette anderer Freiheitsrechte, soweit sie Tätigkeiten betreffen, welche die Anwesenheit an einem Ort im Raum

18 Carens, *The Ethics of Immigration*, S. 227, 249.

19 Diesen politischen Aspekt betont Oberman, »Immigration as a Human Right«, S. 36f.

20 Siehe Abschnitt 7.2.1.

voraussetzen. Es sind diese Überlegungen, die dem Recht auf innerstaatliche Bewegungsfreiheit meiner Ansicht nach zugrunde liegen. Und aus beiden Gründen ist auch die zwischenstaatliche Bewegungsfreiheit eine wichtige Freiheit: Sie schützt die individuelle Selbstbestimmung über eine wichtige Dimension der eigenen Lebensführung und erweitert den Anwendungsbereich anderer Freiheitsrechte. Wer das Recht auf innerstaatliche Bewegungsfreiheit akzeptiert, hat deshalb gute Gründe, auch ein Recht auf zwischenstaatliche Bewegungsfreiheit zu akzeptieren.

8.2.2 Genügend Auslauf vs. freie Bewegung

Oder beruht der Analogieschluss vom innerstaatlichen auf ein zwischenstaatliches Recht auf Bewegungsfreiheit auf einem Missverständnis? Das jedenfalls behauptet David Miller.[21] Ich habe seinen Einwand in Abschnitt 6.1.1 bereits ausführlich dargestellt: Miller gesteht zu, dass ein Recht auf Bewegungsfreiheit zu den grundlegenden moralischen Rechten zählt. Unter Verweis auf unstrittige Einschränkungen der innerstaatlichen Bewegungsfreiheit etwa durch Privateigentum oder durch Verkehrsregeln bestreitet er aber, dass es sich dabei um ein Recht auf *unbeschränkte* Bewegungsfreiheit handelt. Worauf uns die Bewegungsfreiheit einen Anspruch gebe, sei nur »der Zugang zu einem *angemessenen* Angebot an Optionen – eine vernünftige Auswahl hinsichtlich Beruf, Religion, kulturellen Aktivitäten, Ehepartnern und so weiter«.[22] Und für die Festlegung dessen, was als »angemessenes« Bündel von Optionen gelte, seien nicht die spezifischen Interessen einzelner Personen einschlägig, sondern generische menschliche Interessen. Zur Gewährleistung des so verstandenen Minimums sei ein Recht auf zwischenstaatliche Bewegungsfreiheit aber normalerweise nicht

21 David Miller, »Einwanderung: Das Argument für Beschränkungen«, in: Andreas Cassee, Anna Goppel (Hg.), *Migration und Ethik*, Münster 2012, S. 47-65, hier S. 49-51. Ähnliche Argumente formulieren auch Ryan Pevnick, *Immigration and the Constraints of Justice. Between Open Borders and Absolute Sovereignty*, Cambridge 2011, S. 83-85; Christopher H. Wellman, »Freedom of Movement and the Rights to Enter and Exit«, in: Sarah Fine, Lea Ypi (Hg.), *Migration in Political Theory. The Ethics of Movement and Membership*, Oxford 2016, S. 80-101, hier S. 86-90.

22 Miller, »Einwanderung: Das Argument für Beschränkungen«, S. 51, Hervorhebung im Original.

notwendig. Wer im Herkunftsland bereits über eine angemessene Auswahl an Optionen verfüge, müsse sich nicht frei über Staatsgrenzen bewegen können, um in seinen grundlegenden Rechten geschützt zu sein.

Was ist von dieser Argumentation zu halten? Soweit es um *positive* Anspruchsrechte wie beispielsweise das Recht auf Bildung geht, mag Millers suffizienzorientiertes Kriterium eine diskussionswürdige Möglichkeit sein. Der Staat ist kaum dazu verpflichtet, unbegrenzt Mittel zu investieren, um mir Bildungsoptionen zu eröffnen, und die Idee einer »angemessenen Auswahl« ist ein ernstzunehmender Vorschlag (wenn auch nicht der einzige Vorschlag) dafür, wie hier eine Grenze gezogen werden könnte.

Mit Blick auf *negative* Freiheitsrechte scheint mir Millers Position aber abwegig.[23] Nehmen wir einmal an, dass mir aktuell in allen Lebensbereichen das Doppelte der Optionen zur Verfügung steht, die für eine angemessene Auswahl oder ein »anständiges Leben« mindestens notwendig wären. Unter dieser Annahme folgt aus Millers Argumentation nicht nur, dass mir der Schweizer Staat Reisen in die westliche Hälfte des Landes einfach mit dem Argument verweigern dürfte, die östliche Landeshälfte biete mir ja genügend andere Möglichkeiten. Millers Position impliziert auch, dass es völlig unproblematisch wäre, mir beispielsweise intime Beziehungen mit Menschen zu untersagen, deren Nachname mit den Buchstaben A–M beginnt, oder mir die Teilnahme an Kundgebungen zu verbieten, die an ungeraden Kalendertagen stattfinden. Der Annahme zufolge wäre ich nach einer solchen Halbierung meiner Optionen immer noch im Genuss einer angemessenen Auswahl, und nur darauf besteht angeblich ein moralisches Recht.[24]

Nun mag man gegen diese Beispiele einwenden, dass nicht klar ist, was *dafür* sprechen könnte, die Optionen der Menschen in dieser Weise zu reduzieren.[25] Doch die Beispiele können ohne weiteres

23 So auch Hidalgo, »Freedom, Immigration, and Adequate Options«, S. 221 f.

24 Für ähnliche Gegenbeispiele vgl. Tiziana Torresi, »On Membership and Free Movement«, in: Gideon Calder, Phillip Cole, Jonathan Seglow (Hg.), *Citizenship Acquisition and National Belonging. Migration, Membership and the Liberal Democratic State*, Basingstoke 2010, S. 24-37, hier S. 29-33; Adam Hosein, »Immigration and Freedom of Movement«, in: *Ethics & Global Politics* 6/1 (2013), S. 25-37, hier S. 28 f.; Oberman, »Immigration as a Human Right«, S. 39 f.

25 Auf diesen Einwand hat mich Jan Brezger aufmerksam gemacht.

dahingehend modifiziert werden, dass die jeweiligen Restriktionen einem ansonsten legitimen Interesse dienen. Man könnte beispielsweise intime Beziehungen zwischen den Nachkommen reicher Eltern verbieten, um die Chancengleichheit zu befördern.[26] Eine solche Maßnahme wäre nicht offensichtlich abwegig. Aber ich vermute, dass die meisten Leserinnen mit mir einiggehen werden, dass sie eine Verletzung individueller Freiheitsrechte darstellen würde – eine Diagnose, die Millers suffizienzorientiertes Verständnis grundlegender Rechte nicht zulässt.

Von einem Common-Sense-Verständnis negativer Freiheitsrechte ist Miller damit weit entfernt. So wird etwa das Recht auf Meinungsäußerungsfreiheit normalerweise nicht dahingehend verstanden, dass der Staat uns bloß eine genügend lange Liste mit Meinungen lassen muss, die legal geäußert werden dürfen, und ansonsten beliebige Einschränkungen vornehmen darf. Das Recht auf Meinungsäußerungsfreiheit ist vielmehr ein Recht, sich ohne staatliche Eingriffe *frei* zu äußern, und es erstreckt sich als solches auf alle Meinungen, die zu äußern uns in den Sinn kommt (jedenfalls wenn sie nicht verleumderisch sind oder unter andere relevante Einschränkungen fallen). Und ebenso verhält es sich beim Recht auf Bewegungsfreiheit. Es ist nicht ein Recht auf »genügend Auslauf«, sondern ein Recht, sich *frei* zu bewegen. Und dass ich statt nach Genf auch nach Chur oder nach St. Gallen reisen könnte, ist unter der Standardinterpretation der innerstaatlichen Bewegungsfreiheit kein hinreichender Rechtfertigungsgrund, mir eine Reise nach Genf zu untersagen.

Nun kann Miller an dieser Stelle natürlich in den sauren Apfel beißen und zugeben, dass seine Interpretation der Bewegungsfreiheit revisionistisch ist beziehungsweise dass er das Menschenrecht auf innerstaatliche Bewegungsfreiheit unter der Standardinterpretation zurückweist. Doch ich glaube, dass es gute Gründe gibt, negative Freiheitsrechte zu akzeptieren, die nicht eine *angemessene* Auswahl, sondern die *freie* Auswahl unter allen bestehenden Optionen schützen.[27]

Was wäre problematisch daran, klassische Freiheitsrechte, wie sie normalerweise verstanden werden, durch entsprechende Rechte

26 Vgl. Christopher H. Wellman, »Immigration and Freedom of Association«, in: *Ethics* 119/1 (2008), S. 109-141, hier S. 127.

27 Oberman, »Immigration as a Human Right«, S. 38-44.

auf eine angemessene Auswahl an Optionen zu ersetzen? Ein Teil des Problems besteht sicher darin, dass die spezifischen Dinge, auf die wir im Leben Wert legen, nicht immer verlustfrei durch andere Dinge aus derselben generischen Kategorie ersetzt werden können. Die meisten einschlägigen Interessen lassen sich auf mehr oder weniger generische oder idiosynkratische Weise beschreiben. Julias Interesse, eine Liebesbeziehung zu unterhalten, ist generisch, ihr Interesse an einer Liebesbeziehung mit Romeo hingegen idiosynkratisch; das Interesse eines Samaritaners, eine Religion auszuüben, wird von vielen Millionen Menschen geteilt, wohingegen nur wenige hundert Menschen das Interesse teilen, seine spezifische Religion zu praktizieren, und so weiter.

Die Frage ist nun, wie Millers These, dass Freiheitsrechte *generische* Interessen schützen, in solchen Fällen genau zu verstehen ist. Versteht man die These dahingehend, dass sich generische Interessen auch auf spezifische Objekte beziehen können (etwa darauf, eine Liebesbeziehung mit einer *bestimmten* Person zu unterhalten oder eine *bestimmte* Religion zu praktizieren), so ist die These zwar unproblematisch, führt aber nicht zu Millers Konklusion, dass eine »angemessene Auswahl« ausreicht, um generische Interessen zu schützen. Es könnte sein, dass eine »angemessene Auswahl« gerade die spezifische Option nicht einschließt, auf die sich das (generische) Interesse einer bestimmten Person richtet.[28] Versteht man die These hingegen dahingehend, dass generische Interessen nur Interessen an generischen Objekten sein können[29] (also beispielsweise Interessen, *irgendeine* intime Beziehung zu unterhalten oder *irgendeine* Religion zu praktizieren), so ist Millers Argument zwar logisch gültig, aber seine Prämisse ist wenig überzeugend. Sie übersieht, dass manche Optionen »singuläre, nichtsubstituierbare Quellen von Wert« sind.[30]

Nun könnte man an dieser Stelle versucht sein, einen Unterschied einzuführen zwischen Optionen, die in unserem Leben be-

28 Ebd., S. 40 f.

29 Das scheint tatsächlich Millers Ansicht zu sein. Siehe David Miller, »Is There a Human Right to Immigrate?«, in: Sarah Fine, Lea Ypi (Hg.), *Migration in Political Theory. The Ethics of Movement and Membership*, Oxford 2016, S. 11-31, hier S. 20.

30 David Owen, »Global Justice, National Responsibility and Transnational Power«, in: *Review of International Studies* 36/S1 (2010), S. 97-112, hier S. 109, eigene Übersetzung.

reits eine Rolle spielen, und solchen, die wir erst in Zukunft ergreifen könnten. In diese Richtung argumentiert Anna Stilz:

> Nehmen wir an, ich war im Rahmen eines Schulausflugs im Ausland, habe dort einen Nordkoreaner kennengelernt und mich in ihn verliebt. Es scheint viel schlimmer, mir nun die Möglichkeit zu nehmen, diesen Nordkoreaner zu heiraten und mit ihm zusammenzuleben, als es gewesen wäre, mir von vornherein die Möglichkeit zu verwehren, ihn zu treffen und mich in ihn zu verlieben.[31]

Das komparative Urteil, dass es *schlimmer* ist, bestehende Bindungen *(attachments)* zu zerstören als Menschen bloße Möglichkeiten *(possibilities)* wegzunehmen, möchte ich hier nicht bestreiten. Dass deshalb keine *Rechte* bestehen, die den freien Zugang zu »bloßen Möglichkeiten« zum Gegenstand haben, scheint mir aber nicht überzeugend.[32] Auch eine modifizierte Version von Millers Position, der zufolge Menschen zusätzlich zum Anspruch auf eine angemessene Auswahl auch einen Anspruch auf fortdauernden Zugang zu den spezifischen Optionen hätten, die bereits Teil ihrer Lebensführung sind, wäre immer noch weit von der Anerkennung von Freiheitsrechten entfernt, wie sie üblicherweise verstanden werden. (Der Staat dürfte zwar niemandem verbieten, eine bestehende Beziehung fortzusetzen; er dürfte aber immer noch mehr oder weniger beliebige Restriktionen darüber erlassen, mit wem wir neue Beziehungen eingehen dürfen.) Vor allem übersieht eine solche Position aber ein ganz wesentliches (und überaus generisches) Interesse höherer Stufe: Menschen haben ein starkes Interesse, über wesentliche Aspekte der eigenen Lebensführung *selbst zu entscheiden*.

Der Punkt lässt sich anhand der Autonomietheorie von Joseph Raz verdeutlichen. Damit eine Person (Co-)Autorin ihres eigenen Lebens sein kann, müssen Raz zufolge drei Bedingungen erfüllt sein. Erstens muss die Person über die notwendigen mentalen Fähigkeiten verfügen, zweitens muss sie eine angemessene Auswahl an Optionen haben, und drittens muss sie unabhängig vom nötigenden Willen Dritter entscheiden können.[33] Millers Theorie

31 Anna Stilz, »Is There an Unqualified Right to Leave?«, in: Sarah Fine, Lea Ypi (Hg.), *Migration in Political Theory. The Ethics of Movement and Membership*, Oxford 2016, S. 57-79, hier S. 65, eigene Übersetzung.

32 Siehe dazu Oberman, »Immigration as a Human Right«, S. 42-44.

33 Joseph Raz, *The Morality of Freedom*, Oxford 1986, S. 369-378.

grundlegender Rechte stützt sich ausschließlich auf die zweite dieser Bedingungen: Wenn einer Person unter Androhung von Zwang Optionen weggenommen werden, so ist dies Miller zufolge nur dann als Eingriff in die individuelle Autonomie zu werten, wenn die Person danach keine angemessene Auswahl mehr hat.[34] Raz zufolge ist Zwang hingegen in erster Linie deshalb problematisch, weil er Personen ihre Unabhängigkeit nimmt – und zwar selbst dann, wenn ihnen immer noch eine vernünftige Auswahl bleibt:

> Zwang reduziert die Optionen, die einer Person zur Verfügung stehen. Es wird manchmal angenommen, dass dies die ganze Erklärung dafür liefert, weshalb Zwang die Autonomie verletzt. Er reduziert die Optionen der Person, gegen die er ausgeübt wird, unter die Schwelle des minimal Ausreichenden. Aber das braucht nicht der Fall zu sein. Man kann gezwungen werden, eine Option nicht zu verfolgen, und immer noch reichlich andere Optionen übrig haben, zwischen denen man auswählen kann. Außerdem wird der Verlust von Optionen durch Zwang als größerer Verlust an Autonomie erachtet als ein ähnlicher Verlust, der auf andere Weise zustande kommt. Das ist der Grund, weshalb wir denken, dass es Sklaven selbst dann an Autonomie mangelt, wenn sie eine Bandbreite an Optionen haben, die als ausreichend gelten würde, wenn sie frei wären.[35]

Zweifellos stellt die Sklaverei einen ungleich schwerwiegenderen Eingriff in die individuelle Autonomie dar, als dies bei Restriktionen der globalen Bewegungsfreiheit der Fall ist. Aber in beiden Fällen scheint mir dieselbe Dimension der Autonomie betroffen zu sein. Genau wie das Recht, nicht versklavt zu werden, schützt auch das Recht auf Bewegungsfreiheit nicht (oder jedenfalls nicht in erster Linie) einen Anspruch auf eine angemessene Auswahl an Optionen, sondern einen Anspruch, *unabhängig* von Eingriffen Dritter über einen wichtigen Aspekt der eigenen Lebensführung zu entscheiden. *Jeder* Eingriff in die verfügbaren Optionen ist rechtfertigungspflichtig, und zwar auch dann, wenn den Individuen

34 David Miller, »Why Immigration Controls Are Not Coercive. A Reply to Arash Abizadeh«, in: *Political Theory* 38/1 (2010), S. 111-120. Für die Kritik, dass Miller die dritte Autonomiebedingung nach Raz faktisch auf die zweite reduziert, siehe Arash Abizadeh, »Democratic Legitimacy and State Coercion. A Reply to David Miller«, in: *Political Theory* 38/1 (2010), S. 121-130, hier S. 125-127; Oberman, »Immigration as a Human Right«, S. 43 f.

35 Raz, *The Morality of Freedom*, S. 377, eigene Übersetzung.

nach dem Eingriff ein vernünftiges Bündel an Wahlmöglichkeiten bleibt.

Dass jeder Eingriff rechtfertigungspflichtig ist, bedeutet natürlich nicht, dass jeder Eingriff ungerechtfertigt ist. Die Ansicht, dass das Recht auf Bewegungsfreiheit grundsätzlich eine unbeschränkte Reichweite hat, muss deshalb keineswegs auf die Ansicht hinauslaufen, dass *jede* Einschränkung der Bewegungsfreiheit beispielsweise durch Straßenverkehrsgesetze einer Verletzung grundlegender Rechte gleichkommt. Doch die naheliegende Rechtfertigung scheint mir hier einfach die zu sein, dass das Recht auf Bewegungsfreiheit nicht der *einzige* moralische Anspruch ist, den es für eine gerechte Ordnung zu berücksichtigen gilt. Gerechte Verkehrsgesetze müssen nicht nur die Mobilitätsansprüche unterschiedlicher Verkehrsteilnehmerinnen berücksichtigen, sondern beispielsweise auch den Anspruch der Verkehrsteilnehmerinnen und unbeteiligter Dritter auf physische Unversehrtheit sowie gewisse Ansprüche darauf, nicht übermäßig mit Emissionen wie Lärm oder Abgasen behelligt zu werden. Ich möchte nun wie gesagt nicht bestreiten, dass auch die zwischenstaatliche Bewegungsfreiheit gewissen Abwägungen unterworfen ist. Was ich aber bestreiten möchte, ist, dass *überhaupt nichts* für mehr Bewegungsfreiheit spricht, sobald ein gewisses Minimum an Optionen gesichert ist.

8.2.3 Bewegungsfreiheit als Schutzmechanismus gegen politische Ungleichheit und Unterdrückung?

Eine weitere alternative Begründung des Rechts auf innerstaatliche Bewegungsfreiheit, die sich ebenfalls nicht ohne weiteres auf den internationalen Fall übertragen lässt, schlägt Adam Hosein vor.[36] Er bestreitet, dass die Funktion der Bewegungsfreiheit einzig im Schutz der individuellen Autonomie besteht, und beruft sich stattdessen auf Prinzipien der Demokratie und der politischen Gleichheit. Die Bewegungsfreiheit sei eine notwendige Voraussetzung für das Funktionieren demokratischer Prozesse, da sie es den Bürge-

36 Hosein, »Immigration and Freedom of Movement«. Ähnlich Michael Blake, »The Right to Exclude«, in: *Critical Review of International Social and Political Philosophy* 17/5 (2014), S. 521-537, hier S. 522-524; David Owen, »Human Rights, Refugees and Freedom of Movement«, in: *Zeitschrift für Menschenrechte* 8/2 (2014), S. 50-65, hier S. 58-64.

rinnen erlaube, mit Mandatsträgern in Kontakt zu treten und sich zivilgesellschaftlich zu organisieren. Darüber hinaus fördere sie die Solidarität unter den Bürgerinnen und trage so zu einer gemeinwohlorientierten Politik bei. Diese Überlegungen begründeten allerdings nur Durchreise-, aber keine Niederlassungsrechte. Das Recht auf Niederlassungsfreiheit lasse sich jedoch auf andere Weise rechtfertigen, nämlich im Rekurs auf ein Prinzip der politischen Gleichheit: Die Niederlassungsfreiheit biete Abhilfe, wenn einzelne Regionen ungerechtfertigt benachteiligt werden, und diene der Gewährleistung von Chancengleichheit.

Wäre Hoseins Position überzeugend, so handelte sich zumindest starke Beweislasten ein, wer am Schluss vom innerstaatlichen auf ein zwischenstaatliches Recht auf Bewegungs- und Niederlassungsfreiheit festhalten wollte. Es müsste gezeigt werden, dass Prinzipien der Demokratie und der politischen Gleichheit auf globaler Ebene anwendbar sind.

Genau wie Millers Position scheint allerdings auch diejenige von Hosein weit weniger weitreichende Ansprüche zu begründen, als sie mit dem Recht auf innerstaatliche Bewegungs- und Niederlassungsfreiheit, wie es üblicherweise verstanden wird, impliziert sind. So kann das Argument über die Voraussetzungen demokratischer Prozesse erstens kaum herangezogen werden, um ein Recht auf Bewegungsfreiheit für diejenigen Menschen auf dem Territorium zu begründen, die als Nichtbürger ohnehin keine politischen Mitbestimmungsrechte haben.[37] Zweitens ist fraglich, weshalb ein Recht auf Niederlassungsfreiheit, das der Gewährleistung von Chancengleichheit und dem Schutz vor ungerechtfertigter Benachteiligung dient, auch für Personen gelten sollte, die selbst nicht zu den Benachteiligten zählen oder die aus einem wohlhabenderen Landesteil in einen weniger wohlhabenden ziehen wollen. Und drittens erstreckt sich die Bewegungsfreiheit nach dem üblichen Verständnis auch auf Reisen, die herzlich wenig mit politischer Betätigung oder dem Zugang zu ökonomischen Optionen zu tun haben.[38] Es scheint nicht klar, weshalb sich die Bewegungsfreiheit nach Hoseins Position beispielsweise auch auf Reisen erstrecken sollte, die dem Besuch von Freundinnen oder Verwandten dienen.

37 Brezger, »Zur Verteidigung des Menschenrechts auf internationale Bewegungsfreiheit«, S. 39 f.

38 Brezger, Cassee, »Immigrants and Newcomers by Birth«, S. 4.

Was das erste Problem angeht, kommt Hosein wohl nicht umhin, in den sauren Apfel zu beißen und zuzugestehen, dass das Recht auf Bewegungsfreiheit entgegen dem geltenden internationalen Recht nicht als »Jedermannsrecht«, sondern als Bürgerrecht verstanden werden sollte (wobei es ihm natürlich offensteht, die gegenwärtige Einbürgerungspraxis als zu restriktiv zu kritisieren). Mit Blick auf die beiden anderen Probleme steht Hosein immerhin noch eine indirekte Argumentationsstrategie offen: Er könnte behaupten, das Recht auf Bewegungs- und Niederlassungsfreiheit könne seine Funktionen zum Schutz der Demokratie und der politischen Gleichheit nur dann auf hinreichend robuste Weise entfalten, wenn dem Staat die Kompetenz entzogen werde, darüber zu urteilen, welche Reisen tatsächlich politischen Zwecken dienen beziehungsweise in welchen Fällen der Umzug in eine andere Region zur Wahrung gleicher Chancen wirklich erforderlich ist. Auf Argumente dieser Art ist auch Miller in seinen jüngsten Publikationen eingeschwenkt: Restriktionen der internen Mobilität seien in der Geschichte immer wieder verwendet worden, um bestimmte Bevölkerungsgruppen zu unterdrücken (man denke an die Apartheid in Südafrika oder an jüdische Ghettos), und das Menschenrecht auf innerstaatliche Bewegungsfreiheit diene dazu, solche Unterdrückung zu verhindern.[39]

Doch diese Argumentationsstrategie stößt schnell an ihre Grenzen. Nehmen wir einmal an, wir lebten in einer ansonsten völlig gerechten Gesellschaft, und jemandem werde ohne guten Grund ein Besuch bei Freunden in einem anderen Landesteil untersagt. Wie könnte der Vorwurf dann lauten? Dass dieses Verbot ein Unrecht darstellt, weil es Tür und Tor öffnet für Unterdrückung und Diskriminierung im Stil der Apartheid? Das scheint reichlich weit hergeholt.

Außerdem sind Restriktionen der internen Mobilität natürlich nicht das einzige Mittel staatlicher Politik, das historisch zur Unterdrückung und Diskriminierung von Minderheiten eingesetzt wurde. Dennoch kommen wir beispielsweise kaum auf die Idee, alle Gefängnisse abzuschaffen, um diskriminierende Haftstrafen zu verhindern, oder den Betrieb von Radiostationen zu verbieten, um

39 Miller, »Is There a Human Right to Immigrate?«, S. 24; ders., *Strangers in Our Midst. The Political Philosophy of Immigration*, Cambridge, Mass., London 2016, S. 55 f.

die Verbreitung rassistischer Propaganda zu unterbinden. Stattdessen anerkennen wir ein viel spezifischeres Recht, nicht *willkürlich* inhaftiert zu werden, und ein Verbot rassistischer Diskriminierung und Verhetzung. Weshalb genügt es dann nicht auch im vorliegenden Fall, *diskriminierende* Restriktionen der innerstaatlichen Mobilität zu verbieten?[40] Was spricht gegen solche Restriktionen der innerstaatlichen Bewegungsfreiheit, die alle Menschen im Staatsgebiet gleichermaßen betreffen? Die Antwort scheint mir zu lauten, dass sich der Wert der innerstaatlichen Bewegungsfreiheit eben nicht in ihrer instrumentellen Bedeutung für die Verhinderung von Diskriminierung und Unterdrückung (oder für die Wahrung von Demokratie und politischer Gleichheit) erschöpft. Die Bewegungsfreiheit ist *auch* eine wichtige Voraussetzung individueller Autonomie. Ohne diese Überlegung ist ein robustes, allgemeines Recht auf innerstaatliche Bewegungs- und Niederlassungsfreiheit kaum zu begründen. Und wenn dies die Begründung für das innerstaatliche Recht ist, dann sollten wir aus denselben Gründen ein Recht auf zwischenstaatliche Mobilität anerkennen.

8.3 Selbstbestimmte Migration als falsche Idealisierung?

Ein letztes Bedenken gegen das in diesem Kapitel formulierte Argument für ein Recht auf globale Bewegungsfreiheit, das hier nicht unerwähnt bleiben soll, geht schließlich dahin, dass sich das hehre Ideal selbstbestimmter Mobilität einseitig an der sozialen Realität privilegierter (typischerweise weißer und männlicher) Migranten orientiere. Die Angehörigen global benachteiligter Gruppen seien aufgrund fehlender Mittel typischerweise gar nicht in der Lage zu migrieren, und für diejenigen Unterprivilegierten, die sich doch auf den Weg machten, sei die Einwanderung in den globalen Norden oft alles andere als eine befreiende Erfahrung, meint etwa Peter Higgins. Insbesondere weibliche Migrantinnen aus dem globalen Süden seien in den Zielländern oft neuen Formen der Ausbeutung ausgesetzt. Die Forderung nach offenen Grenzen beruhe deshalb auf einer falschen Idealisierung der Umstände, unter denen internationale Migration faktisch stattfinde.[41]

40 Oberman, »Immigration as a Human Right«, S. 39 f., Fn. 15.

41 Peter W. Higgins, *Immigration Justice*, Edinburgh 2013, insbesondere S. 65-67.

Dieses Bedenken kommt gewissermaßen einer Umkehrung von Millers Einwand gleich, dass ein Recht auf globale Bewegungsfreiheit zurückzuweisen sei, weil und wenn Migrantinnen in ihrem Herkunftsland bereits über genügend Wahlmöglichkeiten verfügen. Weshalb sollten wir im Namen der individuellen Selbstbestimmung offene Grenzen fordern, wenn real existierende Migration doch allzu oft durch einen Mangel an Selbstbestimmung und die Verletzung grundlegender Rechte gekennzeichnet ist? Was taugt ein idealisiertes Paradigma der freiwilligen Migration, wenn sich doch die meisten Migrantinnen nicht aus freien Stücken, sondern aus blanker Not auf den Weg machen?

Die Beobachtung, dass Migration in der heutigen Welt oft nicht in einem starken Sinne freiwillig geschieht, ist zweifellos richtig. Auch liegt es mir fern, die mannigfaltigen Rechtsverletzungen zu verharmlosen, denen Migrantinnen in der realen Welt ausgesetzt sind. Ein Recht auf globale Bewegungsfreiheit hätte zwar einen mildernden Einfluss auf einige dieser Probleme. Immerhin richten sich die extremsten Formen der Ausbeutung oft gegen irreguläre Migrantinnen,[42] und auch reguläre Migrantinnen sind oft deshalb besonders verletzlich, weil ihre Aufenthaltsgenehmigung vom Fortbestehen eines Beschäftigungsverhältnisses oder einer Ehe abhängt. Ein Recht auf globale Bewegungsfreiheit würde dazu beitragen, diese Machtasymmetrien abzubauen.[43] Doch ein Patentrezept gegen jede Form von Unrecht und Unterdrückung sind offene Grenzen natürlich nicht.

Dennoch scheint es mir aber kreuzfalsch, zu argumentieren, dass viele Migrantinnen eigentlich ohnehin lieber in ihrem Herkunftsland bleiben würden und wir ihnen deshalb im Grunde nur helfen, wenn wir sie unter Zwang an der Einwanderung hindern. Jedenfalls scheint es mir wichtig, an dieser Stelle zwei Formen von unfreiwilliger Migration *(forced migration)* zu unterscheiden. Erzwungene Migration im engeren Sinn liegt dann vor, wenn Menschen durch Zwang oder Manipulation dazu gebracht werden,

42 Siehe Dita Vogel, »Menschen ohne Aufenthaltsstatus in der Erwerbsarbeit. Eine sozialwissenschaftliche Einführung«, in: Andreas Fischer-Lescano, Eva Kocher, Ghazaleh Nassibi (Hg.), *Arbeit in der Illegalität. Die Rechte von Menschen ohne Aufenthaltspapiere*, Frankfurt, New York 2012, S. 13-37.

43 José Jorge Mendoza, »Does Cosmopolitan Justice Ever Require Restrictions on Migration?«, in: *Public Affairs Quarterly* 29/2 (2015), S. 175-186, hier S. 179.

staatliche Grenzen zu überqueren. In diesen Fällen geht der Mangel an Freiwilligkeit auf die Verletzung der Unabhängigkeitsbedingung nach Raz zurück; die Betroffenen haben sich nicht selbst für die Überquerung der Grenze entschieden. Das ist bei Opfern von Menschenhandel der Fall, und dass es diese Praktiken zu verhindern gilt, ist unstrittig. Ein Recht auf globale Bewegungsfreiheit ist so wenig ein Freipass für Menschenhandel, wie das Recht auf innerstaatliche Bewegungsfreiheit für eine Legalisierung von Kidnapping spricht.

Allzu oft wird eine zweite und wesentliche größere Gruppe von Migrierenden aber rhetorisch den Opfern von Menschenhandel gleichgesetzt. Gemeint sind Menschen, die sich zwar selbst für die Migration entscheiden, dabei aber insofern nicht im vollen Sinne (Ko-)Autorinnen ihres eigenen Lebens sind, als sie unter extrem unattraktiven Optionen wählen müssen. Da diese Menschen unter den bestehenden Umständen oft auf die Dienste von Schleppern zurückgreifen müssen, ist es allzu leicht, sie mit den Opfern von Menschenhandel gleichzusetzen. Doch die angemessene Reaktion auf diese Art von Autonomiedefizit ist eine ganz andere. Wenn Menschen gegen ihren Willen zur Migration gezwungen werden, sollten wir das verhindern. Wenn Menschen hingegen ein zu unattraktives Set von Optionen haben, um im vollen Sinn (Ko-)Autorinnen des eigenen Lebens sein zu können, dann ist das sicher kein Grund, ihnen Rechte zu verwehren, die sie unter günstigeren Bedingungen besitzen würden. Wir sollten dafür sorgen, dass sie attraktivere Optionen bekommen und in ihren grundlegenden Rechten besser geschützt sind. Diesen Menschen die von ihnen bevorzugte unter den bestehenden Optionen wegnehmen zu wollen, weil sie ohnehin nicht autonom sind, ist aber etwa so überzeugend wie die Forderung, man möge den Hungernden das letzte Stück Brot wegnehmen, da ihr Recht auf Nahrung ohnehin nicht erfüllt sei.

8.4 Fazit

Die überzeugendste Begründung des Rechts auf innerstaatliche Bewegungsfreiheit scheint mir eine zu sein, die sich auf die individuelle Autonomie bezieht. Und den Anspruch auf Autonomie sollten wir dabei nicht als einen Anspruch auf eine angemessene Auswahl an Optionen verstehen, sondern als einen Anspruch, ohne äußeren Zwang unter allen verfügbaren Optionen zu wählen. Dieselben Gründe, die dem Recht auf innerstaatliche Bewegungsfreiheit zugrunde liegen, sprechen deshalb auch für ein Recht auf zwischenstaatliche Bewegungsfreiheit. Und die Tatsache, dass Migration in der realen Welt oft unter widrigen Umständen stattfindet, liefert keine überzeugende Rechtfertigung dafür, Menschen ausgerechnet die Option wegzunehmen, die sie unter den gegebenen Bedingungen als die für sich beste einschätzen.

Das Recht auf Bewegungsfreiheit, das ich in diesem Kapitel verteidigt habe, ist wie gesagt kein absolutes Recht. Und ich möchte an dieser Stelle auch nicht ausschließen, dass es *all things considered* gerechtfertigt sein könnte, die zwischenstaatliche Mobilität etwas stärker einzuschränken als die innerstaatliche Mobilität, etwa weil im heimischen Fall andere Mittel zur Verfügung stehen, Wanderungsbewegungen ohne direkte Eingriffe in die Bewegungsfreiheit zu beeinflussen, wenn dies notwendig ist, um andere moralische Ansprüche zu schützen.[44] Auf eine Reihe von möglichen Gründen für Einschränkungen der globalen Bewegungsfreiheit komme ich im nächsten Kapitel zu sprechen. Was ich hoffe deutlich gemacht zu haben, ist aber, dass die zwischenstaatliche Bewegungsfreiheit nicht *beliebig* eingeschränkt werden darf.

Einwanderungsbegehren sind nicht wie Heiratsanträge, die anzunehmen keinerlei Pflicht besteht. Es ist grundsätzlich das gute Recht jedes Menschen, sich auf der Oberfläche unseres Planeten frei zu bewegen. Und jede Einschränkung dieses Rechts bedarf einer Rechtfertigung durch andere entsprechend gewichtige moralische Ansprüche.

44 Miller, »Is There a Human Right to Immigrate?«, S. 24; ders., *Strangers in Our Midst*, S. 54 f.

9. Das vertragstheoretische Argument

Im letzten Kapitel habe ich versucht, den Grundgedanken eines Rechts auf globale Bewegungs- und Niederlassungsfreiheit stark zu machen, ohne mich auf eine bestimmte Theorie der Gerechtigkeit festzulegen. Die Parallele zwischen innerstaatlicher und zwischenstaatlicher Bewegungsfreiheit, die ich dabei verteidigt habe, scheint mir mit einem breiten Spektrum von unterschiedlichen substanziellen Gerechtigkeitstheorien kompatibel, das von rechtslibertären bis zu linken egalitaristischen Positionen reicht. Außerdem ist diese Parallele auch mit unterschiedlichen Annahmen über die Natur und das theoretische Fundament individueller moralischer Rechte vereinbar.

An manchen Stellen mögen meine Formulierungen zwar einen interessentheoretischen Einschlag gehabt haben. Interessentheorien behaupten, dass Rechte dazu da sind, entsprechend gewichtige Interessen zu schützen,[1] und die entsprechende Version des Analogiearguments geht dahin, dass dieselben Interessen, die dem Recht auf innerstaatliche Bewegungsfreiheit zugrunde liegen, auch ein Recht auf zwischenstaatliche Bewegungsfreiheit fundieren. Aber das Analogieargument lässt sich auch auf der Grundlage von Willenstheorien aufrechterhalten, denen zufolge Rechte Individuen zu »kleinen Souveränen«[2] machen, wobei das Interesse am Objekt des jeweiligen Rechts keine wesentliche Rolle spielt. Wenn der Anspruch auf innerstaatliche Bewegungsfreiheit beispielsweise auf einem natürlichen Recht auf den eigenen Körper beruht, das unabhängig von entsprechenden Interessen besteht, dann kann dasselbe vom Recht auf internationale Mobilität behauptet werden. *Was auch immer* dem Recht auf innerstaatliche Bewegungsfreiheit und den anderen Freiheitsrechten zugrunde liegt, für deren Wahrnehmung die Bewegungsfreiheit eine Voraussetzung ist, spricht auch für ein Recht auf globale Bewegungsfreiheit.

1 Eine solche Theorie vertritt etwa Joseph Raz, *The Morality of Freedom*, Oxford 1986.

2 H. L. A. Hart, *Essays on Bentham. Jurisprudence and Political Theory*, Oxford 1982, S. 183.

Diese »agnostische« Argumentationsstrategie hat allerdings ihre Grenzen. Denn man könnte natürlich schon im innerstaatlichen Fall bestreiten, dass der Zusammenhang zwischen Bewegungsfreiheit und individueller Autonomie, auf den ich mich im letzten Kapitel gestützt habe, genügt, um ein *Recht* auf Bewegungsfreiheit zu begründen. In Abwesenheit einer umfassenderen theoretischen Perspektive lässt sich dieser Einwand kaum abschließend ausräumen. Vor allem aber habe ich zugestanden, dass das Recht auf Bewegungsfreiheit nicht absolut gilt. Und spätestens wenn es darum geht, wie dieses Recht im Konfliktfall gegen andere moralische Ansprüche abzuwägen ist und welche anderen Ansprüche diesbezüglich überhaupt in Betracht kommen, dürften verschiedene Gerechtigkeitstheorien ganz unterschiedliche Antworten geben.

In diesem Kapitel möchte ich meine Neutralität deshalb aufgeben. Ich werde eine kosmopolitische Version der Vertragstheorie der Gerechtigkeit von John Rawls heranziehen, um das Recht auf grenzüberschreitende Bewegungsfreiheit theoretisch zu fundieren und der Frage nachzugehen, unter welchen Umständen eine gewisse Beschränkung der Einwanderung *all things considered* doch gerechtfertigt sein könnte.

Ich wähle diesen theoretischen Zugang nicht, weil mir Rawls' Theorie in allen Einzelheiten überzeugend scheint; ich werde ohnehin in wesentlichen Hinsichten von seinen Annahmen abweichen.[3] Aber der kontraktualistische Ansatz stellt einen hilfreichen theoretischen Apparat zur Verfügung, um über die Abwägung zwischen den unterschiedlichen Ansprüchen, die bei der Einwanderungsfrage auf dem Spiel stehen, und die dafür angemessene Perspektive der Unparteilichkeit nachzudenken. Außerdem hat die kontraktualistische Herangehensweise den Vorteil, dass ich mich auf eine Reihe von bestehenden Arbeiten stützen kann, die ein vertragstheoretisches Argument für ein Recht auf globale Bewegungsfreiheit verteidigen beziehungsweise kritisieren.[4]

3 Dies betrifft insbesondere die globale Anwendung einer Theorie mit Individuen als Vertragspartnern (Abschnitt 9.1) und die Zurückweisung eines strikten Vorrangs der Freiheit (Abschnitt 9.3.3).

4 Die ursprüngliche Formulierung des Arguments findet sich bei Joseph H. Carens, »Fremde und Bürger: Weshalb Grenzen offen sein sollten«, in: Andreas Cassee, Anna Goppel (Hg.), *Migration und Ethik*, Münster 2012, S. 23-46, hier S. 27-36. Eine ausführliche Verteidigung liefert Martino Mona, *Das Recht auf Immigrati-*

Bei der Entwicklung meiner Position werde ich in drei Schritten vorgehen. In einem ersten Schritt verteidige ich die globale Anwendung des individualistischen Vertragsmodells aus der *Theorie der Gerechtigkeit*[5] gegen die Alternative einer zweistufigen Theorie, wie sie Rawls in *Das Recht der Völker*[6] vertreten hat (Abschnitt 9.1). Im zweiten Schritt skizziere ich das Entscheidungsproblem, mit dem sich die Vertragspartner konfrontiert sehen, und gehe auf die Gründe ein, aus denen sie sich meiner Ansicht nach für ein Recht auf globale Bewegungs- und Niederlassungsfreiheit aussprechen (Abschnitt 9.2). Im dritten und letzten Schritt untersuche ich dann eine Reihe von möglichen Einschränkungen dieses Rechts (Abschnitt 9.3). Ein kurzes Fazit beschließt das Kapitel (Abschnitt 9.4).

9.1 Einstufige oder zweistufige Vertragstheorie?

Der zentrale Pfeiler von Rawls' Vertragstheorie der Gerechtigkeit ist das bereits erwähnte Gedankenexperiment.[7] Wir sollen uns fragen, welchen Gerechtigkeitsprinzipien wir unsere Zustimmung geben würden, wenn wir keine Kenntnis davon hätten, welche gesellschaftliche Position wir selbst innehaben und welche Vorstellung von einem gelingenden Leben wir verfolgen. Dieser Informationsentzug (der »Schleier des Nichtwissens«) ist ein Darstellungsmittel für die normative Forderung, dass niemand die Wahl der Gerechtigkeitsprinzipien einseitig auf seine eigenen Interessen

on. Rechtsphilosophische Begründung eines originären Rechts auf Einwanderung im liberalen Staat, Basel 2007. Ein kontraktualistisches Argument für ein Recht auf Einwanderung, dessen Reichweite aber auf Staaten beschränkt ist, die sich freiwillig zu einer »multilateralen Demokratie« zusammenschließen, formuliert auch Francis Cheneval, *The Government of the Peoples. On the Idea and Principles of Multilateral Democracy*, New York 2011, S. 142 f. Zu einer kritischen Einschätzung gelangen u. a. James Woodward, »Commentary: Liberalism and Migration«, in: Brian Barry, Robert E. Goodin (Hg.), *Free Movement. Ethical Issues in the Transnational Migration of People and Money*, Hemel Hempstead 1992, S. 59-84, hier S. 75-81; und Will Kymlicka, »Staatsgrenzen. Eine liberal-egalitäre Perspektive«, in: *Deutsche Zeitschrift für Philosophie* 54/4 (2006), S. 549-575, hier S. 565-572.

5 John Rawls, *Eine Theorie der Gerechtigkeit*, Frankfurt/M. 1979.

6 John Rawls, *Das Recht der Völker. Enthält: »Nochmals: Die Idee der öffentlichen Vernunft«*, Berlin, New York 2002.

7 Siehe Abschnitt 7.1.1.

zuschneiden darf. Wer behauptet, etwas sei »gerecht«, einfach weil es seinen eigenen Interessen dient, der missbraucht die Sprache der Gerechtigkeit. Der »Schleier des Nichtwissens« verunmöglicht einen solchen *bias* zugunsten der eigenen Interessen. Da im hypothetischen »Urzustand« niemand seine Stellung in der Gesellschaft, seine Klasse, seinen Status, seine Fähigkeiten oder seine Vorstellung vom Guten kennt, haben die Vertragspartner keine andere Wahl, als die Interessen aller anderen fair zu berücksichtigen.[8]

Dieses Gedankenexperiment werde ich mit Joseph Carens auf die Einwanderungsfrage anwenden. Gerecht wäre meiner Ansicht nach eine Einwanderungspolitik, die Prinzipien entspricht, auf die wir uns einigen würden, wenn wir nicht wüssten, welche Staatsangehörigkeit wir besitzen und welchen Lebensplan wir verfolgen. Bevor ich auf die Frage eingehe, wie eine solche Einwanderungspolitik aussehen könnte, gilt es aber einen wichtigen Einwand auszuräumen. Die Formulierung der Bedingungen des Urzustandes in der *Theorie der Gerechtigkeit* ist auf die Lösung eines bestimmten Problems zugeschnitten, nämlich auf die Festlegung von Grundsätzen für die Grundstruktur einer einzelnen Gesellschaft,[9] von der Rawls der Einfachheit halber annimmt, es handle sich um ein in sich geschlossenes System.[10] Es ist deshalb nicht von vornherein klar, ob sich der Gedanke eines Gesellschaftsvertrags mit Individuen als Vertragspartnern für die Beantwortung von Gerechtigkeitsfragen von internationaler Tragweite überhaupt eignet.

In seinem späteren Werk *Das Recht der Völker* hat Rawls einen anderen Weg vorgeschlagen, den Vertragsgedanken auf internationaler Ebene zum Tragen zu bringen. Um eine klare Alternative zur globalen Anwendung der individualistischen Vertragstheorie vor Augen zu haben, sei Rawls' internationale Theorie hier kurz skizziert. Im Gesellschaftsvertrag erster Stufe einigen sich zunächst wie gehabt Individuen auf gerechte Grundsätze für die Grundstruktur einer einzelnen (liberalen) Gesellschaft. In einem zweiten Schritt werden dann aber anstelle von Individuen Delegierte von Gesellschaften beziehungsweise »Völkern« *(peoples)* hinter einen Schleier des Nichtwissens versetzt, um Grundsätze für die Völkergemeinschaft festzulegen. Die Delegierten kennen weder die Größe des

8 Rawls, *Eine Theorie der Gerechtigkeit*, S. 27-39, 159-166.

9 Ebd., S. 23-27, 74, 105 f.

10 Ebd., S. 20, 24.

Territoriums noch die Bevölkerungsdichte oder die ökonomische oder militärische Stärke der Gesellschaft, die sie vertreten. In einem ersten Durchgang einigen sich nun liberale Völker auf Grundsätze für ihre Beziehungen untereinander.[11] Liberale Völker zeichnen sich dabei durch drei Bedingungen aus: Sie haben einigermaßen gerechte (d.h. ungefähr den Prinzipien des Gesellschaftsvertrags erster Stufe entsprechende) Institutionen, sie verfügen über einen moralischen Charakter (d.h., sie sind fähig, faire Regeln der Zusammenarbeit mit anderen Völkern zu erkennen und zu befolgen), und ihre Bürger sind durch »geteilte Zuneigungen« vereint.[12] Die Prinzipien des internationalen Vertrags werden anschließend noch in einem zweiten Durchlauf des modifizierten Urzustands bestätigt, in dem auch »achtbare« nichtliberale Völker vertreten sind.[13] Sie würden Rawls zufolge denselben Prinzipien zustimmen.[14]

Nun liegt es vielleicht nahe anzunehmen, die Delegierten liberaler Völker würden einfach die Interessen ihrer individuellen Bürgerinnen vertreten. (Wozu sonst sollten die Bürgerinnen sie im Gesellschaftsvertrag erster Stufe beauftragen?) Wäre dies der Fall, so würde sich der Vertrag zweiter Stufe seinem Inhalt nach nicht von einem global gültigen Vertrag mit Individuen als Vertragsparteien unterscheiden. Da die Interessen aller Beteiligten hinter dem Schleier des Nichtwissens identisch sind, würde die Verschiebung vom Prinzip *one person, one vote* zum Prinzip *one people, one vote* keine Rolle spielen.

Doch Rawls' Annahme ist eine andere. Das leitende Interesse der Delegierten gilt der Aufrechterhaltung einer gerechten (oder »achtbaren«) internen Grundstruktur, der politischen Unabhängigkeit des eigenen Volkes sowie seiner Selbstachtung als Volk.[15] Diese Annahmen über die Motive der Vertragspartner haben weitreichende Konsequenzen für den Inhalt der Vereinbarung, die in weiten Teilen dem geltenden Völkerrecht entspricht und der Unabhängigkeit der Einzelstaaten großes Gewicht beimisst. Insbeson-

11 Rawls, *Das Recht der Völker*, S. 33-48.

12 Ebd., S. 26-28.

13 Als »achtbar« gelten Gesellschaften, die keine Angriffskriege führen, minimale Menschenrechte respektieren und deren Politik von einer (nichtliberalen) Gerechtigkeitsvorstellung statt von bloßer Gewalt getragen ist. Ebd., S. 79-81.

14 Ebd., S. 77-86.

15 Ebd., S. 38 f.

dere kommt nicht etwa das Differenzprinzip aus dem innerstaatlichen Gesellschaftsvertrag zum Tragen, dem zufolge eine ungleiche Verteilung von Grundgütern nur dann zulässig ist, wenn sie der am wenigsten begünstigten Gruppe einen Vorteil bringt. Stattdessen gilt nur eine minimale Unterstützungspflicht gegenüber »belasteten Gesellschaften«, die nicht aus eigener Kraft zu einer gerechten oder »achtbaren« internen Grundstruktur gelangen können.[16]

Auch wenn ich Rawls' internationale Theorie hier nur in ihren Grundzügen skizzieren konnte, sollte deutlich geworden sein, dass die Entscheidung zwischen einer einstufigen und einer zweistufigen Vertragstheorie für die hier interessierende Frage nach der Legitimität von Einwanderungsbeschränkungen von großer Bedeutung ist. Denn in der zweistufigen Konzeption spielen individuelle Interessen von internationaler Tragweite – und folglich auch das Interesse, in einen anderen Staat einzuwandern – kaum eine Rolle. Globale Gerechtigkeit wird ausschließlich als eine Frage der gerechten Beziehungen zwischen Staaten beziehungsweise »Völkern« verstanden. Entsprechend stiefmütterlich behandelt Rawls Fragen der zwischenstaatlichen Migration.[17] In einer Fußnote erwähnt er, dass der Vertrag zweiter Stufe ein »qualifiziertes Recht, die Einwanderung zu beschränken« enthielte – dazu, welchen Qualifikationen dieses Recht unterliegt, äußert sich Rawls nicht.[18]

Rawls' Zurückweisung eines egalitaristischen Kosmopolitismus und sein Abweichen vom normativen Individualismus im *Recht der Völker* hat eine ganze Reihe von kritischen Reaktionen,[19] aber auch einige zustimmende Kommentare[20] hervorgerufen. Ich kann diese Debatte, die meist mit Blick auf Fragen der Verteilungsgerechtigkeit geführt wird, hier nicht in ihrer ganzen Breite darstellen.

16 Ebd., S. 131-149.

17 Robert W. Glover, »Eyes Wide Shut. The Curious Silence of *The Law of Peoples* on Questions of Immigration and Citizenship«, in: *Eidos* 14 (2011), S. 10-49.

18 Rawls, *Das Recht der Völker*, S. 229, Fn. 48.

19 Siehe u. a. Thomas W. Pogge, »An Egalitarian Law of Peoples«, in: *Philosophy & Public Affairs* 23/3 (1994), S. 195-224; Charles R. Beitz, »Rawls's Law of Peoples«, in: *Ethics* 110/4 (2000), S. 669-696.

20 Leif Wenar, »Why Rawls is Not a Cosmopolitan Egalitarian«, in: Rex Martin, David A. Reidy (Hg.), *Rawls's Law of Peoples. A Realistic Utopia?* Malden, Mass. 2006, S. 95-113; David Miller, »Collective Responsibility and International Inequality in *The Law of Peoples*«, in: Rex Martin, David A. Reidy (Hg.), *Rawls's Law of Peoples. A Realistic Utopia?* Malden, Mass. 2006, S. 191-205.

Stattdessen beschränke ich mich auf die Untersuchung von vier möglichen[21] Argumenten für die Beschränkung des individualistischen Vertrags auf den liberalen Einzelstaat und gehe der Frage nach, wie überzeugend diese Argumente im spezifischen Kontext der hier interessierenden Frage nach einer gerechten Einwanderungspolitik sind.

9.1.1 Toleranz gegenüber nichtliberalen Gesellschaften

In seinen knappen Ausführungen zur Frage, weshalb er die Gebote der internationalen Gerechtigkeit als Vertrag zwischen Völkern modelliert und eine individualistische Theorie mit globaler Reichweite zurückzuweist, beruft sich Rawls in erster Linie auf das Gebot der Toleranz gegenüber »achtbaren« nichtliberalen Gesellschaften. Da der Grundsatz der Gleichheit aller Individuen eine spezifisch liberale Errungenschaft darstelle, könne er nicht einfach vorausgesetzt werden, wenn es um Regeln für eine Völkergemeinschaft gehe, in der achtbare nichtliberale Gesellschaften gleichberechtigte Mitglieder sein sollen.[22]

Charles Beitz kritisiert, Rawls' Argumentation werde damit zirkulär: Wenn das Toleranzgebot herangezogen werde, um die zweistufige Konzeption zu rechtfertigen, so vermöge diese zweistufige Konzeption ihrerseits nichts zur Rechtfertigung der Toleranz beizutragen.[23] Dagegen lässt sich allerdings einwenden, dass solche Zirkel vor dem Hintergrund von Rawls' Theorie des Überlegungsgleichgewichts kein Problem darstellen müssen. Dieser Theorie der Rechtfertigung zufolge werden spezifischere Prinzipien nicht deduktiv aus allgemeineren abgeleitet, sondern das gesamte Theorie-

21 Nur das erste dieser Argumente, welches die Toleranz gegenüber nichtliberalen Gesellschaften betrifft, wird von Rawls explizit als Argument gegen die Möglichkeit angeführt, globale Gerechtigkeitsprinzipien aus einem Gesellschaftsvertrag zwischen Individuen abzuleiten. Die drei anderen Motive, die ich im Folgenden besprechen werde, spielen in seinem Theoriegebäude aber an anderer Stelle eine wichtige Rolle, und es scheint mir naheliegend, dass sie mit den Ausschlag dafür geben, dass Rawls die Gebote der internationalen Gerechtigkeit als Vertrag zwischen Völkern modelliert. Aber ich werde diese exegetische These hier nicht weiter verteidigen und die Argumente einfach als *mögliche* Argumente für eine zweistufige Konzeption auf ihre Plausibilität hin prüfen.

22 Rawls, *Das Recht der Völker*, S. 100-103.

23 Beitz, »Rawls's Law of Peoples«, S. 681.

gebäude wird dadurch plausibilisiert, dass es einerseits eine innere Kohärenz aufweist (zu der solche zirkulären Zusammenhänge beitragen können) und andererseits vortheoretischen Überzeugungen entspricht oder diese auf annehmbare Weise erweitert.[24]

Nichtsdestotrotz mutet der theoretische Stellenwert der Toleranz im *Recht der Völker* seltsam an. Die Tatsache, dass sich der Pluralismus auf internationaler Ebene in einer größeren Diversität ausdrückt als im innerstaatlichen Fall, scheint alleine noch kein Grund zu sein, ihm eine andere systematische Rolle einzuräumen.[25] In *Politischer Liberalismus* argumentiert Rawls, liberale Prinzipien seien als *politische* Prinzipien eine angemessene Reaktion auf den vernünftigen Pluralismus bezüglich umfassender ethischer und religiöser Lehren.[26] In seiner internationalen Theorie fasst er den vernünftigen Pluralismus hingegen von vornherein viel weiter, sodass er auch Auffassungen einschließt, die nur eine beschränkte Gewissens-, Religions- und Gedankenfreiheit zulassen.[27]

Ein Motiv für die größere Reichweite der Toleranz im *Recht der Völker* besteht darin, dass »achtbare« hierarchische Gesellschaften Rawls zufolge als ordentliche Mitglieder *(members in good standing)* der Völkergemeinschaft gelten sollen.[28] Doch ich sehe keinen überzeugenden Grund, deshalb wesentlich von der Art abzuweichen, in der wir im innerstaatlichen Fall auf nichtliberale Ansichten reagieren. Auch im Innern liberaler Staaten gibt es Menschen, die individuelle Rechte und die moralische Gleichheit aller Personen ablehnen – wir tolerieren sie, indem wir ihnen Freiheitsrechte einräumen, obwohl sie deren Rechtfertigungsgrundlage selbst nicht anerkennen, und wir behandeln sie als gleichberechtigte Bürger mit politischen Rechten, auch wenn sie selbst keine Demokraten sind. Doch deshalb geben wir unser Bekenntnis zur Gleichheit und

24 Zum Überlegungsgleichgewicht siehe Rawls, *Eine Theorie der Gerechtigkeit*, S. 65-73.

25 So auch Thomas W. Pogge, »Do Rawls's Two Theories of Justice Fit Together?«, in: Rex Martin, David A. Reidy (Hg.), *Rawls's Law of Peoples. A Realistic Utopia?* Malden, Mass. 2006, S. 206-225, hier S. 208.

26 John Rawls, *Politischer Liberalismus*, Frankfurt/M. 2003. Siehe insbesondere S. 292-298, wo Rawls auf den Einwand antwortet, seine Theorie habe einen ungerechtfertigten *bias* zugunsten umfassender Lehren, welche das Ideal individueller Autonomie ins Zentrum stellen.

27 Rawls, *Das Recht der Völker*, S. 90 f.

28 Ebd., S. 2.

Freiheit aller Menschen und zur Demokratie nicht auf – und ebenso wenig sollten wir dies meines Erachtens im internationalen Fall tun. Möglicherweise sollten wir in der nichtidealen Theorie eher zu Kompromissen bereit sein, weil unsere Überzeugungen in der internationalen Arena weniger breit geteilt werden. Eine gerechte globale Ordnung im Sinne der Vertragstheorie erster Stufe aber von vornherein als erstrebenswertes Ideal zu verwerfen, kommt einer vorauseilenden Kapitulation gleich.

Rawls geht von der Annahme aus, dass wir toleranter sein sollten, wenn es um den Umgang der Mitglieder »nichtliberaler« Gesellschaften untereinander geht, als wenn der Umgang mit »nichtliberalen« Individuen unter »uns« zur Diskussion steht. Ein wesentlicher Grund für diese Annahme ist seine Befürchtung, dass ein liberaler Kosmopolitismus auf individualistischer Basis zu einem Exzess militärischer Gewalt führen könnte. Eine solche Theorie müsste seiner Ansicht nach darauf hinauslaufen, »dass nichtliberale Gesellschaften stets irgendwelchen Formen von Sanktionen unterworfen werden dürfen«.[29] Dabei übersieht Rawls aber, dass seine zweistufige Theorie ihrerseits Formen von Gewalt zulässt, die sich im Rahmen einer kosmopolitischen Theorie als unhaltbar erweisen könnten: Sie erlaubt es »liberalen« Gesellschaften, Zwang gegen Einwanderungswillige auszuüben, ohne dafür eine Rechtfertigung zu geben, die deren Interessen unparteiisch in Betracht zieht.

Das Motiv der Toleranz gegenüber »nichtliberalen« Gesellschaften stößt spätestens dann an seine Grenzen, wenn es dazu herangezogen wird, die Rechtfertigungspflichten von Akteuren zu reduzieren, die sich selbst als »liberal« verstehen. Das Toleranzargument entbehrt deshalb schon nicht eines gewissen Zynismus, wenn es verwendet wird, um Umverteilungsansprüche abzuweisen, welche die Bürger »nichtliberaler« Staaten gegenüber den wohlhabenden Bürgerinnen »liberaler« Staaten erheben. (»Wir schulden euch keine nach ›unseren‹ Maßstäben angemessene Rechtfertigung für das Weltwirtschaftssystem, weil wir ›eure‹ nichtliberalen Gerechtigkeitsvorstellungen respektieren.«) Wird das Argument aber zur Rechtfertigung der Einwanderungsbeschränkungen »liberaler« Staaten herangezogen, so überschreitet es definitiv die Grenze der Absurdität: »Wir lassen dich nicht rein – aus Respekt gegenüber

29 Ebd., S. 101.

›euren‹ nichtliberalen Gerechtigkeitsvorstellungen, und zwar selbst dann, wenn du persönlich diese Überzeugungen nicht teilst und lieber in einem demokratischen Rechtsstaat leben möchtest.«

Vielleicht legt die Toleranz einen Verzicht darauf nahe, von »nichtliberalen« Gesellschaften eine Rechtfertigung *ihrer* Einwanderungsbeschränkungen auf Grundlage des normativen Individualismus zu verlangen. Und möglicherweise führt ein solches Zugeständnis seinerseits zu neuen Fairness-Problemen (müssen »liberale« Staaten ihre eigenen Grenzen öffnen, wenn sie Einwanderungsbeschränkungen auf Seiten »nichtliberaler« Staaten tolerieren müssen?).[30] Doch das indirekte Argument, das sich auf diese Weise konstruieren lässt, ist ein reichlich hypothetisches. Die Situation verhält sich heute nicht so, dass »liberale« Staaten mehrheitlich ein System der globalen Freizügigkeit anstreben und einzig die Bereitschaft der »nichtliberalen« Staaten fehlt, ein solches System mitzutragen. Und ich sehe nicht, dass sich mit der Toleranz gegenüber nichtliberalen Gerechtigkeitsvorstellungen irgendeine grundsätzliche Reduktion des Rechtfertigungsbedarfs begründen lässt, der mit Blick auf die Einwanderungsbeschränkungen »liberaler« Staaten besteht.

9.1.2 Getrennte Grundstrukturen

Ein zweites Motiv für eine beschränkte Reichweite des Gesellschaftsvertrags erster Stufe lässt sich implizit aus der *Theorie der Gerechtigkeit* herauslesen, wo Rawls die Festlegung einer gerechten gesellschaftlichen »Grundstruktur« *(basic structure)* als zentralen Gegenstand der Gerechtigkeitstheorie identifiziert.[31] Aus dieser Bestimmung des *Gegenstands* der Gerechtigkeit lässt sich möglicherweise ein Argument über die *Reichweite* der starken Gerechtigkeitsprinzipien aus dem Gesellschaftsvertrag erster Stufe gewinnen. Wenn die Reichweite der Prinzipien aus dem individualistischen Vertrag auf eine einzelne gesellschaftliche Grundstruktur beschränkt ist und wenn wir mit Einwanderungswilligen noch nicht in einer gemeinsamen Grundstruktur leben, dann schulden wir ihnen möglicherweise gar keine Rechtfertigung ihres Ausschlusses nach den anspruchsvollen Vorgaben des Vertrags erster Stufe.

30 Auf dieses Problem hat mich Christoph Fehige hingewiesen.

31 Rawls, *Eine Theorie der Gerechtigkeit*, S. 23-27, 74, 105 f.

Rawls verwendet den Begriff der Grundstruktur nicht überall in der gleichen Bedeutung, und dem Argument über die Beschränkung der Reichweite der Gerechtigkeit auf eine einzelne Grundstruktur können deshalb unterschiedliche Deutungen gegeben werden.[32] Ich möchte hier zwei Versionen dieses Arguments diskutieren. Die erste Version versteht das Vorliegen einer gemeinsamen Grundstruktur als eine Frage der Kooperation: Einen Anspruch auf eine gerechte Verteilung der Vorteile und Lasten der gesellschaftlichen Zusammenarbeit haben nur diejenigen, die an dieser Zusammenarbeit beteiligt sind; ein faires System der gesellschaftlichen Kooperation schulden wir bloß denjenigen, die bereits Teil einer gemeinsamen Kooperationsgemeinschaft sind.

Der Versuch, mit diesem Argument einen (starken) Rechtfertigungsbedarf für Einwanderungsbeschränkungen zurückzuweisen, scheint mir aus zwei Gründen nicht überzeugend. Zum einen ist die in der *Theorie der Gerechtigkeit* zur Vereinfachung eingeführte Annahme, Einzelstaaten seien in sich geschlossene Kooperationssysteme, in der realen Welt kaum haltbar.[33] Unter Bedingungen der ökonomischen Globalisierung ist es wenig überzeugend, von getrennten nationalstaatlichen Grundstrukturen im hier diskutierten Sinn auszugehen. Das heißt nicht, dass im Status quo eine im strikten Sinn *globale* Grundstruktur existiert (man denke an die letzten Unkontaktierten im Amazonasgebiet). Doch das Argument vermag jedenfalls mit Blick auf die Abweisung solcher Einwanderungswilligen nicht zu überzeugen, die bereits Teil des weltwirtschaftlichen Kooperationssystems sind.

Vor allem aber geht es bei der Einwanderungsfrage in zweierlei Hinsicht nicht primär um eine Frage nach der gerechten Verteilung von Kooperationsgewinnen. Erstens handelt es sich bei dem zu verteilenden Gut – territorialen Ansprüchen erster Ordnung, sich auf einem bestimmten Fleck der Erdoberfläche aufzuhalten, und territorialen Ansprüchen zweiter Ordnung, darüber zu verfügen, wer sich auf einem bestimmten Fleck der Erdoberfläche auf-

32 Arash Abizadeh, »Cooperation, Pervasive Impact, and Coercion. On the Scope (not Site) of Distributive Justice«, in: *Philosophy & Public Affairs* 35/4 (2007), S. 318-358, hier S. 318-320.

33 Siehe u. a. Charles R. Beitz, *Political Theory and International Relations*, Princeton, New Jersey 1979, S. 143-153.

halten darf – nicht um ein Kooperationsprodukt.[34] Und zweitens erheben Einwanderungswillige typischerweise nicht den Anspruch, einen Teil der Kooperationsgewinne zu erhalten, ohne selbst etwas beizutragen; ihr Ansinnen ist vielmehr, sowohl zum Schema der Kooperation beizutragen als auch davon zu profitieren. Gegenüber der Frage, welche kooperationsfähigen und -willigen Personen in die Kooperationsgemeinschaft aufgenommen werden, kann die Gerechtigkeitstheorie aber nicht indifferent sein. Sonst wäre es nicht ungerecht, eine einheimische ethnische Gruppe (sagen wir die Roma) gesetzlich von der Steuerzahlung zu befreien und ihnen gleichzeitig den Zugang zu sämtlichen staatlichen Leistungen sowie zum Arbeitsmarkt zu verwehren – die entsprechende Gruppe befände sich dann automatisch außerhalb der Reichweite der Gerechtigkeitsprinzipien, und ihr Ausschluss könnte nicht mehr als ungerecht kritisiert werden. Das wäre zweifellos absurd.

Dieses letzte Problem mag eine zweite Version des Arguments über die Getrenntheit der Grundstrukturen vermeiden, dem zufolge das Vorliegen einer gemeinsamen Grundstruktur nicht in erster Linie eine Frage der Kooperation, sondern vielmehr eine Frage des Zwangs ist. Diese Version des Arguments vertritt Michael Blake in der Debatte über die Reichweite der distributiven Gerechtigkeit:

> Zwang, nicht Kooperation, ist das *sine qua non* der distributiven Gerechtigkeit, das Prinzipien der relativen Deprivation relevant macht.[35]

Dem Einwand, den Ausschluss einheimischer Minderheiten aus der Kooperationsgemeinschaft zu legitimieren, ist das Argument in dieser Version nicht ausgesetzt. Da die Roma dem Zwang des Staates unterworfen sind, auf dessen Territorium sie leben, wäre ihnen auch dann eine Rechtfertigung für die gesellschaftliche Grund-

34 Dagegen mag man einwenden, das Territorium sei untrennbar mit infrastrukturellen Investitionen verbunden, auf welche die bisherigen Bürgerinnen des jeweiligen Staates einen besonderen Anspruch haben. Siehe Ryan Pevnick, *Immigration and the Constraints of Justice. Between Open Borders and Absolute Sovereignty*, Cambridge 2011, S. 54-60. Doch soweit diese Infrastruktur teilweise von früheren Generationen geschaffen wurde, wäre ein solcher Anspruch zumindest rechtfertigungsbedürftig, denn es gibt in Rawls' Theorie kein natürliches vorvertragliches Recht auf Erbschaft. Siehe dazu Abschnitt 9.1.3.

35 Michael Blake, »Distributive Justice, State Coercion, and Autonomy«, in: *Philosophy & Public Affairs* 30/3 (2001), S. 257-296, hier S. 289, eigene Übersetzung.

struktur geschuldet, wenn sie aus der Kooperationsgemeinschaft ausgeschlossen blieben.

Im hier interessierenden Kontext der Einwanderungsfrage vermag Blakes Version des Arguments über getrennte Grundstrukturen aber deshalb nicht zu überzeugen, weil Einwanderungsbeschränkungen, wie ich bereits dargelegt habe, selbst eine Form von Zwang darstellen.[36] Die Ansicht, dass erst die Ausübung staatlichen Zwangs starke Rechtfertigungspflichten hervorruft, macht deshalb nicht plausibel, dass solche Rechtfertigungspflichten auf den Einzelstaat beschränkt sind:

> Die empirische Prämisse dieser Formulierung von Blakes Argument ist schlicht falsch: Es ist eines der augenfälligsten Merkmale des gegenwärtigen westfälischen Systems der zwischenstaatlichen Beziehungen, dass Individuen einem weiten Netz von kontinuierlich ausgeübtem Zwang durch fremde Staaten unterworfen sind, der ihre Bewegung über staatliche Grenzen beschränkt.[37]

Blake nimmt dieses Problem zur Kenntnis, bestreitet aber, dass auf internationaler Ebene dieselbe Art von Zwang ausgeübt wird wie im Innern einzelner Staaten. »Es gibt in der internationalen Arena keinen kontinuierlichen Zwang von der Art, wie er in der heimischen Arena zu beobachten ist.«[38] Soweit Blake hier bloß auf einen quantitativen Unterschied der Art hinweisen will, dass Einwanderungswillige staatlichem Zwang nicht im gleichen Ausmaß oder in gleich vielen Hinsichten unterworfen sind, wie dies bei Menschen im Innern eines Staates der Fall ist, bleibt aber unklar, weshalb sich daraus irgendeine Reduktion der Rechtfertigungspflichten mit Blick auf diejenigen Instanzen von Zwang ergeben soll, die eine grenzüberschreitende Wirkung entfalten. (Dass Hans Heidi häufiger schlägt als Maria, ist kein Grund für die Annahme, dass er Maria kein Unrecht tut.) Und wenn Blake auf einen grundsätzlicheren Unterschied der Art anspielt, dass Zwang auf der internationalen Ebene nicht im gleichen Rahmen demokratischer Rechtsstaatlichkeit stattfindet, so scheint dies eher für einen

36 Vgl. Abschnitt 7.3.1.

37 Abizadeh, »Cooperation, Pervasive Impact, and Coercion«, S. 348, eigene Übersetzung.

38 Blake, »Distributive Justice, State Coercion, and Autonomy«, S. 280, eigene Übersetzung.

stärkeren Rechtfertigungsbedarf zu sprechen. Dass Einwanderungswillige einem Zwang unterworfen sind, der nicht unter dem mäßigenden Einfluss demokratischer Rechtsstaatlichkeit steht, macht diesen Zwang *ceteris paribus* problematischer, nicht weniger problematisch.[39] Auch in der zweiten Version scheint mir das Argument über getrennte Grundstrukturen deshalb keine überzeugende Begründung dafür zu liefern, dass Einwanderungswilligen eine Rechtfertigung ihres Ausschlusses nach den anspruchsvollen Vorgaben der individualistischen Vertragstheorie verweigert werden dürfte.

9.1.3 Einzelstaatliche Eigenverantwortung

Ein drittes Motiv für Rawls' zweistufige Konzeption dürfte darin bestehen, dass er aus substanziellen Gründen von vornherein ein bestimmtes institutionelles Arrangement vor Augen hat, nämlich eine lose Völkergemeinschaft. Einen Weltstaat lehnt Rawls mit Kant ab, weil ein solcher entweder in einer globalen Despotie oder in wiederkehrenden Bürgerkriegen resultieren müsste.[40] Und starke Prinzipien der internationalen Redistribution hält er für eine ebenso schlechte Idee wie ein Prinzip der globalen Bewegungsfreiheit. Sein zentrales Argument für diese Skepsis habe ich bereits erwähnt:

> Solange niemandem ausdrücklich die Verantwortung für die Erhaltung eines Gutes übergeben wird und er selbst die Kosten tragen muss, wenn er diese Verantwortung nicht wahrnimmt, wird dieses Gut tendenziell verkommen. […] Im vorliegenden Fall ist dieses Gut das Territorium eines Volkes und das in ihm gelegene Potenzial, dem Volk dauerhaft eine Lebensbasis zu bieten, während die Verantwortung dafür beim Volk selbst liegt. Die Qualifikation »dauerhaft« ist entscheidend. Völker müssen sich damit abfinden, dass sie ein Versagen bei der Regulierung ihrer eigenen Größe oder bei der Sorge für ihr Land nicht durch kriegerische Eroberungen oder durch Migration in das Gebiet eines anderen Volkes (ohne dessen Einwilligung) wettmachen können.[41]

Ich habe bereits angedeutet, weshalb mich dieses Argument in der Sache nicht überzeugt.[42] Wenn die Unmöglichkeit, einen Staat zu verlassen, tatsächlich eine unabdingbare Voraussetzung dafür wäre,

39 Abizadeh, »Cooperation, Pervasive Impact, and Coercion«, S. 351.
40 Rawls, *Das Recht der Völker*, S. 40.
41 Ebd., S. 7.
42 Siehe Abschnitt 6.1.3.

dass politische Akteure nachhaltig mit den Ressourcen des eigenen Gemeinwesens umgehen, dann spräche das wahrscheinlich eher für ein Auswanderungsverbot für hohe Funktionsträger als für das heutige System, das den Eliten faktisch ein hohes Maß an Bewegungsfreiheit einräumt. Und dass die Mitglieder staatlicher Gemeinschaften tatsächlich keinen Grund hätten, nachhaltig mit ihren Ressourcen umzugehen, wenn sie in ein anderes Land auswandern könnten, scheint mir alles andere als offensichtlich. Immerhin ist die Auswanderung normalerweise mit der Aufgabe von persönlichen Beziehungen und vielen anderen materiellen und immateriellen Kosten verbunden, und diejenigen, die tatsächlich auswandern, wollen möglicherweise irgendwann zurückkehren. Das dürfte den Menschen normalerweise genügend Grund geben, ihr gegenwärtiges Aufenthaltsland nicht grundlos zugrunde zu richten.

Wichtiger als diese *inhaltliche* Kritik an Rawls' Argument scheint mir hier aber die Kritik am *theoretischen Stellenwert* seiner substanziellen Argumente gegen starke Formen der internationalen Integration. Wenn Rawls' Befürchtungen bezüglich eines Weltstaates berechtigt sind, dann gibt es auch in einer einstufigen Vertragstheorie gute Gründe, sich gegen einen Weltstaat und für ein arbeitsteiliges System mit einer Vielzahl von Einzelstaaten auszusprechen. Weder eine globale Despotie noch anhaltender Bürgerkrieg kann im Interesse der Individuen hinter dem Schleier des Nichtwissens sein. Und auch das Argument über Anreize für eine nachhaltige Politik im Einzelstaat könnte, wenn es inhaltlich überzeugend wäre, in einer individualistischen Vertragstheorie berücksichtigt werden – wenn auch wahrscheinlich mit bescheideneren Implikationen, als sie Rawls im Rahmen seiner zweistufigen Konzeption geltend macht.

Erhellend scheint mir in diesem Zusammenhang der Vergleich, den Thomas Pogge zwischen Rawls' Behandlung der Erbschaft in seiner innerstaatlichen Theorie und seinen Aussagen über die kollektive »Vererbung« von Ressourcen auf der Ebene staatlicher Kollektive anstellt. Wie weit sollten die Mitglieder einer Generation die Kosten für Entscheidungen tragen, die ihre Vorgänger gefällt haben? Die *Theorie der Gerechtigkeit* beantwortet diese Frage für den Fall individueller Erbschaften auf differenzierte Weise:

> Alle Mitglieder der Gesellschaft haben unabhängig davon, wie unverantwortlich sich ihre Eltern verhalten haben mögen, den gleichen Anspruch auf ein völlig adäquates System gleicher Grundfreiheiten und auf faire

Chancengleichheit. Jenseits dessen gibt Rawls' innerstaatliche Theorie eine flexible Antwort: Gesellschaftliche Institutionen können zulassen, dass Personen für die hohe Fortpflanzungsrate ihrer Eltern oder deren Versäumnis zu sparen bestraft werden, wenn und soweit eine solche selektive Bestrafung – hauptsächlich durch die größeren Anreize, die sie Eltern gibt, sich verantwortlich zu verhalten – die sozioökonomische Untergrenze anhebt.[43]

Ähnliche Fragen stellen sich auf internationaler Ebene, wenn eine niedrige Sparrate oder eine hohe Geburtenrate dazu führt, dass die später geborenen Mitglieder einer Gesellschaft schlechter dastehen als die Mitglieder anderer Gesellschaften.

In diesem Fall fragt Rawls jedoch *direkt*, wie die Regeln aussehen sollten, und behauptet, dass die Kosten für die Entscheidungen früherer Mitglieder einer Gesellschaft vollständig von den gegenwärtigen Mitgliedern getragen werden sollten. Einen Teil dieser Kosten auf andere Gesellschaften abzuwälzen, »erscheint inakzeptabel« [...].[44]

In seiner innerstaatlichen Theorie berücksichtigt Rawls das Anreizargument gegen eine hohe Besteuerung von Erbschaften, ohne entgegenstehende Erwägungen gänzlich aus den Augen zu verlieren. Die auf Anreizen beruhenden Vorteile einer marginal niedrigeren Erbschaftssteuer werden nach Maßgabe allgemeiner Gerechtigkeitsgrundsätze gegen die Vorteile einer marginal höheren Besteuerung abgewogen. Im internationalen Fall zieht Rawls ein strukturell analoges Anreizargument hingegen heran, um seine Theorie so anzulegen, dass die Berücksichtigung entgegenstehender Erwägungen von vornherein ausgeschlossen ist. Das scheint damit zu tun zu haben, dass Rawls' internationaler Theorie eine Komplexitätsstufe fehlt, welche die *Theorie der Gerechtigkeit* noch kannte. Im innerstaatlichen Gesellschaftsvertrag werden hinter dem Schleier des Nichtwissens (a.) Gerechtigkeitsprinzipien gewählt, welche dann (b.) ihrerseits herangezogen werden, um (unter Berücksichtigung von Anreizeffekten) zwischen möglichen institutionellen Ordnungen zu wählen. In der internationalen Theorie werden hinter dem Schleier des Nichtwissens hingegen *direkt* institutionelle Regeln gewählt.[45]

43 Pogge, »Do Rawls's Two Theories of Justice Fit Together?«, S. 214, eigene Übersetzung.

44 Ebd., eigene Übersetzung, Hervorhebung im Original.

45 Ebd., S. 213 f.

Nehmen wir an, dass ein globaler Gesellschaftsvertrag auf individualistischer Grundlage die Struktur der *Theorie der Gerechtigkeit* übernimmt, so bleibt durchaus Raum, Anreizprobleme bei der Wahl der institutionellen Regeln zu berücksichtigen (ein Argument dieser Art bespreche ich in Abschnitt 9.3.4). Auch legt uns ein solcher *moralischer* Kosmopolitismus keineswegs auf einen *politischen* Kosmopolitismus fest. Wenn es gute Gründe gegen starke Formen der internationalen politischen Integration gibt, so können diese im Rahmen eines moralischen Kosmopolitismus auf individualistischer Basis berücksichtigt werden. Im Gegensatz zur zweistufigen Konzeption erlaubt es die globale Anwendung der individualistischen Theorie aber gleichzeitig, die Ansprüche und Interessen derer zu berücksichtigen, die mit der Staatsangehörigkeit, die sie geerbt haben, unzufrieden sind. Im Fall der innerstaatlichen Regelung des Erbrechts anerkennt Rawls, dass eine Rechtfertigung auch denjenigen Individuen geschuldet ist, die selbst nicht Nachkommen reicher Eltern sind. Dafür, dass er analoge Rechtfertigungsansprüche von Einwanderungswilligen im *Recht der Völker* durch die Konstruktion seiner Theorie von vornherein ausblendet, scheint mir Rawls keine überzeugende Begründung zu geben.

9.1.4 Eine realistische Utopie

Als letzter Grund für die zweistufige Konzeption bleibt dann noch deren größere Nähe zum politischen Status quo. Auch wenn Rawls verschiedentlich betont, seine internationale Theorie sei als eine »realistische Utopie« zu verstehen,[46] so ist vom Realismus doch mehr zu spüren als von der Utopie. Dadurch geht aber auch ein Teil des kritischen Potenzials verloren, das die Vertragstheorie der Gerechtigkeit so attraktiv macht.

Natürlich sollte eine ideale Theorie in dem Sinne »realistisch« sein, dass sie nichts Unmögliches verlangt *(ought implies can).* Und auf Ebene der nichtidealen Theorie mögen wir manchmal gezwungen sein, das kleinere von mehreren Übeln zu wählen, welche kurzfristig im Bereich des politisch Machbaren liegen. Doch indem Rawls in seiner internationalen Theorie den normativen Individualismus verwirft und Völker als feststehende Entitäten betrachtet,

46 Rawls, *Das Recht der Völker*, S. 13-25.

erklärt er zur unabänderlichen Wahrheit, was offensichtlich historisch wandelbar ist, nämlich die Tatsache, dass sich Menschen primär um das Schicksal ihrer eigenen Landsleute kümmern.[47]

Für die Anwendung der einstufigen Theorie spricht im hier interessierenden Argumentationszusammenhang schließlich die Tatsache, dass Einwanderungsbeschränkungen mit der Ausübung staatlichen Zwangs verbunden sind. Die Einführung des Schleiers des Nichtwissens wird in der *Theorie der Gerechtigkeit* unter anderem damit begründet, dass dadurch »Rechtfertigungen« verhindert werden, die auf unangebrachte Weise auf unsere eigenen Interessen zugeschnitten sind.[48] Zumindest wenn es um die Anwendung staatlichen Zwangs geht – sei es gegen Mitglieder der eigenen Gesellschaft oder gegen Ausländerinnen –, scheint es plausibel, dass wir solcherlei Parteilichkeit vermeiden sollten.[49] Eine zweistufige Theorie kann eine unparteiliche Rechtfertigung der verlangten Art aber schon deshalb nicht liefern, weil sie nur die Beziehungen zwischen Staaten, nicht aber die grenzüberschreitenden Ansprüche von Individuen gegenüber Staaten im Blick hat.[50] Und eine Theorie, die diese Ansprüche von vornherein ausblendet, scheint mir als »realistische Utopie« nicht zu taugen.

Damit beende ich die Argumentation für die globale Anwendung der einstufigen Vertragstheorie. Im Folgenden wird vorausgesetzt, dass es Individuen sind, die hinter dem Schleier des Nichtwissens über Gerechtigkeitsprinzipien für die Migrationspolitik zu entscheiden haben.

9.2 Migration im globalen Urzustand

Auf welche Grundsätze für den Umgang mit internationaler Migration würden wir uns einigen, wenn wir nicht wüssten, welche Staatsangehörigkeit wir besitzen, welcher sozialen Schicht wir angehören und welche Vorstellung von einem gelingenden Leben wir verfolgen? Das scheint mir die richtige Art zu sein, die Frage nach

47 Beitz, »Rawls's Law of Peoples«, S. 683.
48 Rawls, *Eine Theorie der Gerechtigkeit*, S. 159.
49 Carens, »Fremde und Bürger: Weshalb Grenzen offen sein sollten«, S. 28f.
50 Mona, *Das Recht auf Immigration*, S. 121f.

einer gerechten Migrationspolitik im Rahmen eines kontraktualistischen Ansatzes zu stellen.

Ich sollte an dieser Stelle betonen, dass es sich grundsätzlich um eine offene Frage handelt. Die Entscheidung für eine individualistische Vertragstheorie mit globalem Anwendungsbereich präjudiziert nicht den Inhalt des Vertrags, sondern gibt nur eine Perspektive der Unparteilichkeit vor, aus der heraus substanzielle Fragen geklärt werden sollen. Und man könnte durchaus auch die Ansicht vertreten, dass sich die Vertragspartner *gegen* ein Recht auf globale Bewegungsfreiheit entscheiden würden. So meint etwa Will Kymlicka, die Vertragspartner im globalen Urzustand würden akzeptieren, »dass Grenzen, wo immer es möglich ist, so gezogen werden sollten, dass sie voneinander unterschiedene nationale Gemeinwesen hervorbringen« und »dass Staaten, solange es keine gravierenden wirtschaftlichen Ungleichheiten zwischen den Nationen gibt, in der Lage sein sollten, die Einwanderung und die Einbürgerung von Ausländern zu regulieren«.[51]

Um meine eigene Position zu entwickeln, möchte ich im Folgenden zuerst kurz auf die Hintergrundannahmen eingehen, von denen die Vertragspartner ausgingen, und meine Fragestellung im Spektrum zwischen idealer und nichtidealer Theorie verorten (Abschnitt 9.2.1). Anschließend gebe ich einen Überblick über die Alternativen, unter denen die Vertragspartner eine Wahl treffen müssen (Abschnitt 9.2.2), und gehe auf die Gründe ein, die hinter dem Schleier des Nichtwissens für ein Recht auf globale Bewegungsfreiheit sprechen (Abschnitt 9.2.3).

9.2.1 Hintergrundannahmen: Ideale und nichtideale Theorie

Man kann die Frage nach einer gerechten Einwanderungspolitik unter unterschiedlich »idealisierten« oder »realistischen« Vorzeichen stellen. Am idealtheoretischen Ende des Spektrums stehen *alle* Aspekte der gegenwärtigen politischen Realität zur Disposition. Man müsste zuerst die Frage beantworten, ob es überhaupt einzelne Staaten geben sollte, bevor man irgendwann zu Fragen der zwischenstaatlichen Migration vorstoßen könnte (sofern sich diese

51 Kymlicka, »Staatsgrenzen«, S. 567.

überhaupt noch stellen würden). Am anderen Ende des Spektrums beziehungsweise in der nichtidealen Theorie stellt sich beispielsweise die Frage, ob ein einzelner Staat seine Grenzen für Einwanderungswillige öffnen muss, auch wenn andere Staaten dies realistischerweise nicht tun werden, oder ob eine einzelne Politikerin dazu verpflichtet ist, sich für offene Einwanderung auszusprechen, selbst wenn dieses Anliegen auf absehbare Zeit keine Aussicht auf Erfolg hat und ihrer Karriere schaden wird.[52]

Die Fragestellung, um die es mir hier geht, ist zwischen diesen beiden Polen angesiedelt. Ich werde einfach annehmen, dass das System mit Einzelstaaten auf absehbare Zeit eine Realität bleiben wird, und ich werde nicht versuchen, dieses System selbst moralisch zu rechtfertigen; in dieser Hinsicht ist mein Ansatz »realistisch«. Umgekehrt werde ich mich aber auch nicht zu den Pflichten einzelner Akteure unter Bedingungen der Nichtbefolgung gerechter einwanderungspolitischer Prinzipien durch andere Akteure äußern. Stattdessen werde ich die Frage nach einer gerechten Einwanderungspolitik unter Annahmen der *full compliance* untersuchen. Die Vertragspartnerinnen nehmen in dieser Betrachtungsweise an, dass die Prinzipien für die grenzüberschreitende Migration, auf die sie sich hinter dem Schleier des Nichtwissens einigen, nach der Lüftung des Schleiers von allen relevanten Akteuren eingehalten werden.[53]

Diese Eingrenzung der Fragestellung lässt immer noch ein gewisses Spektrum an unterschiedlichen Hintergrundannahmen zu. Man kann sich fragen, welches Einwanderungsregime die Vertragspartnerinnen für eine Welt wählen würden, die (abgesehen von der Einwanderungspolitik) wie die unsere ist. Oder man kann sich fragen, welchem Regime sie unter der Annahme zustimmen würden, dass sich die einzelnen Staaten und Individuen nach der Lüftung des Schleiers auch in *anderen* Hinsichten anders verhielten, als sie dies heute tun, beispielsweise weil sie ein Prinzip der globalen Ver-

52 Vgl. Joseph H. Carens, »Realistic and Idealistic Approaches to the Ethics of Migration«, in: *International Migration Review* 30/1 (1996), S. 156-170; ders., *The Ethics of Immigration*, Oxford 2013, S. 297-313.

53 In Abschnitt 9.3.1 werde ich von dieser Annahme der *full compliance* abweichen und der Frage nachgehen, ob Einwanderungsbeschränkungen zulässig sind, wenn ungerechte Verhaltensweisen von Individuen das Gesamtsystem gleicher Grundrechte gefährden.

teilungsgerechtigkeit anerkennen. Es sind diese beiden Fragen, auf die ich mich im Folgenden beziehen werde, wenn ich von »nichtidealen« beziehungsweise »idealen« Bedingungen spreche.

9.2.2 Die Wahl eines Systems territorialer Rechte

Die Frage nach einer gerechten Einwanderungspolitik in einem kontraktualistischen Rahmen zu stellen, bedeutet, diese Frage in einem weiten Sinn als eine Verteilungsfrage zu verstehen. (Auch individuelle Freiheiten sind »Grundgüter«, die hinter dem Schleier des Nichtwissens verteilt werden;[54] der Rawls'sche Kontraktualismus kennt keine vorvertraglichen »natürlichen« Freiheitsrechte.) Es gibt nun verschiedene Arten, dieses Verteilungsproblem zu verstehen.

Eine erste, in meinen Augen verkürzte Auffassung versteht das Problem als ein Problem der Verteilung von Territorium auf Staaten. Von diesem Problemverständnis gehen etwa Michael Blake und Mathias Risse aus, wenn sie argumentieren, dass Staaten, die im Verhältnis zu ihrer Bevölkerungsgröße zu viel Land für sich beanspruchen, Menschen aus dichter besiedelten Gebieten nicht an der Einwanderung hindern dürfen.[55] Ich glaube zwar, dass diese Überlegung innerhalb des bestehenden Systems territorialer Rechte durchaus eine gewisse Berechtigung hat. Doch das zugrunde liegende Verständnis des Verteilungsproblems setzt zu viel voraus, was selbst unter Gesichtspunkten der Gerechtigkeit problematisiert werden könnte. Wenn einfach angenommen wird, dass es sich bei den gerecht zu verteilenden Ansprüchen um territoriale Ansprüche zweiter Ordnung handelt (Kompetenzen, darüber zu verfügen, wer sich auf einem Territorium aufhalten darf), besteht die Gefahr des Aneinander-Vorbeiredens, wenn eine andere Person Gerechtigkeitsforderungen mit Blick auf territoriale Aufenthaltsansprüche erster Ordnung erhebt und beispielsweise kritisiert, es sei unfair, dass die Bürgerinnen wohlhabender Staaten faktisch weit

54 Rawls, *Eine Theorie der Gerechtigkeit*, S. 83.

55 Michael Blake, Mathias Risse, »Immigration and Original Ownership of the Earth«, in: *Notre Dame Journal of Law, Ethics & Public Policy* 23/1 (2009), S. 133-165. Siehe auch Mathias Risse, »On the Morality of Immigration«, in: *Ethics & International Affairs* 22/1 (2008), S. 25-33; ders., *On Global Justice*, Princeton, New Jersey 2012, S. 152-166.

mehr Bewegungsfreiheit genießen als Menschen aus ärmeren Weltgegenden.

Angemessener scheint mir deshalb ein Verständnis des relevanten Verteilungsproblems als ein Problem der Wahl zwischen verschiedenen *Systemen territorialer Rechte*. Es geht nicht (nur) darum, eine bestimmte Art von territorialen Ansprüchen (erster *oder* zweiter Ordnung) gerecht zu verteilen, sondern in erster Linie darum, welche dieser Ansprüche überhaupt verteilt werden und wie sich Ansprüche beider Arten zueinander verhalten.

Eine umfassende Theorie territorialer Rechte müsste eine ganze Reihe von unterschiedlichen Ansprüchen regeln. Dazu zählen Jurisdiktionsrechte (Kompetenzen, auf einem bestimmten Territorium zwangsbewehrte Gesetze zu erlassen), Meta-Jurisdiktionsrechte (Kompetenzen, Jurisdiktionsrechte zu verleihen oder zu entziehen), aber beispielsweise auch Rechte an natürlichen Ressourcen und weiteres mehr.[56] Ich beschränke mich hier auf die beiden vorher genannten Ansprüche, welche für die Einwanderung unmittelbar relevant sind. Zwei mögliche Grundsätze, auf die sich die Vertragspartner diesbezüglich einigen könnten, sind die folgenden:

1. Politische Gemeinschaften erwerben (unter festzulegenden Bedingungen) einen Anspruch auf ihr Territorium, der ein uneingeschränktes Recht einschließt, Einwanderungswillige vom Territorium fernzuhalten. Individuen haben unter keinen Umständen ein Recht, ohne Einwilligung der bisherigen Bürgerinnen einzuwandern.
2. Individuen haben ein uneingeschränktes Recht, sich auf der Erdoberfläche frei zu bewegen und niederzulassen. Staaten haben unter keinen Umständen ein Recht, Einwanderungswillige abzuweisen.

56 Siehe u. a. A. John Simmons, »On the Territorial Rights of States«, in: *Philosophical Issues* 11/1 (2001), S. 300-326; Anna Stilz, »Why Do States Have Territorial Rights?«, in: *International Theory* 1/2 (2009), S. 185-213; Cara Nine, *Global Justice and Territory*, Oxford 2012; Margaret Moore, *A Political Theory of Territory*, Oxford 2015. Für die Ansicht, dass das Bündel territorialer Rechte nicht zwingend ein Recht auf Ausschluss gegenüber Einwanderungswilligen beinhalten muss, siehe Clara Sandelind, »Territorial Rights and Open Borders«, in: *Critical Review of International Social and Political Philosophy* 18/5 (2015), S. 487-507.

Zwischen diesen beiden Polen sind verschiedene Zwischenpositionen denkbar. Die Vertragspartner könnten sich beispielsweise darauf einigen, dass Staaten zwar im Allgemeinen ein Recht auf Ausschluss haben sollen, aber gewisse Ausnahmen für Flüchtlinge vorsehen. Oder aber sie könnten sich umgekehrt darauf einigen, dass Individuen zwar im Allgemeinen ein Recht haben sollen, sich frei über staatliche Grenzen zu bewegen, dass aber unter bestimmten Umständen Einschränkungen dieses Rechts zulässig sind. Es sind diese qualifizierten Versionen eines Rechts auf Ausschluss beziehungsweise auf globale Bewegungsfreiheit, die meines Erachtens die plausibelsten Kandidaten für eine Einigung im globalen Urzustand sind.

Es scheint mir ziemlich offensichtlich, dass die Vertragspartner einem qualifizierten Recht auf Ausschluss den Vorzug gegenüber einem absoluten Recht geben würden. Sie würden nicht das Risiko eingehen wollen, einem Vertrag zuzustimmen, der darauf hinauslaufen könnte, dass sie nach der Lüftung des Schleiers in einem Land verbleiben müssen, das ihre grundlegenden Menschenrechte nicht gewährleistet. Sie würden ein mögliches Recht auf Ausschluss deshalb durch Ausnahmeregelungen für Flüchtlinge einschränken. Und ich glaube, dass sie diese Ausnahmeregelungen in zwei Hinsichten robuster gestalten würden, als es das gegenwärtige internationale Recht tut. Erstens würden sie Flüchtlinge nicht bloß vor der Abschiebung schützen, wenn sie es bereits in ein sicheres Land geschafft haben, sondern ihnen auch eine legale Einreise in ein sicheres Land ermöglichen. Und zweitens würden sie nicht nur politisch Verfolgte als Flüchtlinge anerkennen, sondern auch Menschen, die in ihrem Herkunftsland aus anderen Gründen keinen sicheren Zugang zu menschenrechtlichen Grundgütern haben.[57]

Umgekehrt würden die Vertragspartner aber auch ein absolutes Recht auf globale Bewegungsfreiheit zugunsten eines qualifizierten Rechts zurückweisen. Sie würden beispielsweise kaum verlangen, dass Staaten auch dann unbegrenzte Einwanderung zulassen müssten, wenn dies zum völligen Zusammenbruch des Staatswesens führen würde, sodass am Ende auch den Einwanderungswilligen selbst nicht gedient wäre.[58] Die Entscheidung ist also nicht

57 Siehe für dieses Verständnis des Rechts auf Asyl Andrew E. Shacknove, »Who Is a Refugee?«, in: *Ethics* 95/2 (1985), S. 274-284.

58 Carens, »Fremde und Bürger: Weshalb Grenzen offen sein sollten«, S. 32.

eine zwischen einem absoluten Recht auf Ausschluss und einem absoluten Recht auf globale Bewegungsfreiheit, sondern eine zwischen qualifizierten Rechten beider Art. Im Folgenden begründe ich zunächst, weshalb sich die Vertragspartner meines Erachtens darauf einigen würden, Bewegungsfreiheit als *default* festzulegen (Abschnitt 9.2.3). Anschließend gehe ich dann auf die Frage ein, welchen Einschränkungen des Rechts auf Bewegungsfreiheit sie ihre Zustimmung gäben (Abschnitt 9.3).

9.2.3 Die Grundlagen der Bewegungsfreiheit

Im letzten Kapitel habe ich drei Hinsichten unterschieden, in denen die Bewegungsfreiheit für Individuen wertvoll sein kann: Sie erweitert den Anwendungsbereich anderer Freiheiten wie der Vereinigungs- oder Versammlungsfreiheit, sie gibt Menschen Zugang zu ökonomischen Möglichkeiten, und sie ist selbst eine intrinsisch wertvolle Freiheit. Die Vertragspartner im globalen Urzustand wüssten, dass sie nach der Lüftung des Schleiers aus allen drei Gründen an der Möglichkeit interessiert sein könnten, in ein anderes Land einzuwandern.

Unter den nichtidealen Bedingungen der Welt, wie sie heute ist, liefert der Zugang zu ökonomischen Möglichkeiten wohl das stärkste Argument gegen ein uneingeschränktes Recht auf Ausschluss. Doch diese Überlegung lässt alleine noch keine Entscheidung zu zwischen einem allgemeinen Recht auf Bewegungsfreiheit und einem Recht auf Ausschluss mit einer genügend weit gefassten Ausnahme für die global Benachteiligten. Und man könnte wie erwähnt auch die Auffassung vertreten, dass die global am wenigsten Begünstigten zwar einen starken Anspruch auf eine Verbesserung ihrer ökonomischen Situation haben, dass dieser Anspruch aber im Idealfall auf andere Weise als durch die Lockerung von Einwanderungsbeschränkungen erfüllt werden sollte.[59] So gesteht beispielsweise Kymlicka zu, dass wohlhabende Staaten ihr Recht auf Ausschluss verwirkten, wenn sie ihren Verpflichtungen gegenüber den global Benachteiligten nicht nachkämen. Wenn ein Staat diese Verpflichtungen aber erfülle, so sei er dazu berechtigt, die Einwanderung zu beschränken.[60]

59 Siehe Abschnitt 7.2.2.
60 Kymlicka, »Staatsgrenzen«, S. 571.

In der idealen Theorie sollten wir ohnehin von den bestehenden ökonomischen Ungleichheiten abstrahieren. Wir müssen uns eine Welt mit *gerechten* wirtschaftlichen Beziehungen vorstellen (was auch immer das im Einzelnen heißen mag). Gäbe es unter solchen Bedingungen irgendeinen Grund für ein Recht auf globale Bewegungsfreiheit? Als Testfall schlägt Kymlicka vor, sich eine Welt mit zehn Staaten vorzustellen, die ihren Einwohnerinnen alle den gleichen Lebensstandard bieten:

> Wäre unter derartigen Voraussetzungen etwas falsch daran, wenn jedes dieser Länder seine Grenzen benutzte, um seine nationale Identität [...] zu definieren und zu schützen?[61]

Ich möchte behaupten: ja. Wie auch Carens betont, könnten Menschen selbst in einer idealen Welt gute Gründe haben, sich in ein anderes Land begeben zu wollen:

> Man könnte sich in einen Bürger eines anderen Landes verlieben, man könnte einer Religion angehören, die wenige Angehörige im eigenen Geburtsland und viele in einem anderen hat, oder man könnte kulturelle Möglichkeiten suchen, die nur in einer anderen Gesellschaft vorhanden sind.[62]

Und was ich im letzten Kapitel über die Unzulänglichkeit einer Position gesagt habe, die das Interesse an Bewegungsfreiheit auf das Interesse an einem anständigen Leben im Sinne einer angemessenen Auswahl an Optionen reduziert,[63] gilt genauso für eine Position, welche das Interesse an Bewegungsfreiheit auf das Interesse an einer möglichst guten materiellen Versorgung reduziert. Die Vertragspartner würden die Bewegungsfreiheit nicht allein unter dem Gesichtspunkt ihrer möglichen instrumentellen Bedeutung für die Gewährleistung distributiver Gerechtigkeit berücksichtigen. Sie würden vielmehr anerkennen, dass die Bewegungsfreiheit selbst ein wertvolles »Grundgut« im Sinne eines Allzweckmittels für eine nach den je eigenen Vorstellungen gelingende Lebensgestaltung ist.[64]

61 Ebd., S. 566.
62 Carens, »Fremde und Bürger: Weshalb Grenzen offen sein sollten«, S. 31.
63 Siehe Abschnitt 8.2.2.
64 Mona, *Das Recht auf Immigration*, S. 136-139.

Das Bekenntnis zur individuellen Freiheit kommt in Rawls' Theorie unter anderem dadurch zum Ausdruck, dass die Vertragspartner zwar von ihrer Fähigkeit wissen, eine Vorstellung vom Guten zu entwickeln und zu verfolgen, aber den Inhalt dieser Vorstellung nicht kennen.[65] Darüber hinaus legen sie auch Wert darauf, nicht ein für alle Mal auf einen bestimmten Lebensplan festgelegt zu sein, sondern ihre Ziele im Verlauf ihres Lebens revidieren zu können.[66] Die Vertragspartner haben deshalb Grund, sich die Entscheidung über wichtige Aspekte ihrer Lebensführung offenzuhalten. Sie werden keine kleinere Freiheit in Kauf nehmen, um irgendein kollektives (nationales) Projekt zu befördern, von dem sie noch nicht wissen, ob sie sich damit identifizieren werden.[67]

In der *Theorie der Gerechtigkeit* schreibt Rawls, dass die Vertragspartner aus diesem Grund auf ein *möglichst umfassendes* System gleicher Grundfreiheiten bestünden:

> Jedermann soll gleiches Recht auf das umfangreichste System gleicher Grundfreiheiten haben, das mit dem gleichen System für alle anderen verträglich ist.[68]

Ich sehe keinen Grund, weshalb zu diesem größtmöglichen System gleicher Freiheiten nicht auch die globale Bewegungsfreiheit zählen sollte. Die Vertragspartner nähmen diese Freiheit aus demselben Grund in die Liste der Grundfreiheiten auf, aus dem sie allen anderen Freiheiten zustimmen: Es könnte sich nach der Lüftung des Schleiers für die eigene Lebensgestaltung als wichtig herausstellen.

In späteren Arbeiten ist Rawls vom Gedanken eines möglichst umfassenden Systems gleicher Grundfreiheiten abgekommen und fordert nur noch, dass allen Personen ein »völlig adäquates« Bündel von zentralen Grundfreiheiten gewährt wird, die für die beiden moralischen Vermögen, einen Gerechtigkeitssinn und eine Konzeption des Guten zu entwickeln und zu verfolgen, besonders bedeutsam sind.[69] Zur Festlegung dieses Bündels von Grundrechten sollen wir uns fragen, »welche Freiheiten wesentliche soziale Bedin-

65 Rawls, *Eine Theorie der Gerechtigkeit*, S. 160.
66 Ebd., S. 176.
67 Carens, »Fremde und Bürger: Weshalb Grenzen offen sein sollten«, S. 36.
68 Rawls, *Eine Theorie der Gerechtigkeit*, S. 81.
69 Rawls, *Politischer Liberalismus*, S. 69, 404-415, 451-462; ders., *Gerechtigkeit als Fairneß. Ein Neuentwurf*, Frankfurt/M. 2006, S. 78, 80-82.

gungen für die angemessene Entwicklung und uneingeschränkte Ausübung der beiden Vermögen«[70] sind.

Ich werde diese restriktivere Position, die eng mit Rawls' Annahme eines strikten Vorrangs der Grundfreiheiten vor der Verteilungsgerechtigkeit zusammenhängt, später kritisieren.[71] Doch selbst wenn wir für den Moment von diesem engeren Verständnis grundlegender Freiheiten ausgehen, scheint mir dies nichts Wesentliches daran zu ändern, dass die globale Bewegungsfreiheit zu den Grundfreiheiten gezählt werden sollte.[72] Zwar mag die Bewegungsfreiheit nur in besonderen Fällen für das erste moralische Vermögen (die Befähigung zu einem Gerechtigkeitssinn) von Bedeutung sein – man denke etwa an eine Person, die zwar selbst in ihren Menschenrechten geschützt ist, aber sich nicht zur Komplizin eines Unrechtsregimes in ihrem Herkunftsland machen will, oder umgekehrt an jemanden, der sich verpflichtet sieht, sich für die Beseitigung eines Unrechts in einem anderen Land zu engagieren. Aber die Bewegungsfreiheit ist in einem breiten Spektrum von Anwendungsfällen für die Entwicklung und die uneingeschränkte Ausübung der Befähigung zu einer Konzeption des Guten wichtig. Als zentrale Grundfreiheit, die mit Blick auf dieses zweite moralische Vermögen gerechtfertigt ist, nennt Rawls unter anderem die Vereinigungsfreiheit:

> Die Gewissensfreiheit und die Vereinigungsfreiheit sollen die uneingeschränkte, informierte und wirksame Anwendung der Befähigung der Bürger zur abwägenden Vernunft dabei gewährleisten, eine Konzeption des Guten ausbilden, revidieren und ein Leben lang rational verfolgen zu können.[73]

Andere »unterstützende« Grundfreiheiten seien dadurch gerechtfertigt, dass sie Voraussetzungen für diese Kernfreiheiten darstellten.[74] Und genau das gilt für die globale Bewegungsfreiheit: Sie

70 Rawls, *Politischer Liberalismus*, S. 408.

71 Siehe Abschnitt 9.3.3.

72 Für die gegenteilige Ansicht, dass Rawls' spätere Position keine Begründung eines allgemeinen Rechts auf globale Bewegungsfreiheit zulässt, siehe Anna Stilz, »Is There an Unqualified Right to Leave?«, in: Sarah Fine, Lea Ypi (Hg.), *Migration in Political Theory. The Ethics of Movement and Membership*, Oxford 2016, S. 57-79, hier S. 61-66.

73 Rawls, *Politischer Liberalismus*, S. 455 f.

74 Ebd., S. 456. Interessanterweise nennt Rawls selbst die Verweigerung der (inner-

ist eine unabdingbare Voraussetzung dafür, dass wir tatsächlich frei sind, mit anderen Menschen unserer Wahl zusammenzukommen, uns über unsere Vorstellungen vom Guten auszutauschen und diese (gemeinsam oder je einzeln) zu verfolgen.[75] Wenn Überlegungen dieser Art begründen, weshalb die Vereinigungsfreiheit eine zentrale Grundfreiheit ist, dann sollten wir aus denselben Gründen ein Recht auf globale Bewegungsfreiheit akzeptieren.

9.3 Einschränkungen

Es spricht also aus Sicht der Vertragspartner im Urzustand etwas *dafür*, einem Prinzip der globalen Bewegungs- und Niederlassungsfreiheit zustimmen. Doch sprechen nicht auch gute Gründe *gegen* eine völlig uneingeschränkte Freizügigkeit? Ich möchte hier nicht wiederholen, was ich im ersten Teil dieser Arbeit bereits über »Kontrollargumente« für ein *allgemeines* Recht auf Ausschluss gesagt habe. Offen geblieben ist aber bisher die Frage, wie weit »Schutzargumente« in *bestimmten Situationen* gewisse Restriktionen rechtfertigen könnten. Dieser Frage möchte ich nun nachgehen.

Ich werde drei mögliche Begründungen für Einschränkungen untersuchen: Würden die Vertragspartner Einwanderungsbeschränkungen zustimmen, wenn diese notwendig sind, um die öffentliche

staatlichen) Freizügigkeit als Beispiel für die Verletzung einer unterstützenden Grundfreiheit.

75 Und was ist, wenn eine Migrantin jede Interaktion mit anderen Menschen im Zielland vermeidet (man denke an eine Person, die als Einsiedlerin in einer schönen Landschaft im Ausland leben möchte)? Vielleicht ist die Möglichkeit, dieses Anliegen zu realisieren, tatsächlich zu wenig bedeutsam für die Fähigkeit, eine Konzeption des Guten auszubilden und zu verfolgen, um direkt eine entsprechende Grundfreiheit zu begründen. Möglicherweise ist es auf der Grundlage von Rawls' späterer Position also schwierig, ein Recht auf Einwanderung in solchen Fällen (direkt) zu rechtfertigen, in denen *nur* der intrinsische Wert der Bewegungsfreiheit auf dem Spiel steht. Aber das ist sicher ein Ausnahmefall. Und wir können uns auch mit Blick auf andere Freiheitsrechte Anwendungsfälle denken, die für die beiden moralischen Vermögen zu wenig bedeutsam scheinen, als dass sie für sich genommen ein entsprechendes Recht zu begründen vermöchten (ein Beispiel wäre eine völlig belanglose Meinungsäußerung, die nichts zum Austausch über Gerechtigkeitsfragen oder über Fragen des gelingenden Lebens beiträgt, aber auch nicht beleidigend ist oder unter andere relevante Einschränkungen fällt).

Ordnung zu schützen (Abschnitt 9.3.1)? Darf die Einwanderung dann beschränkt werden, wenn eine hohe Einwanderungsrate zwar nicht die öffentliche Ordnung insgesamt gefährdet, wohl aber ein Übergang von einer komparativ gerechteren innerstaatlichen Situation zu einer komparativ ungerechteren droht (Abschnitte 9.3.2 bis 9.3.4)? Und ließen die Vertragspartner Einwanderungsbeschränkungen zu, wenn sie notwendig sind, um einen kulturellen Bruch zu verhindern, der die individuelle Autonomie der alteingesessenen Bevölkerung gefährdet (Abschnitt 9.3.5)? Ich werde die Ansicht vertreten, dass eine gewisse Beschränkung der globalen Bewegungsfreiheit aus allen drei Gründen legitim sein könnte, wenn auch nur unter eng gesteckten Bedingungen.

9.3.1 Die Restriktion der öffentlichen Ordnung

Die wohl unstrittigste Einschränkung des Rechts auf globale Bewegungsfreiheit betrifft eine Situation, in der Restriktionen das einzige Mittel wären, die öffentliche Ordnung und damit das Gesamtsystem der gleichen Grundfreiheiten zu bewahren. Wie Rawls in seiner innerstaatlichen Theorie geltend macht, würden die Vertragspartner hinter dem Schleier des Nichtwissens dem Grundsatz zustimmen, dass die einzelnen Grundfreiheiten vorübergehend eingeschränkt werden dürfen, wenn dies notwendig ist, um das System der Grundfreiheiten als Ganzes zu bewahren.[76] Mit Carens möchte ich zugestehen, dass die Vertragspartner im globalen Urzustand diese Einschränkung auch mit Blick auf die Grundfreiheit der internationalen Mobilität akzeptieren würden. Wenn freie Einwanderung zum Zusammenbruch der öffentlichen Ordnung führte, dann dürften Einwanderungsbeschränkungen erlassen werden (Carens nennt diese Einschränkung die »Restriktion der öffentlichen Ordnung«).[77]

Sie gilt unter drei wichtigen Qualifikationen. Erstens sind Beschränkungen der Bewegungsfreiheit nur in dem Maß zulässig, in dem sie tatsächlich notwendig sind, um eine drohende Gefahr abzuwenden. Dass völlig freie Einwanderung die öffentliche Ordnung bedrohen könnte, ist also kein Grund, an Restriktionen auf

76 Rawls, *Eine Theorie der Gerechtigkeit*, S. 241-246.

77 Carens, »Fremde und Bürger: Weshalb Grenzen offen sein sollten«, S. 32-36; ähnlich Mona, *Das Recht auf Immigration*, S. 380-393.

dem gegenwärtigen Niveau festzuhalten. Zweitens muss die Diagnose einer Bedrohung der öffentlichen Ordnung auf realistischen Erwartungen beruhen. Entscheidend sind dafür nicht irgendwelche subjektiven »Ängste in der Bevölkerung«,[78] sondern Befürchtungen, die auf wissenschaftlicher Evidenz und allgemein nachvollziehbaren Begründungen beruhen.[79] Und drittens dürfen Staaten natürlich nicht absichtlich ihre eigene Stabilität unterminieren, um Einwanderungsbeschränkungen zu legitimieren. Eine Beschränkung der globalen Bewegungsfreiheit ist nur dann zulässig, wenn eine Gefährdung der öffentlichen Ordnung nicht durch andere (moralisch vertretbare) Mittel abgewendet werden kann.

In der idealen Theorie dürften die Implikationen der Restriktion der öffentlichen Ordnung bescheiden sein. Da von der Annahme der *full compliance* ausgegangen wird, könnte eine Gefährdung der öffentlichen Ordnung nicht dadurch entstehen, dass einzelne Individuen gegen Gerechtigkeitsprinzipien verstießen. Es könnte also nicht zu Bedrohungen der Art kommen, dass Einwanderungswillige eine gewaltsame Umwälzung einer gerechten Ordnung anstrebten, und die bisherigen Bürger würden auch nicht Krawall machen und ihrerseits die öffentliche Ordnung gefährden, wenn eine gerechte Einwanderungspolitik durchgesetzt würde.[80] Eine Gefahr für die öffentliche Ordnung könnte in der idealen Theorie allenfalls von der schieren Zahl der Menschen ausgehen, die in einen bestimmten Staat einwandern wollten. Doch in einer gerechten Welt wären die ökonomischen Ungleichheiten vermutlich weit weniger stark ausgeprägt als in der unseren, sodass ein wichtiger Grund für die Annahme wegfiele, dass es überhaupt zu entsprechend hohen Einwanderungsraten käme. Es scheint vielmehr plausibel, dass sich die Sache etwa so verhielte, wie dies heute bei der innerstaatlichen Bewegungsfreiheit der Fall ist: Zwar wäre möglicherweise die öffentliche Ordnung in Gefahr, wenn alle acht Millionen Einwohne-

78 Dazu Jan Brezger, »Muss man die Ängste und Sorgen der BürgerInnen ernst nehmen? Die aktuelle Asyl-Debatte und der Fall Bremgarten«, in: *Theorieblog. Ein Forum für politische Theorie und Philosophie* (2013) ⟨http://www.theorieblog.de/index.php/2013/08/muss-man-die-aengste-und-sorgen-der-buergerinnen-ernst-nehmen-die-aktuelle-asyl-debatte-und-der-fall-bremgarten/⟩, letzter Zugriff 7.5.2016.

79 Carens, »Fremde und Bürger: Weshalb Grenzen offen sein sollten«, S. 32; vgl. Rawls, *Eine Theorie der Gerechtigkeit*, S. 242 f.

80 Carens, »Fremde und Bürger: Weshalb Grenzen offen sein sollten«, S. 32.

rinnen der Schweiz gleichzeitig in ein bestimmtes Bergdorf reisen wollten, und es wäre in diesem Fall legitim, den Zugang zu diesem Bergdorf vorübergehend zu beschränken. Aber unter realistischen Annahmen kommt es kaum je zu solchen Situationen, sodass entsprechende Restriktionen nicht notwendig sind.

Stärkere Implikationen hat die Restriktion der öffentlichen Ordnung wohl in der nichtidealen Theorie. Auf dieser Ebene der Reflexion scheint es wahrscheinlicher, dass so viele Menschen in einen einzelnen Staat einwandern wollten, dass die öffentliche Ordnung durch ihre bloße Zahl in Gefahr geraten könnte. Und darüber hinaus stellt sich in der nichtidealen Theorie auch die Frage, wie weit die Bewegungsfreiheit beschränkt werden darf, um Gefahren abzuwenden, die von ungerechten Verhaltensweisen ausgehen.

Der Extremfall wäre hier eine Situation, in der Menschen mit dem Ziel in ein Land einreisen wollen, das Gesamtsystem der Grundrechte durch einen gewaltsamen Umsturz außer Kraft zu setzen. Ich möchte annehmen, dass die Vertragspartner Beschränkungen in solchen Fällen grundssätzlich zulassen würden, wobei eine solche Einschränkung der Grundfreiheiten in einem Rechtsstaat nicht auf bloßen Verdacht hin erfolgen darf.[81] Eine zweite Frage betrifft die Zulässigkeit von Einwanderungsbeschränkungen für den Fall, dass Einwanderungswillige zwar keinen gewaltsamen Umsturz planen, wohl aber ihre politischen Rechte nutzen wollen, um beispielsweise einen demokratischen Rechtsstaat in einen Gottesstaat zu verwandeln.[82] Würden die Vertragspartner einem Grundsatz zustimmen, der die Beschränkung der Zuwanderung von Menschen mit illiberalen Gerechtigkeitsvorstellungen vorsieht? Zwei Gründe sprechen diesbezüglich für Zurückhaltung. Erstens haben sich entsprechende Befürchtungen historisch oft als übertrieben herausgestellt:

Diese Art von Argument wurde im neunzehnten Jahrhundert gegen Katholiken und Juden aus Europa sowie gegen alle Asiaten und Afrikaner

81 Mona, *Das Recht auf Immigration*, S. 390-393.

82 Vgl. Bernd Ladwig, »Offene Grenzen als Gebot der Gerechtigkeit?«, in: Andreas Cassee, Anna Goppel (Hg.), *Migration und Ethik*, Münster 2012, S. 67-88, hier S. 80 f. Diese Frage stellt sich nur, wenn wir annehmen, dass Einwanderern – möglicherweise nach einer bestimmten Frist – politische Rechte verliehen werden müssen; diese Annahme scheint mir aber überzeugend und ich werde sie hier voraussetzen.

vorgebracht. Wenn wir heute der Ansicht sind, dass sich diese Argumente historisch als falsch erwiesen haben (um nicht zu sagen: als bigott und ignorant), so sollten wir vorsichtig sein, sie in neuer Gestalt wiederzubeleben.[83]

Ein zweiter, prinzipieller Grund für Zurückhaltung besteht darin, dass wir illiberale Haltungen auch im Innern des Staates normalerweise nicht mit dem Entzug von Grundrechten ahnden. Wir gewähren vielmehr auch illiberalen Individuen eine Stimme im politischen Prozess und hoffen darauf, dass sie niemals eine Mehrheit finden werden. Wenn dieser Optimismus nicht völlig unbegründet ist, so scheint mir dieselbe Antwort auch im internationalen Fall angebracht. Vielleicht dürfte die Einwanderung beschränkt werden, wenn Mehrheiten für die Aufhebung zentraler Grundrechte unmittelbar bevorstünden. Aber eine Minderheit von Menschen mit illiberalen Überzeugungen (die sie, wie zu hoffen ist, auch aufgeben können) ist *per se* noch keine Gefahr für die öffentliche Ordnung; die Gewährung von Bewegungsfreiheit darf deshalb nicht von vornherein vom Bestehen irgendeines Gesinnungstests abhängig gemacht werden.

Zurückhaltung scheint mir schließlich auch mit Blick auf das Argument angebracht, dass Einwanderungsbeschränkungen dadurch gerechtfertigt sein könnten, dass sie notwendig sind, um fremdenfeindliche Unruhen oder rassistische Übergriffe zu verhindern. Zwar ist Rawls' Argument über die Zulässigkeit der Einschränkung einzelner Freiheiten zum Schutz des Gesamtsystems der Freiheiten in einer solchen Situation durchaus einschlägig. Überzeugend scheint mir aber, dass sich die Vertragspartner auf den Grundsatz einigen würden, dass entsprechende Einschränkungen in erster Linie die Täter, nicht die Opfer treffen sollten; es sollte eher die Versammlungsfreiheit der fremdenfeindlichen Krawallanten als die Bewegungsfreiheit der Migrantinnen beschnitten werden.[84] Wir sehen Übergriffe gegen Homosexuelle normalerweise nicht als Grund an, es den Opfern dieser Übergriffe zu verbieten, ihre Homosexualität frei auszuleben. Dasselbe gilt für den Umgang mit Übergriffen gegen Migrantinnen.

Der substanziellste Anwendungsfall der Restriktion der öffentlichen Ordnung dürfte also auch in der nichtidealen Theorie eine Si-

83 Carens, »Fremde und Bürger: Weshalb Grenzen offen sein sollten«, S. 33.

84 Mona, *Das Recht auf Immigration*, S. 385 f.

tuation betreffen, in der die schiere Zahl potenzieller Migrantinnen die öffentliche Ordnung bedroht.[85] Ich möchte nicht bestreiten, dass diese Einschränkung unter gegenwärtigen Bedingungen eine quantitativ erhebliche sein könnte. Selbst wenn sich die Schweizer Bevölkerung in relativ kurzer Zeit verdoppeln könnte, bevor eine ernsthafte Gefahr für die öffentliche Ordnung entstünde, müssten möglicherweise immer noch viele Millionen Einwanderungswillige abgewiesen werden.

Von dem Punkt, an dem Einwanderungsbeschränkungen aufgrund der Restriktion der öffentlichen Ordnung gerechtfertigt sind, ist die heutige Einwanderungspolitik in Europa und Nordamerika allerdings weit entfernt; wenn überhaupt, dürften allenfalls die extremsten Fälle von Süd-Süd-Migration jemals dieser Schwelle nahegekommen sein. Die Restriktion der öffentlichen Ordnung ist deshalb zwar eine substanzielle Einschränkung, aber keine völlige Abkehr von einem allgemeinen Recht auf Einwanderung.

9.3.2 Grade der innerstaatlichen Gerechtigkeit

Würden die Vertragspartner eine Beschränkung der globalen Bewegungsfreiheit auch dann gutheißen, wenn zwar nicht die öffentliche Ordnung und das Gesamtsystem gleicher Grundfreiheiten bedroht ist, wohl aber eine nach Gerechtigkeitsmaßstäben vergleichsweise bessere in eine schlechtere innerstaatliche Situation umzuschlagen droht, etwa weil die am wenigsten begünstigte Gruppe im Inland unter zusätzlichem Lohndruck[86] oder unter einer Überlastung der öffentlichen Infrastrukturen[87] leidet oder weil ein gewisses Niveau an sozialstaatlichen Leistungen unter den veränderten Bedingungen nicht mehr finanzierbar ist? Darf die Einwanderung beschränkt werden, um zu verhindern, dass Sozialstaaten zu libertären Nachtwächterstaaten werden?[88]

85 Carens, »Fremde und Bürger: Weshalb Grenzen offen sein sollten«, S. 33 f.

86 Stephen Macedo, »The Moral Dilemma of U.S. Immigration Policy. Open Borders Versus Social Justice?«, in: Carol M. Swain (Hg.), *Debating Immigration*, New York 2007, S. 63-82; George J. Borjas, »The Labor Demand Curve *is* Downward Sloping. Reexamining the Impact of Immigration on the Labor Market«, in: *The Quarterly Journal of Economics* 118/4 (2003), S. 1335-1374.

87 Ich danke Esther Brunner für die Anregung, diese Möglichkeit zu thematisieren.

88 Woodward, »Liberalism and Migration«, S. 71.

Auch hier scheint es mir wichtig, zwischen subjektiven Ängsten und realistischen Gefahren zu unterscheiden. Nicht selten wird die Einwanderung als Belastung für die Sozialsysteme wahrgenommen, obwohl Migranten insgesamt mehr in die Sozialsysteme einzahlen, als sie daraus an Leistungen beziehen. Der Einfluss der Immigration auf das Lohnniveau inländischer Arbeitskräfte ist Gegenstand kontroverser Debatten.[89] Und auch eine Reduktion der Infrastruktur pro Kopf ist keine zwangsläufige Folge der Einwanderung, denn die Immigration »verwässert« nicht nur den öffentlichen Kapitalstock, sondern auch die öffentlichen Schulden. Wenn der Wert der staatlichen Infrastrukturen in etwa der Höhe der Staatsverschuldung entspricht, so kann der »Verwässerungseffekt« bei der Infrastruktur durch neue Investitionen wettgemacht werden, ohne dass die Schuldenbelastung pro Kopf steigt.

Dennoch ist natürlich denkbar, dass völlig offene Grenzen zu einem Verlust an (distributiver) Gerechtigkeit im Inland führen könnten. Ob und in welchen konkreten Situationen dies der Fall ist, ist (teilweise[90]) eine empirische Frage, und ich möchte diese Frage für den Moment beiseitelassen. Nehmen wir einfach an, wir hätten es mit einer Situation zu tun, in der tatsächlich eine realistische Gefahr besteht, dass Einwanderung die innerstaatliche Situation aus Gerechtigkeitssicht verschlechtert. Wäre dies eine legitime Grundlage für Restriktionen, und wenn ja, in welchem Maß?

Ich möchte versuchen, mich einer Antwort auf diese Frage anzunähern, indem ich zwei Positionen zurückweise, die in meinen Augen zu weit in die eine oder in die andere Richtung tendieren. Zu wenig kompromissbereit scheint in diesem Punkt Carens, dem zufolge der Schutz sozialstaatlicher Institutionen so gut wie nie ein legitimer Grund für Restriktionen sein kann:

89 Arash Abizadeh, Manish Pandey, Sohrab Abizadeh, »Wage Competition and the Special-Obligations Challenge to More Open Borders«, in: *Politics, Philosophy & Economics* 14/3 (2015), S. 255-269.

90 Die Antwort auf diese Frage hängt natürlich auch von normativen Hintergrundannahmen ab, unter anderem von Annahmen darüber, welche Ansprüche auf sozialstaatliche Leistungen Einwanderern ab dem Zeitpunkt ihrer Einreise zugestanden werden müssen und bei welchen Ansprüchen eine gewisse Karenzfrist zulässig ist. Siehe dazu Mona, *Das Recht auf Immigration*, S. 415-419; Carens, *The Ethics of Immigration*, S. 281. Eine andere einschlägige Frage ist, welche Annahmen über die Motivation der Bürgerinnen, gerechte Institutionen zu unterstützen, normativ zulässig sind. Siehe dazu Abschnitt 6.3.

Diese Argumentationslinie ist durch zwei Erwägungen drastisch beschränkt: durch die Perspektive des am schlechtesten Gestellten und durch den Vorrang der Freiheit. Um die Perspektive gegenwärtiger Bürgerinnen als relevante Position der am wenigsten begünstigten Person zu etablieren, müsste gezeigt werden, dass Einwanderung den Lebensstandard gegenwärtiger Bürgerinnen unter das Level absenken würde, das potenzielle Immigrantinnen genießen würden, wenn ihnen die Einwanderung verwehrt würde. Doch selbst wenn das gezeigt werden könnte, vermöchte dies Einwanderungsbeschränkungen wegen des Vorrangs der Freiheit nicht zu rechtfertigen. Damit werden die ökonomischen Belange bisheriger Bürgerinnen im Wesentlichen irrelevant.[91]

Zu weit in die andere Richtung scheint mir Bernd Ladwig zu gehen, der seinerseits einen »lexikalischen Vorrang« eines Gebots der innerstaatlichen Gerechtigkeitsverwirklichung vor den Ansprüchen freiwillig Wandernder geltend macht. Ladwig zufolge steht es den staatlichen Gemeinschaften im Rahmen einer gewissen Bandbreite von vernünftigen Positionen frei, dem Gebot der Aufrechterhaltung einer gerechten Ordnung ihre eigene Deutung zu geben und dann alle nötigen Restriktionen zu erlassen, die zum Schutz genau dieser partikulären Version einer gerechten Ordnung notwendig sind.[92] Ich untersuche zunächst die These über den Vorrang der Freiheit (Abschnitt 9.3.3) und komme dann auf die These über den Vorrang der innerstaatlichen Gerechtigkeitsverwirklichung zu sprechen (Abschnitt 9.3.4).

9.3.3 Vorrang der Freiheit?

Die Annahme eines Vorrangs der Freiheit vor der Verteilungsgerechtigkeit stammt aus Rawls' innerstaatlicher Gerechtigkeitstheorie. Der *Theorie der Gerechtigkeit* zufolge würden sich die Vertragspartner auf zwei Prinzipien für eine gerechte Grundstruktur einigen: zum einen auf das Prinzip, dass Individuen das größtmögliche System gleicher Grundfreiheiten genießen sollten, das mit dem gleichen System für alle anderen vereinbar ist, und zum anderen auf ein Prinzip der Verteilungsgerechtigkeit, das aus zwei

91 Carens, »Fremde und Bürger: Weshalb Grenzen offen sein sollten«, S. 35.

92 Ladwig, »Offene Grenzen als Gebot der Gerechtigkeit?«, S. 80-84. Im direkten Gespräch hat mir Bernd Ladwig mitgeteilt, dass er seine diesbezügliche Position unterdessen etwas modifiziert hat.

Teilen besteht (erstrebenswerte Positionen müssen allen Fähigen und Willigen gleichermaßen offenstehen, und sozioökonomische Ungleichheiten sind nur dann zulässig, wenn sie helfen, die Position der Schlechtergestellten zu verbessern). Diese beiden Prinzipien stehen in einer »lexikalischen Ordnung«.[93] Die einzelnen Grundfreiheiten dürfen zwar untereinander abgewogen werden, um ein möglichst wertvolles Gesamtsystem von Grundfreiheiten zu erlangen, aber die Grundfreiheiten dürfen nicht eingeschränkt werden, um einer Verwirklichung der distributiven Gerechtigkeit näher zu kommen.[94]

Auf diesen Vorrang der Freiheit beruft sich nun Carens, um sein Argument für globale Bewegungsfreiheit gegen den Einwand zu immunisieren, dass Überlegungen der innerstaatlichen Verteilungsgerechtigkeit doch substanzielle Restriktionen rechtfertigen könnten. Wenn ein Recht auf globale Bewegungsfreiheit zum größtmöglichen System gleicher Grundfreiheiten zähle und wenn diese Freiheiten systematischen Vorrang vor dem Differenzprinzip haben, so seien die distributiven Auswirkungen offener Grenzen (jedenfalls in der idealen Theorie) schlicht irrelevant.[95]

Was die korrekte Anwendung der Gerechtigkeitsprinzipien aus der *Theorie der Gerechtigkeit* angeht, mag Carens damit Recht haben; systematisch halte ich einen strikten Vorrang der Freiheit aber nicht für überzeugend.[96] Jedenfalls scheint es mir wichtig, an dieser Stelle zwischen zwei Versionen einer These über den Vorrang der Freiheit vor der distributiven Gerechtigkeit zu unterscheiden. Die eine These lautet, dass wir den Grundfreiheiten in der *Anwendung* den Vorrang vor Überlegungen der Verteilungsgerechtigkeit geben sollten. Wenn wir uns einmal darauf festgelegt haben, dass eine bestimmte Freiheit im Rahmen eines gewissen Anwendungsbereichs zu den Grundfreiheiten zählt, so darf diese Freiheit im einschlägigen Anwendungsbereich nicht gleich wieder zur Disposition gestellt werden, wenn ihre Gewährleistung im Einzelfall mit dem Ziel einer gerechten Verteilung in Konflikt gerät. In dieser Version

93 Rawls, *Eine Theorie der Gerechtigkeit*, S. 81 f., 336 f.

94 Ebd., S. 231, 274-283, 587-594.

95 Carens, »Fremde und Bürger: Weshalb Grenzen offen sein sollten«, S. 28, 35.

96 So auch Bernd Ladwig, »Gibt es ein Recht auf Einwanderung?«, in: Karl Graf Ballestrem, Volker Gerhardt, Henning Ottmann, Martyn P. Thompson (Hg.), *Politisches Denken. Jahrbuch 2002*, Stuttgart 2002, S. 18-40, hier S. 27 f.

scheint mir die Vorrangthese überzeugend. Individuelle Freiheitsrechte wären kaum mehr als solche erkennbar, wenn sie in der Anwendung einem Optimierungsprinzip wie dem Differenzprinzip untergeordnet würden.

Es ist jedoch etwas ganz anderes zu behaupten, dass Gesichtspunkte der distributiven Gerechtigkeit keine Rolle spielen dürfen, wenn es darum geht, *festzulegen*, welche Freiheiten überhaupt zu den Grundfreiheiten gezählt werden sollten und welchen Einschränkungen eine bestimmte Freiheit gegebenenfalls unterliegen sollte. Auf dieser tiefer liegenden Ebene der *Begründung* von Freiheitsrechten scheint mir die Vorrangthese nicht überzeugend. Denn ein so verstandener Vorrang möglichst umfassender Freiheitsrechte scheint mir letztlich mit der Ansicht unvereinbar, dass die Prinzipien der Verteilungsgerechtigkeit überhaupt einen Anwendungsbereich haben. Wenn wir allen Individuen zunächst ein möglichst umfangreiches Bündel negativer Freiheitsrechte zuschreiben sollten, ohne die distributiven Auswirkungen in Betracht zu ziehen, weshalb sollte dann beispielsweise die Eigentumsfreiheit unter den Vorbehalt einer gerechten Besteuerung gestellt werden? Die Begründung, die Rawls in der *Theorie der Gerechtigkeit* für den Vorrang der Freiheit gibt, läuft in diesem Punkt auf *question begging* hinaus. Rawls argumentiert, dass die Vertragspartner in der idealen Theorie keine kleinere Freiheit gegen eine größere Menge an anderen Grundgütern eintauschen würden, weil sie bereits einen hohen materiellen Lebensstandard genießen.[97] Damit setzt er aber bereits voraus, dass die Prinzipien der Verteilungsgerechtigkeit einen genügend breiten Anwendungsbereich haben, um sicherzustellen, dass alle diesen hohen Lebensstandard tatsächlich genießen können (was mir unter der Annahme eines strikten Vorrangs möglichst umfassender Freiheitsrechte fraglich scheint).

In seinen späteren Arbeiten hat Rawls am Vorrang der Freiheit festgehalten, aber wie erwähnt die Maximierungsidee mit Blick auf die Festlegung der Grundfreiheiten aufgegeben. Die Rede ist nicht mehr vom *umfangreichsten* System gleicher Grundfreiheiten, das mit dem gleichen System für alle vereinbar ist, sondern nur noch von einem *völlig adäquaten* System.[98] Ich glaube aber, dass Rawls

97 Rawls, *Eine Theorie der Gerechtigkeit*, S. 589.

98 Rawls, *Politischer Liberalismus*, S. 69, 404-415, 451-462; ders., *Gerechtigkeit als Fairneß*, S. 78, 80-82.

besser genau umgekehrt vorgegangen wäre. Statt die Vorstellung aufzugeben, dass immer etwas für mehr Freiheit spricht, hätte er meines Erachtens zugeben sollen, dass eine gewisse Abwägung zwischen möglichst großer Unabhängigkeit und einer möglichst guten materiellen Ausstattung zulässig ist. Überzeugend scheint mir deshalb eine holistische Perspektive, in der Grundfreiheiten und andere Grundgüter als Gesamtbündel evaluiert werden, wobei empirische Informationen über die distributiven Auswirkungen der Anerkennung eines Freiheitsrechts durchaus relevant sind.

9.3.4 Vorrang der innerstaatlichen Gerechtigkeitsverwirklichung?

Ich möchte also annehmen, dass die Vertragspartner hinter dem Schleier des Nichtwissens der Freiheit keinen lexikalischen Vorrang einräumen. Die Vertragspartner sind *auch* an einer möglichst guten Ausstattung mit anderen Grundgütern interessiert. Und genau wie sie die Eigentumsfreiheit unter den Vorbehalt einer gerechten Besteuerung stellen, könnten sie auch die globale Bewegungsfreiheit unter einen (mehr oder weniger starken) Vorbehalt stellen, der besagt, dass die Einwanderung beschränkt werden darf, wenn dies notwendig ist, um eine gerechte innerstaatliche Ordnung zu schützen.[99] Eine starke Version eines solchen Vorbehalts vertritt Ladwig:

> Wer im Namen der Gerechtigkeit einen Anspruch auf Einwanderung erhebt, muss akzeptieren, dass das Land seiner Wahl ein Recht darauf hat, die

99 Francis Cheneval hat mich auf den Einwand hingewiesen, dass ein solcher Vorbehalt den Prämissen einer rein individualistischen kosmopolitischen Urzustandssituation widerspreche und letztlich auf das Zugeständnis hinauslaufe, dass im globalen Urzustand eben doch nicht nur individuelle Interessen, sondern auch die Interessen kollektiver staatlicher Akteure repräsentiert sein sollten. Es scheint mir allerdings wichtig, hier zwischen zwei Ebenen zu unterscheiden. Auf der Ebene der institutionellen Regeln scheint es mir richtig, die Interessen von kollektiven staatlichen Akteuren ernst zu nehmen. Doch wir sollten dies deshalb tun, weil Staaten eine wichtige Rolle bei der Erfüllung fundamentaler *individueller* Interessen spielen. Auf der tiefer liegenden Ebene der *Rechtfertigung* der institutionellen Regeln sollten meines Erachtens nur individuelle Interessen eine Rolle spielen; staatliche Interessen zählen nur deshalb und nur dann, weil und wenn ihre Erfüllung letztlich den Interessen von Individuen dient.

eigene Grundordnung zu wahren, sofern diese erforderlich ist, um Pflichten der Gerechtigkeit bestmöglich zu erfüllen.[100]

Dieses Gebot der bestmöglichen Gerechtigkeitsverwirklichung im Einzelstaat genieße den Vorrang gegenüber den Ansprüchen freiwilliger Migrantinnen. Und bei der Festlegung dessen, was sie unter einer gerechten Ordnung genau verstehen, haben die einzelnen politischen Gemeinschaften Ladwig zufolge in einem gewissen Rahmen freie Hand. Angesichts der Tatsache, dass universalistische Prinzipien immer in einer partikulären Gestalt verwirklicht würden, und angesichts der vernünftigen Nichtübereinstimmung über den genauen Inhalt der Erfordernisse der Gerechtigkeit sei es angemessen, die Entscheidung hier dem einzelnen *demos* zu überlassen.[101]

Ich glaube, dass Ladwig darin Recht zu geben ist, dass Einwanderungsbeschränkungen zum Schutz einer gerechten innerstaatlichen Ordnung unter gewissen Umständen legitim sind, und zwar nicht erst dann, wenn das System gleicher Grundfreiheiten insgesamt in Gefahr gerät. Aber ich glaube, dass Ladwig diese Einschränkungen in zwei Hinsichten zu stark macht. Erstens scheint es mir zwar einleuchtend, dass die Vertragspartner im Urzustand gute Gründe hätten, das Recht, Maßnahmen zum Schutz einer gerechten Ordnung zu ergreifen, nicht zu eng zu fassen. Bestünde dieses Recht nur für *völlig* gerechte Ordnungen, so wäre es unwahrscheinlich, dass eine solche überhaupt je entstehen könnte. Doch Ladwig geht weiter als das, er beruft sich auf den vernünftigen Pluralismus und macht geltend, jeder *demos* dürfe (im Rahmen einer Bandbreite von vernünftigen Positionen) selbst entscheiden, was eine »gerechte« Ordnung für ihn genau sei. Dieses Argument scheint mir letztlich ähnliche Probleme aufzuwerfen wie Walzers Argumentation über »gemeinschaftliche Verständnisse«.[102] Weshalb sollte es genügen, dass *eine* vernünftige Gerechtigkeitsvorstellung ein gewisses Maß an Restriktionen zulässt, wenn zugleich eine *andere* gleichermaßen vernünftige Gerechtigkeitsvorstellung herangezogen werden kann, um diese Restriktionen als ungerecht zu kritisieren? Weshalb sollten Einwanderungswillige zeigen müssen, dass ihr Anspruch von *allen* vernünftigen Konzeptionen anerkannt wird, wohingegen die bisherigen Bürgerinnen sich nur auf *eine* (von ihnen selbst zu wählende) Kon-

100 Ladwig, »Offene Grenzen als Gebot der Gerechtigkeit?«, S. 80.
101 Ebd., S. 80-84.
102 Vgl. Abschnitt 5.3.2.

zeption berufen müssen? Ich glaube nicht, dass die Vertragspartner im Urzustand einer solchen Asymmetrie zustimmen würden.

Zweitens glaube ich auch nicht, dass die Vertragspartner dem Anspruch auf den Erhalt einer möglichst gerechten innerstaatlichen Ordnung immer den Vorrang geben würden gegenüber den Erfordernissen der transnationalen Gerechtigkeit. Die Vertragspartner sähen die Einwanderung nicht nur als Teil eines möglichen Problems für die innerstaatliche Gerechtigkeitsverwirklichung, sondern auch als Teil einer möglichen Lösung für globale Gerechtigkeitsdefizite im Sinne einer selbstbestimmten Strategie der global Benachteiligten, ihre ökonomische Position zu verbessern. Und die Vertragspartner würden neben diesen beiden Aspekten, welche die distributive Gerechtigkeit betreffen, zusätzlich die Tatsache berücksichtigen, dass jede Beschränkung der Bewegungsfreiheit eine intrinsisch wertvolle Freiheit einschränkt und den Anwendungsbereich anderer Freiheiten beschneidet. Kurzum: Die Einschränkungen müssten nicht nur *notwendig* sein, um ein bestimmtes Maß an innerstaatlicher Gerechtigkeit zu bewahren; sie müssten im Lichte der entgegenstehenden Ansprüche und Interessen auch *verhältnismäßig* sein.

Das heißt nicht unbedingt, dass die Einwanderung erst dann beschränkt werden darf, wenn die Einheimischen ihrerseits bereits schlechter dazustehen drohen als potenzielle Einwanderer. Müsste die Entscheidung über Restriktionen zum Schutz einzelstaatlicher Institutionen im Einzelfall unter direkter Anwendung eines globalen Differenzprinzips gefällt werden (die Einwanderung würde zugelassen oder untersagt, je nachdem, was die am schlechtesten gestellte repräsentative Gruppe im Einzelfall besserstellt), so wäre es möglicherweise schwierig, überhaupt gerechte innerstaatliche Ordnungen zu schaffen und aufrechtzuerhalten. Die Vertragspartner würden einem solchen Prinzip der strikten Unparteilichkeit im Einzelfall aber nicht zustimmen, wenn es auf der Systemebene zu suboptimalen Ergebnissen führt. (Aus ähnlichen Gründen betont Rawls, dass seine Prinzipien der distributiven Gerechtigkeit nicht auf einzelne Verteilungsentscheidungen anwendbar sind, sondern nur auf die Wahl der Grundstruktur.[103]) Aber auf der grundlegendsten Ebene der Bewertung verschiedener Versionen eines

103 Rawls, *Eine Theorie der Gerechtigkeit*, S. 105-110.

möglichen Vorbehalts zum Schutz einzelstaatlicher Institutionen müssten die Interessen derer drinnen und derer draußen gleichermaßen berücksichtigt werden. Und es scheint mir unwahrscheinlich, dass die Vertragspartner unter diesen Vorzeichen dem Prinzip zustimmen würden, dass zur Verhinderung jeder noch so kleinen Verschlechterung der innerstaatlichen Situation in den wohlhabenderen Ländern jedes noch so große Maß an Einwanderungsbeschränkungen zulässig ist.

Ich habe hier versucht, meine eigene Position gegen zwei Seiten hin abzugrenzen. Einerseits habe ich die These vom absoluten Vorrang der (Bewegungs-)Freiheit vor der Verteilungsgerechtigkeit zurückgewiesen und zugestanden, dass sich die Vertragspartner hinter dem Schleier des Nichtwissens auf einen Vorbehalt zum Schutz gerechter einzelstaatlicher Ordnungen einigen würden. Andererseits habe ich die Ansicht zurückgewiesen, dass die Vertragspartner diesen Vorbehalt so stark formulieren würden, dass jedes marginale Mehr an innerstaatlicher Gerechtigkeit jedes beliebige Maß an Restriktionen legitimiert. Die Vertragspartner würden dem Schutz sozialstaatlicher Institutionen keinen absoluten Vorrang vor der Bewegungsfreiheit geben, sondern eine Abwägung zwischen beidem vornehmen.

Wie genau diese Abwägung ausfallen könnte, vermag ich nicht präzise zu beantworten, aber ich kann versuchen zu skizzieren, nach welchem Verfahren diese Frage meines Erachtens zu entscheiden wäre. Zunächst müssten sich die Vertragspartner auf einen Grundgüter-Index einigen, der Gewinne und Verluste an Bewegungsfreiheit mit Gewinnen und Verlusten an anderen Grundgütern vergleichbar macht. Anschließend müsste geprüft werden, welche globale Grundgüterverteilung aus verschieden starken Versionen eines Vorbehalts der innerstaatlichen Gerechtigkeitsverwirklichung nach Berücksichtigung aller indirekten Effekte resultieren würde. Schließlich würden sich die Vertragspartner auf diejenige Version des Vorbehalts einigen, die aus ihrer Sicht die besten Verteilungsfolgen hat. (Rawls' innerstaatlicher Theorie zufolge würde diese Wahl nach der Maximin-Regel gefällt: Die bevorzugte Verteilung wäre die, unter der die am schlechtesten gestellte repräsentative Person die meisten Grundgüter hat.[104] Aber man könnte natürlich

104 Ebd., S. 174-185.

der Ansicht sein, dass die Vertragspartner auch der Verteilung oberhalb des Minimums ein gewisses Gewicht beimessen würden.[105])

Dieses Entscheidungsproblem weist eine gewisse Ähnlichkeit zum Problem der Festlegung des optimalen Erbschaftssteuersatzes auf, das ich in Abschnitt 9.1.3 angesprochen habe. Genau wie die unmittelbaren Vorteile einer stärkeren Umverteilung von Erbschaften gegen die systemischen Nachteile abgewogen werden müssen, die sich aus entsprechenden Anreizeffekten ergeben könnten, muss auch hier eine Abwägung vorgenommen werden zwischen den direkten Vorteilen eines marginal robusteren Rechts auf globale Bewegungsfreiheit und möglichen systemischen Nachteilen in Form schwächerer Anreize, in öffentliche Infrastrukturen zu investieren, oder eines höheren Risikos, dass Sozialstaaten dadurch geschwächt würden oder gar nicht erst entstehen könnten.

Ich glaube, dass die optimale Lösung dieses Entscheidungsproblems irgendwo zwischen einem strikten Vorrang der Bewegungsfreiheit und einem strikten Vorrang der innerstaatlichen Gerechtigkeitsverwirklichung angesiedelt ist; wo genau, darüber möchte ich hier nicht weiter spekulieren. Wichtig scheint mir aber, dass die Vertragspartner versuchen würden, *möglichst viel* Bewegungsfreiheit mit einer *möglichst guten* sozialstaatlichen Versorgung zu kombinieren. Eine wichtige Implikation meiner Position ist deshalb, dass es den einzelnen Staaten *nicht* völlig freisteht, wie sie das Gebot, eine gerechte innerstaatliche Ordnung zu verwirklichen, genau interpretieren und implementieren wollen. Die Vertragspartner würden sich vielmehr auf den Grundsatz einigen, dass die einzelnen Staaten bis zu einem gewissen Grad dazu verpflichtet sind, ihre Institutionen darauf auszurichten, dass sie möglichst wenig mit der globalen Bewegungsfreiheit in Konflikt geraten. Wenn es beispielsweise richtig ist, dass ein bedingungsloses Grundeinkommen nur unter starker Beschränkung der Einwanderung realisiert werden kann,[106] so ist dies aus Sicht der Vertragspartner nicht nur ein möglicher

105 Zur Kritik an der Maximin-Regel als Entscheidungsprinzip im Urzustand siehe John C. Harsanyi, »Can the Maximin Principle Serve as a Basis for Morality? A Critique of John Rawls's Theory«, in: *The American Political Science Review* 69/2 (1975), S. 594-606.

106 Philippe Van Parijs, Yannick Vanderborght, »Basic Income, Globalization and Migration«, in: *Sustainable Utopia and Basic Income in a Global Area. Proceedings of the Basic Income International Conference*, Seoul 2010, S. 7-29.

Grund für Einwanderungsbeschränkungen (falls ein Grundeinkommen aus ihrer Sicht erstrebenswert ist); es ist auch *pro tanto* ein Grund gegen ein bedingungsloses Grundeinkommen. Ein anderes System der Umverteilung, das nicht oder weniger stark mit der Bewegungsfreiheit in Konflikt stünde, wäre *ceteris paribus* vorzuziehen. Und wenn es zutrifft, dass eine gewisse Harmonisierung der Steuer- und Sozialsysteme notwendig ist, damit Bewegungsfreiheit und soziale Gerechtigkeit miteinander vereinbart werden können, so ist dies ein guter Grund, eine solche Harmonisierung anzustreben.

9.3.5 Kulturelle Kontinuität

Würden die Vertragspartner auch Einschränkungen der Bewegungsfreiheit zustimmen, die dem Erhalt einer bestimmten Kultur dienen? Kymlicka macht geltend, der sichere Zugang zu einer gesellschaftlichen Kultur sei selbst ein »Grundgut« im Sinne von Rawls.[107] Darf die Bewegungsfreiheit eingeschränkt werden, um den Zugang zu diesem Grundgut zu sichern?

Ich habe im sechsten Kapitel nicht ausgeschlossen, dass dies in bestimmten Situationen zulässig sein könnte.[108] Aber es scheint mir wichtig, hier nochmals auf die beschränkte Reichweite dieses Zugeständnisses hinzuweisen. Erstens sind Einwanderungsbeschränkungen zum Schutz eines kulturellen Wahlkontexts nicht dasselbe wie Einwanderungsbeschränkungen, die dem Zweck dienen, kulturelle Präferenzen zu erfüllen. Im ersten Fall wird die Kultur als *Voraussetzung* einer individuellen Wahl unter sinnvollen Optionen verstanden, im zweiten Fall wäre die Entwicklung der (nationalen) Kultur hingegen das *Objekt* einer kollektiven Wahl.[109] Restriktionen der letztgenannten Art wiesen die Vertragspartner meines Erachtens zurück. Sie wüssten wie erwähnt nicht, welche Vorstellung von einem gelingenden Leben sie dereinst verfolgen werden, und sie würden deshalb nicht ihre individuellen Rechte zur Disposition stellen, um irgendein kollektives Projekt zu befördern, von dem sie nicht wüssten, ob es das ihre sein wird. Was ich zugestehen möchte,

107 Will Kymlicka, *Liberalism, Community and Culture*, Oxford 1989, S. 162-166.
108 Siehe Abschnitt 6.2.3.
109 Joseph H. Carens, *Culture, Citizenship, and Community. A Contextual Exploration of Justice as Evenhandedness*, Oxford 2000, S. 57.

ist also nicht, dass die Einwanderung beschränkt werden darf, um eine nationale Identität »zu definieren und zu schützen«,[110] wie dies Kymlicka fordert, sondern nur, dass die Bewegungsfreiheit eingeschränkt werden darf, um sehr plötzlichen kulturellen Wandel zu verhindern, soweit dies notwendig ist, um die kulturellen Hintergrundbedingungen der individuellen Autonomie zu bewahren.[111]

Eine zweite wichtige Einschränkung betrifft die Tatsache, dass ein möglicher Konflikt zwischen Bewegungsfreiheit und dem sicheren Zugang zu einem kulturellen Wahlkontext mehr oder weniger wahrscheinlich ist, je nachdem, welche *anderen* Maßnahmen gegebenenfalls ergriffen werden, um eine bedrohte Kultur zu bewahren. In *Multicultural Citizenship* entwickelt Kymlicka ein breites Instrumentarium von Minderheitenrechten, um nationale Minderheiten in multinationalen Staaten zu schützen.[112] Dieses Instrumentarium sollte eingesetzt werden, bevor die Bewegungsfreiheit angetastet wird; Einwanderungsbeschränkungen wären erst dann zulässig, wenn das notwendige Mindestmaß an kultureller Kontinuität nicht mit anderen, weniger problematischen Mitteln gewahrt werden könnte.

Kurzum: Das Recht auf Bewegungsfreiheit dürfte erst dann eingeschränkt werden, wenn ein plötzlicher kultureller Bruch drohte, der nicht auf andere Weise verhindert werden kann, und nicht schon dann, wenn die Existenz abweichender kultureller Praktiken auf dem Staatsgebiet von einzelnen Bürgerinnen als ein Ärgernis angesehen wird. An welchem Punkt diese Bedingung genau erfüllt ist, ist nicht leicht zu sagen. Vieles dürfte hier von der konkreten Situation abhängen (es ist beispielsweise zu vermuten, dass eine massenhafte Einwanderung von relativ Reichen in ein relativ armes Land schneller zu einer disruptiven kulturellen »Kolonialisierung« der Einheimischen führen würde als die Einwanderung von relativ Armen in ein wohlhabendes Land).

Jedenfalls dürften die Länder Europas heute weit davon entfernt sein, die Bedingungen für legitime Restriktionen zum Schutz der Kultur zu erfüllen. Es scheint mir nicht überzeugend, dass eine

110 Kymlicka, »Staatsgrenzen«, S. 566.

111 Ähnlich Stephen R. Perry, »Immigration, Justice, and Culture«, in: Warren F. Schwartz (Hg.), *Justice in Immigration*, Cambridge 1995, S. 94-135, hier S. 116f.

112 Will Kymlicka, *Multicultural Citizenship. A Liberal Theory of Minority Rights*, Oxford 1995.

marginal liberalere Einwanderungspolitik als die heutige bei den Einheimischen zu kultureller Orientierungslosigkeit führen könnte. Und die bloße Tatsache, dass viele Europäer eine Präferenz dafür haben mögen, kulturelle Einflüsse beispielsweise aus dem islamischen Raum fernzuhalten, genügt wie gesagt nicht, um Restriktionen zu rechtfertigen.

9.4 Fazit

Ich habe in diesem Kapitel versucht, ein Recht auf globale Bewegungsfreiheit zu begründen, das robust, aber nicht *zu* robust ist. Wenn wir uns in der idealen Theorie eine Welt vorstellen, in der nur geringe Unterschiede zwischen den Lebensstandards in den einzelnen Staaten bestehen, so gibt es kaum Grund für erhebliche Einschränkungen. Es wäre unwahrscheinlich, dass in einer solchen Welt so viele Menschen in einen bestimmten Staat einwandern wollten, dass dort die öffentliche Ordnung, sozialstaatliche Institutionen oder ein Mindestmaß an kultureller Kontinuität in Gefahr gerieten.

Unter den gegenwärtigen Bedingungen sind wohl stärkere Restriktionen zulässig. Dennoch erfordert die Position, die ich hier verteidigt habe, aber auch in der nichtidealen Theorie eine wesentlich offenere Einwanderungspolitik, als sie gegenwärtig von wohlhabenden Ländern betrieben wird. Und es scheint mir wichtig zu betonen, dass das Verhältnis von idealer und nichtidealer Theorie kein bloßes Nebeneinander ist. Wir sind vielmehr verpflichtet, langfristig auf Hintergrundbedingungen hinzuwirken, unter denen die unter gegenwärtigen Bedingungen legitimen Beschränkungen der Bewegungsfreiheit irgendwann nicht mehr notwendig sind.

10.
Schluss: Ein Paradigmenwechsel

Sind Staaten aus moralischer Sicht dazu berechtigt, die Zuwanderung auf ihr Territorium nach Maßgabe der Interessen und Vorlieben ihrer Bürgerinnen zu beschränken? Wenn die Argumente dieser Arbeit überzeugend sind, dann sollten wir diese Frage mit Nein beantworten. Weder die Vereinigungsfreiheit noch das kollektive Eigentum an staatlichen Institutionen oder der (intrinsische oder instrumentelle) Wert nationaler Gemeinschaften liefert ein überzeugendes Argument für ein allgemeines Recht auf Ausschluss. Wer das Recht auf innerstaatliche Bewegungsfreiheit akzeptiert, kann schwerlich an der Ansicht festhalten, dass die zwischenstaatliche Mobilität beliebig eingeschränkt werden darf. Und wenn wir nicht wüssten, in welchem Staat der Welt wir geboren werden und welche Vorstellung von einem gelingenden Leben wir verfolgen, so würden wir uns auf ein Recht auf globale Bewegungs- und Niederlassungsfreiheit einigen.

Dieses Recht gilt nicht völlig uneingeschränkt. Wofür ich argumentiert habe, ist deshalb keine Politik *absolut* offener Grenzen, wohl aber ein grundlegender Paradigmenwechsel in der Migrationspolitik. Weg von einem Paradigma, das Einwanderungsbegehren wie Heiratsanträge behandelt, die anzunehmen keinerlei Pflicht besteht. Hin zu einem Paradigma, wie es heute in demokratischen Staaten beispielsweise mit Blick auf die Versammlungsfreiheit weithin akzeptiert ist. Es mag zwar kein absolutes Recht geben, sich zu jedem beliebigen Zeitpunkt an jedem beliebigen Ort zu versammeln. Aber der Grundsatz ist doch, dass Menschen frei entscheiden können, wann, wo und mit wem sie sich versammeln möchten, solange nicht starke Gründe dagegen sprechen. Wenn die Überlegungen dieser Arbeit überzeugen, sollten wir den gleichen Grundsatz mit Blick auf die internationale Migration anerkennen. Es ist grundsätzlich das gute Recht jedes Menschen, sich auf der Oberfläche des Planeten, den wir gemeinsam bewohnen, frei zu bewegen, und jede Ausnahme von diesem Grundsatz bedarf einer Rechtfertigung durch andere entsprechend gewichtige Ansprüche.

Eine Welt, in der dieses Prinzip allgemein anerkannt wäre,

wäre eine freiere Welt. Und wenn diese Überlegung in realpolitischen Debatten in Europa oder Nordamerika kaum auf Resonanz stößt,[1] so scheint mir dies weniger daran zu liegen, dass die grenzüberschreitende Bewegungsfreiheit keine wichtige Freiheit wäre, sondern vielmehr an zwei Verzerrungen »unserer« Sicht. Erstens verstellen Gewöhnungseffekte den Blick darauf, wie stark Einwanderungsbeschränkungen die individuelle Autonomie tatsächlich beschneiden.[2] Und zweitens schränken die bestehenden Restriktionen die Bewegungsfreiheit der Bürgerinnen wohlhabender Staaten faktisch weit weniger ein, als sie dies bei Menschen aus dem globalen Süden tun. Mein Schweizer Pass erlaubt es mir in der Praxis, die meisten Länder der Welt frei zu bereisen und mich an vielen Orten niederzulassen; kaum ein armer Staat sieht es als seinen Interessen förderlich an, Menschen aus reicheren Ländern fernzuhalten. Und da die bestehenden Restriktionen ihre eigenen Bürgerinnen ohnehin kaum tangieren, haben die wohlhabenden Länder wenig Interesse, etwas an der gegenwärtigen Situation zu ändern.

Führt angesichts dieser Hindernisse überhaupt ein direkter Weg vom politischen Status quo zur rechtlichen Verankerung eines Anspruchs auf globale Bewegungsfreiheit? Rainer Bauböck gelangt diesbezüglich zu einer pessimistischen Einschätzung. Freizügigkeit sei realpolitisch nur zwischen Staaten erreichbar, die »in ihren wirtschaftlichen, wohlfahrtsstaatlichen und politischen Systemen ausreichend kompatibel [sind], um reziproke Niederlassungsfreiheit im Interesse ihrer eigenen Bürger zuzulassen […]«.[3] Doch selbst wenn das richtig sein sollte, bedeutet dies nicht, dass an den europäischen Außengrenzen oder in den Ausschaffungsgefängnissen im Innern unseres Kontinents kein Unrecht geschieht. Denn wir sollten Fragen der politischen Strategie nicht mit Fragen der Gerechtigkeit verwechseln. Ein Unrecht bleibt ein Unrecht, auch wenn politische Mehrheiten für seine Überwindung zurzeit nicht in Aussicht stehen. Und die Vermutung, dass ein moralisches Recht

1 Als beschränkte Ausnahme mag hier die Debatte über die EU-Personenfreizügigkeit angesehen werden, wenngleich auch in diesem Zusammenhang oft mehr von wirtschaftlichen Vorteilen als von einem Zugewinn an individueller Freiheit die Rede ist.

2 Joseph H. Carens, *The Ethics of Immigration*, Oxford 2013, S. 236 f.

3 Rainer Bauböck, »Demokratische Grenzen als Membranen«, in: *Zeitschrift für Menschenrechte* 8/2 (2014), S. 66-82, hier S. 79 f.

auf globale Bewegungsfreiheit in praktischer Hinsicht irrelevant bleiben muss, solange die politische Situation keine unmittelbare Verrechtlichung dieses Anspruchs zulässt, beruht auf einem unterkomplexen Verständnis des Verhältnisses zwischen moralischen Rechten und Pflichten.[4]

So dürfte ein moralisches Recht auf globale Bewegungsfreiheit weitreichende Implikationen auf der individualethischen Ebene haben. Wenn die bestehenden Einwanderungsbeschränkungen moralisch unhaltbar sind, dann tun irreguläre Migranten wahrscheinlich kein Unrecht, wenn sie entsprechende rechtliche Regelungen zu umgehen versuchen.[5] Darüber hinaus sind individuelle Bürgerinnen wohl dazu berechtigt, Verbote für die Beherbergung von »Illegalen« zu ignorieren oder den Migrationsbehörden Informationen vorzuenthalten, und möglicherweise sind sie auch moralisch verpflichtet, dies zu tun, solange ihnen keine übermäßigen negativen Konsequenzen drohen.[6]

Und schließlich korrespondiert dem Recht auf globale Bewegungs- und Niederlassungsfreiheit auch auf der kollektiven Ebene nicht nur die direkte Pflicht, keinen ungerechtfertigten Zwang gegen Einwanderungswillige auszuüben, sondern auch eine indirekte Pflicht, auf Hintergrundbedingungen hinzuwirken, unter denen Verletzungen dieses Rechts künftig vermieden werden können. Falls Bauböcks Diagnose richtig ist, ist der Abbau der globalen ökonomischen Ungleichheiten deshalb nicht nur eine gewichtige eigenständige Forderung der Gerechtigkeit (die ich im Rahmen dieser Arbeit nicht eingehend begründen konnte). Eine Reduktion des globalen Wohlstandsgefälles ist auch gefordert, damit das Recht auf Bewegungsfreiheit irgendwann zu seiner vollen Geltung kommen kann. Immerhin gibt es Grund zur Hoffnung, dass eine schrittweise Liberalisierung der Einwanderungspolitik hier selbst ein Teil der Lösung sein kann. Kleine Schritte in Richtung einer

4 Kieran Oberman, »Immigration as a Human Right«, in: Sarah Fine, Lea Ypi (Hg.), *Migration in Political Theory. The Ethics of Movement and Membership*, Oxford 2016, S. 32-56, hier S. 51; vgl. Jeremy Waldron, »Rights in Conflict«, in: *Ethics* 99/3 (1989), S. 503-519.

5 Javier Hidalgo, »Resistance to Unjust Immigration Restrictions«, in: *Journal of Political Philosophy* 23/4 (2015), S. 450-470.

6 Javier Hidalgo, »The Duty to Disobey Immigration Law«, in: *Moral Philosophy and Politics* 3/2 (i. E. 2016).

liberaleren Migrationspolitik sind deshalb nicht nur kleine Reduktionen eines großen Unrechts, sondern bereiten potenziell auch den Weg zur vollständigen Überwindung des ungerechtfertigten Zwangs, der tagtäglich gegen Einwanderungswillige ausgeübt wird.

Sozialphilosophie im Suhrkamp Verlag
Eine Auswahl

Rainer Forst
- Kontexte der Gerechtigkeit. Politische Philosophie von Liberalisums und Kommunitarismus. stw 1252. 480 Seiten
- Toleranz im Konflikt. Geschichte, Gehalt und Gegenwart eines umstrittenen Begriffs. stw 1682. 816 Seiten

Stefan Gosepath. Gleiche Gerechtigkeit. Grundlagen eines liberalen Egalitarismus. stw 1665. 508 Seiten

Axel Honneth
- Das Andere der Gerechtigkeit. Aufsätze zur praktischen Philosophie. stw 1491 340 Seiten
- Kampf um Anerkennung. Zur moralischen Grammatik sozialer Konflikte. stw 1129. 301 Seiten
- Kritik der Macht. Reflexionsstufen einer kritischen Gesellschaftstheorie. stw 738. 408 Seiten
- Pathologien der Vernunft. Geschichte und Gegenwart der Kritischen Theorie. stw 1835. 239 Seiten
- Unsichtbarkeit. Stationen einer Theorie der Intersubjektivität. stw 1616. 162 Seiten
- Verdinglichung. Eine anerkennungstheoretische Studie. Broschur. 109 Seiten
- Die zerrissene Welt des Sozialen. Sozialphilosophische Aufsätze. Erweiterte Ausgabe. stw 849. 279 Seiten

Axel Honneth/Nancy Fraser. Umverteilung oder Anerkennung? Eine politisch-philosophische Kontroverse. stw 1460. 320 Seiten.

NF 123/1/6.07

Hans Joas
- Die Entstehung der Werte. stw 1416. 321 Seiten
- Die Kreativität des Handelns. stw 1248. 415 Seiten
- Pragmatismus und Gesellschaftstheorie. stw 1018. 323 Seiten

Angelika Krebs. Arbeit und Liebe. Die philosophischen Grundlagen sozialer Gerechtigkeit. stw 1564. 336 Seiten

George Herbert Mead. Gesammelte Aufsätze. Band 1. Herausgegeben und eingeleitet von Hans Joas. Übersetzt von Klaus Laermann u.a. stw 678. 476 Seiten

George Herbert Mead. Gesammelte Aufsätze. Band 2. Herausgegeben von Hans Joas. Übersetzt von Hans Günter Holl, Klaus Laermann u.a. stw 679. 485 Seiten

George Herbert Mead. Geist, Identität und Gesellschaft. Aus der Sicht des Sozialbehaviorismus. Einleitung von Charles W. Morris. Übersetzt von Ulf Pacher. stw 28. 456 Seiten

Bernhard Peters. Der Sinn von Öffentlichkeit. Herausgegeben von Hartmut Weßler. Mit einem Nachwort von Jürgen Habermas. stw 1836. 410 Seiten

Beate Rössler. Der Wert des Privaten. stw 1530. 384 Seiten

NF 123/2/6.07